STRAUBE

Wolfgang Venohr

Die roten Preußen

Vom wundersamen Aufstieg der DDR in Deutschland

STRAUBE

CIP-Kurztitelaufnahme der Deutschen Bibliothek
Venohr, Wolfgang
Die roten Preußen: Vom wundersamen
Aufstieg der DDR in Deutschland / Wolfgang
Venohr.
Erlangen: STRAUBE, 1989.
ISBN 3-927491-00-4

Karten: Vaclav Korinek
Satz und Druck: Kösel, Kempten
Printed in Germany
ISBN 3-927491-00-4

Umschlaggestaltung: Willi Kress, Hans Numberger

»Wir im Westen lehnen vieles, was gemeinhin ›preußischer Geist‹ genannt wird, ab. Ich glaube, daß die deutsche Hauptstadt eher im Südwesten liegen soll als im weiter östlich gelegenen Berlin . . .
Wer Berlin zur neuen Hauptstadt macht, schafft geistig ein neues Preußen.«

Konrad Adenauer am 30. 11. 1946

»Wir sind für die Einheit Deutschlands, weil die Deutschen im Westen unsere Brüder sind und weil wir Deutschland lieben. Weil wir wissen, daß die Wiederherstellung der Einheit Deutschlands eine unumstößliche historische Gesetzmäßigkeit ist und daß jeder zugrunde gehen wird, der sich diesem Gesetz entgegenzustellen wagt.«

Walter Ulbricht am 6. 4. 1954

Inhalt

Vorwort

Die Vorgeschichte dieses Buches geht auf die Jahreswende 1976/77 zurück. Ich war damals als Chefredakteur der Fernsehproduktion »stern tv« in Hamburg tätig und bereitete einen großen Film vor, den ich in Ost-Berlin über die Geschichte der Straße »Unter den Linden« drehen wollte. Mitten in dieser Arbeit besuchte mich Budimir Lončar, der jetzige jugoslawische Außenminister, der damals sein Land als Botschafter in Bonn vertrat, und erzählte mir kopfschüttelnd von einem Weinfest an den Ufern des Rheins, auf dem ihm höchste Repräsentanten der CDU (die Namen tun nichts zur Sache) mit Blick auf die Deutschen in der DDR erklärt hatten: »Die Preußen, da drüben? Die Preußen, die sollen zu Russen werden!«

Ich habe das niemals vergessen. Ich dachte darüber nach; immer wieder. Ich fragte mich, ob Aussichten bestünden, daß dieser perverse Wunsch in Erfüllung ginge. Immerhin verstand ich ja etwas von der DDR: Von 1948 bis 1954 hatte ich unter den Ost-Berlinern gelebt, am 17. Juni 1953 war ich mit ihnen für Deutschlands Einheit und Freiheit marschiert, von 1953 bis 1963 hatte ich für einen Hamburger Pressedienst DDR-Berichterstattung betrieben, von 1969 bis 1974 war ich der einzige westdeutsche Journalist, der kontinuierlich Fernsehfilme in der DDR drehen durfte; und während der ganzen Zeit hatte ich zahlreiche Aufsätze und Essays über das andere Deutschland geschrieben.

Meine Erfahrungen sahen ganz anders aus. Schließlich waren es die Deutschen der DDR, die sich am 17. Juni 1953 als erste für die Freiheit und gegen die Tyrannei erhoben haben; lange vor den Ungarn und vor den Polen. Sie wollten eben *nicht* zu Russen werden! Meinen Erlebnissen und Erkenntnissen nach hätte es 1955 gar keine DDR mehr zu geben brauchen; daß es sie dennoch gab, lag gewiß nicht an den Preußen und Sachsen ostwärts der Elbe. Und nach 1955, als die Bundesrepublik sich immer stärker amerikanisierte und die DDR langsam ihren mühsamen Aufstieg in Deutschland begann? Nach fünfzehnjähriger ständiger Beobachtung des Lebens in der DDR faßte ich meine Eindrücke 1970, als ich meinen dritten Fernsehfilm drüben drehte, in dem Kommentar zusammen:

> »Die DDR – allen Parolen und Spruchbändern zum Trotz – wirkt in vielem deutscher als die Bundesrepublik. Von einer Russifizierung der Menschen, des Lebens oder der Lebensgewohnheiten kann schlechthin keine Rede sein.«

Für meinen Film hatte mir die Bundesregierung einen Preis verliehen, der nach dem CDU-Politiker Jakob Kaiser hieß. Und nun, ein halbes Dutzend Jahre später, die Mitteilung des jugoslawischen Botschafters! Das ließ mir jahrelang keine Ruhe. Schließlich faßte ich den Entschluß, ein Buch über die DDR zu schreiben. Ich wollte untersuchen, ob die da drüben, die »Preußen«, nicht mit der Zeit doch zu Russen geworden sind.

Konrad Adenauer erklärte 1946: »Wer Berlin zur neuen Hauptstadt macht, schafft geistig ein neues Preußen!« Weder er noch andere hätten sich träumen lassen, wie listig und ironisch die Geschichte vorgehen würde, diese Voraussage wahr zu machen.

Die deutschen Kommunisten, Profiteure der Niederlage von 1945, waren ursprünglich genauso fanatische Preußen-Hasser wie der katholische Rheinländer Adenauer. Sie schreckten in ihrer Preußen-Feindschaft vor nichts zurück, unternahmen alles, das preußische Erbe zu schänden, ja, es dem Erdboden gleichzumachen. 1946 verwüsteten Angehörige der FDJ die Grabstätte des großen preußischen Reformers Neithardt v. Gneisenau, unweit der innerdeutschen Demarkationslinie bei Helmstedt. In den fünfziger Jahren sprengten SED-Barbaren die Potsdamer Garnisonskirche (»Üb' immer Treu und Redlichkeit«) sowie die kostbaren Hohenzollernschlösser von Berlin und Potsdam in die Luft.

Aber die SED, nachdem sie DDR-Staatsmacht geworden war, wollte und mußte ja Berlin zur neuen deutschen Hauptstadt machen; und nach dem Mauerbau von 1961 konnte sie dazu übergehen, den Ostsektor Berlins zur »Hauptstadt der Deutschen Demokratischen Republik« auszubauen. Doch in wessen historischem Geist sollte das geschehen? Mit welchen Zeugnissen der Vergangenheit? Noch ehe die SED-Leute es sich richtig versahen, wurden sie zu Konservatoren des preußischen Erbes, denn Berlin – insbesondere der traditionsreiche Stadtbezirk Mitte – repräsentierte nun einmal das steingewordene Preußentum in höchster künstlerischer Vollendung.

Was die DDR seit fünfundzwanzig Jahren, seit 1963/64, an Geld, Arbeit und Mühe in den Wiederaufbau der Straße Unter den Linden bis zum Opernhaus Friedrichs des Großen und anschließend in die architektonische Wiederbelebung der preußischen »via triumphalis« von Schinkels Neuer Wache bis zur ehemaligen Schloßbrücke am Lustgarten investiert hat, ist angesichts der knappen Finanzlage dieses Staates aller Achtung wert und ist dem Ruhm des alten Preußen einigermaßen gerecht geworden. Geschichte und Geographie übten ihre ehernen Zwänge aus, machten die neuen Herrscher ostwärts der Elbe, gegen deren Willen, von Jahr zu Jahr mehr zu *roten Preußen*.

Nichts schmückt heute Ost-Berlin, die Hauptstadt der DDR, so sehr wie das

Reiterstandbild Friedrichs des Großen auf der Straße Unter den Linden, gegen dessen Wiedererrichtung 1981 die Polen vergeblich protestierten. In diesem Zeichen (»hic signo«), nicht unter Hammer und Zirkel, begann die internationale Reputation der DDR zu wachsen. Das Denkmal des Freiherrn vom Stein, dieses großen gesamtdeutschen Patrioten (»Ich habe nur *ein* Vaterland: Deutschland; mein Glaubensbekenntnis ist *Einheit*«), erhielt Unter den Linden einen würdigen Platz, während das geschichtslose West-Berlin sein Stein-Denkmal in der Spandauer Altstadt so versteckte, daß es von niemandem wahrgenommen wird. In Ost-Berlin aber, gegenüber Schinkels Neuer Wache, bezogen die Helden der preußisch-deutschen Befreiungskriege von 1813 in Standbildern wieder Posten: Blücher und Scharnhorst, York und Gneisenau. Auf wiederholte dringliche Anfrage meinerseits teilte mir der Magistrat von Ost-Berlin Anfang Oktober 1988 verbindlich mit, daß das bisher noch nicht wiederaufgestellte Denkmal des Generals v. Bülow, des Siegers von Großbeeren und Dennewitz, »nach einem sehr zeit- und kostenaufwendigen Restaurierungsprozeß fertiggestellt und zur Komplettierung des ursprünglichen Denkmal-Ensembles vorgesehen« ist.

Das heißt: auch Bülow, der ruhmreiche Verteidiger Berlins, kommt wieder. Vielleicht am vierzigsten Jahrestag der DDR, oder kurz danach. Bis dahin ist man in Ost-Berlin eifrig dabei, »eine umfassende Restaurierung aller Standbilder und Sockel« in Angriff zu nehmen, was dringend nottut; das Marmorstandbild Scharnhorsts ist schon stark angegriffen.

Ja, im Ost-Berliner Magistrat überlegt man, ob es nicht an der Zeit ist, das alte Preußen-Ensemble im Bereich der Schinkel-Wache wiederherzustellen, wie es sich bis 1945 präsentiert hat. In der Mitteilung an mich heißt es: »Da eine Wiederaufstellung des fünften Standbildes nicht als Einzelmaßnahme möglich ist und eine Neugruppierung des gesamten Ensembles bedingt, werden derzeit Standortfragen untersucht, so u. a. auch die Variante der Aufstellung an den originalen Standorten rechts und links der Schinkelschen Wache sowie gegenüber.« Gleichzeitig hat man in Ost-Berlin damit begonnen, den alten Garnisonsfriedhof, auf dem sich u. a. auch die Grabstätte des Majors v. Lützow befindet, zu restaurieren.

Zwei Jahrzehnte hat es gedauert, bis die SED damit begann, sich aus ihrer altererbten Preußen-Feindschaft langsam herauszuarbeiten. Es war ein mühsamer Prozeß. Noch im Frühjahr 1974, als ich für die ARD meinen Potsdam-Fernsehfilm drehte, sprach Direktor Schönemann* nur dann vom »großen König«, womit er Friedrich II. meinte, wenn Mikrophon bzw.

---

* von der Verwaltung der Staatlichen Gärten und Schlösser zu Sanssouci

Kamera ausgeschaltet waren. Und Potsdams Oberbürgermeisterin Brunhilde Hanke war damals noch wild entschlossen, das historische Holländer-Viertel abreißen zu lassen, bis ich ihr mit meinem Film einen Strich durch die Rechnung machte, Erich Honecker sich persönlich einschaltete und die Abrißpläne gestoppt wurden. Erst Ende der siebziger, Anfang der achtziger Jahre konnte man sicher sein, daß Marxistisch-Kleinkariertes nicht mehr zu befürchten stand. Dabei wußten die SED-Funktionäre zu allen Zeiten, daß sie niemals imstande gewesen wären, zwischen Elbe und Oder ein Staatsgebilde zu errichten, ohne die jahrhundertelange Erziehungsarbeit der Preußenkönige an den Ostelbiern, ohne das preußische Erbe an Disziplin, Arbeitseifer und Opferbereitschaft.
»Zuviele Preußen in der DDR«, sagte der heutige polnische Ministerpräsident Rakowski, als ich 1973/74 in Warschau ein Fernsehporträt von ihm drehte und auf die SED zu sprechen kam. Der Pole ahnte nicht, wie sehr er mit seiner abfällig gemeinten Bemerkung die überlegene Ironie und Intelligenz der Geschichte anerkannte.

Die Bundesministerin für innerdeutsche Beziehungen, Frau Wilms, gab am 1. März 1988 in Bonn offiziell bekannt, daß sich – laut Meinungsumfragen – 80 Prozent der Deutschen in der Bundesrepublik für die Wiedervereinigung Deutschlands aussprechen. In den Jahren 1972 bis 1984 hat der Prozentsatz derjenigen, die für die Wiedervereinigung votierten, konstant bei 78 Prozent gelegen; von 1985 bis 1988 stieg er dann auf 80 Prozent; ja, bei denjenigen Westdeutschen, die in letzter Zeit mehrmals die DDR besuchten, beträgt er sogar 87 Prozent.
Diese offizielle Angabe deckt sich in etwa mit der vertraulichen Mitteilung des CDU-Bundestagsabgeordneten Lintner vom 6. Oktober 1987 an die CDU/CSU-Fraktion, daß nach letzten demoskopischen Erkenntnissen 82 Prozent der Bundesbürger »die Wiedervereinigung und die Schaffung eines neutralen Gesamtdeutschland bejahen bzw. unterstützen«.
Der Regierung der DDR und der SED-Führung liegen geheime Informationsberichte vor (die z. T. auch der Bundesregierung bekannt sind), wonach sich seit 1983 die Anzahl derjenigen DDR-Bewohner, die die nationale Einheit und die militärische Blockfreiheit Deutschlands fordern, konstant zwischen 88 und 90 Prozent bewegt.
Von seiten des Hauptverbündeten der DDR, der Sowjetunion, ist diese Tatsache gerade in den letzten beiden Jahren immer wieder anerkannt worden. So entdeckte der sowjetische ZK-Berater Portugalow am 22. Februar 1987 in der Wochenzeitung »Moskowskije Nowosti«, daß alle Deutschen zur gleichen Nation gehören, und im Juli 1988 veröffentlichte die sowjetische Wochenzeitung »Literaturnaja Gaseta« einen Artikel ihres

Mitarbeiters Potschiwalow, in dem ausdrücklich konstatiert wurde, daß die Deutschen ungeachtet ihrer beiden unterschiedlichen Gesellschaftssysteme allesamt Deutsche geblieben seien, daß ihre jahrhundertelange gemeinsame Geschichte und Kultur ein und dieselbe »nationale Psychologie« in beiden deutschen Teilstaaten erzeugt habe. Vor allem aber – und das kam einer Sensation gleich – erklärte der sowjetische Spitzenfunktionär Sagladin, den das Zentralkomitee im Oktober 1988 zu einer außenpolitischen Tagung der nordrhein-westfälischen CDU nach Bonn entsandte, in öffentlicher Rede, die Sowjetunion bekenne sich unter Gorbatschow zu dem entscheidenden Prinzip der Völkerrechts: »die Achtung der Option jedes Volkes und die Anerkennung seines Rechts, selbständig die eigene Zukunft zu bestimmen«.

Das ist für die Deutschen und speziell für die DDR-Bewohner in der Tat die Hauptfrage, um die es in der Gegenwart wie in der Zukunft geht: die Anerkennung ihres Rechts auf nationale Selbstbestimmung! Das Kardinalproblem der DDR-Deutschen ist die Frage ihrer nationalen Identität, ihrer unbestrittenen und gleichberechtigten Zugehörigkeit zur gesamtdeutschen Nation.

Es ist dies zugleich die grundsätzliche und unverzichtbare Voraussetzung einer so dringend notwendigen Umgestaltung in der DDR. Wirtschaftsreformen und Demokratisierungsprozesse können nur dann zum Erfolg führen, wenn das Recht auf nationale und kulturelle Selbstbestimmung nicht in Frage gestellt wird. Ganz in dem Sinne, in dem Friedrich Engels geschrieben hat:

> »So lange die Zersplitterung unseres Vaterlandes besteht, so lange sind wir politisch null. So lange sind öffentliches Leben, Pressefreiheit und was wir noch mehr verlangen, alles fromme Wünsche, deren Ausführung immer halb bleiben wird.«

Das hatte der *junge* Friedrich Engels geschrieben. Der *alte* Engels formulierte es, kurz vor seinem Tode, noch schärfer: »Für Deutschlands nationale Einheit werden sich die deutschen Sozialisten bis aufs äußerste schlagen!« Wer als Klasse oder als Nation sich behaupten wolle, mahnte Engels, der brauche Heimatboden unter den Füßen alles andere sei »Geschwätz«.

Und so ist dieses Buch zu verstehen. Es läßt alles Unwesentliche beiseite, es konzentriert sich auf ein einziges Thema: auf das Verhältnis der DDR zur Nation, zu Deutschland.

Wolfgang Venohr

1.
Die Entstehung

1945–1955

Eine Staatsgründung

Anfang Oktober 1949

Es begann am 5. Oktober 1949. Ich kam mit der S-Bahn von West-Berlin und wollte zum Bahnhof Prenzlauer Allee in Ost-Berlin. Unterwegs hatte ich – zum wievielten Male? – durch die großen Glasscheiben der S-Bahn, die ja damals noch ungehindert in allen vier Sektoren der besetzten deutschen Hauptstadt verkehrte, auf die unübersehbaren Trümmer- und Ruinenlandschaften meiner Heimatstadt Berlin gestarrt. Ich war 24 Jahre alt, vor einem Jahr auf der »Freien Universität« West-Berlins zum Studium der Geschichte und Germanistik zugelassen worden und fuhr fast täglich zu meiner Freundin, einer Ost-Berlinerin, die ich zwei Jahre zuvor in einer Tanzschule am Bahnhof Zoo kennengelernt hatte. Sie wohnte im Ost-Berliner Stadtbezirk Prenzlauer Berg, in der Zelterstraße 10, nur wenige hundert Meter vom S-Bahnhof Prenzlauer Allee entfernt. Ich hatte, wenn ich zu ihr fuhr, nicht das Gefühl, daß ich irgendeine unsichtbare Grenze überschritt. Berlin war damals für uns alle eins.

Als ich durch das Bahnhofsportal auf die Prenzlauer Allee trat, blieb ich überrascht stehen. Hunderte, ja Tausende von Menschen drängten sich auf der Straße, ballten sich zu Klumpen, schoben sich hin und her, gestikulierten und diskutierten. Es war Spätnachmittag, also Feierabend. Männer und Frauen waren von der Arbeit gekommen, wollten rasch noch in die Geschäfte gehen, um für das Abendbrot oder für den nächsten Tag einzukaufen. Aber die erleuchteten Geschäfte in der Nähe des Bahnhofs waren menschenleer. Jeder beeilte und drängte sich, in die dichten Menschentrauben auf der Straße vorzustoßen.

In der Mitte jedes Knäuels standen zwei oder drei SED-Funktionäre, kenntlich an ihren Parteiabzeichen. Sie blickten sich um wie die Irren, wie gehetzte Wölfe, denn die Menschenmassen keilten sie immer enger ein. Alles schrie, lachte oder drohte mit den Fäusten. Hausfrauen fuchtelten den Funktionären mit ihren Regenschirmen vor der Nase herum. Rede prallte auf Gegenrede. Kinder schrien, Hunde bellten, die Straßenbahnen bimmelten pausenlos, um sich einen langsamen Weg durch die Menge zu bahnen. Und immer wieder, über die Straße hinweg, laute Lachsalven: höhnisch, verbittert, provokativ.

Die SED, die allesbeherrschende Partei in der sowjetischen Besatzungszone, hatte ihre Mitglieder und Funktionäre auf die Straße geschickt, um die Bevölkerung darauf vorzubereiten, daß in den nächsten Tagen ein eigener Staat auf dem deutschen Territorium zwischen Elbe und Oder ausgerufen werden sollte: eine »Deutsche Demokratische Republik« in den Grenzen der sowjetisch besetzten Zone Deutschlands.

»Mensch, hau bloß ab! Hau ab in Dein geliebtes Rußland!« – »Wir wollen kein Sowjet-Deutschland!« – »Die Russen sollen endlich nach Hause gehen! Viereinhalb Jahre saugen sie uns schon aus . . .« So scholl es über die Straße, schrien es die Arbeiter und Hausfrauen den SED-Leuten ins Gesicht. Ich blickte mich um: Volkspolizei war nirgends zu sehen. Es war also klar, daß die SED-Führung diesen Straßen-Zirkus mit kaltem Blut veranstaltet hatte, um die politische Stimmung der »werktätigen Massen« am Vorabend ihrer Staatsgründung zu testen.

Eine Weile hörte ich zu. Dann lief ich schnell durch die Zelterstraße und über den Humannplatz zur Schönhauser Allee. Auch dort dasselbe Bild: SED-Funktionäre, eingekeilt in dichte Menschenhaufen, von der aufgebrachten Menge verbal hart attackiert. Sie konnten einem fast leid tun, diese SED-Männer. Jeder von ihnen hatte es mit dreißig Andersdenkenden zu tun. »Einen eigenen Staat wollt Ihr gründen? Dazu seid Ihr doch viel zu duslig, viel zu ungebildet!« – »Mensch, das wird doch kein deutscher Staat, das wird einer von Stalins Gnaden!« – »Was soll denn schon anders werden? Dann werden wir eben in Zukunft staatlich hungern und staatlich schuften . . .« Hausfrauen rechneten den Funktionären den Unterschied in den Butterpreisen, in der Versorgungslage überhaupt zwischen West- und Ost-Berlin vor. Immer wieder die höhnische Frage, was denn eigentlich seit der Währungsreform im vergangenen Jahr im Westen und im Osten Deutschlands geschehen sei. »Ihr wollt Genossen, Ihr wollt Sozialisten sein? Mensch, die HO* ist doch noch tausendmal schlimmer als die kapitalistische Ausbeutung . . .« Die Wut der Massen über die Ausbeutungspreise in den staatlichen HO-Geschäften war schier grenzenlos.

Zurück, im Laufschritt, zur Prenzlauer Allee. Die diskutierende Menschenmasse hatte sich noch vergrößert. Ganz dicht am Bahnhofseingang stand, eingekeilt, ein junger SED-Genosse mit asketisch-hagerem Gesicht, der wütend zurückschrie: »Wer hat denn damit angefangen? Na?? Die da drüben, im Westen, haben einen eigenen Staat ausgerufen. Weil die Amis es so befohlen haben! Sollen wir ruhig zusehen, wie der US-Kapitalismus ganz Deutschland einsteckt?!« Mut jedenfalls hatte dieser junge Mann, der etwa zwanzig Jahre alt sein mochte. Als er von den Leuten als »Russen-

* HO = Handels-Organisation

knecht« beschimpft wurde, schrie er zurück: »Faschisten!« Ein baumlanger Arbeiter im blauen Monteuranzug trat an ihn heran und faßte ihn am Rockknopf: »Was weißt Du Rotzjunge vom Faschismus, he? Als wir draußen an der Front standen, von 39 bis 45, hast Du noch in Deine Pimpfenhosen geschissen.« Johlendes Gelächter. Der Arbeiter ließ ihn los und rief: »Wir sind alle Deutsche, im Westen wie im Osten! Wir wollen keine Besatzer-Staaten! Wir wollen, daß die Besatzer endlich abhauen aus Deutschland . . .«

Am nächsten Abend, dem 6. Oktober 1949, war ich mit einem Freund Unter den Linden. Vom S-Bahnhof Friedrichstraße hatten wir uns herangeschoben. Über die einstige Prachtstraße der Reichshauptstadt marschierten Fackelzüge. Dasselbe Bild wie am 30. Januar 1933, dem Tag der Machtübernahme Adolf Hitlers. Das war erst sechzehn Jahre her! Nur, daß diesmal keine Braunhemden der SA marschierten, sondern Blauhemden der FDJ, die sich in Sprechchören als »junge Sozialisten Deutschlands« feierten. Sie sangen nicht das Deutschland- oder das Horst-Wessel-Lied, sie sangen: ». . . dem Karl Liebknecht, dem haben wir's geschworen – der Rosa Luxemburg reichen wir die Hand«.

Gespenstisch zuckten die Flammen der FDJ-Fackeln über die Schutt- und Trümmerberge der alten Linden-Allee. Sie züngelten um das eingemauerte Reiterstandbild Friedrichs des Großen, sie huschten vorbei am Reichsehrenmal für die Gefallenen, sie beleuchteten für Augenblicke das schwerbeschädigte Schloß am Lustgarten, wo einst Kurfürsten, Könige und Kaiser regiert hatten. Und immer wieder Sprechchöre, die die »Deutsche Demokratische Republik« hochleben ließen. Dazu schmetternde Fanfaren und dumpfe Landsknechtstrommeln.

»Tausend und dreißig Jahre«, sagte mein Freund, als wir kurz nach Mitternacht zum Bahnhof Friedrichstraße gingen, um nach Hause zu fahren. Ich stutzte. Wieso 1030 Jahre? »Na, überleg' doch mal: Seit 1030 Jahren existiert das deutsche Volk, seit 919, als ein Sachsenherzog zum ersten König der Deutschen gewählt wurde. Heute ist der 7. Oktober 1949, und nun gibt es auf einmal *zwei* sogenannte Deutschlands . . . Gute Nacht!«

Aber die Gründung der DDR, dieses zweiten Teilstaates auf deutschem Boden, war nicht über Nacht gekommen. Sie hatte natürlich eine Vorgeschichte gehabt, eine düstere Vorgeschichte von viereinhalb Jahren. In dieser Zeit war Mitteldeutschland immer noch ein Teil des Deutschen Reiches gewesen; eben eine der vier alliierten Besatzungszonen.

Blenden wir zurück, zum Jahr 1945.

Die Zone

von 1945 bis 1949

Im Sommer 1945, als die Flammen des II. Weltkrieges erloschen waren, lebten etwa zwanzig Millionen Deutsche auf dem Territorium zwischen Elbe und Oder, die nun zu Einwohnern der neuen sowjetischen Besatzungszone wurden (nicht gerechnet die ca. zwei Millionen Bewohner der westlichen Besatzungssektoren Großberlins). Niemand von ihnen konnte sich vorstellen, daß sie auf Dauer von den übrigen fünfzig Millionen Deutschen im Westen getrennt werden könnten.

Das ganze mitteldeutsche Land – die Mark Brandenburg, Vorpommern, Mecklenburg, Sachsen-Anhalt, Thüringen, Sachsen, die kläglichen Reste von Schlesien – lag in tiefster Depression darnieder. Es gab keine Reichsregierung mehr, die verhaßten und gefürchteten Truppen der Roten Armee schalteten und walteten nach Belieben. Die Vergewaltigungs- und Ermordungswellen waren gerade vorüber; überall jagte und schnüffelte man nach »Nazis«. Die Versorgung der Bevölkerung, die in den letzten vier Kriegsmonaten schon bedenklich knapp geworden war, sank ins Bodenlose. Die Menschen hungerten schlimmer als die Tiere im Winterwalde. Ein Jahr nach Kriegsende, im Frühjahr 1946, betrug die von den Alliierten festgesetzte tägliche Lebensmittelration für Kinder vom 9. bis 13. Lebensjahr: 300 Gramm Brot, 400 Gramm Nährmittel, 25 Gramm Fett, 20 Gramm Fleisch. Das war zu wenig zum Leben und etwas zuviel zum Sterben. Und dies war ja die bevorzugte Kinder-Ration! Nichtberufstätige, also beispielsweise die große Masse der Mütter und Hausfrauen, Rentner und Pensionäre, mußte sich laut alliierter Verordnung mit 7 Gramm Fett pro Tag begnügen.

Der katastrophale Fettmangel untergrub die Widerstandskraft der Menschen, vor allem in den Wintermonaten. Millionen Wohnungen waren ausgebombt; in den bizarren Trümmerlandschaften von Berlin, Dresden, Potsdam, Leipzig, Magdeburg verkrochen sich Elendsgestalten, um hinter irgendeinem Mauerrest Schutz vor Wind und Kälte, vor Schnee und Eis zu suchen. Heizmaterial war Mangelware. Als der klirrende Winter 1946/47 über das Land fiel, verwandelten sich die Menschen in Wölfe. Um Bretterzäune wurde mit Zähnen und Klauen gekämpft. Da die Sowjets ohnehin fast alle doppelten Eisenbahn-Geleise abmontierten und nach Rußland schaff-

ten, machten sich die Leute nachts mit Sägen und Äxten bewaffnet, auf, die freiliegenden Bohlenschwellen der Eisenbahn zu zerkleinern und als Brennholz nach Hause zu schleppen. Niemand hätte diese furchtbaren Jahre überstanden, wenn er nicht zum »Schieber« geworden wäre. Man besaß ja kaum noch etwas. Aber dies Wenige wurde gegen Lebensmittel eingetauscht. Ein Pfund Butter wurde auf dem Schwarzen Markt zu 500 Mark gehandelt. Eine deutsche Zigarette kostete drei Mark. Die Männer hätten nackt gehen müssen, wenn sie nicht noch ihre alten Wehrmachts-Klamotten gehabt hätten, die immer wieder geflickt oder gewendet wurden. Schnaps galt als Magen- und Seelentröster, denn er heizte ein und ließ für Stunden das grauenhafte Elend vergessen. Glücklicherweise schoben die Offiziere und Kommandeure der ruhmreichen Sowjetarmee, was das Zeug hielt, fuhren in den Kinderwagen ihrer Frauen ganze Ladungen von Schnaps, Likör, Butter, Wurst und Speck aus ihren riesigen Armee-Magazinen (beispielsweise in Potsdam) ab, um es an die ausgemergelten Zonenbewohner zu verhökern, ihnen die letzten Wertsachen abzupressen.
Die Deutschen waren recht-, ehr- und wehrlos. Sie wurden als Parias, als Aussätzige behandelt. Fuhr man am Spätnachmittag im Ostsektor Berlins mit der Straßenbahn die Prenzlauer Allee entlang, im Feierabendverkehr, so konnte man beobachten, wie die Passanten in ganzen Trauben die Straßenseite wechselten, wenn sie sich einem großen finsteren Haus kurz vor dem S-Bahnhof Prenzlauer Allee näherten: Sie fürchteten sich vor dem GPU-Hauptquartier, in das der sowjetische Geheimdienst täglich verhaftete Deutsche schleppte.
Überall fahndete man nach »Nazi-Aktivisten«. Insgesamt wurden in der sowjetischen Besatzungszone 520000 ehemalige NSDAP-Angehörige oder sonstige Anhänger des NS-Regimes aus ihren Behörden-Stellungen geworfen. Etwa 200000 »Nazis« wurden für viele Jahre in die Konzentrationslager und Zuchthäuser geschleppt, ohne Untersuchung, ganz nach Willkür, in Form eines »automatischen« Arrests. Dort konnten sie schmoren, bei Lebensmittelrationen, die noch weit unter denen der Bevölkerung draußen lagen. Der große Schauspieler Heinrich George war einer von denen, die dort jämmerlich krepierten. Am schlimmsten waren die Zustände im ehemaligen Konzentrationslager Sachsenhausen.
Dennoch, die Bewohner der sowjetischen Besatzungszone waren entschlossen zu überleben. Es konnte ja nicht ewig so gehen! Wer von einer zehn- oder zwölfjährigen Besetzung Deutschlands sprach, wurde ausgelacht. Und ein Blick in die Westzonen belehrte ja die Berliner, Sachsen, Thüringer und Brandenburger darüber, daß es in allen Teilen Deutschlands so aussah. Auch dort hungerten und froren die Menschen, auch dort lagen die Städte in Schutt und Asche, auch dort führten die Besatzer rigoros ihre Demontagen

durch. Hieß es in der Ostzone auf Plakaten »Von der Sowjetunion lernen, heißt siegen lernen«, so unterrichteten die britischen Besatzungsbehörden in Berlin-Spandau allen Ernstes die deutschen Hausfrauen darin, wie man Wäsche waschen oder wie man mit Kindern an der Hand die Straße überqueren sollte. In ganz Deutschland spielten sich die alliierten Okkupanten als Kulturbringer auf, behandelten die Deutschen wie unzivilisierte Eingeborene aus dem Urwald. In Westdeutschland hieß es denn auch später in einem Karnevalsschlager: »Wir sind die Eingeborenen von Trizonesien ...« Die Nazijagd grassierte auch in den drei Westzonen. Mehr als 600000 Menschen, davon 322000 allein in der US-Zone, wurden für drei Jahre, vom Frühjahr 1945 bis Frühjahr 1948, in die Internierungslager geworfen, wo sie gegen jedes Recht und Gesetz als vom »automatischen Arrest« Betroffene festgehalten wurden und mit 250 Gramm Brot pro Tag vegetieren mußten. Die Amerikaner hatten nach dem Einmarsch in Deutschland offiziell erklärt, sie kämen »nicht als Befreier, sondern als Besatzer!« Das hatte sich mit Windeseile in ganz Deutschland herumgesprochen. Im »US-Informationsfilm 1945« für die Besatzertruppen hieß es wörtlich:

> »Jeder Deutsche ist ein potentieller Unruhestifter. Daher darf es keine Verbrüderung mit ihnen geben. Verbrüderung bedeutet Freundschaft. Die Deutschen sind nicht unsere Freunde! Sie können nicht einfach in die zivilisierte Welt zurückkehren, ihre Hand ausstrecken und sagen: Tut uns leid.
>
> Tut es ihnen leid? Es tut ihnen nicht leid, den Krieg verursacht zu haben. Es tut ihnen nur leid, daß sie ihn verloren haben!«

Von den zwanzig Millionen Deutschen in der Sowjetzone hätten vielleicht viele diese grauenhaften Jahre von 1945 bis 1948 nicht überlebt, wenn sie geahnt hätten, daß ihr Gebiet vom übrigen Deutschland eines Tages abgetrennt werden würde. Sie waren eisern zum Wiederaufbau und zur Wiedergutmachung entschlossen! Sie hungerten und hofften. Wahrscheinlich hat es in der gesamten Weltgeschichte noch niemals einen solchen Arbeits- und Aufbauwillen gegeben wie damals im total zerstörten Deutschland. Die zehn Jahrgänge 1919 bis 1928 hatten sich an der Front fast verblutet. Aber die, die übrig geblieben waren, wollten nichts als die Ärmel aufkrempeln und in die Hände spucken. Wie ein Wunder muß es nachträglich erscheinen, daß die Deutschen angesichts der schier unübersehbaren Schutt- und Trümmerberge, in Lumpen gekleidet, dem Hungertode nahe, einen solchen Lebenswillen aufbrachten. Diesen Jahrgängen, die schon sechs Jahre Krieg durchgestanden hatten, verdanken die heute in beiden Staaten Deutschlands Lebenden schlechthin alles.

Wie hätte auch jemand auf die Idee kommen sollen, daß die Bewohner der SBZ, der Sowjetischen Besatzungszone, auf ihrem kleinen Stück Deutschland, das knapp 108 000 Quadratkilometer umfaßte, eine eigene Zukunft errichten sollten? Zwar hatte das Gebiet zwischen Elbe und Oder im Jahre 1936 mehr als 26 Prozent der Industrieproduktion des Reiches aufgebracht. Aber es waren fast keinerlei Bodenschätze und nur engbegrenzte Industriestandorte vorhanden. 1936 hatte der Anteil der späteren SBZ an der Gesamtproduktion des Reiches betragen: 1,3% bei Roheisen, 2,3% bei Steinkohle, 6,6% bei Walzwerkserzeugnissen, 14% bei Zement. Und die sowjetischen Dauer-Demontagen saugten der mitteldeutschen Industrie und Infrastruktur das Mark aus den Knochen. Nachdem das Eisenbahnnetz der Zone zu fünfzig Prozent abgerissen und außer Landes geschafft worden war, verkündete zwar Sowjet-Marschall Sokolowski im Januar 1947 offiziell die Einstellung der Demontage-Arbeiten, aber in Wahrheit liefen sie noch bis zum Mai 1948 weiter. Wenn die deutsche Bevölkerung jedoch gehofft hatte, nun würde es endlich mit der Ausplünderung ein Ende haben, sah sie sich bitter enttäuscht. Für die nächsten fünf Jahre folgte nun die Phase der »Entnahme von Reparationen aus der laufenden Produktion«. Konkret hieß das, daß etwa zweihundert Großbetriebe, die ursprünglich demontiert werden sollten, »großzügig« von der Regierung der UdSSR auf deutschem Gebiet belassen, aber in sogenannte Sowjetische Aktiengesellschaften (SAG) umgewandelt wurden, was nichts anderes bedeutete, als daß in ihnen unentwegt für Rußland-Reparationen geschuftet werden mußte. Diese zweihundert SAG-Betriebe stellten 35 Prozent der Gesamtproduktion der Sowjetzone her, so daß von allem, was die Werktätigen zwischen Elbe und Oder in den Jahren 1948 bis 1953 erarbeiteten, nur 65 Prozent in die eigene Verfügung übergingen.
Eigentlich hätte das sowjetzonale Gebiet, das etwa dreißig Prozent des deutschen Rest-Territoriums umfaßte, angesichts dieser katastrophalen Bedingungen zugrunde gehen oder sich in eine Viehweide verwandeln müssen, wie es der Amerikaner Morgenthau für Nachkriegs-Deutschland vorgeschlagen hatte. Doch bis zum Juni 1948, bis zur getrennten Währungsreform in den Besatzungsgebieten Deutschlands, ertrugen die Bewohner der SBZ alles Elend, alle Unbill mit zusammengebissenen Zähnen und in der festen Überzeugung, daß es in ganz Deutschland nicht viel anders aussah und daß der Tag der Wiederherstellung der deutschen Einheit, der Wiedererrichtung eines gesamtdeutschen Staates und des gemeinsamen Wiederaufbaues, nur eine Frage überschaubarer Zeit sein könne.
Wie sollten sie auch anders denken? Sie waren während des Krieges ein Teil des ganzen deutschen Volkes gewesen, hatten sich nicht mehr und nicht weniger als die anderen Deutschen zuschulden kommen lassen, und an

Kultur oder Lebensstandard hatten sie hinter den anderen Reichsdeutschen auch nicht eine Spur zurückgestanden. War nicht das »Berliner Tempo«, waren nicht der Witz, die Intelligenz und der Erfindungsreichtum der Berliner weltberühmt gewesen? Galten die Sachsen nicht seit altersher als die hellsten und unternehmungslustigsten Deutschen? Hatten sich nicht Leipzig oder Dresden mit jeder anderen deutschen Stadt an wirtschaftlicher und kultureller Leistung messen können? Hatte Thüringen mit Weimar und Jena nicht als »das Herz Deutschlands« gegolten? Erst vom Sommer 1948 an sollte es das geben, was man den »traurigen Blick nach Westen« nennen könnte, als jenseits der Elbe im Zeichen des sogenannten D-Mark-Wunders ein beachtlicher wirtschaftlicher Aufschwung einsetzte. Aber das verstärkte nur die Hoffnungen auf die deutsche Einheit! Von dem Gedanken an einen eigenen sowjetzonalen Staat war bei den Massen zwischen Elbe und Oder keine Spur zu entdecken.

Dabei hatten sich seit Herbst 1945 Umgestaltungen der gesellschaftlichen Verhältnisse in der Sowjetzone vollzogen, die alle Kriterien einer »Revolution von oben« erfüllten und die die Lebensbedingungen der Einwohner drastisch veränderten. Für den Prozeß einer Vereinheitlichung Deutschlands mußte das Hemmnisse schaffen. Doch das Bewußtsein der großen Mehrheit aller Deutschen in der Zone wurde davon mitnichten berührt.

Am 8. September 1945 hatte die Kommunistische Partei Deutschlands, die KPD, zur *Bodenreform* aufgerufen. Sie war dazu um so eher in der Lage gewesen, als sich auch die SPD dafür ausgesprochen hatte. Unter dem massiven Druck der Sowjetischen Militärverwaltung hatten schließlich auch die Christlichen Demokraten (CDU) und die Liberal-Demokraten (LDPD) zugestimmt. In der Proklamation der KPD hieß es:

> ». . . In allen Provinzen und Ländern haben sich die vier antifaschistisch-demokratischen Parteien gemeinsam für die sofortige Durchführung der Bodenreform entschieden. Die Bodenreform kann nicht aufgeschoben werden! Das läßt die schwere Lage unseres Volkes nicht zu. Die Zuteilung des Junkerlandes an die armen Landarbeiter und Bauern wird ihr Interesse an der bestmöglichen Bearbeitung und Ausnutzung des Bodens steigern und damit in bester Weise die Volksernährung sicherstellen. Auch werden die bäuerlichen Umsiedler (damit waren die Ost-Vertriebenen gemeint – d. Verf.) wieder eine Existenzmöglichkeit finden. In der gemeinsamen Arbeit und auf Grund ihrer Erfahrungen werden die Bauern alle Schwierigkeiten überwinden.
>
> Wir haben das volle Vertrauen zur Bauernschaft, daß sie ihre privaten Interessen durchaus mit den Interessen des gesamten deutschen Volkes verbinden und in harter Arbeit unserem Vaterland helfen wird.
>
> So demokratisch die Bodenreform in ihrem ganzen Wesen und von

Grund aus ist, so demokratisch soll sie auch zur Durchführung gelangen.

Das Bauernvolk wird durch die von ihm gewählten Organe und in gemeinsamen Versammlungen alle Mittel und Wege beschließen, die zur bestmöglichen Regelung der Landzuteilung und der Bearbeitung des Bodens sowie der Verwendung des Inventars notwendig sind.

Die wichtigste Voraussetzung ist, daß die Bauern selbst Tag für Tag aktiven Anteil an der praktischen Durchführung der Bodenreform nehmen . . .«

Die Bodenreform in der Sowjetzone war eine echte Sensation. Sie war die Ouvertüre zu einem gewaltigen gesellschaftlichen Veränderungsprozeß zwischen Elbe und Oder.

Von der Sache her war die Bodenreform durchaus begründet. Die junkerliche Großraumbewirtschaftung in den weiten Landstrichen Mittel- und Ostdeutschlands, die im 17., 18. und 19. Jahrhundert durchaus unvermeidlich und damals sogar sinnvoll gewesen war, mußte inzwischen als sozial nichtakzeptabel qualifiziert werden. Etwa 900000 ha Landfläche befanden sich bei Kriegsende auf dem Gebiet der Sowjetzone in den Händen von ca. 6000 bis 7000 Großgrundbesitzern. Ungefähr 600000 ha wurden von 300000 Mittel- und Kleinbauern bewirtschaftet. Das konnte nicht so bleiben. Und so hat es keine Ankündigung in der sowjetisch besetzten Zone unter dem maßgebenden Einfluß der Kommunisten gegeben, die bei der Bevölkerung soviel Zustimmung, Hoffnung, ja auch Begeisterung auslöste wie die der Bodenreform.

Nachdem etwa 500000 bis 600000 ha Land aus staatlichem Besitz hinzugeschlagen worden waren, konnte ein Bodenfonds von mehr als zwei Millionen ha gebildet werden. Aus diesem Fonds erhielten etwa 500000 Personen behördliche Landzuteilungen, so daß im Schnitt etwa vier ha auf den Kopf an Zuteilung entfielen. Damit waren Höfe entstanden, die im Schnitt um das Doppelte größer waren als die der früheren Mittel- und Kleinbauern.

Für die Kommunisten allerdings ging es nur um Taktik. Der damalige sächsische Innenminister Kurt Fischer, der vorher als Emigrant in der Sowjetunion gelebt hatte, erklärte 1946 seinem Mitarbeiter Wilhelm Grothaus in einer vertraulichen Besprechung: »Mensch, Wilhelm, das sollen ja gar keine Bauerngehöfte werden. Das sollen Landarbeiterwohnungen werden. Wenn die ganze Enteignung – und die kommt in der nächsten Zeit! – erst einmal durchgeführt ist, dann brauchen wir keine Neubauerngehöfte, dann müssen wir Landarbeiterwohnungen haben. Die Bodenreform, Mensch, das ist doch nur für den Augenblick! Das machen wir nur, um die übrigen Parteien dafür zu interessieren und um die Flüchtlinge unterzubringen.« Doch diese Zielsetzung verheimlichten die Kommunisten vor der Bevölkerung.

Der zweite Streich, die *Schulreform,* lag ebenfalls im Zuge der Zeit und konnte als überzeugendes Zeichen fortschrittlicher Entwicklung verstanden werden. Anfang Oktober 1945 erließen SPD und KPD einen gemeinsamen Aufruf, in dem es hieß:

> »... Das Ziel der demokratischen Schulreform ist die Schaffung eines einheitlichen Schulsystems, in dem die geistigen, moralischen und physischen Fähigkeiten der Jugend allseitig entwickelt, ihr eine hohe Bildung vermittelt und allen Befähigten ohne Rücksicht auf Herkunft, Stellung und Vermögen der Eltern der Weg zu den höchsten Bildungsstätten des Landes freigemacht wird ...
>
> Der Unterricht ist Aufgabe des öffentlichen Schulwesens. Darum kann irgendwelchen Gemeinschaften oder Privatpersonen die Einrichtung von Privatschulen, die den Stoff der allgemeinbildenden Schulen (Volks-, Mittel-, Höhere Schulen) vermitteln, nicht zugestanden werden ...«

Auch dagegen war im Grunde nichts einzuwenden. Daß der Schulunterricht Sache des Staates sein mußte, hatte in Preußen durchaus Tradition, war schon vom Soldatenkönig und Friedrich dem Großen verfochten worden. Es war wirklich hoch an der Zeit, daß die Bildungsprivilegien bevorzugter Schichten zu Fall gebracht wurden. Wenn auch das geschwächte und entmachtete Bürgertum in der Sowjetzone mißtrauisch die Augenbrauen hob und eine »seelenlose Einheitsschule« argwöhnte, in der die Linken, Sozialdemokraten wie Kommunisten, ihre ideologische Indoktrination betreiben konnten, so erhob sich doch öffentlich kein nennenswerter Widerspruch, da niemand sich das Epitheton des »Klassenegoismus« anheften lassen wollte.

Im Verlaufe des Jahres 1946 wurde die Schulreform exekutiert. Das neue einheitliche Schulsystem der Sowjetzone bestand aus einer achtklassigen Grundschule, an die sich entweder eine vierstufige Oberschule oder eine dreistufige Berufsschule anschloß.

Der dritte Hammerschlag, die sogenannte *Justizreform* in der sowjetischen Besatzungszone, stand dagegen eindeutig im Zeichen kommunistischer Diktaturvorbereitung. Der Alliierte Kontrollrat hatte am 30. Oktober 1945 eine Umgestaltung der deutschen Justiz beschlossen. Danach sollte das neue deutsche Gerichtswesen, wie es hieß, »auf der Grundlage des demokratischen Prinzips, der Gesetzmäßigkeit und der Gleichheit aller Bürger vor dem Gesetz ohne Unterschied von Rasse, Staatsangehörigkeit oder Religion« installiert werden. Die alliierte Verkündung selbst war eine bornierte Anmaßung, hatte Preußen sich doch schon im 18. Jahrhundert

faktisch zum ersten Rechtsstaat der Welt entwickelt, zu einer Zeit, in der von »Gleichheit vor dem Gesetz« in den vier Okkupanten-Ländern noch keine Rede war, und die Abschaffung des Rechtsstaates während der kurzlebigen NS-Epoche hatte mit dem hochentwickelten deutschen Rechtsempfinden wahrlich nichts zu tun. Die KPD benutzte jedoch die Kontrollrats-Anordnung, um im Justizapparat der Sowjetzone tabula rasa zu machen. Vorwand war der »Kampf gegen den Faschismus«. So konnte man erreichen, sämtliche ehemaligen Mitglieder der NSDAP aus dem Justizdienst zu entfernen, was u. a. 85 Prozent aller Richter betraf. Doch was nun? Ein geschulter, juristisch ausgebildeter Ersatz war überhaupt nicht vorhanden. Nachdem es im April 1946 zur Verschmelzung der KPD und der SPD zur »Sozialistischen Einheitspartei Deutschlands« (SED) gekommen war, wurden überall in der sowjetischen Besatzungszone sogenannte »Volksrichter« eingesetzt, juristische Laien also, die von Rechtsprechung absolut nichts verstanden, aber im Sinne der SED völlig »linientreu« waren.
Mit einem Propaganda-Trick also hatten sich die Kommunisten einen zuverlässigen Justizapparat geschaffen. Von »Rechtsstaat« konnte hinfort keine Rede mehr sein, Willkür und Parteilichkeit traten an die Stelle von Gesetz und Rechtlichkeit. Mehr als alle anderen Maßnahmen hatte die »Justizreform« die Machtfrage zugunsten der herrschenden SED entschieden.
Mit einem ähnlich durchsichtigen Trick kam der vierte Streich, die *Industriereform,* in Gang. In der Zeit von Oktober 1945 bis März 1946 beschlagnahmte die Sowjetische Militärverwaltung offiziell das gesamte Eigentum des Reiches, der Wehrmacht und der NSDAP, wobei es sich zum großen Teil um schwerindustrielle Betriebe handelte. Sie wurden entweder zu Sowjetischen Aktiengesellschaften umgewandelt, also von den Sowjets kassiert, oder den Verwaltungsbehörden der Zone zur Verfügung gestellt. Flugs meldete sich die KPD zu Wort. Zwar forderte sie keineswegs die Sozialisierung der Betriebe*, doch unter dem Vorwand der Entnazifizierung redete sie nun einer zentralen Wirtschaftsplanung das Wort. Im Januar 1946 hieß es in ihren Verlautbarungen ganz blauäugig:

> »Alle Betriebe und anderen Unternehmungen der Produktion, alle Bodenvorkommen, Unternehmungen des Handels, des Verkehrs, des Versicherungswesens usw., deren Besitzer bzw. bei Aktiengesellschaften deren Direktoren geflüchtet sind, Kriegsverbrecher oder Nazis waren, werden mit allen Rechten und Forderungen in die Hände der Selbstverwaltungsorgane der Gemeinden, Provinzen bzw. Länder übereignet.«

* Noch war vom »Aufbau des Sozialismus« keine Rede, sondern es wurde wohlweislich nur vom Aufbau einer »antifaschistisch-demokratischen Ordnung« gesprochen.

Insgesamt wurden etwa siebentausend Betriebe der Sowjetzone von den Beschlagnahmemaßnahmen der Besatzer betroffen. So war für die KPD/SED der Weg frei, ohne eine direkte Sozialisierungskampagne, quasi Schritt für Schritt, mit der Verstaatlichung der sowjetzonalen Industriebetriebe zu beginnen. In der Argumentation vor der Öffentlichkeit blieb es bei der verschwommenen, willkürlichen Antifaschismus-Parole. Man forderte die entschädigungslose Enteignung aller derjenigen »Betriebe und Unternehmen, die als Kriegsinteressenten anzusehen sind oder die Naziverbrechern, aktiven Nazis oder Kriegsinteressenten gehören oder am 8. Mai 1945 gehörten«. Damit stand praktisch die gesamte Industrie der Sowjetzone auf der Enteignungsliste, denn es gab ja kaum einen Betrieb in Deutschland, der von 1939 bis 1945 nicht für die Wehrmacht produziert hatte, und wenn es sich nur um Strickhandschuhe oder Ohrenschützer für die Landser gehandelt hatte. Demgemäß wurde denn auch von der SED verfahren: Ab Juli 1946 wurde unter der Parole »Enteignung der Kriegsverbrecher« mit der Verstaatlichung der Schwer- und Schlüsselindustrie der Zone begonnen. Dieser umwälzende Prozeß wurde in den nächsten Jahren konsequent weitergeführt. Als es keine »Nazis« mehr zu enteignen gab, führte man Ende 1948 den Begriff der sogenannten »Wirtschaftsverbrecher« ein, um Enteignung und Verstaatlichung weiter vorantreiben zu können.

So wurden die gesellschaftlichen, sozialen und Besitzstrukturen in der Sowjetischen Besatzungszone innerhalb von drei, vier Jahren nach Kriegsende total umgekrempelt. Es war eine beispiellose Revolution von oben, die der hungernden, frierenden, völlig apathischen Bevölkerung mit gewaltigem Propagandagetöse aufgezwungen wurde. Das Raffinierte in der propagandistischen Vernebelung lag darin, daß vorerst von »Sozialismus« so gut wie gar nicht gesprochen wurde und daß alle vier Umwälzungskampagnen – Bodenreform, Schulreform, Justizreform und Industriereform – mit den Notwendigkeiten des »Kampfes gegen den Faschismus« getarnt wurden. Und wer sollte sich dagegen schon aussprechen? Außerdem brachte die SED-Revolution den breiten Massen, wie es schien, durchaus Verbesserungen. Gegen die Boden- und gegen die Schulreform war vom Buchstaben her nichts einzuwenden. Die Industriereform schien auch nur eine verschwindend kleine Gruppe von »Nazis« und »Kapitalisten« zu treffen. Von den zwanzig Millionen Zonenbewohnern glaubten zwar neunzig Prozent nicht daran, daß die Verstaatlichung oder Vergesellschaftung der Betriebe zu individuellen Vorteilen führen würde; aber man fühlte sich persönlich wenigstens nicht direkt betroffen. Der Einzelne bekam vorerst in seinem privaten Bereich lediglich die Auswirkungen der sogenannten Justizreform zu spüren. An Recht und Gesetzlichkeit glaubte niemand mehr zwischen Elbe und Oder.

Gleichgültig und desinteressiert nahm die große Mehrheit der Bevölkerung auch die Verschmelzung von KPD und SPD auf. Am 21. und 22. April 1946 fand der »Vereinigungsparteitag« von SPD (548 Delegierte) und KPD (507 Delegierte) im Ostsektor Berlins statt. Die Delegierten-Zusammensetzung entsprach nicht ganz den wahren Stärkeverhältnissen; denn die SPD der Sowjetzone verfügte über rund 700000 Mitglieder, die KPD dagegen nur über etwas mehr als 600000. Und der 1. Vorsitzende der SPD, Otto Grotewohl, schoß einen kapitalen propagandistischen Bock, als er zur Eröffnung des Spektakulums, an den KPD-Vorsitzenden Wilhelm Pieck gewandt, erklärte: »Als wir beide eben auf diese Bühne kamen, wurde mir die symbolische Bedeutung dieses Aktes klar: Wilhelm Pieck kam von links, und ich kam von rechts (Gelächter und Beifall). Wir kamen aber beide, um uns in der Mitte zu treffen ...« Damit hatte Grotewohl den Kommunisten ohne Not die linke, revolutionäre Position eingeräumt, und bald sollte sich zeigen, daß die durchaus gewillt und fähig waren, diese Position auszufüllen und der neugegründeten »Sozialistischen Einheitspartei Deutschlands« (SED) ihren Willen aufzuzwingen. Heutzutage weiß jedes Kind, von welch immenser Bedeutung diese »Zwangsvereinigung«, wie sie im Westen genannt wird, für den Fortgang der Ereignisse in Deutschland war: Im Osten schuf sie eine scheindemokratische Fassade für die Herrschaftsausübung der Kommunisten, im Westen Deutschlands verstärkte sie den ohnehin latent vorhandenen Antikommunismus der sozialdemokratischen Partei bis zum offenen Russenhaß. Für die Bevölkerung der SBZ, damals, war es nur eines von vielen Ereignissen, die in dumpfer Resignation und Gleichgültigkeit hingenommen wurden.
Auch die neugegründete SED verkündete noch keineswegs ihre wahren politischen Ziele. Man taktierte bewußt vorsichtig. Stalin, der gefürchtete Diktator der Sowjetunion, hatte ja selbst bei Kriegsende erklärt: »Der Kommunismus paßt zu den Deutschen wie der Sattel auf die Kuh.« So wurden falsche ideologische Fährten gelegt. Im Februar 1946 erschien ein Aufsatz des Kommunisten Anton Ackermann in der »Einheit«, einem theoretischen Organ zur Vorbereitung der SED-Gründung, der weithin Aufsehen erregte. Unter dem Schlagwort vom »besonderen deutschen Weg zum Sozialismus« argumentierte Ackermann, eine Entwicklung zum Sozialismus in Deutschland werde »zweifellos« einen spezifisch nationalen Charakter tragen. Er fuhr fort:

> Im Einzelnen werden sich die starken Besonderheiten der historischen Entwicklung unseres Volkes, seine politischen und nationalen Eigenheiten, die besonderen Züge seiner Wirtschaft und seiner Kultur außerordentlich stark ausprägen ...
>
> Kein anderer als Lenin hat betont, daß es der größte Fehler wäre, »die

Wahrheit über die Allgemeingültigkeit der russischen Erfahrungen zu übertreiben und sie auf mehr als einige Grundzüge unserer Revolution auszudehnen« . . .

Im Oktober 1916 brachte Lenin in dem Artikel ›Eine Karikatur auf den Marxismus‹ außerordentlich tiefe Gedanken über die Besonderheit der Entwicklung in jedem Lande zum Ausdruck:

»Alle Völker werden zum Sozialismus gelangen, das ist unausbleiblich, aber sie werden dahin nicht auf dem ganz gleichen Wege gelangen, jedes wird dieser oder jener Form der Demokratie, dieser oder jener Abart der Diktatur des Proletariats, diesem oder jenem Tempo der sozialistischen Umgestaltung der verschiedenen Seiten des gesellschaftlichen Lebens seine Eigenart verleihen. Nichts wäre theoretisch kläglicher, als ›im Namen des historischen Materialismus‹ in dieser Hinsicht ein Zukunftsbild in monotonem Grau zu malen . . .«

In diesem Sinne müssen wir einen besonderen deutschen Weg zum Sozialismus unbedingt bejahen . . .

Alles andere hängt von den subjektiven Faktoren, d. h. in erster Linie von dem Grad der Reife, der Entschlossenheit und der Einheit der deutschen Arbeiterklasse und Werktätigen ab.

Möge uns hier die Zeit auf der Höhe der Aufgaben finden! Dann wird der besondere deutsche Weg zum Sozialismus ein relativ leichter und friedlicher sein können.

Mit ungeheurem Interesse wurde der Ackermann-Artikel in der Zone aufgenommen. Die Linksintellektuellen und die Parteifunktionäre diskutierten leidenschaftlich die konkreten Bedingungen eines »deutschen Weges zum Sozialismus«. Die breite Masse der Bevölkerung erfuhr wenig oder nichts von diesen Debatten. Sie war – unter den verzweifeltsten Bedingungen – mit dem primitiven Kampf ums Überleben beschäftigt. Aber was sollte sie, wenn bloß das Hungern und Frieren endlich mal ein Ende hatte, schon gegen einen »deutschen Sozialismus« einzuwenden haben? Schließlich war man zwölf Jahre lang, von 1933 bis 1945, mit ähnlichen Vokabeln vertraut gemacht worden: »Nationalsozialismus« – »Volksgemeinschaft« – »Volksgenossen« – »Gemeinschaftsgeist und Solidarität« – »Arbeiter der Stirn und der Faust« – »Arbeit schändet nicht, Arbeit adelt« – etc., etc. Hitler hatte die Klassenkampffronten im deutschen Volk beiseitegefegt, jedem klassenkämpferischen Denken von oben – gegen die »Kanaille« oder gegen den »Plebs« – ein für allemal ein Ende bereitet. Und in den sechs Jahren Fronterleben war auch dem Letzten das Privilegien-Denken abhanden gekommen. Die Frage lautete also keineswegs »Sozialismus oder nicht?«, sondern ganz eindeutig »deutscher Sozialismus oder russischer

Kommunismus?« Da ohnehin das Kriegsende alle gleich, gleich arm und gleich entrechtet, gemacht hatte, konnte eine Sozialismus-Debatte, die ja vorerst auch nur theoretisch geführt wurde, die große Mehrheit nicht erschrecken. Man stellte nicht die Frage, *ob* es zum Sozialismus kommen würde, sondern, *wie* es dazu käme. Auch die Ost-CDU trat ja für eine christliche Spielart des Sozialismus ein. Ihr Erster Vorsitzender, Jakob Kaiser, hatte im Juni 1946 in Ost-Berlin eine große Rede gehalten, in der er einleitend erklärte, das zukünftige Deutschland habe »Brücke zu sein zwischen Ost und West, um Deutschlands, um Europas willen« und dann, zur Frage der Gesellschaftsordnung übergehend, fortfuhr:

> »Wir verlangen nicht nur als Christen, sondern auch als Demokraten eine gesunde sozialistische Ordnung. Wir können nicht der Auffassung zustimmen, daß die Idee einer Demokratie sich in dem Ideal eines formalen Abstimmungsmechanismus erschöpft. Es genügt nicht, daß jeder Deutsche gleiches Stimmrecht hat. Es muß auch jeder Staatsbürger die gleiche Chance haben, wirklich an der politischen Willensbildung seines Volkes teilzunehmen. Davon kann aber so lange keine Rede sein, als innerhalb des Volkes Leute vorhanden sind, die auf Grund privatrechtlicher Titel, kraft eigener Besitzvollkommenheit überragende wirtschaftliche Machtstellungen innehaben . . .«

Hier muß die Frage aufgeworfen werden, ob es in diesen ersten düsteren Jahren nach der Kapitulation, als die Deutschen wie Parias behandelt wurden, überhaupt Möglichkeiten gab, mit den sowjetischen Besatzern ein kritisches Gespräch über ihre Deutschlandpolitik zu führen. Ein Mann jedenfalls hat es versucht: Rudolf Nadolny, ehemals Botschafter des Deutschen Reiches in der Sowjetunion bis 1934, der schon Hitler furchtlos widersprochen hatte, übergab dem sowjetischen Außenminister Molotow am 30. April 1947 in Ost-Berlin ein zwölfseitiges Memorandum, in dem er die brutale sowjetische Besatzungspolitik und die einseitige Bevorzugung der SED scharf kritisierte.

Doch das Jahr 1948 versetzte allen politischen Hoffnungen in der Sowjetischen Besatzungszone einen Tiefschlag. Bereits ein Jahr zuvor, im Juni 1947, hatte die Sowjetische Militärverwaltung auf die Gründung des Wirtschaftsrates der sogenannten »Bizone« (Zusammenfassung der britischen und amerikanischen Besatzungszonen Westdeutschlands) mit der Installierung einer »Deutschen Wirtschaftskommission« (DWK) reagiert. Nun, am 20. Juni 1948, kam es zur separaten westdeutschen Währungsreform. Die einseitige Maßnahme wirkte wie ein Donnerschlag! Bereits seit Herbst 1946 hatten die vier Besatzungsmächte Verhandlungen zur Sanierung der deutschen Finanzen geführt, um Erscheinungen wie Schwarzmarkt, Tauschhandel, Preiswucher und Spekulation zu bekämpfen. Die Amerikaner und die Sowjets hatten wiederholt Vorschläge für eine Geldumwertung vorgelegt. Der sowjetische Plan, der eine deutsche Zentralbank und eine zentrale deutsche Finanzverwaltung vorsah, wurde von den USA abgelehnt. Es wurde aber noch ein Jahr mit den Sowjets weiterverhandelt, obwohl die drei Westmächte bereits seit Frühjahr 1947 insgeheim, hinter dem Rücken der Sowjets, daran gegangen waren, konkrete Vorbereitungen für eine separate Währungsreform in ihren Besatzungsgebieten zu treffen. Die Sowjets mußten ihrerseits auf die westliche Maßnahme reagieren, wenn sie verhindern wollten, daß ihre Zone nun mit riesigen Mengen wertlos gewordenen Geldes überschwemmt wurde. So erließen sie drei Tage später den Befehl Nr. 111 für eine gesonderte Währungsreform in der Zone.

War das alles schon in den Augen der Deutschen zwischen Elbe und Oder schlimm genug, weil es zum ersten Mal jedem Einzelnen seine besondere Lage gegenüber den Landsleuten im Westen Deutschlands konkret vor Augen führte, so machte die SED-Führung im Herbst 1948 im Innern der Zone jeglichen Illusionen über »einen besonderen deutschen Weg zum Sozialismus« ein Ende. Die Russifizierung sollte beginnen.

Die Sowjettruppen waren ja von der überwältigenden Mehrheit der Bevölkerung, von etwa neunzig Prozent, mitnichten als »Befreier« akzeptiert worden. Auch die tägliche Beobachtung der sowjetischen Besatzungstruppe hatte nicht gerade dazu beigetragen, in ihnen »Kulturbringer« zu sehen. Die ständige unerträgliche Lobhudelei auf Stalin und die Sowjetunion unter dem Generalmotto »von der Sowjetunion lernen, heißt siegen lernen« hatte in der Bevölkerung teils Spott, teils Erbitterung ausgelöst. Die Deutschen in der SBZ, von Not und Enttäuschung gezeichnet, waren an sich zu allem bereit: sich von der Vergangenheit ab- und der Zukunft zuzuwenden, mit allen Völkern Frieden zu halten, auch und gerade mit dem russischen, auf jeden Gedanken an Rache und Revanche zu verzichten, vor allem in die Hände zu spucken und die Ärmel aufzukrempeln. Nur *eines* wollten sie nicht: russische Zustände in Deutschland.

Am 15. Oktober 1948 mußten sie jedoch in den Zeitungen und Hörfunkprogrammen der Zone etwas absolut Russisches zur Kenntnis nehmen. Zwei Tage zuvor, am 13. Oktober, war der Kumpel Adolf Hennecke in die Grube »Karl Liebknecht« des Steinkohlenwerkes »Gottes Segen« in Zwickau eingefahren und hatte in einer wohlvorbereiteten Sonderschicht sein Arbeitssoll zu 380 Prozent übererfüllt. Und nun ging ein Propagandarummel los, daß den Leuten Hören und Sehen verging. Am 17. Oktober richtete das Zentralkomitee der SED folgenden Offenen Brief an den Kumpel Adolf Hennecke:

»Lieber Genosse Hennecke!
Mit großer Freude haben wir von Deiner wegweisenden Tat erfahren. 380 Prozent des Tagessolls – 24,4 Kubikmeter Steinkohle in einer Schicht – ist eine revolutionäre Leistung zur Erfüllung des Wirtschaftsplanes und eine schlagende Antwort auf die Marshallplanpolitik im Westen! Du sagst, Deine Leistung sei nichts Besonderes – sie ist aber das krönende Ergebnis eines wohlüberlegten, mit eisernem Willen verfolgten Planzieles . . .
Hieraus geht klar hervor, daß Deine Tat das Ergebnis der in Dir lebendig gewordenen Tradition der deutschen Arbeiterbewegung ist, wie sie sich unter anderem in Karl Liebknecht, dessen Name Deine Grube mit Stolz trägt, verkörpert. Sie ist das Ergebnis des sozialen Verantwortungs- und höchsten Pflichtbewußtseins gegenüber Deiner Partei, Deiner Klasse und unserem Volk.«

Nun hieß es von morgens bis abends »Erfüllen und Übererfüllen« in der SED-Propaganda. Eine »Hennecke-Woche« wurde gefeiert, und im Februar 1949 rief die Partei eine große »Hennecke-Konferenz« ein. Der wahre Hintergrund der Agitations-Kampagne war völlig klar: Um dem Anlaufen des westdeutschen »Wirtschaftswunders« auch nur einigermaßen Paroli bieten und um die eigenen wirtschaftspolitischen Ziele erreichen zu können, bediente sich die SED-Führung – nach sowjetischem Vorbild – des Mittels einer »Aktivisten-Bewegung«.
Die Bevölkerung der Zone durchschaute die SED-Absichten vom ersten Augenblick an. Zu gut war ihr in den letzten drei Jahren das sowjetische Antreiber- und Ausbeutungssystem unter dem Namen Stachanow, eines russischen Hennecke, bekannt geworden. Dieser mysteriöse Alexej Stachanow, aus dem Gouvernement Orel gebürtig, hatte in der Nacht vom 30. zum 31. August 1935 im Steinkohlebecken am Donez angeblich 18 Tonnen Steinkohle pro Stunde abgebaut und war daraufhin von Stalin zum Helden der Sowjetunion ausgerufen worden. Diejenigen in der Sowjetischen Besatzungszone, die etwas vom Abbau verstanden, wußten, daß die durchschnittliche sowjetische Abbau-Leistung damals bei 1,3 Tonne pro Mann und Stunde gelegen, während der absolute Förderrekord 1935 im Ruhrgebiet 9 Tonnen pro Mann und Stunde betragen hatte. Man hielt die ganze Stachanow-Kampagne für einen ausgemachten Schwindel, der nur dazu dienen sollte, der alten Gewerkschaftsparole »Akkord ist Mord« den Garaus zu machen. Daß die Zonenbewohner mit dieser Vermutung richtig lagen, wurde im Oktober 1988 in der »Komsomolskaja Prawda« enthüllt: Stachanow hatte zwei heimliche Helfer gehabt, die Kumpel Borissenko und Schtschigolew; sein Abbau-»Rekord« hatte lediglich 6 Tonnen pro Stunde

betragen. Mit einem Mal erkannten die Massen, daß die SED-Führung dabei war, sklavisch das Sowjet-Modell nachzuahmen, in der Zone russische Zustände einzuführen. Was in der Sowjetunion vielleicht seinen Sinn haben mochte, um die berüchtigte Oblomow-Mentalität, diese tiefeingewurzelte Trägheit der russischen Massen zu überwinden, konnte bei den fleißigen, ehrgeizigen, von den Preußenkönigen zu höchstem Pflichtbewußtsein erzogenen Ost- und Mitteldeutschen kein positives Echo finden. Echte Wut durchdrang alle Schichten der Werktätigen, die aus ihren praktischen Berufserfahrungen her das abgekartete Spiel der Funktionäre völlig durchschauten. Hennecke, dieser Name wurde in der SBZ zum Synonym für russische Antreibung und Ausbeutung. Nicht Gottes, sondern Stalins Segen habe auf Hennecke und dem 13. Oktober geruht, witzelte man böse in der Bevölkerung.

Die Stimmung verschlechterte sich weiter, als im November 1948 alle Betriebsräte der ca. 45000 Betriebe der Sowjetzone aufgelöst wurden. Dabei war es erst zweieinhalb Jahre her, daß der Alliierte Kontrollrat im April 1946 Betriebsräte »in ganz Deutschland« gestattet hatte. Offensichtlich waren die Betriebsräte, in denen traditionell die ehemaligen Sozialdemokraten dominierten, dem neugegründeten »Freien Deutschen Gewerkschaftsbund« (FDGB), der sich gänzlich in der Hand der SED befand, bei dem Bestreben im Wege gewesen, eine Hennecke-Aktivistenbewegung nach sowjetischem Vorbild auf die Beine zu stellen. Nun hieß es offiziell, daß »Betriebsräte und Betriebsgewerkschaftsleitungen (BGL) miteinander vereinigt« würden. Diese Erklärung war eine Farce. Denn tatsächlich ersetzten die BGL's, die reine Machtinstrumente der SED waren, in Kürze sämtliche Betriebsräte der Zone. Im Spätsommer 1949 konnte man sagen: Die Arbeiter zwischen Elbe und Oder waren so macht-, wehr- und einflußlos wie noch niemals zuvor in den vergangenen dreißig Jahren, seit der Republikgründung im Jahre 1919.

Die Einführung des Hennecke-Stachanow-Systems und die Beseitigung der Betriebsräte auf kaltem Wege hatte vor allem den männlichen Teil der Werktätigen tangiert, denn noch waren beträchtliche Teile der weiblichen Bevölkerung nicht in den Produktionsprozeß eingegliedert. Der nächste Hammerschlag der SED-Führung aber traf alle, Männer wie Frauen, Väter wie Mütter, Alte und Junge. Am 27. Oktober 1948 verkündete die Deutsche Wirtschaftskommission die Gründung einer staatlichen »Handelsorganisation« (HO). In der Bekanntmachung hieß es:

> »... Um der Bevölkerung die Möglichkeit zu geben, zusätzlich außerhalb der rationierten Versorgung gewerbliche Gebrauchsgüter und Lebensmittel zu erwerben, wird ein freier Verkauf gewerblicher Gebrauchsgüter und Lebensmittel eingeführt. Für den Verkauf gewerbli-

cher Gebrauchsgüter und Lebensmittel zu erhöhten Preisen wird durch die Hauptverwaltung Handel und Versorgung eine Handelsorganisation gegründet. Diese Handelsorganisation errichtet eigene Verkaufsstellen und Gaststätten. Sie kann andere Handelsbetriebe mit dem Verkauf bestimmter Waren beauftragen. Die Handelsorganisation (HO) ist ein volkseigenes Handelsunternehmen . . .«

Bis dahin hatte es in der Sowjetischen Besatzungszone – neben dem illegalen Schwarzen Markt – immer noch das Rationierungssystem der Kriegszeit gegeben. Es gab eben alles nur auf Marken. Die Lebensmittelpreise lagen noch immer auf dem niedrigen Niveau der Vorkriegs- und Kriegszeit, wie beispielsweise:

Schweinefleisch	kg	2,68
Rindfleisch	kg	2,08
Kalbfleisch	kg	3,46
Jagdwurst	kg	3,60
Pflanzenöl	kg	2,35
Zucker	kg	1,08
Vollmilch	Liter	0,28
Eier	Stück	0,13

Das waren wunderbar niedrige Preise. Aber die Waren blieben eben strengstens rationiert, so daß das Angebot auch nicht im mindesten der seigenden Nachfrage und langsam wachsenden Kaufkraft entsprach. Jetzt trat neben das Rationierungssystem das sogenannte HO-System, um die überschießende Kaufkraft abzuschöpfen und um die wachsenden Konsumbedürfnisse der breiten Massen, die sich am beginnenden westdeutschen Wirtschaftsaufschwung orientierten, zu befriedigen. Im ersten Augenblick der Ankündigung ging denn auch ein Hoffnungsraunen durch die Zone. Die Leute rissen sich gegenseitig die SED-Zeitungen aus der Hand, die sie sonst kaum eines Blickes würdigten oder gelangweilt als Einwickelpapier benutzten. Jetzt studierte man »Neues Deutschland« oder die Ost-»Berliner Zeitung« sorgfältig, Zeile für Zeile. Doch aus Hoffnung und Neugierde wurden Kummer und Entsetzen. Die neuen HO-Preise konnten nur als astronomisch bezeichnet werden.
Im Sommer 1949, unmittelbar vor Gründung der DDR, betrug das durchschnittliche Monatseinkommen eines Arbeiters oder Angestellten in der SBZ etwa dreihundert Mark. Die neuen HO-Preise aber betrugen zu diesem Zeitpunkt:

Weizenmehl	kg	8,–
Schweinefleisch	kg	51,–
Jagdwurst	kg	44,–
Margarine	kg	50,–
Butter	kg	70,–
Zucker	kg	15,–
Bockwurst	Stück	3,60
Eier	Stück	2,–
Herren-Sporthemd	Stück	60,–
Damenkleid (Kunstseide)	Stück	195,–
Schlüpfer (Kunstseide)	Stück	25,–
Glühbirne (40 Watt)	Stück	20,–

Nie während ihres gesamten Bestehens hat die SED-Führung einen größeren und verhängnisvolleren Fehler gemacht als den der Einführung des HO-Systems. Kein Wunder, daß die erbitterten Hausfrauen und Mütter am 6. und 7. Oktober 1949, als die Staatsgründung auf den Straßen Ostberlins diskutiert wurde, den SED-Funktionären die Butterpreise an den Kopf warfen und sie mit denen in Westberlin verglichen. Die beiden Buchstaben »HO« wurden in den Augen der Massen Ostelbiens zum Synonym für ein Ausbeutungssystem nach russischem Vorbild.

Denn nun wurde ja für jedermann augenfällig, daß von einem »besonderen deutschen Weg zum Sozialismus« keine Rede sein konnte. Solange sich die SED darauf beschränkt hatte, die Bodenschätze, die Banken und Versicherungen, die Schwer- und Schlüsselindustrien zu verstaatlichen, mußte die Hoffnung auf einen »nationalen Sonderweg«, weitab vom sowjetischen Modell, keineswegs preisgegeben werden. Aber nun ging die SED ganz offen dazu über, den Mittelstand und das Kleinbürgertum zu vergewaltigen, in die Lebenssphäre jedes Einzelnen einzubrechen. Hier zogen auch keinerlei scheinheilige Parolen von »Entnazifizierung«, von der Verfolgung und Enteignung der »Nazi-Aktivisten«, mehr. Jetzt wurde der kleine Mann betroffen; und zwar nicht nur durch die Wucherpreise.

Vom Frühjahr 1949 an ging die SED dazu über, zugunsten ihres staatlichen HO-Systems massenweise Einzelhandelsgeschäfte, Gaststätten, Cafés, Pensionen und Hotels zu entprivatisieren. Von Jahr zu Jahr sah man immer seltener den privaten »Tante-Emma-Laden«, das Milchgeschäft an der Straßenbahnhaltestelle, die Kneipe an der Ecke. Eine einzige Zahl spricht Bände: In fünf Jahren, von 1949 bis 1954, ging der Anteil der Privatgeschäfte in der DDR von 82 auf 32 Prozent zurück, während der Anteil der staatlichen HO am gesamten Einzelhandelsumsatz im selben Zeitraum von 1,5 auf 35 Prozent stieg. Der Großhandel kam völlig in die Hände des Staates.

Diese Politik hat die 1949 gegründete DDR um Jahrzehnte zurückgeworfen, ja ihr Antlitz bis heute entstellt. Nicht die Verstaatlichung der Schwer- und Schlüsselindustrien, nicht die später mit brutalen Mitteln betriebene Zwangskollektivierung der Landwirtschaft sind es gewesen, die die DDR in ihrem Image wie in ihrer Lebensqualität so entscheidend hinter die Bundesrepublik zurückfallen ließen. Die völlig unsinnige Verstaatlichung bzw. Vergesellschaftung weiter Sektoren des Einzelhandels und der Dienstleistungen haben die »russischen Zustände« östlich der Elbe bewirkt, die dem jungen Staat so geschadet haben.
Von der politisch-gesellschaftlichen Machtfrage her waren diese Maßnahmen völlig überflüssig. Hätte die SED-Führung sich damit begnügt, sämtliche Betriebe mit mehr als 100 Arbeitnehmern zu sozialisieren, so wäre ihre Macht im Staate nicht im mindesten tangiert worden, und die den Deutschen innewohnende Einzelinitiative hätte sich in den meisten Wirtschaftsbereichen nach wie vor auswirken können. Auf keinen Fall aber durfte man den Wirtschaftssektor antasten, in dem der kleine Gewerbetreibende mit zehn oder weniger Arbeitskräften wirtschaftete. Das betraf die Einzelhandelsgeschäfte, die Pensionen, Gaststätten, kleineren Hotels, die Handwerksbetriebe etc. Der hoffnungslose Kampf um die »Verkaufskultur«, den die SED jahrzehntelang, bis heute, zu führen genötigt war und der doch nie so recht Früchte tragen mochte, wäre von Anfang an vermieden worden.
In Deutschland hatte es seit hundert Jahren einen traditionsreichen Mittelstand, ein ehrgeizig nach oben strebendes Kleinbürgertum gegeben. Der fleißige Handwerker und der ehrpusselige Gewerbetreibende waren der Stolz der Nation gewesen. Das waren soziologische Phänomene, die in Rußland und in der Sowjetunion völlig unbekannt waren. Dort waren und sind bis heute Begriffe wie »Mittelstand« oder »Einzelinitiative« Fremdworte, wie der verzweifelte Kampf Michail Gorbatschows gegen die »Trägheit«*der russischen Massen, gegen die Initiativlosigkeit der Einzelnen schlagend erweist. Und es bestand 1948/49 auch nicht die geringste Notwendigkeit, dem russischen »Beispiel« in dieser Hinsicht Folge zu leisten. Die Vernichtung von Ehrgeiz, Anreiz und Initiative im Einzelhandel wie im Dienstleistungsgewerbe führte dazu, daß die DDR über lange Jahrzehnte hinweg so abstoßend grau, zurückgeblieben und »ostblockmäßig« wirkte.
Wie unproduktiv sich das HO-System auswirkte, beweist die Tatsache, daß die privaten Einzelhändler, die 1954 nur noch einen Drittel-Anteil ausmachten, zwei Drittel des gesamten Einzelhandelsumsatzes bewirkten, während

* So Gorbatschows eigene Definition

HO und Konsum, die zwei Drittel aller Geschäfte und Verkaufsstellen geschluckt hatten, nur ein Drittel des Gesamtumsatzes zustande brachten. Die Effektivität eines Privatgeschäfts betrug also das Vierfache eines HO- oder Konsum-Ladens.
Kurz, im Sommer 1949 erreichte die Stimmung der Zonen-Bevölkerung ihren Tiefpunkt. Zur Wut und Verzweiflung über das K.O.-System der HO gesellten sich die Aufstachelungssignale des Westens, der in seinen Medien seit einem Jahr Haß und Verachtung gegenüber der Sowjetunion und dem Kommunismus predigte. Denn seit dem Frühjahr 1948 hatte sich die politische Großwetterlage in der Welt drastisch verändert: an die Stelle der antifaschistischen Harmonie der ehemaligen Kriegskoalition gegen Deutschland war der Kalte Krieg zwischen West und Ost getreten! Bis zum Äußersten erregt, ständig pendelnd zwischen Furcht und Hoffnung, hatten die Bewohner der Zone die dramatische Entwicklung miterlebt:
20. März 1948 – der Alliierte Kontrollrat zerbricht
20. Juni 1948 – die Westalliierten verkünden die Währungsreform
23. Juni 1948 – die Sowjets antworten mit eigener Währungsreform
24. Juni 1948 – die Sowjets blockieren die Westsektoren
26. Juni 1948 – die alliierte Luftbrücke für Westberlin beginnt.
Im selben Tempo, in dem sich diese Ereignisse vollzogen, änderten die westlichen Medien, vor allem der RIAS (Rundfunk im amerikanischen Sektor von West-Berlin), ihre Sprache gegenüber dem Osten. Waren bis dahin die Kommunisten und SEDisten Zielscheibe westlicher Kritik und Ablehnung gewesen, so kam nun auch die sowjetische Besatzungsmacht immer mehr in die Schußlinie. Auf einmal war der ganze antifaschistische Einheitstenor der letzten drei Jahre wie weggewischt. Die Propagandaparolen lauteten nun »hier Freiheit und Demokratie« (im Westen) – »dort Unfreiheit und Diktatur« (im Osten). Die Bevölkerung der SBZ verfolgte die Entwicklung atemlos an den Rundfunkgeräten. Jeder hatte Freunde, Verwandte oder Bekannte, die regelmäßig nach Berlin fuhren, dort in die Westsektoren gingen und heimlich westliche Tageszeitungen mit nach Hause brachten. Die Beendigung der Blockade West-Berlins durch die Sowjets interpretierte man einhellig als Sieg des Westens.
Jetzt, unmittelbar nach Gründung der DDR, begann auch die Massenflucht von Ost nach West, die »Abstimmung mit den Füßen«, wie die westliche Propaganda höhnte. In den drei Jahren vom Herbst 1946 bis Herbst 1949 hatten etwa 300000 Menschen der SBZ den Rücken gekehrt, um sich nach dem Westen zu begeben. Im letzten Quartal 1949 verließen fast 140000 Deutsche ihre Heimat zwischen Elbe und Oder. Kaum also war der neue Staat entstanden, hatte er schon eine Verlustbilanz von fast einer halben Million Menschen zu registrieren.

Etwa 19,5 Millionen Deutsche waren nun, Ende 1949, DDR-Bewohner. Aber es gab kaum jemanden unter ihnen, der bereit gewesen wäre, auf einen längeren Bestand dieses Staatsgebildes eine Wette zu riskieren. Jedermann zwischen Elbe und Oder war fest davon überzeugt, daß dieser »Spuk« in wenigen Jahren Vergangenheit sein würde. An der zukünftigen Einheit Deutschlands zweifelte niemand.

Die Einheit

von 1945 bis 1952

»Tatsächlich gingen alle Maßnahmen, die in den Jahren 1948/49 zur Teilung Deutschlands führten, auf westliche Initiative zurück.« Diesen Satz schrieb Dr. Renata Fritsch-Bournazel, französische Deutschland-Expertin und Studiendirektorin für Politik an der Pariser Universität, im Jahre 1979 in ihrem Buch »Die Sowjetunion und die deutsche Teilung«. Eine ungeheuerliche Feststellung! Eine Feststellung, die wir jedoch nachvollziehen können, wenn wir uns klarmachen, daß die Währungsreform von 1948, die zur sowjetischen Berlin-Blockade führte, wie auch die Gründung der Bundesrepublik 1949, die im Gegenzug die Gründung der DDR auslöste, völlig einseitige westliche Maßnahmen waren, die in diametralem Gegensatz zum Potsdamer Abkommen von 1945 standen. Auf der Potsdamer Konferenz, die vom 17. Juli bis 2. August 1945 tagte, war einhellig beschlossen worden: »Bis auf weiteres wird keine zentrale deutsche Regierung errichtet werden. Jedoch werden einige wichtige zentrale deutsche Verwaltungsabteilungen errichtet werden, an deren Spitze Staatssekretäre stehen, und zwar auf den Gebieten Finanzwesen, Transportwesen, Verkehrswesen, Außenhandel und Industrie.« Und an anderer Stelle war festgelegt worden: »Während der Besatzungszeit ist Deutschland als ein wirtschaftliches Ganzes zu betrachten.«

Das war eindeutig und unmißverständlich. Die Besatzer hatten einschränkungslos von »Deutschland« gesprochen – nicht von Teilen desselben! –, und sie hatten es, zumindest wirtschaftlich, ausdrücklich als »Ganzes« deklariert. Unter den spezifischen Bedingungen der totalen Niederlage und Besetzung Deutschlands war unbedingt von diesen Bestimmungen auszugehen. Wir werden untersuchen müssen, wie sich die SED und – in dialektischer Widerspiegelung – die westdeutsche Seite dazu verhielten.

Was die SED als sogenannte selbständige Partei angeht, muß natürlich berücksichtigt werden, daß es sich nicht um eine unabhängige Kraft handelte, sondern daß sie über viele Jahre hinweg zum Nutzen und im Interesse sowjetischer Macht- und Außenpolitik instrumentalisiert wurde. Aber auch unter gebührender Berücksichtigung dieses Gesichtspunktes ist es doch möglich, die SED-Leute wenn schon nicht an eigenen Taten, so doch an ihren Worten in der Frage der Einheit Deutschlands zu messen.

Natürlich setzten die sowjetischen und deutsch-kommunistischen Überlegungen hinsichtlich einer operativen Deutschlandpolitik lange vor 1945 ein. Den Beginn wird man auf Ende 1942 datieren können, als einerseits feststand, daß das Deutsche Reich – infolge des Hitlerschen Angriffs vom 22. Juni 1941 – als friedlicher, gleichberechtigter Partner sowjetischer Außenpolitik nicht mehr zur Debatte stand, und sich andererseits – infolge des sowjetischen Abwehrsieges bei Stalingrad – die langfristige Perspektive eröffnete, ein schließlich niedergeworfenes Deutschland als Objekt sowjetischer Machtansprüche und als Experimentierfeld deutscher Kommunisten behandeln zu können.

Es gab vielleicht auch eine Phase – während der Konferenz von Teheran im November 1943 –, in welcher die sowjetische Führung mit dem Gedanken an eine Zerstückelung Deutschlands liebäugelte. Inwieweit das nur listige Schachzüge Stalins waren, mit denen er die Westmächte auf ein von ihnen selbst anvisiertes Glatteis locken wollte, um sie anschließend desavouieren zu können, mag dahingestellt bleiben. Sicher ist, daß diese Phase sehr kurz war und daß es Roosevelt und Churchill in Teheran niemals gelang, Stalins Einverständnis zur Forderung nach »bedingungsloser Kapitulation« zu bekommen. Im Gegenteil, von Anfang 1944 an richtete sich die sowjetische Deutschlandpolitik unzweideutig auf ein einheitliches, unzerstückeltes Deutschland, wie es insbesondere durch Gründung und Einsatz des »Nationalkomitees Freies Deutschland« und des »Bundes Deutscher Offiziere« zum Ausdruck kam.

Diese »schwarz-weiß-rote« Phase entsprach nicht nur dem ideologischen Nationenverständnis Stalins (»Die Hitler kommen und gehen; das deutsche Volk, der deutsche Staat bleibt«), sie deckte sich außerdem mit den imperialen Zielsetzungen des Kreml, die sich – in Übereinstimmung mit der Fortentwicklung der militärischen Lage – von nun an zielstrebig und konsequent auf *ganz* Deutschland richteten.

Die deutschen Kommunisten hatten dem natürlich kritiklos zu gehorchen. Aber diese Linie deckte sich ja auch problemlos mit ihrem eigenen Verständnis, mit ihren eigenen Traditionen, die seit den Zeiten des Kommunistischen Manifests von 1847/48 auf eine einzige, unteilbare deutsche Republik gerichtet waren. Separatistische Aspirationen waren in der hundertjährigen Geschichte der sozialistischen Bewegung Deutschlands einfach undenkbar gewesen. Grundgesetz oder Ausgangspunkt sämtlicher Bestrebungen deutscher Sozialisten in der nationalen Frage Deutschlands war die Verpflichtung, die 1863 im Programm des Allgemeinen Deutschen Arbeitervereins verankert worden war:

> »Wir wollen nicht ein ohnmächtiges und zerrissenes Vaterland, machtlos nach außen und voll Willkür im Innern – das ganze gewaltige Deutschland wollen wir, den einen freien Volksstaat!«

Dieses nationale und zugleich sozialistische Vermächtnis war von Friedrich Engels bestätigt worden, als er dreißig Jahre später erklärte:

> »Für Deutschlands nationale Einheit werden sich die deutschen Sozialisten bis aufs äußerste schlagen! Niemals werden wir Deutschland auf den Stand der Zersplitterung und Ohnmacht von vor 1866 zurückwerfen lassen.«

Lassalle, Marx, Engels waren Vorkämpfer der deutschen Einheit. Karl Liebknecht, Idolfigur deutscher Kommunisten, hatte im November 1918 vom Portal des Berliner Hohenzollernschlosses die »freie sozialistische Republik Deutschland« proklamiert. Hinzu kam, daß die kommunistischen Emigranten in der Sowjetunion mit der Zeit begriffen hatten, wie schwer der Fehler gewesen war, den sie begangen hatten, als sie in der Weimarer Republik – wie übrigens auch die SPD – der »faschistischen Konterrevolution« widerstandslos das Feld des Patriotismus und der Vaterlandsliebe überlassen hatten. Dementsprechend beschloß man auf dem 15. Parteitag der KPD 1946, kurz vor Gründung der SED, eine positive Stellung zur Existenz der Nation einzunehmen, und verkündete:

> ». . . Dadurch sind die Schranken niedergerissen, die in der Vergangenheit breite Volksteile vom Anschluß an die sozialistische Bewegung abhielten. Unsere breite nationale Politik wird uns zur entscheidenden Kraft im ganzen Volke werden lassen, und unerschöpfliche Energien werden für den Fortschritt der Entwicklung frei. Auf diesem Wege wird die Sozialistische Einheitspartei Deutschlands als Millionenpartei an der Spitze der ganzen Nation in Führung gehen . . .«

Unter dieser nationalen Devise stand kurz darauf auch die offizielle Begründung der SED. Einer ihrer beiden Vorsitzenden, Wilhelm Pieck (KPD), gab als Doppel-Losung des zukünftigen Kampfes der neuen Partei aus: »die Einheit der Arbeiterklasse und die Einheit der Nation«.

An diesem Grundsatz, an diesem strategischen Ziel hielt die SED fünfundzwanzig Jahre, von 1946 bis 1971, eisern und konsequent fest, egal, welche taktischen Varianten auch immer zum Zuge kommen mochten. In der SED-Führung mußte man so kurz nach dem Kriege auch annehmen, damit den Willen des deutschen Volkes auszudrücken. Hatten doch die Jahre 1933 bis 1945 erwiesen, daß alle landsmannschaftlichen Gegensätze, die es früher gegeben haben mochte, einfach anachronistisch geworden waren. Wenn irgend etwas Hitler die jubelnde Zustimmung fast aller Deutschen eingetragen hatte, so waren es seine Schlagworte von *einem* Reich und *einem* Volk gewesen. Niemand konnte, nach den gemeinsamen Kriegserlebnissen, damals annehmen, daß sich irgendwo in Deutschland wieder die Stimme des Separatismus erheben würde.

Doch bereits am 30. November 1946 gab ein gewisser Konrad Adenauer, Vorsitzender der CDU in der Britischen Zone, der Tageszeitung »DIE WELT« ein Interview, in dem er über seine Meinungsverschiedenheiten mit dem Berliner CDU-Vorsitzenden Jakob Kaiser befragt wurde. Adenauer erklärte damals:

> »Ich gehe mit Jakob Kaiser in einer Frage auseinander, nämlich, wo das Schwergewicht des künftigen Deutschland liegen soll. Wir im Westen lehnen vieles, was gemeinhin ›preußischer Geist‹ genannt wird, ab. Ich glaube, daß die deutsche Hauptstadt eher im Südwesten liegen soll als im weiter östlich gelegenen Berlin. In der Gegend des Mains, dort, wo die Fenster Deutschlands auch nach dem Westen weit geöffnet sind, sollte die neue Hauptstadt liegen. Sobald aber Berlin wieder Hauptstadt wird, wird das Mißtrauen im Ausland unauslöschbar werden.
> Wer Berlin zur neuen Hauptstadt macht, schafft geistig ein neues Preußen.«

Damit erklang nach einem Vierteljahrhundert wieder die Stimme des rheinischen Separatismus' auf deutschem Boden. Denn der durch nichts begründete Angriff auf Berlin und Preußen galt natürlich der Einheit Deutschlands. Zwei Monate später, am 6. Februar 1947, sagte derselbe Adenauer zum Würzburger Professor Ulrich Noack: »Der Krieg zwischen Rußland und den USA kommt auf jeden Fall! Und dann müssen wir auf der richtigen Seite sein.« Dies war die erste dokumentierte Äußerung Adenauers, die den Grundakkord eines kommenden West-Ost-Konflikts und damit natürlich auch den einer möglichen Spaltung Deutschlands anschlug.
Tatsächlich zeigten sich im Frühjahr 1947 die ersten Anfänge des Kalten Krieges zwischen den Amerikanern und den Sowjets, dessen Opfer Deutschland und Europa werden sollten. In der Zeit vom 10. März bis zum 24. April 1947 tagte in Moskau der Rat der Außenminister, der es sich zur Aufgabe gesetzt hatte, eine zentrale deutsche Regierung für alle vier Besatzungszonen zu bilden. Doch zwei Tage nach Beginn der Konferenz trat US-Präsident Truman vor den Kongreß und verkündete ein politisches Programm, das sich unter der Bezeichnung ›Truman-Doktrin‹ gegen die Expansionsgelüste des Kreml richtete. »Von diesem Zeitpunkt an«, schrieb James P. Warburg 1949, »wurde Deutschland eines der vielen Schlachtfelder, auf denen der ›kalte Krieg‹ zwischen den Vereinigten Staaten und der Sowjetunion geführt wird.«
War denn die US-Außenpolitik von Anfang an auf die Spaltung Deutschlands gerichtet? Davon kann im Ernst keine Rede sein. Wie Axel Frohn in seinen Forschungen (veröffentlicht 1987) feststellte, verfolgte die US-Administration, vor allem Außenminister Byrnes, vom Frühjahr 1945 bis

Frühjahr 1947 den Plan eines entmilitarisierten und neutralisierten Vier-Zonen-Deutschlands als eine Art gemeinsamen Kondominiums mit den anderen drei Besatzungsmächten. Bei einer Teilung Deutschlands befürchtete Byrnes eine Allianz zwischen dem deutschen Nationalismus und der Sowjetunion. Doch jetzt, im Frühjahr 1947, erfolgte ein dramatischer Wandel in der amerikanischen Außenpolitik, beschloß man in Washington, auf Konfrontationskurs mit Moskau zu gehen, die eigenen Kräfte mit denen der Russen zu messen. Und sofort begann man hinter den Kulissen mit den beiden anderen Westmächten über eine Teilung Deutschlands zu diskutieren, ja man begann – heimlich! – mit den ersten Druck-Versuchen einer westdeutschen Separatwährung. Und Stalin seinerseits goß Öl ins Feuer, als er zu Beginn des Jahres 1948 daran ging, den Völkern Mittel- und Osteuropas, mit Hilfe landeseigener Kommunisten, das sowjetische Gesellschafts- und Wirtschaftsmodell mit Gewalt aufzuzwingen, so daß der Kalte Krieg zwischen West und Ost zu hellen Flammen aufloderte.
Nur einmal noch, im Herbst 1948, sollte sich ein hellsichtiger Amerikaner dieser unheilvollen Entwicklung entgegenstemmen: George F. Kennan, ein gebildeter US-Diplomat, erkannte als einziger in Washington die Deutschlandfrage als Kernproblem einer gesamteuropäischen Friedensordnung und schlug in seinem »Program A« die Wiederherstellung eines ungeteilten Deutschland im Status der militärpolitischen Neutralität vor. Seine Stimme wurde nicht gehört. Die Vernunft ging unter. Es blieb bei der Rivalität der beiden Emporkömmlinge, Washington und Moskau, denen es – bewußt oder unbewußt – um die »Entmachtung Europas« ging.
In Westdeutschland nahm man die ersten Anzeichen eines Ost-West-Konflikts geradezu begierig auf, hoffte man doch, unter Ausnutzung einer west-östlichen Konfrontation aus der Rolle des Besiegten in die des Verbündeten schlüpfen zu können. Daß dies nur gelingen konnte, wenn man die nationale Einheit Deutschlands aufs Spiel setzte, wurde teils nicht sofort erkannt, teils bewußt in Kauf genommen.
Was in der deutschen Sowjetzone undenkbar gewesen wäre, war in den Westzonen schon in vollem Gange: die ideologisch-philosophische Kriegführung gegen den Gedanken der nationalen Einheit. Bereits 1945 war in Zürich eine Schrift unter dem Titel »Die deutsche Frage« des früheren Marburger Soziologen und Ökonomen Wilhelm Röpke erschienen, der sich als Propagandist des Neoliberalismus einen Namen gemacht hatte. Diese Schrift war die *erste* unverhüllte Attacke des Separatismus gegen die Einheit der deutschen Nation. Sie erschien 1945 und 1946 in mehreren Auflagen und wurde auch ins Englische und Französische übersetzt. Sie richtete ihren Hauptstoß gegen die Bismarcksche Reichsgründung von 1870/71, die eine verabscheuungswürdige Revolution gewesen sei, »ein

gewaltsamer und jäher Bruch des Rechts und der organisierten Entwicklung«. In der Herstellung der deutschen Einheit, für die schon die Freiheitskämpfer von 1813 und die Revolutionäre von 1848/49 gestritten hatten, sah Röpke also einen Rechtsbruch! Er war es überhaupt, der den Terminus von der sogenannten »deutschen Frage« ins Spiel brachte, der sich unverdrossen bis heute hält, obwohl die nationale deutsche Einheit doch spätestens seit 1914 keine »Frage« mehr gewesen war, als die gesamte deutsche Jugend von der Maas bis an die Memel, von der Etsch bis an den Belt freiwillig zu den Waffen geeilt war, um die Existenz des gemeinsamen Vaterlandes zu verteidigen.

Für Wilhelm Röpke, einen Mann, der laut Hans-Peter Schwarz, dem Adenauer-Biographen, großen Einfluß auf Konrad Adenauer hatte, war das nichts als ein »krankhaftes Einheitsgefühl«, hervorgerufen durch den »preußischen Komplex«. Die Gefallenen der beiden Weltkriege kümmerten ihn nicht. Er konstruierte damals schon das, was heute in Historikerkreisen der Bundesrepublik als »deutscher Sonderweg« bezeichnet wird: ein Weg, den es historisch nie gegeben hat, und eine Erfindung, die keinem anderen Zweck dient als dem, die Reste gesamtdeutschen Nationalbewußtseins zu unterminieren.

Röpke griff aber in seiner Schrift nicht nur das Reich an, sondern ebenso das Volk. Über die Epoche von 1871 bis 1914 schrieb er: »Dieses Deutschland ist von ungezählten zusätzlichen Millionen überflutet worden, die zu schnell und zu zahlreich kamen, um noch kulturell assimiliert zu werden. Deutschland ist das Opfer einer Barbareninvasion geworden, die aus dem eigenen Schoße der Nation hervorgegangen ist.« In Röpkes Augen waren also die proletarischen und kleinbürgerlichen Massen, die sich infolge der Bismarckschen Reichsgründung bilden und entfalten konnten, nichts als Barbarenhorden, die einer »organischen Entwicklung« in den Weg traten. Daß mit dieser organischen Entwicklung nichts anderes als das Fortbestehen der großbürgerlichen Vorherrschaft in Deutschland gemeint war, ließ Röpke unverhüllt erkennen, als er hinzusetzte, die Gefahr der »Barbarenrevolution« in Deutschland sei um so schlimmer geworden, als breite Volksschichten erfaßt worden seien vom »organisierten Sozialismus als Massenbewegung, geführt von Menschen, die an einer solchen Wirtschaft eigentlich nur das eine auszusetzen haben, daß andere an den leitenden Schreibtischen sitzen«. Eine derart primitive Klassenargumentation von oben, die nun in Westdeutschland Furore machte, konnte nur zweierlei bewirken: Abkehr von der Nation und Frontstellung gegen jegliche Art von Sozialismus.

Nach dem Scheitern der alliierten Außenminister-Konferenz vom März-April 1947 verschärften die Westmächte den Separationskurs. Sie taten immer wieder die ersten Schritte zur weiteren Spaltung Deutschlands, wie es Renata Fritsch-Bournazel anhand ihrer Forschungsergebnisse konstatiert hat. So war es die Gründung des »Zwei-Zonen-Wirtschaftsrates« im Westen, welche die Sowjets dazu zwang, am 14. Juni 1947 mit der Gründung der »Deutschen Wirtschaftskommission« für ihre Zone nachzuziehen. Und das Scheitern der Münchner Ministerpräsidentenkonferenz im selben Monat ging ebenfalls auf das Schuldkonto des Westens. Zwar war es der bayerische Ministerpräsident Dr. Ehard gewesen, der im Mai 1947 die deutschen Ministerpräsidenten aller Zonen des besetzten Reiches zu einer Besprechung nach München eingeladen hatte. Aber als die Ministerpräsidenten der Sowjetzone am 5. Juni in München eintrafen und der thüringische Ministerpräsident Dr. Paul erklärte, »Wir sind nach München gekommen, um von vornherein den Gedanken auszuschließen, den man uns zu unterschieben versucht, wir wollten nur mit dem Wort und nicht mit der Tat für die deutsche Einheit eintreten«, da stellte sich sehr schnell heraus, daß die westdeutschen Ministerpräsidenten zwar bereit waren, über alles Mögliche und Unmögliche zu sprechen, aber nicht über die Einheit Deutschlands. Die Ministerpräsidenten der Ostzone stellten auf der ersten Sitzung folgenden Antrag:

> »Wir beantragen als entscheidende Voraussetzung für die Verhandlungen der Konferenz als ersten Punkt auf die Tagesordnung zu setzen: Bildung einer deutschen Zentralverwaltung durch Verständigung der demokratischen deutschen Parteien und Gewerkschaften zur Schaffung eines deutschen Einheitsstaates.«

Was hätten sie sonst vorschlagen sollen? Dies und nichts anderes war die Existenzfrage der deutschen Nation. Und die Forderung hielt sich ja völlig im Rahmen des Potsdamer Abkommens der Alliierten.

In jeder anderen Nation der Welt hätten nun sofort die nichtkommunistischen Konferenzteilnehmer diesen Antrag zu ihrem eigenen gemacht und nach dem Motto »erst die nationale Einheit retten, dann den Kampf mit dem innenpolitischen (kommunistischen) Gegner führen« gehandelt. Die westdeutschen Ministerpräsidenten aber lehnten den ostzonalen Antrag ab und ließen die Ministerpräsidenten der Sowjetzone nach Hause gehen. Sie zogen das Einverständnis mit ihren Besatzern der Verständigung mit ihren Landsleuten vor.

Die SED reagierte eindeutig. Im September 1947 tagte der II. Parteitag der Sozialistischen Einheitspartei Deutschlands, an dem 1111 Delegierte (darunter 271 westdeutsche KPD-Vertreter) teilnahmen, und erklärte den »Kampf um die Einheit Deutschlands« zur Hauptaufgabe der Partei. Drei Monate später, am 6. Dezember 1947, hielt einer der beiden Parteivorsitzenden, Otto Grotewohl, eine bedeutsame Rede, die er hauptsächlich der nationalen Problematik widmete. Zustimmend zitierte er den sowjetischen Außenminister, der soeben auf der Londoner Außenminister-Konferenz am 1. Dezember 1947 erklärt hatte, daß jeder Versuch, das deutsche Volk von bestimmten Siegermächten abhängig zu machen, darauf hinausliefe, Deutschland zu einer Art Kolonie im Herzen Europas zu machen. Grotewohl stellte seine Rede unter das Gerhart-Hauptmann-Motto: »Der deutschen Zweitracht mitten ins Herz.« Er warnte vor föderalistischen Tendenzen in den Westzonen, die in Wahrheit nur gegen den nationalen Einheitsstaat gerichtet seien. Die Behauptung, ein einheitliches Deutschland könne wieder zu einer politischen Weltgefahr werden und deshalb sei eine föderalistische Aufgliederung nötig, lehnte er als Scheinargumentation ab. Wörtliche Zitate aus dieser Rede:

> »Ein Blick in die Geschichte Deutschlands beweist uns, daß die Zeiten des Föderalismus und Partikularismus auch gleichzeitig die Zeiten der schlimmsten und schwärzesten Reaktion in Deutschland waren.«
>
> »Nein, die Einheit Deutschlands und der Frieden für Deutschland stehen uns allen viel zu hoch, als daß wir sie zu Manövern zwischen den Parteien herabwürdigen dürften.«
>
> »Soviel sollte die Welt aus dem Versailler Friedensvertrag wirklich gelernt haben, daß es nichts nützt, den Krieg zu gewinnen, um den Frieden zu verlieren . . .«
>
> »Wir schlagen vor, für den Fall, daß sich die Alliierten nicht entschließen können, dem deutschen Volk seine Einheit zu gewähren, diesem deutschen Volk das Recht einer Volksabstimmung zu geben, über die Frage, ob Deutschland ein Einheitsstaat werden oder ob es zerrissen werden soll.«
>
> »Nur ein Übel ist unheilbar: Wenn ein Volk sich selbst aufgibt!«

Damit war die Sorge um die Einheit Deutschlands zum ersten Mal öffentlich artikuliert worden. Vorerst noch in allgemeiner Form. Aber bereits in einer Rede am 17. März 1948 in Ost-Berlin wurde Grotewohl konkret:

> »Nachdem der westliche Teil Deutschlands der gemeinsamen Vier-Mächte-Kontrolle entzogen worden ist, wird jetzt der Versuch unternommen, ihn zu benutzen, um eine besondere Gruppe von westeuropäischen Staaten zu schaffen, die den anderen Staaten Europas entgegengestellt wird, was zur politischen Spaltung Europas und zur Bildung von zwei Lagern europäischer Staaten führt.«
>
> »Wir erwarten vom ganzen deutschen Volk, daß es sich durch die Schaffung eines westdeutschen Rumpfstaates niemals in seinem Zusammengehörigkeitsgefühl, in seinem Kampf für ein einiges, friedliches

Deutschland einschüchtern läßt... Es wird auch in Deutschland der Tag kommen, an dem keine Macht der Welt mehr trennen kann, was zusammengehört!«

Diese Warnungen wurden nicht grundlos artikuliert. Denn inzwischen, seit dem 23. Februar 1948, hatte eine Serie von Gesprächen der Westmächte über Deutschland in London, im »Old-India-Office«, begonnen. Die Zusammenkünfte hatten beinahe verschwörerischen Charakter. Briten, Amerikaner und Franzosen, aber auch Holländer, Belgier und Luxemburger diskutierten miteinander über die Zukunft des deutschen Volkes, ohne daß die Sowjets hinzugezogen oder informiert wurden. Man faßte weittragende Beschlüsse wie:

a) die wirtschaftliche Vereinigung der Bizone mit der französischen Besatzungszone;
b) die Einbeziehung dieser drei Westzonen in den amerikanischen Marshall-Plan;
c) die Auftrags-Vergabe an westdeutsche Landespolitiker, eine Verfassung für das Gebiet der vereinigten drei Westzonen auszuarbeiten.

Das war ein eklatanter Bruch des Potsdamer Abkommens, war eindeutig der Versuch, Deutschland »als Ganzes« zu spalten und einen eigenen Weststaat zu etablieren. Während die Masse des deutschen Volkes ahnungslos dahinvegetierte, begann sich der Ton zwischen den ehemaligen Alliierten zu verschärfen. Auch die SED durfte sich in die Auseinandersetzungen einschalten. Am 23. Mai 1948 erhob der Propaganda-Spezialist der Partei, Albert Norden, seine warnende Stimme. Er erklärte, daß die Vertreter der westdeutschen Parteien dem einheitlichen Vaterland den Todesstreich versetzen wollten, und berief sich zur Abwehr des neuen westdeutschen Separatismus' auf das alte schwarz-rot-goldene Banner des Reiches und auf das Vermächtnis der Lützowschen Jäger von 1813. Norden behauptete, in London und Frankfurt am Main bereite man eine »Separatistenregierung« vor; die Absicht sei, »Gesamtdeutschland den Todesstoß« zu versetzen.
Am 7. Juni 1948 erließen die Westmächte ihre »Londoner Empfehlungen«, die den westdeutschen Ministerpräsidenten den Auftrag erteilten, eine verfassunggebende Versammlung einzuberufen. Dreizehn Tage später, am 20. Juni 1948, führten die Westalliierten die neue Währung der »Deutschen Mark« anstelle der einheitlichen Reichsmark ein. Sowjetmarschall Sokolowski sah sich gezwungen, drei Tage später die D-Mark Ost einzuführen. Die Westmächte, die darauf nur gewartet hatten, installierten nun auch in den drei Westsektoren der Viersektorenstadt Berlin die neue Westmark (mit dem vorübergehenden Sonderaufdruck »B«). Stalin reagierte mit der Blok-

kade West-Berlins. Das Konzept des Kalten Krieges war aufgegangen: Die Spaltung Deutschlands in Interessensphären der Siegermächte machte rasende Fortschritte. Am Horizont zeichnete sich schon ein Super-Versailles für die Nation der Deutschen ab.

Wenn es überhaupt jemals Zweifel an der ausschließlichen Verantwortung der Westmächte für die Zerreißung des deutschen Nationalverbandes gab, so sind sie spätestens seit dem 18. Mai 1988 zu Nichts zerstoben, seit dem Tag, an dem die sowjetische Wochenzeitung »Moskowskije Nowosti« das Protokoll einer Besprechung veröffentlichte, die am 2. August 1948, also während der Berliner Blockade, Generalissimus Stalin mit den drei Botschaftern der Westmächte im Kreml führte. Stalin nannte in diesem Gespräch als Grund für die sowjetische Blockade West-Berlins vor allem die Londoner »Empfehlungen« vom 7. Juni 1948 an die Westdeutschen »und besonders die Währungsreform sowie die Einführung einer Sonderwährung für Berlin, das mitten in der sowjetischen Besatzungszone liegt und von dieser Zone umgeben ist«. Stalin erklärte den drei westlichen Botschaftern: »Wir waren der Meinung, daß dies unternommen wurde, um die Wirtschaft in der sowjetischen Zone zu zerrütten, und das konnten wir nicht hinnehmen.«

Stalin, der sich in dem Gespräch als entschiedener Gegner einer Spaltung Deutschlands zeigte, sagte zu den westlichen Botschaftern: »Berlin hat aufgehört, die Hauptstadt Deutschlands zu sein, weil die drei Westmächte Deutschland in zwei Staaten spalten wollen!« Auf die Frage des US-Botschafters Walter Bedell Smith, unter welchen Voraussetzungen die Blockade aufgehoben werden könnte, sagte Stalin, die von der Londoner Konferenz der drei Westmächte vorgesehene wirtschaftliche Vereinigung der drei Westzonen dürfe nicht zur Bildung einer westdeutschen Separat-Regierung führen. »Wenn Sie das tun, wovon soll man dann noch reden?« Es sei die Aufgabe aller vier Mächte, eine Regierung für *ganz* Deutschland zu schaffen; dann gäbe es auch kein Berlin-Problem mehr. Warnend fügte Stalin hinzu: »Gelingt das nicht, dann werden sich die östliche Zone und die westlichen Zonen auf unterschiedliche Art entwickeln.«

Wie konnte Marschall Stalin am 2. August 1948 schlankweg behaupten, die drei Westmächte wollten »Deutschland in zwei Staaten spalten«? Ganz einfach deshalb, weil er über die dramatischen Ereignisse unterrichtet war, die sich im Laufe des Juli in Westdeutschland vollzogen hatten und die der gesamtdeutschen Bevölkerung praktisch unbekannt oder jedenfalls undurchschaubar geblieben waren.

Anfang Juli 1948 hatten die Westmächte in Frankfurt am Main der trizonalen Konferenz der westdeutschen Ministerpräsidenten nachdrücklich vorgeschlagen, bis zum 1. September 1948 eine Verfassunggebende Versammlung für Westdeutschland einzuberufen. Das war – von fremden Besatzungsmächten ausgesprochen – die unverhohlene Aufforderung zum Landesverrat, zum Verrat an der eigenen Nation! Adenauer-Biograph Hans-Peter Schwarz, alles andere als ein deutscher Nationalist, kam 1966 in seinem Buch »Vom Reich zur Bundesrepublik« praktisch zur selben Schlußfolgerung:

»Die deutschen Repräsentanten sahen sich aufgefordert, die alliierte Initiative zur Schaffung eines ›Weststaates‹ selbständig weiterzuführen. Hatte bisher kein Zweifel daran bestehen können, daß das Reich allein auf Grund der Uneinigkeit der Sieger aufgespalten worden war, so sollten nunmehr in der Schlußphase der Aufteilung, da es um die Fixierung der historischen Verantwortung ging, die Westdeutschen mit ins Spiel gebracht werden. Es wurde ihnen zugemutet, einen Separatstaat aufzubauen . . .«

Einen Separatstaat also! Statt daß die westdeutschen Ministerpräsidenten nun unter öffentlichem Protest gegen diese ausländische Zumutung geschlossen von ihrem Ämtern zurückgetreten wären, trafen sie sich vom 8. bis 10. Juli 1948 in Koblenz zur sogenannten »Rittersturz-Konferenz«, wo sie immerhin den Versuch unternahmen, die Einberufung einer deutschen Nationalversammlung und die Ausarbeitung einer deutschen Verfassung erst einmal zu vertagen, bis Voraussetzungen für eine gesamtdeutsche Regierung gegeben seien. Dieses schwächliche Verhalten hatte böse Folgen. US-Besatzer-General Clay pfiff seine Ministerpräsidenten am 13. Juli 1948 einem Bericht der »New York Herald Tribune« zufolge im Kasernenhofton an:

»Sie haben mich im Kampf mit den Russen um Berlin und für den Aufbau Westdeutschlands im Stich gelassen! . . . Entweder sympathisieren Sie mit den Russen oder Sie haben Angst vor ihnen; eine andere Erklärung kann ich nicht finden.«

Der Konflikt um Berlin wurde also als Druckmittel benutzt, die Westdeutschen dem Separatismus gefügig zu machen. West-Berlins Regierender Bürgermeister Ernst Reuter wurde herbeizitiert, als die Ministerpräsidenten sich Ende Juli erneut in Rüdesheim trafen, und beschwor seine Kollegen pathetisch, Berlin nicht im Stich zu lassen*. Und so entschieden sich denn die Ministerpräsidenten am 26. Juli 1948, einen »Parlamentarischen Rat« ins Leben zu rufen, der die Gründung eines separaten Weststaates vorzubereiten hatte.

---

* Zum »Dank« dafür schlossen dann die Westmächte später die West-Berliner von der Gründung der Bundesrepublik aus.

Vierzig Jahre nach diesen verheerenden Ereignissen, im Frühsommer 1988, beschäftigte sich eine TV-Dokumentation des ZDF unter dem Titel »Die erste Schlacht des Kalten Krieges« mit den Hintergründen, die zur Blockade West-Berlins und der Spaltung Deutschlands führten. Und nun wurde auf einmal »ausgepackt«, wurde der Propaganda-Nebel durchstoßen, der damals die Deutschen blind machte.

Valentin Falin, langjähriger Sowjetbotschafter in Bonn und damals junger Diplomat im Moskauer Außenministerium, erklärte:

> »Die drei Westmächte haben beschlossen, eine separate Währungsreform in ihren drei Zonen durchzuführen, und sie haben das ohne uns gemacht. Wir waren schon ganz nah an einer gemeinsamen Währungsreform gewesen! Aber sie haben uns praktisch vor eine beschlossene Sache gestellt... Diese Maßnahme des Westens war darauf gerichtet, die Wirtschaft der Sowjetischen Besatzungszone zu ruinieren, und wir mußten uns verteidigen.«

Egon Bahr, Deutschland-Experte der SPD und damals Journalist in Berlin, erklärte:

> »Schon im Frühjahr 1948 – also *vor* der Blockade – haben die Westmächte die Weichen gestellt auf die Bildung eines selbständigen westdeutschen Staates. Es gab Bedenken in den drei Zonen Westdeutschlands, ob dies nicht die Teilung vertiefen würde.«

Dean Rusk, langjähriger US-Außenminister und damals US-Botschafter bei der UNO, erklärte:

> »Oh, wir wußten genau, daß die Deutschen ein wiedervereinigtes Deutschland wollten. Obwohl es auch einige gab, wie Kanzler Adenauer, die zwar diese Idee zu unterstützen schienen, aber keine Vereinigung Deutschlands wollten!«

So kam dann, was nicht kommen durfte: Am 23. Mai 1949 verabschiedete der westdeutsche Parlamentarische Rat ein »Grundgesetz« (wie es schamhaft anstelle von »Verfassung« hieß), auf dessen Basis der erste deutsche Separatstaat gegründet wurde: die »Bundesrepublik Deutschland«. Die nachfolgenden Beratungen der vier Außenminister in Paris brachten dem deutschen Volk weder seine wirtschaftliche noch seine politische Einheit, die ja inzwischen auch bereits weitgehend zerstört war. Otto Grotewohl reagierte am 22. Juni 1949 darauf mit den Worten:

> »Der Ausgang der Pariser Konferenz ist eine Aufforderung an alle national gesinnten Frauen und Männer unseres Volkes, in der Le-

bensfrage des deutschen Volkes, nämlich seiner Einheit, unbeschadet der parteipolitischen Gebundenheit und der Weltanschauung zusammenzustehen.«

»Es handelt sich weder für die Westzonen noch für die Ostzone um die Entwicklung eines Außenhandels, sondern um die Wiederherstellung der alten binnenwirtschaftlichen Beziehungen. Es ist also eine rein innerdeutsche Angelegenheit.«

»An die Stelle der Bonner Spaltungsarbeit muß der nationale Kampf unseres Volkes treten, der heute dringender noch als zuvor zu der geschichtlichen Aufgabe geworden ist, die unser Volk lösen muß, wenn es seine Zukunft sichern will.«

Kurz darauf, im Juli 1949, wandte sich Grotewohl noch einmal an die deutsche Öffentlichkeit, indem er die Bedeutung der nationalen Frage einer grundsätzlichen, philosophisch-weltanschaulichen Einschätzung unterzog. Wörtliche Zitate:

»Unsere Stellungnahme als Sozialisten zur nationalen Frage ist in unseren grundlegenden theoretischen Schriften klar und eindeutig zu erkennen . . .«

»Dem Marxismus-Leninismus ist Gleichgültigkeit oder Geringschätzung gegenüber den nationalen Lebensfragen eines Volkes völlig fremd.«

»Vom Marxismus-Leninismus ist die Unabhängigkeit der Nation niemals als ein überalterter oder dem Proletariat gleichgültiger Standpunkt bezeichnet worden.«

»Die Bemühungen des anglo-amerikanischen Imperialismus, durch eine verwirrende Demagogie die Völker von ihren nationalen Interessen abzulenken, erstrecken sich seit geraumer Zeit auf die Propagierung kosmopolitischer Wunschträume.«

»Kosmopolitismus, das ist ein Versuch zur Verwirrung des nationalen Kampfes gegen den Imperialismus . . . Damit soll den Völkern, die vom amerikansichen Imperialismus umgarnt werden, das nationale Interesse ausgeredet werden. Man will diese Völker von ihrem nationalen Freiheitskampf ablenken.«

»Der Weg zur Schaffung eines souveränen nationalen Staatswesens kann dem deutschen Volk auf die Dauer von niemandem verwehrt werden!«

Erst jetzt, Anfang August 1949, bequemte man sich in Moskau zu einer Modifizierung der Deutschlandpolitik, beschloß man im Kreml, auf die separate Staatsgründung in den Westzonen mit einem Gegenzug in der eigenen Besatzungszone zu antworten. Einer der Mitbegründer der SED,

Erich W. Gniffke, hat 1958 im »Spiegel« aus seiner intimen Kenntnis der Dinge heraus festgestellt, daß Stalin und das Moskauer Politbüro lange Zeit »bei grundsätzlicher Einhaltung des Potsdamer Abkommens« in der Deutschlandfrage konzessionsbereit gewesen seien, daß beispielsweise ein Mann wie Walter Ulbricht jahrelang in seinem Verhältnis zum Kreml »isoliert« gewesen sei, daß aber von dem Zeitpunkt an, als »der sogenannte Marshallplan mit der ›Politik der Stärke‹ gekoppelt wurde«, die Sowjetunion einen neuen Kurs in der Deutschlandpolitik einschlagen mußte.
Am 15. September 1949 wurde Konrad Adenauer »Bundeskanzler« in Bonn, und am 4. Oktober schoß Albert Norden, der Propaganda-Experte der SED, eine volle Breitseite auf die herrschende politische Klasse in Westdeutschland ab. Er hielt eine Rede im Ost-Berliner Rundfunk unter dem Titel »Ausschließlich für deutsche Interessen!«, aus der folgende Zitate stammen:

> »Die dort (in Bonn – W.V.) an der Spitze stehenden Regenten von Auslands Gnaden haben zeit ihres Lebens der deutschen Demokratie immer den Rücken zugewandt und an jedem Wendepunkt der deutschen Geschichte versucht, durch Aufteilung Deutschlands, durch Bildung separatistischer Staatsgebilde ihr Schäfchen ins Trockene zu bringen.«
> »Das ist ein Regime der nationalen Erniedrigung, der wirtschaftlichen Versklavung und der kriegerischen Verhetzung der Deutschen gegen die Deutschen und gegen die Sowjetunion, damit sie sich zur Freude und zum Gewinn der Amerikaner gegenseitig die Kehle abschneiden.«
> »Die Stunde ist da, in der das deutsche Volk selbst in die Speichen des Rades der Geschichte greift, um unserem Vaterland eine Regierung der Einheit, des Friedens und des Wohlstandes aller zu geben!«

Nach dieser propagandistischen Vorbereitung schufen die Sowjets am 7. Oktober 1949 den zweiten Separatstaat auf dem Boden des Reiches: die »Deutsche Demokratische Republik«. Nicht anders als die Westmächte, die *zuvor* den ersten Separatstaat, die »Bundesrepublik Deutschland«, geschaffen hatten.

Drei Tage später sandte Marschall Stalin dem Präsidenten der DDR, Wilhelm Pieck, und dem Ministerpräsidenten der DDR, Otto Grotewohl, folgendes Telegramm:

> »Die Gründung der Deutschen Demokratischen friedliebenden Republik ist ein Wendepunkt in der Geschichte Europas. Es unterliegt keinem Zweifel, daß die Existenz eines friedliebenden, demokratischen Deutschland neben dem Bestehen der friedliebenden Sowjetunion die Möglichkeit neuer Kriege in Europa ausschließt, dem Blutvergießen in

Europa ein Ende macht und die Knechtung der europäischen Länder durch die Weltimperialisten unmöglich macht.
Die Erfahrung des letzten Krieges hat gezeigt, daß das deutsche und das sowjetische Volk in diesem Kriege die größten Opfer gebracht haben, daß diese beiden Völker die größten Potenzen in Europa zur Vollbringung großer Aktionen von Weltbedeutung besitzen. Wenn diese beiden Völker die Entschlossenheit an den Tag legen werden, für den Frieden mit der gleichen Anspannung ihrer Kräfte zu kämpfen, mit der sie den Krieg führten, so kann man den Frieden in Europa für gesichert halten...
Es lebe und gedeihe das einheitliche, unabhängige, demokratische, friedliebende Deutschland!

J. Stalin.«

Die Verfassung des neuen Staates zwischen Elbe und Oder wurde von der SED als ein Dokument des Kampfes um die *eine* deutsche Nation formuliert, die ungeachtet der staatlichen Teilung fortbestehe. Dementsprechend wurde ganz Deutschland zur »unteilbaren demokratischen Republik« proklamiert und festgestellt, daß es nur *eine* deutsche Staatsangehörigkeit gebe, die für alle Deutschen gleichermaßen gültig sei. Die DDR-Verfassung ging von der unbestrittenen Existenz des Deutschen Reiches aus und von der Tatsache, daß die Siegermächte den gesamtdeutschen Staat als Rechtseinheit akzeptiert hätten. Die DDR-Argumentation lautete: »Wenn auch vorläufig keine gesamtdeutsche Regierung gebildet werden konnte, so wurde – dank der nachdrücklichen Forderung des sowjetischen Vertreters – das Fortbestehen des einheitlichen deutschen Staates ausdrücklich anerkannt.«
Fünf Tage nach der Staatsgründung, am 12. Oktober 1949, gab der neue Ministerpräsident, Otto Grotewohl, seine erste Regierungserklärung ab. Zitate:

»Der westdeutsche Sonderstaat ist nicht in Bonn, sondern in London entstanden. Bonn hat nur die Londoner Empfehlungen, die in Wirklichkeit Befehle der westlichen Alliierten waren, ausgeführt.«
»Der von den Westmächten ins Leben gerufene Bonner Separatstaat ist die Vollendung der Spaltung Deutschlands, die von den imperialistischen Westmächten seit Jahr und Tag mit Beharrlichkeit betrieben wurde.«
»Auf Seiten der Westmächte waren schon während des Krieges starke Bestrebungen festzustellen, Deutschland in eine Reihe Teilstaaten aufzusplittern, die nach Möglichkeit untereinander verfeindet sein sollten. Es ist bekannt, daß seitens der USA schon auf der Konferenz von

Teheran 1943 der Vorschlag unterbreitet wurde, Deutschland nach Abschluß des Krieges in fünf Teile zu zerstückeln... Churchill und Eden machten im Oktober 1944 den Vorschlag, Deutschland in drei voneinander unabhängige Einzelstaaten aufzuspalten.«

»Die Bildung der Regierung der DDR ist Ausdruck der Tatsache, daß die demokratischen Kräfte unseres Volkes nicht gewillt sind, sich mit der Spaltung unseres Vaterlandes und mit der Versklavung seiner westlichen Teile abzufinden...«

Neun Tage später, am 21. Oktober 1949, nahm Bundeskanzler Adenauer vor dem Bundestag zur Gründung der DDR Stellung:

»In der Sowjetzone gibt es keinen freien Willen der deutschen Bevölkerung. Das, was jetzt dort geschieht, wird nicht von der Bevölkerung getragen und damit legitimiert. Die Bundesrepublik Deutschland stützt sich dagegen auf die Anerkennung durch den frei bekundeten Willen von rund 23 Millionen stimmberechtigter Deutscher. Die Bundesrepublik Deutschland ist somit bis zur Erreichung der deutschen Einheit insgesamt die alleinige legitimierte staatliche Organisation des deutschen Volkes.«*

Die ersten beiden Sätze – über die Bevölkerung in der Sowjetzone – entsprachen unbestreitbar den Tatsachen. Die SED hätte jede freie Wahl mit Pauken und Trompeten verloren. Die beiden nachfolgenden Sätze Adenauers – über die Wähler Westdeutschlands – aber waren ein raffinierter Trick. Die Bundestagswahlen, zu denen es ja keine Alternative gab, hatten der Bevölkerung Westdeutschlands keineswegs ein nationales Votum zur Fragestellung »Einheit oder Freiheit?« abverlangt. Man hatte sie mit der Gründung des westdeutschen Separatstaates *von oben* vor vollendete Tatsachen gestellt und die möglichen nationalen Konsequenzen bewußt verschleiert. Die westdeutschen Wähler hatten keine blasse Ahnung, daß sie über die Spaltung ihres Vaterlandes abstimmten.

Die Spaltung Deutschlands in zwei miteinander verfeindete Separatstaaten von Gnaden der Besatzer war natürlich ein vollkommen undemokratischer Akt. Niemals ist das deutsche Volk um seine Meinung zur Einheit Deutschlands befragt worden! Was die Sieger, die angeblich für Freiheit und Demokratie gekämpft hatten, 1949 taten, war moralisch nicht anders zu werten als beispielsweise die willkürliche Zerstückelung Jugoslawiens

* Das Sitzungsprotokoll vermerkte: »Lebhafter Beifall und Händeklatschen rechts, in der Mitte und bei der SPD.«

1941 durch Hitler und Mussolini. Es sollte aber alles erst der Anfang sein. Denn schon dämmerte am Horizont die Gefahr einer militärischen Einbindung der beiden deutschen Teile in die neuen Paktorganisationen der mittlerweile tödlich verfeindeten Kriegsalliierten herauf.
Und wieder ging die Initiative zur weiteren Zerreißung Deutschlands von westlicher Seite aus. Konrad Adenauer war es, der am 3. Dezember 1949 den ersten Versuchsballon steigen ließ, als er in einem abgekarteten Interview mit einer amerikanischen Zeitung, dem »Cleveland Plain Dealer«, zum ersten Mal über eine deutsche Wiederbewaffnung philosophierte. Scheinbar lehnte er sie ab, indem er erklärte: »Auch wenn die Alliierten das Verlangen nach einem deutschen Beitrag vorbrächten, würde ich die Aufstellung einer deutschen Wehrmacht ablehnen.« Im nächsten Satz aber kam dann die Katze aus dem Sack, als er hinzufügte: »Im äußersten Fall wäre ich allerdings bereit, die Frage eines deutschen Kontingentes im Rahmen der Armee einer europäischen Föderation zu überlegen.«
Auch das war völlig undemokratisch gesprochen, denn die deutsche Bevölkerung dachte in ihrer überwältigenden Mehrheit nicht einen Augenblick an derart gefährliche Experimente. Als das Emnid-Institut Anfang 1950 in einer breitgefächerten Erhebung die Frage stellte »Würden Sie es für richtig halten, wieder Soldat zu werden oder daß Ihr Mann oder Ihr Sohn wieder Soldat werden?«, antworteten 73,4 Prozent mit »Nein«, 13,6 Prozent mit »Ja«, während 13 Prozent keine Meinung äußern wollten. Zur selben Zeit veranstaltete die SED-Führung eine entsprechende geheime Umfrage bei der Bevölkerung der DDR, deren Ergebnis – wie mir der in West-Berlin wohnende Altkommunist Heimbert Schwandt im Frühjahr 1950 unter der Hand mitteilte – bei 83 Prozent »Nein«-Stimmen lag. Mindestens drei Viertel der gesamtdeutschen Bevölkerung lehnten also einen Waffendienst auf seiten irgendwelcher Besatzer ab.
Der Ausbruch des Korea-Krieges am 25. Juni 1950 schreckte die Deutschen in beiden Teilstaaten auf. Bis dahin hatte ein lähmendes Desinteresse über der Bevölkerung gelegen, die in den ersten beiden Jahren nach der Währungsreform ausschließlich damit beschäftigt gewesen war, die von drei schrecklichen Hungerjahren erschöpften körperlichen Reserven wieder aufzufüllen und die schlimmsten Kriegstrümmer in den Mond- und Kraterlandschaften der zerbombten deutschen Städte zu beseitigen. Jetzt erwachte nach fünf Jahren völliger Apathie zum ersten Mal wieder ein breites politisches Interesse. In dieser Situation meldete sich erneut DDR-Ministerpräsident Otto Grotewohl in zwei Reden, die er im Juli 1950 hielt, zu Wort. Zitate daraus:

»Der nationale Befreiungskampf des deutschen Volkes ist noch nicht beendet, noch befindet sich ein Teil unseres Vaterlandes in der Hand der Imperialisten...«

»Der Kosmopolitismus, der gegen die nationale Souveränität der Völker polemisiert und das Nationalbewußtsein als eine überholte und unmoderne Gefühlsduselei abtut, redet einem wurzellosen Weltbürgertum das Wort und rät den Völkern, ihre nationale Selbständigkeit im Interesse eines imaginären allgemeinen internationalen Wohls über Bord zu werfen. Dabei handelt es sich hier um nichts anderes als um das Wohl der amerikanischen Finanzmagnaten, die mit dieser Ideologie die Völker veranlassen wollen, sich ihrer nationalen Selbständigkeit zu begeben, damit das USA-Kapital willenlose Sklaven für die Durchführung seiner Pläne zur Verfügung hat.«

Im westdeutschen Teilstaat verschärfte sich die Diskussion um eine mögliche deutsche Wiederbewaffnung. Am 4. Oktober 1950 erhob ein Mann die Stimme, der bereits Hitler widersprochen und dafür mit langjähriger KZ-Haft gebüßt hatte: Hessens Kirchenpräsident Martin Niemöller schrieb einen offenen Brief an Adenauer und erinnerte daran, daß das deutsche Volk zur Frage der Wiederbewaffnung nicht befragt worden sei, »wie es ja auch nicht gefragt wurde, ob es den Eisernen Vorhang und ob es einen westdeutschen und später einen ostdeutschen Staat haben wollte.« Niemöller schlug Neuwahlen vor; die Bevölkerung sollte die Kandidaten gezielt fragen, ob sie für oder gegen die Wiederbewaffnung seien. »Wenn der gegenwärtige Bundestag über diese Frage entscheidet, käme dies einem Volksbetrug gleich.«

Die steigende politische Unruhe in beiden Teilen Deutschlands führte dazu, daß die Sowjetunion, die ein Jahr lang der neuen DDR-Regierung das Feld der Polemik überlassen hatte, selbst aktiv wurde. Im Oktober 1950 fand in Prag eine Konferenz der sozialistischen Staaten einschließlich der DDR statt, auf der nachhaltiger Protest gegen die »Remilitarisierung« Westdeutschlands erhoben wurde. Die Konferenz sprach sich für einen Friedensvertrag mit Deutschland unter Herstellung der staatlichen Einheit und für den Abzug aller Besatzungstruppen binnen eines Jahres nach Abschluß des Friedensvertrags aus. Den Westmächten bot man die Abhaltung einer Viererkonferenz über Deutschland an.

Am 15. Oktober 1950 meldete sich Martin Niemöller in der Öffentlichkeit erneut zu Wort:

»Die Evangelische Kirche ist heute nach Gottes Fügung die letzte und einzige Größe, die noch für die Freiheit des *ganzen* Volkes ihre Stimme erheben kann und dann auch das Risiko ihres Eintretens selber trägt und weiter zu tragen bereit ist. Weder Herr Dr. Adenauer noch Herr Grotewohl können das tun. Sie haben die Vollmacht nicht, und sie wissen, daß sie sie nicht haben. Und wenn heute das ganze deutsche Volk in Freiheit wählen könnte, dann stünde keiner von diesen beiden Männern an seiner Spitze.«

Am 30. November 1950 schlug DDR-Ministerpräsident Grotewohl in einem Brief an Bundeskanzler Adenauer die Bildung eines »Gesamtdeutschen Konstituierenden Rates« vor. Inhalt des Vorschlages:

Der Konstituierende Rat soll

1. die Bildung einer gesamtdeutschen, souveränen, demokratischen provisorischen Regierung vorbereiten;
2. den Regierungen der UdSSR, der USA, Großbritanniens und Frankreichs die entsprechenden Vorschläge zur Bestätigung unterbreiten;
3. die genannten Regierungen bis zur Bildung einer endgültigen gesamtdeutschen Regierung konsultieren;
4. die Bedingungen zur Durchführung freier gesamtdeutscher Wahlen für eine Nationalversammlung definieren.

Es dauerte sieben Wochen, bis Ostberlin aus Bonn eine Reaktion vernahm. Der DDR-Regierung wurde darin von westdeutscher Seite jede Berechtigung abgesprochen, sich überhaupt zur Wiedervereinigung Deutschlands zu äußern. Der SPD-Vorsitzende Kurt Schumacher nannte das DDR-Angebot, das ja immerhin das Reizthema freier gesamtdeutscher Wahlen verbalisierte, kurzweg einen »Übertölpelungsversuch«. Am 30. Januar 1951 antwortete Ministerpräsident Grotewohl in einer offiziellen Regierungserklärung und verkündete die Parole »Deutsche an einen Tisch!« Er bemängelte, daß der westdeutsche Regierungschef sieben Wochen Zeit gebraucht habe, um eine Antwort zu formulieren. Zwar habe sich Adenauer am 22. Januar mit Eisenhower in Bad Homburg getroffen, doch derselbe Adenauer verweigere es, sich mit Deutschen an einen Tisch zu setzen. Zitate aus der Rede:

»Das Problem der deutschen Einheit ist nicht erst 1950 aufgetaucht. Es besteht seit jenem Augenblick, in dem die Westmächte unter Zustimmung und Mithilfe deutscher Personen und Organe unter Verletzung des Potsdamer Abkommens den Weg der Spaltung Deutschlands ... beschritten haben.«

»Die Verletzung des Potsdamer Abkommens geschah bereits im Jahre 1946 mit der Eingliederung des Saarlandes in das französische Wirtschaftsgebiet. Dieser Weg setzt sich dann fort mit der Bildung der britisch-amerikanischen Bi-Zone. Es geht weiter mit der Einbeziehung

Westdeutschlands in den Marshallplan im Jahre 1947 bis zu den Londoner Empfehlungen der Westmächte vom Sommer 1948 und bis zur Einführung der Sonderwährung im Juni 1948. Das war die Spaltung Deutschlands.«

»Während Herr Adenauer Wahlen als Sache der Besatzungsmächte betrachtet, sind wir der Meinung, daß die Vorbereitung und Durchführung freier, geheimer gesamtdeutscher Wahlen eine Angelegenheit unseres eigenen Volkes ist ... Setzen wir uns also zusammen, um über die Vorbereitung und Durchführung von freien, allgemeinen, gleichen, geheimen und direkten Wahlen zu beraten.«

»In dieser ernsten Stunde kann es nichts Höheres und nichts Wichtigeres geben, als daß sich die Volkskammer der Deutschen Demokratischen Republik zum Fürsprecher des ganzen deutschen Volkes macht, damit auch nicht die geringste Möglichkeit unausgenutzt bleibt zur Verwirklichung des Gebots der Stunde: *Deutsche an einen Tisch!*«

In den Monaten Februar und März 1951 richtete die »Volkskammer« der DDR wiederholt gesamtdeutsche Verhandlungsangebote an den Bundestag in Bonn. Sie wurden nicht einmal einer Antwort gewürdigt. Dreieinhalb Jahre lang, seit Herbst 1947, hatte die SED-Führung Reden, Offerten und Angebote an die westdeutsche Adresse gerichtet. Alles vergeblich. Länger als zwei Jahrzehnte hat es gedauert, daß DDR-Vorschläge aus Bonn mit dem hochmütigen Vermerk »Annahme verweigert« zurückkamen, bis sich 1969 die Westdeutschen gezwungen sahen, unter dramatisch verschlechterten Bedingungen doch das gleichberechtigte Gespräch mit Ost-Berlin aufnehmen zu müssen. Ein vergleichbares Beispiel an arroganter Politik und verfehlter Strategie wird sich in der Weltgeschichte kaum finden lassen! Westdeutschlands herrschende politische Klasse hat die niemals zu tilgende Schuld auf sich geladen, die Existenz der einheitlichen deutschen Nation durch ihren Hochmut und ihre Feindschaft gegenüber Rußland zugrunde gerichtet zu haben.

Während der Kreml sich in aller Stille in der zweiten Hälfte des Jahres 1951 darauf vorbereitete, spektakuläre Schritte in der Deutschlandfrage zu unternehmen, setzte Adenauer zielstrebig seine gegen die deutsche Einheit gerichtete antinationale Politik fort. »Europäische Föderation«, so hieß plötzlich das modische Schlagwort jener Jahre in Westdeutschland. Der Terminus, propagandistisch ungeheuer wirksam bei den zermürbten und national verunsicherten Deutschen, war schon ein Etikettenschwindel in sich. Denn von »Europa« in seiner Totalität war gar keine Rede. Gemeint war ein möglichst supranationaler Zusammenschluß *West*-Europas bis hin zur Elbe, der nicht zuletzt auch eine antibolschewistische Militärorganisation unter der euphemistischen Bezeichnung »Europäische Verteidigungsgemeinschaft« umfassen sollte. Am 6. Dezember 1951 besuchte Adenauer den britischen Premier in der Downing Street Nr. 10 und ließ keinen Zweifel daran, daß er die Wiedervereinigung Deutschlands *nicht* anstrebe, bevor nicht die Integration der Bundesrepublik in den Westen gesichert sei.* Das bedeutete konkret nichts anderes als die Verhinderung der deutschen Einheit, da die Sowjetunion – bei Strafe ihres eigenen Untergangs – niemals ein in den Westen integriertes Gesamtdeutschland zulassen konnte, so daß also eine Integration der Bundesrepublik in den Westen logischerweise die Vernichtung der deutschen Einheit bedeuten *mußte*.

Ende Februar 1952 sickerte im Westen durch, dic Sowjetführung bereite eine neue, aufsehenerregende Initiative in der Deutschlandfrage vor. Sofort beeilte sich Adenauer querzuschießen und erklärte am 1. März 1952 in Heidelberg: »Kann einer glauben, daß Sowjetrußland jemals, ohne dazu genötigt zu sein, die Ostzone wieder freigeben wird? Ich glaube es nicht... Wenn der Westen stärker ist als Sowjetrußland, dann ist der Tag der Verhandlungen gekommen...« Der erste Satz war durchaus politisch korrekt, der zweite mindestens eine Illusion, wenn nicht gar eine bewußte Irreführung. Wenn Adenauer fragte, ob die Sowjets irgend etwas preisgeben würden, ohne dazu genötigt zu sein, so hätte er dieselbe Frage mit derselben Berechtigung in bezug auf die Westmächte stellen können. Es war also weiter nichts als ein rhetorischer Trick von ihm. Alle Hegemonial- und Siegermächte haben es so an sich, freiwillig nichts herausrücken zu wollen, und Adenauer wußte das. Er registrierte das Tauziehen der ehemaligen Kriegsalliierten um Einfluß und Interessenzonen in Mitteleuropa sehr genau. Aber er führte die naive westdeutsche Öffentlichkeit bewußt irre, indem er die Westmächte zu großherzigen, selbstlosen Freunden des deutschen Volkes stilisierte, während er in bezug auf Moskau das alte deutsche Lied sang »ganz versteckte, ganz verdeckte asiatische Projekte«. Damit wurden die Sowjet-Interessen, die doch klar zutage lagen, kriminalisiert und umystifiziert. Alles, was der Kreml tat, bekam den geheimnisvoll-irrationalen Zug einer bösartigen, hinterlistigen Verschwörung.

Selbstredend rangen die Sowjets um Einfluß in Deutschland – wie die Westmächte! Selbstredend wollten sie, wenn Deutschland geräumt werden mußte, möglichst viel für sich herausschlagen. Sie taten – wie die Westmächte – nichts um der blauen deutschen Augen willen, sondern alles nur im eigenen Interesse. Aber sie dachten damals – im Gegensatz zu den

---

* Nach britischem Regierungsdokument: »Dr. Adenauer made it quite clear that he did not want German unity to take place in a way which would prevent the successful integration of Germany in the West.«

Westmächten – noch ganz unitarisch, den Traditionen ihrer Geschichte und der marxistischen Philosophie entsprechend. Sie hatten keine geistige Beziehung zum Gedankengut des Föderalismus und des Separatismus; Stalin dachte in Nationalstaaten. Vor allem aber konnten sie sich nicht vorstellen, daß das große deutsche Volk sich jemals mit seiner nationalen Spaltung abfinden würde! Dies galt es zu erkennen und zu nutzen; etwas Druck konnte dabei nicht schaden. Drohungen und Einschüchterungsversuche einer Weltmacht gegenüber aber kamen einem politischen Selbstmord gleich.

Am 10. März 1952 wurde die sogenannte »Stalin-Note« überreicht, ein sensationelles Angebot der Sowjets in der west-östlichen Schlacht um Deutschland. Ein Jahr lang war nun von nichts anderem mehr die Rede. Auf einen Kurznenner gebracht, kann man sagen, die Sowjetführung bot in dieser Note ein wiedervereinigtes Deutschland in bewaffneter Neutralität an. Sie schlug einen Friedensvertrag mit Gesamtdeutschland vor, wobei sie sich bereit erklärte, »auch andere eventuelle Vorschläge in dieser Frage zu erörtern«.

Das Angebot lautete:

Politische Leitsätze

1. Deutschland wird als einheitlicher Staat wiederhergestellt.
   Damit wird der Spaltung Deutschlands ein Ende gemacht, und das geeinte Deutschland gewinnt die Möglichkeit, sich als unabhängiger, demokratischer, friedliebender Staat zu entwickeln.
2. Sämtliche Streitkräfte der Besatzungsmächte müssen spätestens ein Jahr nach Inkrafttreten des Friedensvertrages aus Deutschland abgezogen werden.
   Gleichzeitig werden sämtliche ausländische Militärstützpunkte auf dem Territorium Deutschlands liquidiert.
3. Dem deutschen Volk müssen die demokratischen Rechte gewährleistet sein, damit alle unter deutscher Rechtsprechung stehenden Personen ohne Unterschied der Rasse, des Geschlechts, der Sprache oder der Religion die Menschenrechte und die Grundfreiheiten genießen, einschließlich der Redefreiheit, der Pressefreiheit, des Rechtes der freien Religionsausübung, der Freiheit der politischen Überzeugung und der Versammlungsfreiheit.
4. In Deutschland muß den demokratischen Parteien und Organisationen freie Betätigung gewährleistet sein; sie müssen das Recht haben, über ihre inneren Angelegenheiten frei zu entscheiden, Tagungen und

Versammlungen abzuhalten, Presse- und Publikationsfreiheit zu genießen.

5. Auf dem Territorium Deutschlands dürfen Organisationen, die der Demokratie und der Sache der Erhaltung des Friedens feindlich sind, nicht bestehen.
6. Allen ehemaligen Angehörigen der deutschen Armee, einschließlich der Offiziere und Generäle, allen ehemaligen Nationalsozialisten, mit Ausnahme derer, die nach Gerichtsurteil eine Strafe für die von ihnen begangenen Verbrechen verbüßen, müssen die gleichen bürgerlichen und politischen Rechte wie allen anderen deutschen Bürgern gewährt werden zur Teilnahme am Aufbau eines friedlichen, demokratischen Deutschland.
7. Deutschland verpflichtet sich, keinerlei Koalitionen oder Militärbündnisse einzugehen, die sich gegen irgendeinen Staat richten, der mit seinen Streitkräften am Krieg gegen Deutschland teilgenommen hat.

Das Territorium

Das Territorium Deutschlands ist durch die Grenzen bestimmt, die durch die Beschlüsse der Potsdamer Konferenz der Großmächte festgelegt wurden.

Wirtschaftliche Leitsätze

Deutschland werden für die Entwicklung seiner Friedenswirtschaft, die der Hebung des Wohlstandes des deutschen Volkes dienen soll, keinerlei Beschränkungen auferlegt.
Deutschland werden auch keinerlei Beschränkungen in bezug auf den Handel mit anderen Ländern, die Seeschiffahrt und den Zutritt zu den Weltmärkten auferlegt.

Militärische Leitsätze

1. Es wird Deutschland gestattet sein, eigene nationale Streitkräfte (Land-, Luft- und Seestreitkräfte) zu besitzen, die für die Verteidigung des Landes notwendig sind.
2. Deutschland wird die Erzeugung von Kriegsmaterial und -ausrüstung gestattet werden, deren Menge oder Typen nicht über die Grenzen dessen hinausgehen dürfen, die im Friedensvertrag festgesetzt sind.«

Es war das bestmögliche Angebot, das die Deutschen nach einer so katastrophalen Niederlage wie der von 1945 überhaupt erwarten und bekommen konnten. Jedes andere Volk der Erde hätte es genutzt, um seine nationale Einheit zu erhalten und seine staatliche Unabhängigkeit wiederzugewinnen. Selbstverständlich machten es die Sowjets nur aus Eigeninteresse, mit dem klaren Ziel, die Integration deutscher militärischer Effizienz in das Westbündnis zu verhindern; daraus machten sie auch gar keinen Hehl. Aber gerade in diesem ihrem dringenden Eigeninteresse lag ja der Druckhebel, sie zur Realisierung ihres Angebots zu bewegen. Zweideutige Formulierungen in der Stalin-Note wie beispielsweise die im 5. Politischen Leitsatz (was verstanden die Sowjets konkret unter »Demokratie« und unter »Frieden«?) mußten selbstverständlich ausgelotet und gegebenenfalls mit Härte wegverhandelt werden. Die Beispiele Österreichs und Finnlands haben gezeigt, daß das durchaus erreichbar gewesen wäre. Jedenfalls: Unter der Bedingung einer Bewaffneten Neutralität wäre die Wiedervereinigung Deutschlands damals möglich gewesen! Etwa drei Jahre später, nach Abschluß eines entsprechenden Friedensvertrages, hätten die Deutschen über den Abzug der Besatzungstruppen jubeln können.

Die Mitglieder der SED wurden von der Stalin-Note völlig überrascht. Wenige Tage vor der Veröffentlichung hatte ich, zusammen mit einem Freund, eine lebhafte Diskussion mit prominenten Mitgliedern des »Deutschen Friedensrates« der DDR im Columbus-Haus am Potsdamer Platz, in der ich besonders mit Heinz Willmann und Herrn v. Lehwess-Litzmann zusammenstieß. Auf meine Feststellung, die Wiedervereinigung Deutschlands könne ich mir nicht in waffenloser Neutralisierung, sondern nur in bewaffneter Neutralität vorstellen, sprang der ehemalige Fliegermajor der Deutschen Wehrmacht, Lehwess-Litzmann, auf und erklärte pathetisch, nie wieder werde er eine Uniform anziehen, das könne er beschwören! Sofort nach der Stalin-Note schwor er seinem Pazifismus ab, zog wieder die Uniform an und wurde Stabschef der DDR-Luftstreitkräfte.

So sehr die SED-Führung von der Sowjetnote des 10. März 1952 überrascht wurde, so wenig zweifelte sie an der Ernsthaftigkeit des Moskauer Angebots. Im Politbüro begriff man, daß die DDR für den Kreml – um höherer deutschlandpolitischer Zwecke willen – jederzeit zur Disposition stand. Acht Jahre später, im Mai 1960, erinnerte sich Walter Ulbricht in Leipzig vor SED-Kreisdelegierten: Der Stalin-Vorschlag »von 1952 war auch für die DDR . . . mit einem Risiko verbunden. Damals war die DDR noch nicht so gefestigt . . . wie jetzt. Aber wir waren bereit, auf offenem Feld den Kampf zu führen«. Weil die Sowjets es damals so wollten! Und wiederum ein Jahr später, 1963, vertraute Otto Grotewohl dem italienischen Sozialistenchef Pietro Nenni an: »Damals, 1952, wollte uns Stalin in eine neue

Situation stellen, und wir wissen nicht, wie wir da herausgekommen wären.« Der Außenminister der DDR, Dr. Lothar Bolz, erzählte in privatem Kreis mit Rückblick auf die DDR-Abordnung, die sich im September 1952 zu Verhandlungen nach Bonn begeben mußte: »Es war die reine Selbstmörder-Delegation, damals! Wir hatten von den sowjetischen Freunden die Weisung, auf alles, aber auch auf alles einzugehen, wenn nur Gesamtdeutschland neutral würde. In der Aktentasche hatten wir einen Entwurf für gesamtdeutsche Wahlen, nach dem Vorbild des Weimarer Wahlgesetzes. Wir wären in diesen Wahlen einfach weggefegt worden! Aber Gott sei Dank hat ja in Bonn niemand mit uns reden wollen.« Und der österreichische Bundeskanzler Bruno Kreisky erinnerte sich aus den Verhandlungen mit den Sowjets über den österreichischen Staatsvertrag, daß der Kreml 1952 bis 1955 für Deutschland praktisch dieselbe Lösung wie für Österreich angestrebt habe.

Es offenbarte einen schier geisteskranken Zustand der Deutschen, wie gering das öffentliche Echo in der Bundesrepublik auf das Stalin-Angebot war. Jedermann hätte eigentlich vor Erregung fiebern müssen, hier noch einmal eine unverhoffte Chance zu erblicken, das Schicksal des deutschen Volkes doch zum Guten zu wenden. Selbst bei den wenigen »Neutralisten«, die mitnichten vom Krankheitsbazillus des Antibolschewismus befallen waren, war die Aufnahme des Stalin-Angebots eher flau. Bei ihnen waren es pazifistische Gründe. An dem Tag, als die Sowjet-Note in Extraausgaben der West-Berliner Tageszeitung »Kurier« bekanntgemacht wurde, war ich zusammen mit einem Freund auf dem Weg zum damals sehr bekannten Pfarrer Koch, der sich im Kampf gegen die Remilitarisierung Westdeutschlands beträchtlich exponiert hatte. Jubelnd betraten wir seine Wohnung, triumphierend eine Extraausgabe mit dem Stalin-Angebot schwenkend. Koch zog ein bedenkliches Gesicht und mäkelte an der Note herum. Ich fiel vor Erstaunen fast in Ohnmacht, als mir klar wurde, daß ihm der Vorschlag einer deutschen Nationalarmee mißfiel, der in der Stalin-Note enthalten war. Zwei Tage später sprachen wir mit dem späteren Bundespräsidenten Dr. Gustav Heinemann, dem damaligen Vorsitzenden der »Notgemeinschaft für den Frieden Europas«, anläßlich einer Kundgebung in West-Berlin und mußten dieselbe Reserve gegenüber einer deutschen Nationalarmee konstatieren. So reagierten die Deutschen auf eine Frage von praktischer nationaler Bedeutung jeweils ideologisch: entweder als Antibolschewisten oder als Pazifisten; also durchweg im Wolkenkuckucksheim! Es war zum Verzweifeln.

Die Westmächte dagegen waren von der Bedeutung und von der Ernsthaftigkeit der Stalin-Note überzeugt. Das französische Außenministerium war der Ansicht, die sowjetische Note sei »sehr viel mehr als ein taktischer

Schritt«, es sei ein »ernstgemeinter, aber sehr gefährlicher Versuch, die deutsche Frage zu lösen«. In Paris hielt man es für möglich, daß der Kreml die Bildung einer »gesamtdeutschen Regierung, selbst auf der Grundlage freier Wahlen, riskieren« könnte. Auch der britische Außenminister Sir Anthony Eden war der Auffassung, daß die Sowjet-Note »den ernsten Wunsch widerspiegelt . . . einen weiteren Versuch zu machen, Deutschland wiederzuvereinigen«. Und obwohl gerade Eden den außenpolitischen Manövern des Kreml mit Mißtrauen gegenüberstand, kam er zu dem Schluß: »Die Sowjets meinen es ernst mit diesem Vorschlag.«
Selbst US-Außenminister Dean Acheson zeigte sich »beeindruckt« und meinte, der Ton des sowjetischen Angebots sei »so anders als der früherer Noten«. Als die Sowjets eine zweite Note nachschoben und »freie gesamtdeutsche Wahlen in kürzester Zeit« anboten, drängte Acheson darauf, die »Initiative zu ergreifen und Gespräche vorzuschlagen, um die Deutschen davon zu überzeugen, daß wir es ernst meinen und keine Angst vor Gesprächen haben, aber auch, um bestimmen zu können, auf welcher Ebene worüber und wann verhandelt wird«:

> »Das Außenministerium ist in dieser Sache zunehmend zu der Überzeugung gelangt, daß wir viel zu gewinnen und nichts zu verlieren haben, wenn wir in unserer Antwortnote einen präzisen Gesprächsvorschlag machen . . . Wenn die Sowjets wirklich bereit sind, die Ostzone zu öffnen, dann sollten wir sie zwingen, ihre Karten auf den Tisch zu legen.«

Am 31. März 1953 wandten sich die Chefredakteure von fünfzig größeren amerikanischen Regionalzeitungen mit schriftlichen Fragen an den Kreml. Auf die Frage, ob der Zeitpunkt für die Wiedervereinigung Deutschlands gekommen sei, antwortete Stalin höchstpersönlich: »Jawohl, ich bin dieser Meinung.«
Es war kein anderer als Konrad Adenauer, der die historische Chance des deutschen Volkes, seine nationale Einheit zu retten, bewußt zunichte machte. Bereits am Abend des 10. März 1952, unmittelbar nach Bekanntwerden der Sowjet-Note, sagte er zu seinem außenpolitischen Mitarbeiter Herbert Blankenhorn:

> »Was bedeutet die im sowjetischen Vorschlag enthaltene Bestimmung, daß die kommende gesamtdeutsche Regierung auf jede ›Koalition‹ verzichten müsse, ›die sich gegen irgendeinen Staat richtet, der mit seinen Streitkräften am Krieg gegen Deutschland teilgenommen hat‹? Bedeutet dies, daß es Deutschland verboten wird, am Zusammenschluß Europas weiter mitzuwirken? Bedeutet dies eine Neutralisierung unseres Landes?«

Adenauer sprach von nun an in den folgenden Jahren absichtlich abwertend von »Neutralisierung«, wenn in Wahrheit Neutralität zur Debatte stand. Alle diejenigen, die für die Einheit ihres Landes eintraten, bezeichnete er als »Nationalisten«, die Befürworter einer gesamtdeutschen Neutralität beschimpfte er als »Dummköpfe oder Landesverräter«. Die Sowjetunion belegte er mit der Vokabel »Todfeind«.
Das war keineswegs die einhellige Auffassung in der westdeutschen CDU-Führung. Eines ihrer prominentesten Mitglieder, Jakob Kaiser, ausgezeichnet durch seine Opposition gegen das NS-Regime wie durch seinen aktiven Widerstand gegen die SED in der Sowjetzone, erklärte zwei Tage nach dem sowjetischen Angebot, am 12. März 1952: »Deutschland und die Westmächte werden . . . sorgsam zu prüfen haben, ob sich wirklich im Verhältnis zwischen Ost und West ein Wendepunkt andeutet . . . Keine Möglichkeit darf versäumt werden! . . . Hastige Meinungsäußerungen scheinen mir nicht von Nutzen zu sein . . .« Johann Baptist Gradl, einer der führenden Deutschlandpolitiker der CDU, erklärte noch 1981 auf einer Veranstaltung in Rhöndorf mit Blick auf 1952: »Wir hätten die Sowjets damals aus Deutschland herausbekommen können!« Ernst Lemmer, Mitglied der westdeutschen und West-Berliner CDU-Führung, stellte im Mai 1952 vor der CDU/CSU-Bundestagsfraktion fest: »Das Jahr 1952 wird als das Jahr der historischen Teilung in die Geschichte Deutschlands eingehen!« Bereits ein halbes Jahr zuvor, im November 1951, hatte Lemmer in seinem Chefredakteurs-Zimmer der West-Berliner Tageszeitung »Der Kurier«, anläßlich einer privaten Besprechung, meine beiden Hände ergriffen und ausgerufen:

> »Glauben Sie mir, Herr Venohr, dieser Adenauer ist ein böser, böser Mann! Er kämpft gegen alles Protestantische und Preußische, er kämpft gegen Berlin! Dieser Mann will die Wiedervereinigung Deutschlands mit allen Mitteln verhindern! . . .«

Es ist notwendig, die Reaktionen, die vor allem in Bonn und Paris auf die Offensivschritte der Sowjets erfolgten, detailliert zu verfolgen, um die Gesamtentwicklung in der deutschen Frage verstehen zu können.
Am 11. März 1952, also einen Tag nach Übergabe des sowjetischen Angebots für einen Friedensvertrag mit Deutschland, analysierte die Europaabteilung des französischen Außenministeriums:

> »Es ist sicher, daß die Unterzeichnung eines solchen Instruments aus unserer Sicht außerdem die Konsequenz hätte, Deutschland in einem von den amerikanischen Truppen verlassenen und der sowjetischen militärischen Bedrohung ausgesetzten Europa zum Schiedsrichter zu machen.«

Am selben Tag durfte Adenauer vor den drei westlichen Hohen Kommissaren erscheinen und seine persönliche Stellungnahme zum Sowjet-Angebot vortragen. Der französische Hohe Kommissar François-Poncet fand Adenauers Haltung »beruhigend«, also dem Interesse der Westmächte entsprechend, und berichtete über die gemeinsame Auffassung nach Paris:

> »Die Note, die Gromyko unseren drei Botschaftern übergeben hat, erscheint uns als eine Offensive großen Stils, die darauf zielt, die Westintegration der Bundesrepublik zu verhindern, indem genau das vorgeschlagen wird, was Deutschland am meisten verführen könnte.«*

Einen Tag später, am 12. März 1952, lautete eine Lagebeurteilung im französischen Außenministerium bezeichnenderweise so:

> »Die Gefahr ist, daß dieses Deutschland – ohne Zweifel sich selbst überlassen, obwohl der Text nicht klar erkennen läßt, ob es ihm verboten wäre, bestimmten ›europäischen‹ Organisationen wie dem Europarat oder der Montanunion anzugehören – eines Tages versucht sein könnte, sich mit der UdSSR zu arrangieren und den Versuch von Rapallo oder von 1939 zu wiederholen, um seine Gebiete jenseits der Oder-Neiße-Linie zurückzugewinnen.«

Das Rapallo-Gespenst ging also wieder im Westen um. Man fürchtete ganz offensichtlich nicht eine Schwächung und Gefährdung Deutschlands, die Adenauer nicht müde werden sollte an die Wand zu malen, sondern ganz im Gegenteil eine Verbesserung und Stärkung der deutschen Position. Frankreichs Außenminister Robert Schuman sah die deutschen Chancen ganz realistisch, als er am 13. März seinen diplomatischen Vertretungen im Ausland drahtete:

> »Es besteht jedenfalls Grund anzunehmen, daß sich in mehreren europäischen Ländern und besonders in Deutschland eine gewisse Strömung zugunsten des sowjetischen Projekts abzeichnen wird. Die Aussichten, welche die Note der deutschen Öffentlichkeit bietet, sind geeignet, sie tief zu erschüttern und die Opposition von rechts und von links wider die gegenwärtige Politik der (West-)Integration zu verstärken: Versprechen der Einheit, der Räumung, der Freiheit wirtschaftlicher Expansion, der politischen Neutralität, der militärischen Autonomie, der Rehabilitierung für die Vergangenheit.«

---

* Damit meinte er natürlich die Wiedervereinigung – W.V.

In Paris fürchtete man nicht nur die deutsche Einheit und Unabhängigkeit oder eine deutsche Nationalarmee; die »Wirtschaftlichen Leitsätze« der Sowjetnote lösten besondere Ängste aus. Am 14. März 1952 hieß es in einer Lagebeurteilung im französischen Außenministerium:

»In dieser Hinsicht würden die Deutschen alles erhalten, was sie sich wünschen können. Sie sehen, wie sich ihnen die osteuropäischen und asiatischen Absatzmärkte ohne Einschränkung öffnen.«

Hier also lag der Hase im Pfeffer: Die Franzosen fürchteten unbeschränkte Entfaltungsmöglichkeiten für eine gesamtdeutsche Friedenswirtschaft! Sie wollten damals nicht einmal das Saargebiet herausrücken, und seit 1945 verfolgten sie hartnäckig das Ziel einer strengen Kontrolle der deutschen Schwerindustrie. Auch die »Montan-Union« war zu keinem anderen Zweck ins Leben gerufen worden.

Wie stand es um die französischen Befürchtungen? Gab es überhaupt Grund zur Annahme, die Deutschen könnten einen »Sonderweg« zwischen West und Ost beschreiten wollen? Was die westdeutsche Bevölkerung anging, sie wußte überhaupt nicht, was gespielt wurde, durchschaute nicht im mindesten die wahre Interessenlage der politischen Akteure. Sie war nun, in der Demokratie, genauso blind und unwissend wie zu Zeiten der Diktatur, und dementsprechend konnte sie genauso leicht belogen und betrogen werden. Von den Politikern in beiden deutschen Staaten gab es nur einen einzigen, der sehr unabhängig von den Besatzungsmächten und der ein glühender deutscher Patriot war: Jakob Kaiser. In hellsichtiger Klarheit warnte er am 15. März 1952:

»Die Note geht um das Schicksal unseres Landes! Wir sind uns darüber im klaren, daß in den Kanzleien der Besatzungsmächte keine Patentlösungen für die deutsche Frage liegen. Vielleicht liegen in diesem oder jenem Schreibtisch sogar Vermerke, daß die Teilung Deutschlands gar nicht die schlechteste der Nachkriegslösungen wäre ... Wir müssen also schon mit eigenen Konzeptionen zur Klärung der deutschen Frage beitragen.«

Doch von solchen patriotischen Gedanken war der einflußreichste Mann in Westdeutschland, Bundeskanzler Adenauer, meilenweit entfernt. Deshalb waren die französischen Besorgnisse, in der Bundesrepublik könnte man sich auf die wahren nationalen Interessen besinnen, auch völlig grundlos. Das sollte sich bereits am 16. März 1952 erweisen, als Adenauer in Siegen eine Rede hielt, in der er schlankweg behauptete, die Sowjet-Note bringe »wenig Neues«. Demagogisch wies er mit der Hand nach Osten und rief aus: »Seien wir uns darüber klar, daß dort der Feind des Christentums sitzt!«

So heizte er die antibolschewistische Grundstimmung auf, um dann fortzufahren:

»Ziel der deutschen Politik* ist nach wie vor, daß der Westen so stark wird, um mit der Sowjetunion in ein vernünftiges Gespräch zu kommen. Ich bin fest überzeugt, und auch die letzte Note Sowjetrußlands ist wieder ein Beweis dafür, daß, wenn wir auf diesem Weg fortfahren, der Zeitpunkt nicht mehr allzu fern ist, zu dem Sowjetrußland sich zu einem vernünftigen Gespräch bereiterklärt ... Die russische Note ist hinsichtlich der angebotenen nationalen Rüstung im Hinblick auf die fortschreitende Waffentechnik und die finanziellen wie materiellen Lasten einer nationalen Armee ein Fetzen Papier! ...«**

Eine Woche später fuhr Adenauer nach Paris. Dort wählte er eine andere Sprachregelung als in Deutschland, um querzuschießen. Zitat:

»Der Vorschlag der Sowjetunion kommt einem Appell an die deutschen Nationalisten gleich! Er zielt darauf ab, die Integration Europas*** und seine Verteidigung zu verzögern. Jede Verzögerung ist aber gefährlich ... Die Note beweist zwar, daß die Sowjets in der Defensive sind, aber sie müssen noch mehr hineingedrängt werden ...!«

Kein Wunder, daß die Franzosen von diesem Deutschen begeistert waren, der seine eigenen Landsleute auf fremdem Boden als »Nationalisten« anprangerte. Zwei Tage später, am 24. März 1952, erklärte der französische Außenminister Robert Schumann denn auch:

»Wir können in keiner Weise erlauben, ... daß eine nationale deutsche Armee geschaffen wird, die das Instrument einer geeinten Regierung sein würde! ...«

Wiederum einen Tag später, am 25. März 1952, unterrichtete Adenauer, aus Paris zurückgekehrt, in nichtöffentlicher Sitzung den CDU-Fraktionsvorstand:

»Die Sowjetnote war wohl weniger an Frankreich gerichtet, sonst hätte sie nicht eine deutsche Nationalarmee vorgeschlagen. Mehr richtete sie sich an deutsche Nationalisten ...«

---

* er meinte natürlich: der *west*deutschen Politik – W.V.

** Kommentar: Ein neutrales Gesamtdeutschland hätte wahrscheinlich eine Wehrmacht von 225000 Mann erhalten, während das geteilte Deutschland das Dreifache an Streitkräften aufstellen und finanzieren mußte. – W.V.

*** er meinte natürlich: Westeuropas

Hermann Pünder, Mitglied des CDU-Fraktionsvorstandes, notierte in seinem Tagebuch darüber:

»Wie üblich entfernte sich der Bundeskanzler nach seinem etwa halbstündigem Referat sofort, da er zu anderen wichtigen Besprechungen unbedingt fort müsse. Eine Diskussion in seinem Beisein war infolgedessen wieder nicht möglich. Viele maßgebliche Mitglieder unseres Vorstandes waren über Adenauers Ausführungen keineswegs erbaut, der übliche Höflichkeitsbeifall am Schluß seines Referats war daher auch bemerkenswert dünn.«

Am selben Tag unterhielt sich Otto Nuschke, der Chef der Ost-CDU und stellvertretende Vorsitzende des Ministerrats der DDR, mit Jean Chauvel, dem französischen Botschafter in Bern. Die DDR-Führung hatte die letzten vierzehn Tage seit Bekanntwerden der Stalin-Note in höchster Spannung, ja Unruhe verbracht. Man war sich in Ost-Berlin vollständig der Tatsache bewußt, daß eine Realisierung des sowjetischen Vorschlags den Untergang der DDR bedeuten würde. Jean Chauvel berichtete denn auch nach Paris über das Gespräch mit Nuschke:

»Der stellvertretende Vorsitzende der DDR hat betont, daß es sich hier um eine ›Wende‹ der sowjetischen Politik handelt, die ihrer Bedeutung nach mit der des August 1939 vergleichbar ist, und daß die Russen zu sehr weitgehenden Zugeständnissen bereit sind, um ihr Ziel zu erreichen.«

Am folgenden Tag, dem 26. März 1952, beugte sich Marschall Stalin im Kreml über die westliche Antwortnote, die tags zuvor Gromyko übergeben worden war. Interessant war eigentlich nur Punkt drei, in dem es wörtlich hieß:

»... daß es der gesamtdeutschen Regierung sowohl vor wie nach Abschluß des Friedensvertrages freistehen sollte, Bündnisse einzugehen, die mit den Grundsätzen der Vereinten Nationen in Einklang stehen.«

Das hieß, den Sowjets unannehmbare Bedingungen stellen! Jedermann in Paris, London oder Washington wußte, daß die Sowjets einer gesamtdeutschen Regierung niemals bündnispolitische Freiheit zugestehen würden. Ganz gleich, wie ein deutscher Reichskanzler heißen würde – Adenauer, Erhard, Schumacher, Reuter –, die Sowjets hätten sich unter keinen Umständen darauf verlassen können, daß Gesamtdeutschland sich militärpolitisch korrekt neutral verhalten würde. Alle die genannten Politiker stellten ihren weltanschaulichen Antibolschewismus eindeutig über den gesamtdeutschen Patriotismus. Eben deshalb bestanden ja die Sowjets so

entschieden darauf, der Wiedervereinigung von Anfang an das Siegel der verbrieften und international garantierten Neutralität durch einen Friedensvertrag aufzudrücken.
Adenauer, der die Bedeutung des Procedere in der deutschen Frage vom ersten Augenblick an begriffen hatte, tat alles, um die westdeutsche Öffentlichkeit im unklaren zu halten bzw. sie antibolschewistisch zu emotionalisieren. Am 28. März 1952 hielt er eine Rede in Bonn, in der er erklärte:

> »Die Vereinigung Deutschlands, die Schaffung einer gesamtdeutschen Regierung muß jedem Eintritt in Friedensverhandlungen vorangehen! ... Ein wiedervereinigtes Deutschland wird nicht in der Lage sein, sein Territorium durch eigene Streitkräfte zu schützen.«

Zwei Tage später rief er während einer Ansprache in Recklinghausen aus:

> »Die russische Politik handelt nach asiatischen Grundsätzen und verschleiert ihre wahre Absicht! ...«,

Und am 3. April 1952 verkündete er bewußt wahrheitswidrig vor dem Bundestag, die Einheit Deutschlands sei allein mit Hilfe der Westmächte zu erreichen.
Am 9. April 1952 traf eine zweite sowjetische Note zur Deutschlandfrage in den westlichen Hauptstädten ein, in der die Forderung enthalten war, die vier Mächte sollten »unverzüglich Maßnahmen zur Vereinigung Deutschlands und zur Bildung einer gesamtdeutschen Regierung treffen«. Neu in der Note war, daß sich die Sowjetregierung bereit erklärte, die Frage »der Durchführung freier gesamtdeutscher Wahlen« mit den drei Westmächten zu erörtern.
Das Angebot freier gesamtdeutscher Wahlen (unter Vier-Mächte-Kontrolle) war sensationell und rief die SPD-Opposition unter Dr. Kurt Schumacher auf den Plan, der sich für eine gründliche Prüfung der Sowjet-Note aussprach. François Poncet depeschierte am 18. April 1952 von Bonn nach Paris, daß »Schumacher und seine Leutnants« dafür einträten, die Unterzeichnung des General- und des EVG-Vertrages zur endgültigen Einbindung der Bundesrepublik in den Westen bis zu dem Moment aufzuschieben, »wo alle Chancen erschöpft sind, Deutschland zu vereinigen».
Adenauer ließ sich durch das Angebot freier gesamtdeutscher Wahlen nicht erschüttern. In einem Interview, das der Nordwestdeutsche Rundfunk am 24. April 1952 ausstrahlte, zeigte er sich im Hinblick auf eine Viererkonferenz über Deutschland elastischer. Aber das war nur Augenblicks-Taktik, um der SPD-Opposition den Wind aus den Segeln zu nehmen. Er blieb bei seinem Grundtenor, daß die Vereinigung Deutschlands jedem

Eintritt in Friedensverhandlungen vorausgehen müßte, denn ihm war klar, daß diese Forderung für die Sowjets, wollten sie nicht politischen Selbstmord als Großmacht begehen, immer uneinnehmbar bleiben würde. Mit seiner Polemik gegen eine gesamtdeutsche Nationalarmee, die angeblich nicht in der Lage sein sollte, das deutsche Territorium zu schützen, schürte Adenauer mit Erfolg die antibolschewistischen Ängste in der deutschen Bevölkerung. Doch seine Argumentation war nicht stichhaltig: Denn ein von den vier Mächten abgeschlossener und garantierter Friedensvertrag mit einem neutralen Gesamtdeutschland mußte jeder denkbaren Sowjetaggression einen ehernen Riegel vorschieben, da eine Vertragsverletzung die damals atomar weit überlegenen Amerikaner automatisch auf den Kriegsplan gerufen hätte.
Anfang Mai 1952 lehnte Adenauer denn auch den amerikanischen Vorschlag, auf begrenzte, aber konkrete Verhandlungen mit den Sowjets einzugehen, kategorisch ab, ganz in Übereinstimmung mit London und Paris. In Bonn setzte man die Bemühungen um die »Europäische Verteidigungsgemeinschaft« (EVG) unverdrossen, ja mit gesteigerter Aktivität fort, als gäbe es überhaupt kein sowjetisches Angebot zur Wiedervereinigung Deutschlands.
In Ost-Berlin hatte man drei Wochen gebraucht, um sich intern von dem Schock der zweiten Stalin-Note zu erholen, in der Moskau freie gesamtdeutsche Wahlen angeboten hatte. Aber dann, Anfang Mai 1952, stellte sich die SED-Führung voll und ganz hinter die sowjetische Initiative:

> »Die Regierung der Deutschen Demokratischen Republik hat sich mit allen Mitteln für den Abschluß eines Friedensvertrages mit Deutschland und die Wiederherstellung der Einheit Deutschlands durch freie, geheime, gesamtdeutsche Wahlen eingesetzt, weil dies der einzige Weg ist, der Deutschlands Zukunft sichert . . .
> Es gibt keinen patriotischen Deutschen, der nicht völlig damit einverstanden ist, daß eine gesamtdeutsche Regierung, die den Friedensvertrag unterzeichnet, alle Rechte besitzen soll, über die die Regierungen anderer unabhängiger und souveräner Staaten verfügen. Das deutsche Volk betrachtet es ebenfalls als sein unabdingbares Recht, eigene nationale Streitkräfte zu besitzen, um seine nationale Unabhängigkeit und Souveränität zu verteidigen . . .«

Am 26. und 27. Mai 1952 wurden der Generalvertrag und der EVG-Vertrag unterzeichnet, also die Westintegration der Bundesrepublik vollzogen, obwohl am 24. Mai 1952 eine dritte sowjetische Deutschland-Note eingetroffen war, welche die bisherigen Angebote bekräftigte und auf baldige Abhaltung einer Vier-Mächte-Konferenz drang.

In Moskau und vor allem in Ost-Berlin verschärfte sich nach Unterzeichnung der Spaltungs-Verträge sofort die Tonart. Die Regierung der DDR verordnete die Bildung eines Schutz- und Kontrollstreifens entlang der Zonengrenze. Die »Freie Deutsche Jugend« (FDJ), die zentrale Jugendorganisation der DDR unter der Führung Erich Honeckers, gab die Losung aus: »Bereit zum Schutze unserer Heimat und zur Verteidigung des Friedens!« Am 13. Juni 1952 forderte der »Demokratische Block« in Ost-Berlin die Aufstellung DDR-eigener »nationaler Streitkräfte«. Im Kreml war man an einer derartigen Aufheizung der Situation nicht interessiert und ließ die SED-Genossen zurückpfeifen, so daß eine öffentliche Diskussion über die Remilitarisierung der DDR unterblieb. Adenauer kämpfte unterdessen mit allen Listen und Tricks gegen den Zusammentritt einer Vier-Mächte-Konferenz über Deutschland. Am 14. Juni 1952 sprach er persönlich bei François Poncet vor, vier Tage später schickte er seinen außenpolitischen Mitarbeiter Blankenhorn erneut zu François Poncet, der dann in seinem Bericht nach Paris feststellen konnte:

> »Der Wunsch des Kanzlers scheint mir zu sein, daß kein Treffen vor der Ratifikation der Verträge durch die Vereinigten Staaten und durch die Bundesrepublik stattfinden solle.«

Das alles war ganz im französischen Interesse. Wie dieses Interesse wirklich aussah, enthüllte eine Lagebeurteilung im französischen Außenministerium vom 20. Juni 1952, in der es expressis verbis hieß:

> »In den vorangegangenen Noten haben wir unterstrichen, daß diese Regierung die nötige Freiheit haben müsse, um das deutsche Volk wirklich in den Verhandlungen um den Friedensvertrag vertreten zu können. In Wirklichkeit gehen unsere Anliegen sehr viel weiter. Wir wünschen, daß diese Regierung durch die vorher von der Bundesregierung abgeschlossenen europäischen Verpflichtungen gebunden ist.«

Das also war des Pudels Kern. In Wahrheit ging es gar nicht um die mit hehren demokratischen Vokabeln ständig beschworene »Bündnisfreiheit« einer gesamtdeutschen Regierung. Das war alles nur Scheingefecht; zur Irreführung der deutschen Massen. In Wahrheit ging es darum, bereits *vor* gesamtdeutschen freien Wahlen vollendete Tatsachen im Sinne des Westens zu schaffen, der deutschen Nation also ganz undemokratisch eine prowestliche Option aufzuzwingen.

Die westliche Antwort-Note auf den dritten Vorstoß der Sowjets war denn auch alles andere als ein konstruktives Verhandlungsangebot. Stur und unflexibel beharrte sie auf einem Procedere, das für die Sowjets bekanntermaßen unannehmbar war:

1. Untersuchungskommission,
2. freie Wahlen,
3. Bildung einer gesamtdeutschen Regierung,
4. Aushandlung eines Friedensvertrages.

In Moskau hatte man längst die Geduld verloren. Ende Juni 1952 erhielt die SED-Führung aus Moskau »grünes Licht«, den Kurs in der DDR zu verschärfen. Auf der II. Parteikonferenz der SED, vom 9. bis 12. Juli 1952, wurde nicht nur der »Aufbau des Sozialismus« in der DDR proklamiert. Die SED forderte jetzt »den nationalen Befreiungskampf gegen die amerikanischen, englischen und französischen Okkupanten in Westdeutschland« und bezeichnete den »Sturz ihrer Vasallenregierung in Bonn« mit leidenschaftlichen Worten als »Aufgabe aller friedliebenden und patriotischen Kräfte in Deutschland«.
Die SED-Führung atmete auf: die erste Gefahr schien vorüber. Vier Monate lang hatte man in Ost-Berlin um das eigene Schicksal gezittert. Pieck und Grotewohl hatten in einem Gespräch mit dem italienischen Sozialisten-Chef Pietro Nenni erklärt, »daß die sowjetische Regierung eine Politik verfolge, die große Opfer von ihnen verlangen werde und daß sie schon bald in Deutschland in eine Situation gebracht werden könnten, die mit jener Nennis in Italien vergleichbar sei«: also in die Rolle einer Opposition! Jetzt, Mitte Juli 1952, stellte Stalin in einem Gespräch mit Nenni, das im Kreml stattfand und über dessen Inhalt US-Botschafter Kennan seiner Regierung in Washington telegraphisch berichtete, seine Bereitschaft fest, bei Annahme seines Angebotes eines wiedervereinigten neutralen Deutschland das kommunistische Regime in der DDR zu opfern.
Ende Juli 1952 setzten sich Heinz Hoffmann, früherer Interbrigadist des Spanischen Bürgerkrieges und führendes Mitglied der »Sozialistischen Einheitspartei Deutschlands« (SED), und Vincenz Müller, früherer Generalleutnant der Deutschen Wehrmacht und führendes Mitglied der »Nationaldemokratischen Partei Deutschlands« (NDPD), zusammen und projektierten den Ausbau der ca. 40000 Mann zählenden Bereitschaftspolizei der DDR zu einer militärisch straff organisierten »Kasernierten Volkspolizei« (KVP), die etwa 80000 Mann umfassen und im Oktober 1952 auf die Beine gestellt werden sollte. Chef der KVP sollte Heinz Hoffmann, Stabschef und Organisator Vincenz Müller werden.
Am 23. August 1952 schlugen die Sowjets in einer weiteren Note zur Deutschland-Frage erneut eine Vierer-Konferenz vor, die folgende Tagesordnungspunkte behandeln sollte:
a) Vorbereitung eines Friedensvertrages mit Deutschland;
b) Schaffung einer gesamtdeutschen Regierung;

c) Durchführung freier gesamtdeutscher Wahlen bzw. Etablierung einer Kommission zur Überprüfung der Frage, ob in Deutschland die Voraussetzungen für die Durchführung derartiger Wahlen gegeben seien.

Mit dem Vorschlag einer Überprüfungs-Kommission für die Abhaltung von Wahlen hatten die Sowjets ungewollt Adenauer in die Hände gearbeitet, denn der westdeutsche Bundeskanzler stürzte sich flugs auf diesen Punkt und schob alle anderen Diskussionsfragen rigoros zur Seite. Das hatte zur Folge, daß über die Kernfrage einer deutschen Neutralität gar nicht mehr gesprochen wurde, sondern daß sich die nationale wie die internationale Debatte ausschließlich um das Thema »freie Wahlen« drehte. Bonn und die Westmächte standen propagandistisch großartig da, indem sie sich als unerschütterliche Verfechter deutscher Selbstbestimmung ausgeben konnten, während die Sowjetunion, die ja die Neutralität als Preis für die freien Wahlen forderte, in das schiefe Licht einer Zwangsauferlegung geriet. Indem eine innenpolitische Frage, die der gesamtdeutschen Wahlen, absichtlich mit einem außen- und militärpolitischen Problem, dem der Neutralität, verquickt und die mögliche Reihenfolge einfach umgekehrt wurde, entstand eine tiefgreifende Irreführung der deutschen Öffentlichkeit. Man sagte nicht, wie es korrekt gewesen wäre, »Die Russen verlangen unsere Neutralität als Preis für die deutsche Einheit«, sondern man behauptete, »Die Russen wollen keine freien Wahlen, die ja für uns Voraussetzung der Wiedervereinigung sind«. Der FDP-Abgeordnete Dr. Karl Pfleiderer, späterer Botschafter der Bundesrepublik in Belgrad, durchschaute dieses Spiel, als er am 2. September 1952 in einer Denkschrift sorgenvoll schrieb:

> »Mit Beschlüssen über gesamtdeutsche Wahlen beginnen zu wollen, verrät deutlicher als irgend etwas anderes die Absicht, den Verhandlungen mit der Sowjetunion auszuweichen und die Möglichkeit einer deutschen Wiedervereinigung im Keim zu ersticken.«

Adenauer intrigierte geschickt, und am 23. September 1952 veröffentlichten die Westmächte eine Antwortnote an die UdSSR, in der sie eine Art Vorkonferenz für Oktober vorschlugen, die sich vornehmlich mit der Frage der Einsetzung einer Kommission zur Prüfung der Voraussetzungen freier Wahlen in ganz Deutschland beschäftigen sollte. Die Sache lief eindeutig auf freie Wahlen mit nachfolgendem Anschluß der Sowjetzone an die Bundesrepublik hinaus, also auf ein »Deutschland«, das sich keineswegs im voraus zur Neutralität verpflichtet hatte. Das hieß, der Sowjetunion die bedingungslose Kapitulation vor dem Westen abzuverlangen.
Von dieser Linie, die als »Politik der Stärke« apostrophiert wurde, wich

man in Bonn auch dann nicht ab, als am 6. März 1953 der Sowjet-Diktator Stalin starb und sich in der britischen Regierung Ende März Tendenzen zu einem Arrangement mit den Sowjets über ein wiedervereinigtes neutrales Deutschland entwickelten. Adenauers Gefolgsleute reagierten sofort. Am 9. April 1953, als sich britische und westdeutsche Politiker zu einer Aussprache in Königswinter trafen, erklärte der Vorsitzende der CDU-Bundestagsfraktion Heinrich v. Brentano:

»Ich möchte Ihnen ausdrücklich eines sagen: Deutschland ist nicht bereit, die deutsche Politik ist nicht bereit, dafür* einen Preis zu zahlen, der die eigene Existenz zerstören würde. Und wir dürfen an diesem Problem nicht vorbeireden. Denn wenn wir von dem Preis sprechen, müssen wir sagen, was gemeint ist. Dieser Preis kann nur bestehen – über jeden anderen Preis ließe sich mit mir reden –, dieser Preis kann nur bestehen in einer irgendwie gearteten Neutralisierung Deutschlands. Und ich warne Sie, meine Damen und Herren, sich mit einem solchen Gedanken auch nur vertraut zu machen! Denn diese Neutralisierung Deutschlands wäre die Schaffung eines leeren Raumes im Herzen Europas, der nach dem Gesetz des horror vacui sich ausfüllen würde. Und der Untergang des restlichen freien Deutschlands wäre der Beginn des Untergangs des restlichen freien Europas!...«

Inzwischen hatten Wunsch und Sehnsucht der Deutschen in der DDR nach Wiedervereinigung immer mehr zugenommen. Die beiden Staatsgründungen im Jahre 1949 waren ja von niemandem recht ernst genommen worden. Es konnte sich eben keiner vorstellen, daß eine große Nation wie die der Deutschen, die schon 1030 Jahre existierte, mit billigen Tricks und Manipulationen fremder Mächte auseinanderzudividieren war. Doch seit dem Sommer 1952 waren die politischen Besorgnisse der Deutschen zwischen Elbe und Oder kontinuierlich gewachsen. Sollten tatsächlich zwei deutsche Armeen entstehen, die dazu bestimmt waren, in fremdem Interesse aufeinander zu schießen? Die ostelbische Bevölkerung wünschte keine DDR-Armee, sie ersehnte die deutsche Einheit.

Die nationalen Bekenntnisse, welche die SED-Führung in den letzten drei Jahren, seit Gründung des DDR-Staates, von sich gegeben hatte, waren von der Bevölkerung mit Mißtrauen aufgenommen worden. SED-Slogans wie »Noch unterstützen deutsche Landesverräter vom Schlage Adenauer und Schumacher die Machenschaften ihrer angloamerikanischen Auftraggeber« waren auf taube Ohren gestoßen. Die Bevölkerung zwischen Elbe und Oder

* Er meinte damit die Wiedervereinigung Deutschlands.

sah in der DDR-Regierung ein Satellitenregime Moskaus. Zu Recht. Und sie sah, unter dem Einfluß westlicher Propaganda, in der Bonner Regierung eine unabhängige deutsche Regierung. Kaum zu Recht. Denn wenn auch Adenauers Einfluß auf die Westmächte um ein Vielfaches größer war als jener Ulbrichts oder Grotewohls in Moskau, so waren *beide* deutsche Teilstaaten letzten Endes nur Instrumente von Besatzungs-Interessen. Einziger Unterschied: Die DDR-Regierung durfte immerhin gesamtdeutsche Parolen artikulieren, während die Bundesregierung in Bonn von sich aus alles tat, die deutschfeindliche Spaltungspolitik Frankreichs und der USA zu forcieren (die britische Regierung verfolgte 1953 bis 1954 einen eigenen Kurs, der vorsichtig auf Entspannung mit Moskau bei eventueller Wiedervereinigung eines neutralen Deutschland ging).
So merkwürdig es klingen mag, aber bis zum Frühjahr oder Sommer 1952 war die »nationale Frage« bei den Massen in der DDR nicht virulent gewesen. Jedermann, eingeschlossen der durchschnittliche SED- oder FDJ-Funktionär, hatte eben Deutschland immer noch als Ganzes gesehen. Gewiß, in den letzten beiden Jahren, seit dem Frühjahr 1950, hatte sich die Schere des unterschiedlichen Konsums- und Lebensstandards zwischen den beiden Teilen Deutschlands immer deutlicher geöffnet, war die »kapitalistische« Bundesrepublik der »sozialistischen« DDR wirtschaftlich davongeeilt. Die Deutschen zwischen Elbe und Oder hatten diese Entwicklung ebenso aufmerksam wie nervös verfolgt. Sie wußten ja, daß sie alles das, was die Westdeutschen nun an Wiederaufbau zustande brachten, ganz genauso gekonnt hätten, wenn man sie nur gelassen hätte. Dennoch war die Hoffnung immer lebendig geblieben, das alles seien vorübergehende Erscheinungen, eines nicht allzu fernen Tages würde es wieder ein einheitliches Vaterland geben.
Jetzt, im Sommer 1952, trat eine tiefe Zäsur in der Entwicklung der DDR ein. Ein drastischer Kurswechsel der SED-Führung in der inneren Politik ließ die unter der Asche der Unterdrückung seit langem schwelende Glut der Unzufriedenheit zu hellen Flammen der Wut emporschlagen. Und urplötzlich – was keiner vorausgesehen hatte – verbanden sich die soziale und die nationale Problematik zu einem hochexplosiven Gemisch in der DDR-Bevölkerung.

Der Aufstand

17. Juni 1953

Im Mai und Juni 1952 hatte man in Moskau registriert, daß die Stalin-Note vom 10. März keinerlei nennenswerte positive Reaktionen in Westdeutschland ausgelöst hatte, daß Wiederaufbau und Integration des westdeutschen Teilstaates mit verstärktem Eifer vorangetrieben wurden. Der Abmarsch des deutschen Territoriums zwischen Rhein und Elbe nach Westen schien nicht zu bremsen. Das sowjetische Politbüro erteilte Ostberlin die Weisung, die Phase der »antifaschistisch-demokratischen« Politik in der ehemaligen Sowjetzone zu beenden und offen zum »Aufbau des Sozialismus« zwischen Elbe und Oder überzugehen. Die ökonomischen Voraussetzungen waren bereits gegeben. Der Anteil der verstaatlichten bzw. genossenschaftlichen Betriebe an der Bruttoproduktion der DDR war inzwischen auf knapp achtzig Prozent gestiegen.

Auslösendes Moment für den rigorosen Kurswechsel des Ostens war die Unterzeichnung des Vertrages für die »Europäische Verteidigungsgemeinschaft« (EVG) im Mai 1952 gewesen. Nach der einseitigen Währungsreform im Jahre 1948, nach der einseitigen Gründung der Bundesrepublik im Jahre 1949, war die Unterzeichnung des EVG-Vertrages der dritte und entscheidende Schritt zur Spaltung Deutschlands gewesen. Was immer die Sowjetunion und die Regierung der DDR getan hatten, es waren immer *Reaktionen* auf einseitige Maßnahmen des Westens gewesen. Und so auch jetzt.

Vom 9. bis 12. Juli 1952 tagte in Ostberlin die 2. Parteikonferenz der SED, an der 1565 Delegierte teilnahmen. Walter Ulbricht hielt das Hauptreferat unter dem Titel »Die gegenwärtige Lage und die Aufgaben der SED«. Alles war wohlvorbereitet, und Ulbricht erhielt langanhaltenden Beifall von den Genossen, als er erklärte:

> »In Übereinstimmung mit den Vorschlägen aus der Arbeiterklasse, aus der werktätigen Bauernschaft und aus anderen Kreisen der Werktätigen hat das Zentralkomitee der Sozialistischen Einheitspartei Deutschlands beschlossen, der 2. Parteikonferenz vorzuschlagen, daß in der Deutschen Demokratischen Republik der Sozialismus planmäßig aufgebaut wird.«

Für die Masse der Bevölkerung in der DDR schien dieser einschneidende Beschluß im ersten Moment ziemlich gleichgültig. Sie hatte ohnehin andere Sorgen, kämpfte verzweifelt um das bißchen tägliche Brot. Aber darüber hinaus hatte jedermann die Taktik der antifaschistisch-demokratischen Einheitsfront immer nur für einen Bluff der SED gehalten. Die stillschweigende Sozialisierung des industriellen Bereichs war ja seit langem allen sichtbar gewesen. Direkt betroffen wurde jedoch die Bauernschaft, denn die 2. Parteikonferenz gab den Startschuß zur offenen Kollektivierung der Landwirtschaft.

Dabei war der erste indirekte Schritt bereits am 9. März 1949, ein halbes Jahr vor Gründung der DDR, getan worden, als die »Deutsche Wirtschaftskommission« die Bildung der Maschinen-Ausleih-Stationen (MAS) angeordnet hatte. Ende 1949 hatte es auf den Dörfern fünfhundert MAS gegeben. Inzwischen hatte sich die Zahl versechsfacht, während sich der Bestand an Traktoren verdreifacht hatte. Jetzt, 1952, konnte man sagen, daß die Maschinen-Ausleih-Stationen das Leben auf den Dörfern beherrschten, denn die Einzelbauern mußten sich die Maschinen und Traktoren von den MAS-Stationen mieten und gerieten dadurch in eine immer stärkere Abhängigkeit vom Staat, und das hieß: von der Partei.

Von einschneidender Bedeutung für das Leben der Bevölkerung in der DDR war weniger die feierliche Proklamation, nun zum »Aufbau des Sozialismus« überzugehen, als der konkrete Beschluß, alle Kraft, sprich: alle Investitionen in den Aufbau der Schwerindustrie zu stecken. Das führte schlagartig zu einer einschneidenden Vernachlässigung der Konsumgüterindustrie wie zu einem Rückgang der Landwirtschaft. Es gab also keinen deutschen Weg zum Sozialismus! Die SED-Führung praktizierte undifferenziert und sklavisch die Nachahmung des sowjetischen Modells, und das hieß: des Stalin-Kurses. Ungeachtet der katastrophalen Erfahrungen jener Politik, die Stalin von 1928 bis 1933 in der UdSSR betrieben hatte, die Millionen Menschen das Leben gekostet und die sowjetischen Massen in die tiefste Armut gestürzt hatte, rief Walter Ulbricht nun, am Schluß der 2. Parteikonferenz, aus: »Wir werden siegen, weil uns der große Stalin führt!«

Neben der drastischen Verschlechterung der allgemeinen Konsumlage war es vor allem der Stalin-Kult, der die Massen in der DDR mit tiefem Abscheu gegen die SED erfüllte. Fast alle hatten ja noch den Führer-Kult in Erinnerung, der zwölf Jahre um Adolf Hitler betrieben worden war. Aber die NS-Lobhudeleien wirkten in der rückschauenden Betrachtung idyllisch und bescheiden im Vergleich zu den Orgien an Personenkult, die täglich über die Bewohner der DDR niedergingen. Am 21. Dezember 1949 hatte der Parteivorstand der SED dem »teuren Freund Josef Wissarionowitsch Stalin« zu seinem 70. Geburtstag geschrieben:

»Wir begrüßen Sie, Genosse Stalin, als den großen Fortsetzer und Vollender der unsterblichen Werke von Marx, Engels und Lenin.
Wir begrüßen Sie, Genosse Stalin, als den tiefgründigen Forscher und kühnen Denker, der den Marxismus-Leninismus in seiner Reinheit verteidigt und durch neue Erkenntnisse bereichert und entwickelt hat.
Wir begrüßen Sie, Genosse Stalin, als den proletarischen Führer, der zusammen mit dem genialen Lenin die bolschewistische Partei, die erste Partei von neuem Typus, geschmiedet hat.
Wir begrüßen Sie, Genosse Stalin, als den weisen Staatslenker der Union der Sozialistischen Sowjetrepubliken, der den Sowjetvölkern den Sieg des Sozialismus gesichert hat und sie jetzt auf dem Wege zum Kommunismus vorwärtsführt.
Wir begrüßen Sie, Genosse Stalin, als den anerkannten Führer der Weltfriedensfront, auf den sich heute die Hoffnungen und Wünsche der friedliebenden Menschen aller Länder richten.
Wir begrüßen Sie, Genosse Stalin, als den großen Lehrer der deutschen Arbeiterbewegung und den besten Freund des deutschen Volkes . . .«

Eine derart widerliche Speichelleckerei war in der deutschen Geschichte noch nicht dagewesen. Es war erst vierzig, fünfzig Jahre her, daß sich die deutschen Arbeiter offen über ihren eigenen Kaiser lustig gemacht, daß sie ihn in ihren Parteigazetten und auf ihren Versammlungen als »Lehmann« verhöhnt hatten. Ja, selbst in den Herrschaftszeiten des NS-Diktators waren nirgendwo im Großdeutschen Reich Führer-Denkmäler errichtet worden. Jetzt wurde das Städtenetz der DDR mit Stalin-Standbildern überzogen, denen jedermann seine Reverenz zu erweisen hatte. Damals wußte man noch nicht so genau, daß der Sowjet-Diktator mindestens fünfundzwanzig Millionen Menschen auf dem Gewissen hatte*. Aber niemand in der DDR sah in Stalin »einen Freund des deutschen Volkes«.
Zum 71. Geburtstag des Sowjet-Tyrannen, im Dezember 1950, hatte die SED proklamiert:

»Lang lebe Genosse Stalin, der Führer und weise
Lehrer aller Werktätigen!
Lang lebe Genosse Stalin, der Bannerträger im Kampf um
den Frieden der Welt!
Gruß und Dank dem Genossen Stalin, dem besten Freund und
Helfer des deutschen Volkes!«

* Vgl. die jüngsten Veröffentlichungen in der Tagespresse.

Im Anschluß an die 2. Parteikonferenz der SED, Ende Juli 1952, wurden die traditionellen Länder des Deutschen Reiches zerschlagen. Abgesehen von der Hauptstadt Berlin hatte es bis dahin immer noch die alten Länder Brandenburg, Sachsen-Anhalt, Thüringen, Sachsen und Mecklenburg (zusammengesetzt aus Mecklenburg und Vorpommern) gegeben. Jetzt wurden daraus, mit einem Federstrich, vierzehn Verwaltungsbezirke geschaffen (siehe Karte): aus Brandenburg entstanden die drei Verwaltungsbezirke Potsdam, Frankfurt/Oder, Cottbus; aus Sachsen-Anhalt wurden die Bezirke Magdeburg und Halle; aus Thüringen bildeten sich die drei Verwaltungsbezirke Erfurt, Gera und Suhl; aus Sachsen wurden die Bezirke Leipzig, Dresden und Chemnitz; aus Mecklenburg und Vorpommern organisierte man die Bezirke Schwerin, Rostock und Neubrandenburg.

Die Menschen in der DDR wurden nicht befragt, ob sie sich als Preußen, Sachsen, Thüringer, Mecklenburger, Pommern oder sonst etwas fühlten. Sie hatten auch andere Probleme. Denn die nächsten neun Monate, bis zum Frühjahr 1953, wurden beherrscht von der Kampagne um die Kollektivierung der Landwirtschaft, waren geprägt von restriktiven Maßnahmen gegen den noch vorhandenen privaten Besitz, gegen kleine Einzelhandelsunternehmer und Handwerker sowie durch rigorose Verschärfungen im Bereich der Steuerpolitik. So lastete der Winter 1952/53 wie ein düsterer Alpdruck auf dem Leben der Deutschen in der DDR.

Wie ein Donnerschlag traf es die SED-Führung, als Stalin am 6. März 1953 im Kreml starb. Walter Ulbricht schrieb sofort: »Der größte Mensch unserer Epoche ist dahingeschieden . . . Die Werktätigen der Deutschen Demokratischen Republik sind von tiefem Schmerz ergriffen angesichts des Dahinscheidens unseres weisen Lehrers, unseres Vaters.«

Die Werktätigen der DDR hatten aber keineswegs kindliche Gefühle, als sie die Nachricht von Stalins Tod vernahmen. Wie es wirklich in der Bevölkerung aussah, schilderte später *Ingo Havenstein,* der damals 19 Jahre alt war, in Görlitz, direkt an der Oder-Neiße-Grenze, wohnte und gerade dabei war, sein Abitur zu machen:

> »Das Schlimmste an Stalins Tod war die Veranstaltung anläßlich seiner Beisetzung. Die Betriebe und Schulen mußten antreten und sollten in einem gigantischen Marsch an einem großen Bild von Stalin vorbeigeführt werden und dazu die Kopfbedeckung abnehmen! Wir hatten deshalb vorsorglich keine Mützen oder Hüte aufgesetzt.
>
> Ein Ausbrechen aus den Marschkolonnen war leider nicht möglich. Früher, wenn wir eine Demonstration auf dem großen Markt hatten, dann war es so gewesen, daß wir uns schon auf dem Weg dahin verdrücken konnten, oder daß wir, wenn wir dann auf dem Obermarkt standen, uns unauffällig entfernen konnten. Aber an diesem Tag ging das nicht. Die

> FDJ und die SED hatten ihre linientreuen Leute links und rechts der einzelnen Rotten postiert. Ein Ausbrechen war einfach nicht möglich. Und die Verwünschungen und Flüche, die dabei ausgestoßen wurden, die sollten leider für eine Reihe von Kameraden noch üble Folgen haben...«

In den Wochen von Mitte März bis Mitte Mai 1953 schien es so, als würde sich der Tod des sowjetischen Diktators für das Leben in der DDR kaum auswirken. Der »väterliche« Stalin konnte zwar nicht mehr täglich gefeiert werden, aber die Seuche des Personenkults, welche die SED aus Moskau übernommen hatte, breitete sich wie ein Krebsgeschwür aus. In der gesamten Republik wurden umfangreiche Vorbereitungen getroffen, um den 60. Geburtstag des SED-Generalsekretärs Walter Ulbricht, Ende Juni, festlich zu begehen. Im Ost-Berliner Verlag Rütten & Loening wurden Sonderschichten eingelegt, um noch rechtzeitig Prachtbände fertig zu bekommen, in denen der Byzantinismus um Ulbricht sich selbst übertreffen sollte.

Am 28. Mai 1953 beschloß der Ministerrat der DDR eine administrative Normenerhöhung um zehn Prozent. Die Arbeitsleistung sollte also um zehn Prozent gesteigert werden, ohne daß eine Lohnerhöhung erfolgte. Wer unter dem erhöhten Soll blieb, hatte mit Lohn- oder Gehaltsabzügen zu rechnen. Eine Woche lang diskutierten die Arbeiter in den Betrieben mit den Funktionären, und zum ersten Mal fielen in den Debatten die härtesten Ausdrücke über das russische Ausbeutersystem. Zu offener Empörung kam es aber erst am 5. Juni, als auf den Baustellen der Ost-Berliner Stalinallee, der »Prachtstraße des Sozialismus«, die Lohnzahlungen nach der neuen Normengesetzgebung erfolgten. Jetzt erst ging den Arbeitern ein Licht darüber auf, in welch schamloser Weise sie betrogen werden sollten. Der wöchentliche Prämienlohn eines Facharbeiters betrug plötzlich nicht mehr 168, sondern nur noch 72 Ostmark. Eine weibliche Bauhilfsarbeiterin fand in ihrer wöchentlichen Lohntüte nicht mehr 52,80, sondern nur noch 46,– Ostmark. In den Betrieben und auf den Baustellen rotteten sich die Werktätigen zusammen, ballten die Fäuste und redeten Fraktur mit den »Genossen«. In der SED-Parteizentrale und in den Ministerien Ost-Berlins schrillten die Telefone: von allen Seiten kamen die Alarmmeldungen oder die Hilferufe der örtlichen Funktionäre.

Diese dramatische Entwicklung an der Basis kreuzte sich mit sensationellen Vorgängen an der DDR-Spitze. Am 3. Juni 1953 übergab der sowjetische Hohe Kommissar für Deutschland, Semjonow, der in der Sowjetbotschaft Unter den Linden residierte, dem SED-Politbüro eine geharnischte Direktive des Kreml. Semjonow unterrichtete die deutschen Genossen in mündlicher Rede, daß seit dem 11. Mai intensive diplomatische Kontakte zwischen der sowjetischen und der britischen Regierung im Gange seien, die sich insbesondere auf die Möglichkeit eines wiedervereinigten neutralen Deutschlands bezögen. Dies, so sagte Semjonow den sprachlos lauschenden SED-Führern, seien eben die Früchte der neuen sowjetischen Außenpolitik, die von den Genossen Malenkow und Berija betrieben würde. Man dürfe davon ausgehen, daß es demnächst zu Vier-Mächte-Verhandlungen über Deutschland käme, und darauf müsse man sich in größtem Tempo vorbereiten; die deutschen Genossen hätten höchstens eine Woche Zeit, um in der DDR neue demokratischere Verhältnisse zu schaffen.

Dann verlas Semjonow die Direktive des sowjetischen Politbüros. Die Hauptforderungen für einen »neuen Kurs« der SED-Führung waren: Widerruf der Entschließung zum »Aufbau des Sozialismus« vom Juli 1952 – Widerruf der kürzlich verkündeten Preiserhöhungen – Garantieversprechen für eine »sozialistische Legalität« in der DDR – Rücknahme des seit kurzem verstärkten Druckes auf die kleinen Privatbetriebe und die private Landwirtschaft – Reiseerleichterungen nach Westdeutschland.

Die SED-Genossen waren perplex. Das, was ihnen der Hohe Kommissar Semjonow da verkündete, bedeutete praktisch, das Steuer in der DDR um 180 Grad herumzuwerfen. Und wurde nicht noch mehr anvisiert? Stand nicht überhaupt die ganze DDR zur Disposition, wenn es tatsächlich zu einem wiedervereinigten neutralen Deutschland kommen sollte? Gewiß, der verstorbene Stalin hatte diesen Weg bereits mit seiner Note vom 10. März 1952 gewiesen; aber jetzt schien es wirklich ernst zu werden.

Semjonow sparte nicht mit Kritik an der SED-Führung. Er griff Ulbricht persönlich an und ging scharf mit den Lobhudeleien ins Gericht, die für dessen 60. Geburtstag am 30. Juni überall in der DDR gespeichert wurden. Ordensverleihungen, Massenaufmärsche, »freiwillige« Verpflichtungsschwüre, zu Ehren des großen Genossen Walter Ulbricht zwanzig oder dreißig Prozent mehr zu arbeiten – das alles sei seit dem 6. März völlig unzeitgemäß. Er empfahl Ulbricht, seinen 60. Geburtstag so zu feiern, wie Lenin seinen 50. Geburtstag gefeiert habe. Auf die Frage einiger verwirrter SED-Führer, wie denn das gewesen sei, antwortete Semjonow trocken, Lenin habe lediglich ein paar Freunde zum Abendbrot eingeladen.

Die Mitglieder des SED-Politbüros waren niedergeschmettert. Von oben, aus Moskau, wie von unten, von der Basis, wurden sie zu gleicher Zeit in die Zange genommen. Fünf Tage dauerten die internen Diskussionen. Während einige den Sturz Walter Ulbrichts bereits als beschlossene Sache ansahen und kaum verhohlen frohlockten, behielt der allseits gehaßte und kritisierte Generalsekretär kühles Blut. Ulbricht hatte nämlich sehr genau registriert, daß Semjonow nur von Malenkow und Berija gesprochen hatte;

die Namen Molotow und Kaganowitsch waren in seiner Philippika nicht vorgekommen. Er schloß daraus, daß der neue außenpolitische Kurs unter den Stalin-Nachfolgern im Kreml umstritten sein mußte, und er tat von sich aus alles, Brems-Signale nach Moskau zu senden. Zwar sah er sich nicht in der Lage, die neue Politik des sowjetischen Politbüros frontal zu attackieren; aber Sand ins Getriebe zu streuen, dazu reichten seine Verbindungen.

Am 9. Juni 1953 beschloß das SED-Politbüro, die bisherige Parteilinie zu ändern und einen »Neuen Kurs« zu proklamieren. Das Politbüro gab zu, daß Partei und Regierung in der »Vergangenheit eine Reihe von Fehlern begangen« hätten. Unverzüglich sollten Maßnahmen ergriffen werden, die einer »entschiedenen Verbesserung der Lebenshaltung aller Teile der Bevölkerung und der Stärkung der Rechtssicherheit« zu dienen hätten. Die verschärfte Steuerpolitik der letzten Zeit wurde verworfen, der repressive Druck auf Einzelhändler, Privatbauern und Handwerker sollte eingestellt werden. Zwei Tage später, am 11. Juni, wurden die Beschlüsse in Form eines Regierungs-Kommuniqués öffentlich verkündet.

Alles, was darin gesagt wurde, entsprach durchaus den Weisungen aus Moskau. Aber die beiden wichtigsten Kriterien eines wahrhaft »Neuen Kurses« fehlten: Weder wurde der »Aufbau des Sozialismus« desavouiert noch war von einer Rücknahme der zehnprozentigen Normenerhöhung die Rede.

In den Augen der werktätigen Bevölkerung der DDR waren das aber die entscheidenden Faktoren. Was nützten alle sonstigen Verbesserungen, wenn die »sozialistischen« Ausbeutungsnormen nicht korrigiert wurden! Von nichts anderem war seit Tagen in der gesamten Republik die Rede. Als am 12. Juni auf den Bauplätzen im Ost-Berliner Stadtbezirk Friedrichshain erneut die reduzierten Lohnzahlungen erfolgten, steigerte sich der Unmut der Bauarbeiter zur offenen Rebellion. In einem Brief an Ministerpräsident Grotewohl verlangten sie die sofortige Rücknahme der Normenerhöhung und erteilten zugleich dem Kommuniqué vom Vortag, das den »Neuen Kurs« der SED verkündet hatte, eine Abfuhr, indem sie feststellten, die Arbeiter würden von dieser neuen Parteilinie am wenigsten haben. Für den Fall, daß die Normenerhöhung nicht zurückgenommen würde, drohten sie mit Streik. Zum Schluß beschlossen sie, am 16. Juni eine Protest-Delegation zu Grotewohl zu senden.

Bei der sowjetischen Hohen Kommission wurde man äußerst nervös. Es war Gefahr im Verzuge. Moskaus Interesse war es natürlich, die bedeutenden Umwandlungen in der DDR in geordneten Bahnen zu vollziehen, jede Explosionsgefahr von vornherein zu eliminieren. Die Halbherzigkeiten des SED-Politbüros in der Anerkenntnis eigener Fehler wie in der Sozialismus-

und in der Normenfrage, dazu Ulbrichts hintergründige Bremsmanöver in Ost-Berlin und in Moskau alarmierten Semjonow. Ganz offenbar waren sich die deutschen Genossen über die Brisanz der Lage, über die wahre Stimmung der Bevölkerung nicht im klaren. So veröffentlichte denn die »Tägliche Rundschau«, das sowjetische Okkupationsblatt in der DDR, am 13. Juni einen aufsehenerregenden Kommentar, in dem es hieß, daß »die frühere sowjetische Kontrollkommission ebenfalls, bis zu einem gewissen Grad, für begangene Fehler verantwortlich« sei. Das Sowjet-Blatt ging aber – im Gegensatz zu den Gazetten der SED – weit über die Thematik der sozialen Fragen hinaus, indem es die Kardinal-Problematik des deutschen Volkes artikulierte und schrieb, die Beschlüsse, die der neuen Politik zugrunde lägen, » haben große internationale Bedeutung. Sie zielen ab auf das große Ziel der Wiedervereinigung des deutschen Volkes in einem gesamtdeutschen Nationalstaat«.

Der Artikel schlug ein wie eine Bombe. Jetzt mußte dem Letzten klar werden, daß es zwischen dem Kreml und der SED-Führung Differenzen gab, Differenzen grundsätzlicher Art, die sich – weit über Normenfragen hinaus – auf das Schicksal Deutschlands insgesamt bezogen. Im Untergrund der sozialen Diskussion begann sich die nationale Frage zu rühren.

Einen Tag später, am 14. Juni, erschien im »Neuen Deutschland«, dem Zentralorgan der SED, ein großer Artikel des Chefredakteurs Rudolf Herrnstadt, der sture Parteifunktionäre kritisierte und die Empfehlung aussprach, mit den »Holzhammer«-Methoden bei den Normenerhöhungen Schluß zu machen. Der Eindruck auf die Bevölkerung war äußerst zwiespältig. Kritik an bestimmten Personen und Methoden, schön und gut; aber sollten nun die Normenerhöhungen zurückgenommen werden oder nicht? Die SED schien mit mehreren Zungen zu sprechen.

Am 16. Juni früh lasen die Arbeiter in der »Tribüne«, dem Organ des FDGB, einen Artikel des führenden SED-Gewerkschaftsfunktionärs Otto Lehmann, in dem er die Beschlüsse vom 28. Mai über die Normenerhöhung verteidigte und zur strikten Erfüllung aufrief. Das schlug dem Faß den Boden aus. Auf der Baustelle Block 40 in der Stalinallee formierte sich spontan ein Demonstrationszug von dreihundert Bauarbeitern, die zum Protestmarsch über die Stalinallee antraten, voran ein riesiges Plakat mit der Aufschrift »Wir fordern Herabsetzung der Normen!« Der Zug ging von Baustelle zu Baustelle, und schon bald hatten sich mehr als zweitausend Bauarbeiter eingereiht. Zuerst marschierte man zum Haus des FDGB-Bundesvorstandes in der Wallstraße, das aber verschlossen war und in dem sich kein Funktionär sehen ließ. Dann ging es weiter zum Haus der Ministerien in der Leipziger Straße, wobei sich der Zug auf mehr als zehntausend Teilnehmer vergrößerte. Die Demonstranten verlangten nach

Ulbricht oder Grotewohl, aber nur der Minister für Industrie, Fritz Selbmann, hatte so viel Courage, sich nach draußen zu begeben, um mit den wütenden Arbeitern zu diskutieren. Er wurde niedergeschrien. Von Normen war bald nicht mehr die Rede. Die Arbeiter forderten den Rücktritt der SED-Regierung.
Zur selben Zeit tagte das SED-Politbüro. Es hatte sich zu seiner regelmäßigen Dienstags-Sitzung versammelt. Es herrschte eine Atmosphäre totaler Kopflosigkeit, die durch hereinplatzende Meldungen über den Demonstrationszug der Bauarbeiter verstärkt wurde. Schließlich, bevor man auseinanderging, beschloß man, auf massiven Druck Semjonows, die Normenerhöhung vom 28. Mai rückgängig zu machen.
Am Abend trommelten Ulbricht und Grotewohl schnell das SED-Parteiaktiv von Großberlin im Friedrichsstadtpalast zusammen. Der Saal brodelte von Gerüchten über die bedrohlichen Ereignisse des Tages. Ulbricht focht das alles nicht an. Als wenn in den letzten Stunden nichts geschehen wäre, verbreitete er sich langatmig über die neue politische Linie, erläuterte die von der Partei zu beobachtende Taktik bei der Verwirklichung des »Neuen Kurses«. Die Versammlung murrte. Als Otto Grotewohl die Erscheinungen des bisherigen Personenkultes verdammte, kam es zu wütenden Zwischenrufen.
Aber das alles war viel zu spät. Am Abend des 16. Juni hatten die Bauarbeiter auf dem Nachhauseweg von der Demonstration beschlossen, am folgenden Tag, Mittwoch dem 17. Juni, massenweise auf die Straße zu gehen. Anschließend liefen die Telefone in Ost-Berlin heiß. Man rief sich gegenseitig an und machte seinem Herzen Luft. Die Bauarbeiter berichteten den Kollegen von SAG Siemens-Plania in Lichtenberg, vom Elektro-Apparate-Werk J. W. Stalin in Treptow, den Stahlwerkern im Vorort Hennigsdorf über die Zusammenstöße mit Selbmann vor dem Haus der Ministerien. Während die Stadt in gespannter Ruhe zu schlafen schien, bereitete sich unsichtbar und spontan der Aufstand vor.
Über diesen Aufstand des 17. Juni 1953 ist in den zurückliegenden 35 Jahren im Westen Deutschlands eine Menge gesprochen und geschrieben worden. Je mehr Zeit verging, je länger die Spaltung Deutschlands andauerte, desto lauter meldeten sich die Umerzieher und Verfälscher zu Wort, die abfällig von einem »deutschen Sonderweg« sprechen, um den Deutschen jeden Geschmack an ihrer Nationalität und Geschichte zu nehmen, und in deren manipulatorischem Interesse es natürlich liegen muß, auch den 17. Juni 1953 zu entnationalisieren. Während der 17. Juni offiziell immer noch »Tag der deutschen Einheit« heißt, werden diese Geschichtsverdreher nicht müde, die Behauptung aufzustellen, der 17. Juni 1953 habe mit dem nationalen Anliegen der Deutschen, habe mit der Frage der deutschen

Einheit nichts zu tun gehabt; es habe sich damals nur um eine soziale Empörung gehandelt.
Bisheriger Höhepunkt dieser Täuschungs- und Vernebelungskampagne war die Ansprache des US-Professors Fritz Stern vor dem Deutschen Bundestag am 17. Juni 1987. Stern, der am 17. Juni 1953 *nicht* in Ost-Berlin oder der DDR, sondern in Amerika war, leugnete schlankweg den nationalen Charakter des Juni-Aufstandes, indem er expressis verbis erklärte: »Es war kein Aufstand für die Wiedervereinigung.« Für ihn reduzierte sich das damalige Geschehen zu einem »Aufstand für ein besseres, ein freieres Leben«. Die politische Manipulationsabsicht war klar. Stern verband die Diskriminierung der Aufständischen des 17. Juni 1953 mit unqualifizierten Attacken auf die Bismarcksche Reichsgründung und auf die nationale Einheit der Deutschen, die in dem hinterlistigen Satz gipfelte: »Das ungeteilte Deutschland hat unsagbares Unglück für andere Völker und sich selbst gebracht.« Nicht einer der Abgeordneten oder Minister Westdeutschlands verließ daraufhin den Saal. Im Gegenteil, die anwesenden Pressevertreter wußten zu berichten: »Stern erhielt am Schluß seiner Rede Beifall von allen drei anwesenden Fraktionen. Auch der Bundeskanzler spendete, entgegen seiner sonstigen Übung, von der Regierungsbank aus nicht zu applaudieren, Beifall.«
Stern ging in seiner Manipulation der historischen Wahrheit so weit, einen aus dem Zusammenhang gerissenen Satz aus einer Rede Herbert Wehners vom 1. Juli 1953 vor dem Bundestag zu zitieren, der lautete: »Ich fand es erschütternd, daß immer wieder der Ruf erklang: Wir sind Arbeiter und keine Sklaven! Welches Bewußtsein der menschlichen Würde und ihrer Schicht...« F. Stern unterschlug mit voller Absicht die entscheidende Passage derselben Wehner-Rede vom 1. Juli 1953, welche die Stern-Manipulationen ad absurdum führt:

> »Lassen Sie mich nun noch ein Wort von einem großen staatlichen Betrieb in Köpenick berichten, wo die Arbeiter mit 90 Prozent der Belegschaft beschlossen haben: Forderung Nr. 1: Garantierung der verfassungsmäßigen Bestimmungen und Absetzung der Regierungsfunktionäre, die sie verletzt haben. Forderung Nr. 2: Rechtssicherheit. Forderung Nr. 3: Wiedervereinigung durch freie Wahlen.
> Es fing an mit dem Kampf gegen die Normenschinderei, mit einem Ausbruch gegen den Hunger. Es verband sich sofort mit dem Eintreten für verfassungsmäßige Verhältnisse gegen eine Regierung, die diese eigene Verfassung verletzt und mit den Füßen getreten hat. Und das alles mündete in dieses glühende Bekenntnis, für das in Berlin an einem Tag ein fast hundertprozentiger Generalstreik war und für das in der Zone Hunderttausende unter Lebensgefahr gestreikt haben; in dieses glühende

Bekenntnis: Wir wollen nicht mehr in einem gespaltenen Deutschland leben, wir wollen Wiedervereinigung!«

Um den zunehmenden bundesrepublikanischen Versuchen, den nationalen Charakter des 17. Juni 1953 nachträglich zu verleugnen, entgegenzutreten, sollen hier einige derjenigen zu Worte kommen, die damals wirklich dabei waren.

Beginnen möchte ich mit meinem eigenen Bericht, den ich unmittelbar nach den Ereignissen für einen Hamburger Pressedienst schrieb und der in sieben westdeutschen Tageszeitungen veröffentlicht wurde. Ich war damals 28 Jahre alt, studierte an der »Freien Universität« in West-Berlin, fuhr am frühen Morgen mit der S-Bahn zur Stalinallee in Ost-Berlin, erlebte und berichtete darüber folgendes:

Es ist der 17. Juni 1953 morgens 8.00 Uhr. Ich stehe bei strömendem Regen auf der Stalinallee. Ich schlage meinen Mantelkragen hoch und starre in den trüben flimmernden Regenschleier. Gestern nachmittag – am 16. Juni – hat mich die Nachricht von den Demonstrationen der Bauarbeiter der Stalinallee alarmiert. Ich fuhr in den Ostsektor und stand abends vor dem Friedrichstadt-Palast, während drinnen Grotewohl und Ulbricht vor dem Parteiaktiv der Berliner SED sprachen. Als die Funktionäre auf die Straße kamen, hörte ich Gesprächsfetzen. Die kleinen und mittleren Funktionäre waren durch und durch verbittert, daß die »Großen« die schwersten Fehler begangen hatten, die sie vor der Bevölkerung nun verantworten sollten. Als Grotewohl in der Versammlung erklärt hatte, man habe einen falschen Führerkult betrieben, der jetzt abgeschafft werden müßte, hatte einer der Funktionäre laut geschrien: »Welchen Pappkopp sollen wir denn nun nicht mehr tragen?« Sie schienen zu ahnen, daß ihnen furchtbare Stunden bevorstanden.

Die lange Stalinallee ist so gut wie leer, alle Baustellen liegen stumm und verlassen. Da biegt aus der Möllendorfstraße mitten auf dem Fahrdamm ein grauer Zug Menschen in die Stalinallee ein. Sie marschieren unentwegt im Regen, in schlechtem Schuhwerk, in ihren blauen Monteur- und Arbeitsanzügen, ohne gleichen Tritt und viel Ordnung, in einem unaufhaltsamen schlürfenden Schritt. Es sind Arbeiter, technisches Personal, Frauen, Lehrlinge; alles ohne Unterschied durcheinandergewürfelt. Tatsächlich, es sind Elendsgestalten, jetzt sehe ich es selbst. Graue abgehärmte Gesichter, auf deren gespannter Haut der Regen den Schmutz verschmiert. Sie rauchen Zigaretten, in den Augen ist ein hektischer Glanz. Sie rufen, sie schreien im Chor: »Berliner reiht Euch ein! Wir wollen keine Sklaven sein!«

Ich habe das Empfinden, daß mir das Herz im Halse schlägt. Ich laufe an die Spitze des Zuges und frage, wer sie seien. »Siemens-Plania«, kommt die Antwort. Die Arbeiter von Siemens-Plania. »Los, komm mit«, fordern sie mich auf. Ich will nicht, ich bin doch West-Berliner. Darf ich mich hier einmischen? »Wir sind alle Deutsche und wollen die Einheit«, sagt ein älterer Arbeiter vorwurfsvoll zu mir. Ich reihe mich ein und marschiere. Ich marschiere vorne an der Spitze von Siemens-Plania.
Mir ist beklommen und sehr glücklich zumute. Ich stamme nicht aus der Arbeiterklasse, und ich habe das Gefühl, alle sehen mir das an. Aber niemand stößt sich daran. »Wir sind alle Deutsche«, sagte jener Arbeiter. Ja, und jetzt sind wir alle Klassenkämpfer! Klassenkämpfer gegen eine kleine verräterische Kaste von Nutznießern am deutschen Zusammenbruch.
Es regnet nicht mehr, und wir sind jetzt in der Mitte der Stalinallee. »Die HO macht uns k.o.« – »Grotewohl erzählt uns Kohl« – »Wir wollen freie Wahlen und keine DDR-Armee« grollt der Chor aus Tausenden von heiseren Kehlen gegen die kalten Prachtfassaden nach Moskauer Muster. Und immer wieder schreien wir – dieser Ruf wird von den Arbeitern mit einer fanatischen Leidenschaft ausgestoßen –: »Es hat alles keinen Zweck, der Spitzbart (Ulbricht) muß weg!« Die Leute in den Fenstern der kleinen Häuser klatschen Beifall und lachen, die Geschäftsinhaber verhalten sich vorsichtig, die alten Damen am Straßenrand können sich vor Freude und Kopfnicken kaum lassen. Ein Vorarbeiter schreit in einer Telefonzelle in den Apparat: »Meister, wir streiken! Wir haben die Faxen dicke! Hör'n Sie mal: ich halte den Hörer raus ... Die Arbeiter marschieren!« Wie wild vor Empörung schreien die Menschen: »Der Spitzbart muß weg!« Der Zug wird immer länger. Von allen Seiten schließen die Berliner sich an. Nur aus den Prachtbauten kommt keiner. Dort stehen sie auf den Balkonen und schauen entsetzt auf die Lawine, die auf dem rechten Fahrdamm der Stalinallee heranrollt. SED-Genossen stehen fassungslos am Straßenrand, die Demonstranten schauen über sie hinweg. Als in dem Fenster eines Hochhauses die rote Fahne erscheint, hört man Pfeifen und Johlen.
Da kommen uns plötzlich auf der linken Straßenseite dreiachsige sowjetische Schützenpanzerwagen entgegen. Die Mannschaften sitzen an den MG's oder pressen die Gewehre mit den aufgepflanzten Bajonetten zwischen die Beine. Vorne stehen die Kommandanten unbeweglich unter ihren olivgrünen Stahlhelmen. Ich rede auf die Arbeiter in der ersten Reihe ein. Ich beschwöre sie, durch den Zug die Parole zu geben, keinerlei Ausschreitungen gegen die sowjetische Besatzungsmacht zu begehen und die Sowjets gar nicht zu beachten. »Wir kämpfen nicht

gegen die Besatzungsmacht, das wäre aussichtslos. Unser Kampf gilt nur der SED. Heute noch muß die Regierung fallen.« Die Leute im ersten Glied nicken. Ein Arbeiter mit einem alten zerbeulten Hut auf dem Kopf sagt: »Jawohl, nur gegen die SED und für freie gesamtdeutsche Wahlen!« Schnell wird die Parole nach hinten durchgegeben.
Als die Schützenpanzerwagen an uns vorbeifahren, tönt der Sprechchor: »Der Spitzbart muß weg!« Die Soldaten winken. Ein Riesengelächter antwortet ihnen, viele Leute winken zurück. Mir schnürt sich der Hals vor Aufregung zusammen: Ist der Augenblick da, in dem sie Sowjets die SED fallen lassen? Ein Sowjetpanzer vom Typ T 44 rollt langsam auf uns zu, versperrt unserer Kolonne den Weg, schiebt sich dann zur Seite. Die Besatzung winkt. Da taucht links das Stalindenkmal auf. Volkspolizisten ziehen sich in den Hintergrund zurück. Die Lehrlinge von Siemens-Plania wollen jetzt fordern: »Der Schnauzbart (Stalin) muß weg!« Ich habe mit ihnen schon Ärger gehabt, weil sie am liebsten den Sowjetpanzer umkippen wollten. Sie waren noch nie Soldaten. Jetzt rede ich auf sie ein, sich nicht um den toten Schnauzbart zu kümmern, der käme im wiedervereinigten Deutschland in ein Museum. Die älteren Arbeiter unterstützen mich, sie setzen sich durch.
Kurz vor der Leninallee steht in zwei Gliedern die Volkspolizei und sperrt den Weg. Die Vopos fassen sich unter, und hinter ihnen geben die Kommissare mit blassen Gesichtern und leiser Stimme Befehle. Jetzt kommt also der Zusammenprall! Aber ohne eine Sekunde Zeitverlust bricht Siemens-Plania die Sperrkette entzwei, marschiert zum Alexanderplatz und weiter zum Marx-Engels-Platz, dem ehemaligen Lustgarten. Lastkraftwagen mit jubelnden Demonstranten und schwarz-rotgoldenen Fahnen brausen an uns vorüber. Eine Armee von Arbeitern, Angestellten und Hausfrauen marschiert! Die Stadt hallt wider von massenweisen Sprechchören: »Wir wollen freie Wahlen!« und »Berliner, reiht Euch ein! Wir wollen alle Deutsche sein!«
Doch nun, auf dem Lustgarten, treffen die ersten Gruppen von West-Berlinern ein. Es sind fast alles Jugendliche, zum Teil mit Fahrrädern. Sie stimmen in die Sprechchöre ein, setzen aber auch die ersten HO-Kioske in Brand. Entgegenkommende sowjetische Schützenpanzerwagen werden mit Pfeifen, Zischen und Drohungen empfangen. Die Kommandanten haben erstarrte Gesichter, die Soldaten grinsen. Ich ziehe meinen Mantel aus und fühle mich unruhig und etwas deprimiert.
In hellem Sonnenschein marschieren wir nun Unter den Linden, Richtung Brandenburger Tor. Da schreien sie hinter uns auf. Wir an der Spitze drehen uns um und sehen, wie die Schützenpanzerwagen von

hinten langsam durch die Marschkolonne schneiden. Nur widerwillig weichen die Menschen vor den Fahrzeugen auseinander, die Frauen halten den Sowjetsoldaten ihre Regenschirme unter die Nasen. Alles schreit und drängt sich drohend um die Wagen. Da verliert der Führer im ersten Fahrzeug die Nerven, sein Fahrer gibt Gas, der gepanzerte Wagen reißt einen Arbeiter nieder, der zweite fährt über ihn hinweg. Ein irrsinniger Aufschrei der Wut gellt über die Linden. Neben mir sagt der Arbeiter mit dem zerbeulten Hut leise: »Nun erst recht.« Der überfahrene Arbeiter ist tot, aus seiner Schädelwunde sickert das Gehirn.
Ich schreie »weiter«, und der Zug setzt sich langsam wieder in Bewegung. Da kommen etwa 30 FDJ-Studenten in ihren Uniformjacken und mit haßerfüllten Gesichtern aus der Linden-Universität und passieren den Demonstrationszug. Sekunden später liegen sie alle blutiggeschlagen auf dem Straßenpflaster. Ein Student schreit: »Mein Vater ist auch ein Arbeiter!« »Umso schlimmer, Du Hund, dann bist Du also ein Arbeiterverräter!« Harte Fäuste klatschen ihm ins Gesicht. Ein großer grauhaariger Vorarbeiter wirft sich mit ausgebreiteten Armen dazwischen: »Halt, Kameraden! Keine Ausschreitungen! Macht Euch Eure sauberen Arbeiterhände nicht mit dem Blut der Verräter dreckig...« Wir ordnen gemeinsam den Zug, und es geht weiter über die Friedrichstraße hinweg, an der sowjetischen Botschaft vorbei und links in die alte Wilhelmstraße hinein. Und immer wieder der brausende Sprechchor: »Berliner reiht Euch ein! Wir wollen alle Deutsche sein!«
Wo wollen wir hin? Was wollen wir tun? Ich rede ununterbrochen auf die älteren Arbeiter ein, diese von niemandem ernannten Unterführer der Kameraden. »Die Russen sehen ja ruhig zu! Das Unter den Linden war ein bedauerlicher Zwischenfall, der sich nicht wiederholen darf. Wenn sie gewollt hätten, dann hätten sie unseren Marsch schon auf der Stalinallee abwürgen oder mit einer Salve zerstreuen können. Sie sehen zu, und wir schaffen es: noch heute fällt die SED...« Ich sage, daß wir den Rundfunk besetzen müßten, um die Regierung für abgesetzt zu erklären; daß wir sofort eine Delegation nach Karlshorst senden müßten, um den Hohen Kommissar Semjonow aufzufordern, sich auf die Seite des werktätigen Volkes zu stellen und eine Regierung von unbelasteten parteilosen Fachleuten bis zu den freien gesamtdeutschen Wahlen zu bestätigen. »Am besten, wir gründen jetzt sofort eine deutsche Volksbewegung für die Wiedervereinigung und jagen die Verräterparteien zum Teufel!« Die Arbeiter nicken und sagen alle: »Jawohl, parteilose Fachleute wollen wir endlich mal haben, nichts anderes. Die SED und die Regierung müssen noch heute weg. Die Russen helfen ihnen ja nicht einmal mehr.« Aber ein neu Hinzugekommener sieht mich feindlich an und sagt: »Wir jagen die

Kommunisten und die Russen alle zusammen weg! Und dann machen wir freie Wahlen.« Er bejaht meine Frage, ob er Westberliner sei, und erklärt: »Die sitzen ja alle auf einem Haufen, die Russen und die Kommunisten, im Regierungsviertel. Da schnappen wir sie alle!«
Aber der Sturm auf das Regierungsviertel ist inzwischen schon von der Volkspolizei mit Einsatz ihrer letzten Kräfte zurückgeschlagen worden. Eine unübersehbare Menschenmenge drängt sich in der Wilhelmstraße und in der Leipziger Straße bis hin zum Potsdamer Platz. Von 9.30 bis 12.00 Uhr immer wieder Sprechchöre. Die Absperrketten der Volkspolizei und der FDJ können die drängenden Menschenmassen kaum noch zurückhalten. Aber ist denn das hier wirklich entscheidend, diese Massendemonstration vor dem Regierungssitz? Könnten wir nicht inzwischen für die ganze Zone handeln und die Initiative an uns reißen? Warum spricht keiner? Die Leute warten nur auf Anweisungen, sie sind zu allem bereit. Ich rede auf die Leute ein, bis es einen Zwischenfall gibt. Auf dem Dach des Ministeriums erscheint ein Mann, der aussieht wie Ulbricht. Ist er es? Ganz gleich, er könnte es jedenfalls sein. Eine Woge von Haß und Wut schlägt an der Hauswand empor, die Leute drohen wie die Wahnsinnigen mit erhobenen Fäusten und verzerrten Gesichtern zum Dach hinauf, sie fordern Ulbrichts Tod. Der Mann verschwindet. Diese Menschen sind zu lange gequält worden! Ich begreife, daß die Vernunft jetzt keinen Raum hat in der Wilhelm- und in der Leipziger Straße. Heute regieren die Leidenschaften.
Um 12.00 Uhr marschieren sowjetische Truppen demonstrativ in der Wilhelm- und Leipziger Straße auf. Es sind etwa vierzig Panzer vom Typ T 34 und T 44 sowie lange Kolonnen motorisierter, feldmarschmäßig ausgerüsteter Infanterie, an deren Fahrzeugen schwere Pak und schwere Granatwerfer hängen. Die amerikanischen Jeeps, die vorher Unter den Linden neben unserer Marschkolonne herfuhren, sind wie vom Erdboden verschwunden.
Wir sprechen mit den Iwans und fordern sie auf, uns in Ruhe zu lassen. Sie grinsen. Es ist ein Bild, wie es die Welt noch nicht gesehen hat: Mitten in der schwarzen unbeweglichen Menschenmasse stehen wie fremde Farbtupfer die sowjetischen Panzer mit ihren Besatzungen, und niemand weicht einen Schritt. Vom Potsdamer Platz, von der Sektorengrenze her dringt der Sprechchor »Wir schlagen alle Russen tot«. Bei uns aber wird das Deutschlandlied gesungen:
»Deutschland, Deutschland, über alles,
über alles in der Welt,
wenn es stets zum Schutz und Trutze
brüderlich zusammenhält . . .«

Rund um die Sowjetpanzer und neben der sowjetischen Infanterie stehen Hunderttausend Arbeiter und singen das Deutschlandlied. Die Russen hören zu. Und überall wehen schwarz-rot-goldene Fahnen.
Da fährt ein T 34 auf die Kreuzung von Wilhelm- und Leipziger Straße. Neben der Panzerkuppel steht ein untersetzter flachsblonder Generalmajor der Sowjettruppen. Ist das General Dibrowa? Der sowjetische Stadtkommandant? Die Menge sieht ihn erwartungsvoll an. Und da – nein – doch: der General winkt mit beiden Armen der Bevölkerung zu, und die sowjetischen Offiziere und Soldaten lachen und grüßen die Demonstranten. Ein einziger Jubelschrei antwortet ihnen. Alles winkt. Mir bleibt der Atem weg. Ist es soweit? Machen die Sowjets jetzt mit dem Volk gemeinsame Sache und lassen die SED fallen? Das wäre das Ende und ein neuer Anfang. Wir winken und schreien: »Nieder mit der SED . . . Nieder!« Doch da grüßt der General zum Ministerium hinauf, und eine Woge von Gebrüll und Haß schlägt ihm aus der Menge entgegen. Die ersten Steine fliegen. Pfiffe und geschwungene Fäuste. Hat der Kerl uns nicht verstanden? Schon peitschen vom Potsdamer Platz her die ersten Schüsse. Steine prasseln auf die sowjetischen Panzerwagen. Der General auf dem Panzer reißt seinen olivgrünen Umhang ab, tritt ihn mit den Füßen und erteilt nach allen Seiten Befehle.
Jetzt kommt es umgekehrt. Es ist 13.00 Uhr. Nach allen Seiten fahren die Panzer in die Demonstranten hinein. Es gibt keine Verletzten, aber die Menschen stürmen in wilder Panik davon. Nun – im Schutze sowjetischer Panzer – geht auch die Volkspolizei mit geschwungenen Knüppeln vor. Lautsprecherwagen geben bekannt, daß der Ausnahmezustand über Ost-Berlin verhängt worden ist . . .

So verlief der 17. Juni in Ost-Berlin. Etwa 100000 Aufständische waren daran beteiligt. In der Masse waren die Demonstranten zwanzig bis fünfunddreißig Jahre alt, also Angehörige der Jahrgänge 1918 bis 1933. Diffamierungen, wie sie in den letzten Jahren beispielsweise von den Schriftstellern Stefan Heym und Erich Loest in die Welt gesetzt wurden, die Aufständischen seien zum großen Teil »alte Nazis« gewesen, entbehren jeder Grundlage. Wahr ist allerdings, daß sie alle mal in der Hitlerjugend gewesen waren und daß zwei Drittel von ihnen in der großdeutschen Wehrmacht gekämpft hatten. Keiner von diesen Jahrgängen jedoch hatte jemals an einer Wahl in der NS-Zeit teilgenommen. Die Masse der Aufständischen war 1939, bei Kriegsausbruch, noch unter 21, dem damaligen Wahlalter, gewesen, trug nicht einmal indirekte Verantwortung für die Vergangenheit.

Begonnen hatte der 17. Juni 1953 als sozialer Protest. Aber zwischen 10.00 und 10.30 Uhr schlug dieser Protest in einen nationalen Aufstand um. Was ereignete sich zur selben Zeit in den anderen Gebieten der DDR? *Hans Lützkendorf* erinnerte sich an seine Erlebnisse in Merseburg auf dem Uhlandplatz, auf dem sich an diesem Mittwoch 20000 bis 30000 Aufständische versammelten:

> Am Morgen des 17. Juni 1953 wurde ich von einem Freund angerufen, ich solle mal sofort zur ›Hölle‹ kommen. Die ›Hölle‹ ist der Name einer kleinen Straße in Merseburg. Dort seien Arbeiter dabei, die Transparente und die roten Fahnen von den Häusern zu reißen und sie am Boden zu zerstören. Es war für die damaligen Verhältnisse ein fast unglaublicher Vorgang! Ich bin sofort runter, hab' mein Fahrrad genommen, bin dahin geradelt. Es war nur eine Entfernung von zwei, drei Minuten.
>
> Als ich dort ankam, wälzte sich über die ganze Straße ein Zug von Arbeitern, die von den Bunawerken kamen, Richtung Stadtzentrum. Die füllten die ganze Straßenbreite aus, so, wie sie vom Werk gekommen waren, mit blauen Overalls, zum Teil mit Schutzbrillen, mit Schutzhelmen, zum Teil hatten die Arbeiter noch Holzpantinen an. Es war ja damals erst acht Jahre nach dem Krieg. So, wie sie von der Werkbank, vom Hochofen oder von einer anderen Arbeitsstelle gekommen waren, waren sie auf der Straße und rissen tatsächlich die vielen Plakate und Fahnen, die damals zu jeder Tages- und Nachtzeit da flatterten, herunter und riefen dabei: »Runter mit den Normen! Wir wollen bessere Arbeitsbedingungen haben! Wir wollen besser zu essen haben!« Es war ein ungeheurer Vorgang.
>
> Ich radelte dann zurück, um meiner Familie Bescheid zu sagen. Da kamen mir auf der anderen Seite, vom anderen Stadtteil die Arbeiter von den Leuna-Werken, die auf der anderen Seite von Merseburg liegen, entgegen. Auch dort das gleiche Bild: Viele Tausende von Arbeitern, die in breitem Zug die Straße ausfüllten und zum Zentrum von Merseburg marschierten. – Arbeiter unmittelbar von der Werkbank kommend, links und rechts begleitet von älteren Kollegen, die so eine Art Ordnerfunktion übernommen hatten und immer wieder sagten: »Kollegen, laßt Euch nicht provozieren! Bleibt ruhig! Laßt die Russen aus dem Spiel! Das ist keine Angelegenheit der Besatzungsmacht, das ist eine rein deutsche Angelegenheit. Die Russen haben hier nichts zu suchen. Laßt Euch nicht provozieren! . . .« Es wurden keine Schaufensterscheiben eingeschlagen. Es wurden keine Autos umgekippt. Es wurden keine Kioske geplündert. Es war ein Zug, der bei aller Spontaneität, bei aller Impulsivität doch sehr geordnet war.
>
> Es war eine richtige Volkserhebung! Die Leute, bei denen man vorbei-

marschierte, machten ihre Haustüren zu, rannten aus den Häusern und schlossen sich an. Selbst Hausfrauen und Geschäftsleute schlossen sich dem Zug an. Und die beiden großen Marschsäulen der Arbeiter von den Leunawerken und von den Bunawerken vereinigten sich auf dem Uhlandplatz, einem großen Platz im Zentrum der Stadt Merseburg. Dort also trafen die beiden großen Züge zusammen, und ergänzt wurden sie von einem dritten Zug, der aus dem Geiseltal kam, wo die großen Braunkohlengruben sind . . .

Auf dem Uhlandplatz, wo sich inzwischen aus den Vertretern der einzelnen Betriebe ein Streikkomitee gebildet hatte, wurde dann aufgefordert, Wünsche bekannt zu geben. Die wollten ja wissen, welche Forderungen aufgeschrieben werden sollten. Und dann fing es an mit der Herabsetzung der Normen und mit der Herabsetzung der Wucherpreise in den staatlichen HO-Läden. Dann kam bald die Forderung nach Abhaltung freier Wahlen, nach Absetzung der Verantwortlichen in der DDR. Und das gipfelte dann zum Schluß in der Forderung nach gesamtdeutschen freien Wahlen, in der Forderung nach der Wiedervereinigung Deutschlands.

Diese Schilderung der Ereignisse in Merseburg wurde bestätigt von dem Streikführer *Friedrich Schorn,* der damals 38 Jahre alt und als Rechnungsprüfer in den Leuna-Werken tätig war. Er gab die Zahl der Demonstranten in Merseburg mit ca. 28 000 an und berichtete:

Die Stimmung auf dem Uhlandplatz, die war so toll! Immer wieder wurde das Deutschlandlied gesungen! Und ich kann Ihnen sagen, wir weinten alle . . . Die Bevölkerung war hingerissen, und in dem Moment glaubten wir alle an den Erfolg . . . Die Hauptforderungen waren: Freilassung aller Inhaftierten und freie gesamtdeutsche Wahlen!

Auch die Berichte aus Görlitz, der östlichsten Stadt der DDR, direkt an der Oder-Neiße-Linie, bestätigten sich gegenseitig. *Herbert Tschirner* war damals als Ingenieur und Konstrukteur im Waggonbau tätig. Er gehörte zu den 20 000 Demonstranten in Görlitz und erinnerte sich:

Die Stimmung war einfach euphorisch! Es war ein großes Aufatmen, das durch die Menschenmassen ging. Sie glaubten, jetzt ist der Tag gekommen, wo wir unsere Geschicke selbst in die Hand nehmen können. Das artikulierte sich ja auch darin, daß man das Deutschlandlied sang! Und in dem Augenblick, da fielen sich wildfremde Menschen um den Hals, einfach aus Freude, jetzt haben wir's geschafft . . .

Der Demonstrant *Ingo Havenstein* war damals 19 Jahre alt und hatte gerade sein Abitur in Görlitz gemacht. Er schilderte, daß sich etwa 20000 Aufständische auf dem Görlitzer Obermarkt versammelten, deren Hauptforderungen waren:

1. Wiederherstellung der Einheit Deutschlands.
2. Absetzung der SED-Regierung.
3. Freilassung der politischen Gefangenen.

»Und dann sangen die Zehntausende unter Tränen und mit einer solchen Begeisterung das Deutschlandlied, wie ich es nie zuvor gespürt habe ... Die Demonstranten wollten die Wiedervereinigung! Sie wollten Freiheit...«

Nicht nur in Ost-Berlin, Merseburg und Görlitz eskalierte der soziale Protest zum nationalen Aufstand. In der ganzen DDR war es so. Der Demonstrant *Müller* war damals 33 Jahre alt und arbeitete in der Filmfabrik Agfa-Wolfen, Bitterfeld. Er beschrieb seine Erlebnisse am 17. Juni so:

»Ich hatte Frühschicht. Ich war Schichtschlosser. Und dann kamen die Kollegen auf mich zu. Überall sammelten sich Häufchen, Grüppchen, und die haben dann gefragt, »nun sag' mal, was machen wir? Die Lage hat sich zugespitzt...« Ich sagte: »Wißt Ihr was? Wir legen alles nieder und marschieren vor zum Verwaltungsgebäude, zu dem Gebäude 041, und da werden wir ja sehen, was dann weiterkommt...«

Ja, und dann sind wir losmarschiert. Es kamen immer mehr Betriebe zusammen. Vor dem Verwaltungsgebäude haben sich dann ein paar Mann getroffen und haben gesagt: »So, jetzt werden wir die Sache hier in die Hand nehmen. Wir werden sehen, daß wir mit dem russischen Generaldirektor unseres SAG-Betriebes ins Gespräch kommen, mit dem Herrn Morosow.« Und das geschah dann auch in einem Hörsaal, da wurde verhandelt.

Ich bin dann raus zu den etwa fünftausend Kollegen, die da vor dem großen Verwaltungsgebäude standen. Die haben nun gefragt: »Was ist los? Was macht Ihr für uns?« Na, und dann habe ich ihnen gesagt, daß wir die Herabsetzung der Normen gefordert haben. Wir wollen auch mehr zu essen. Und teilweise habe man uns Zugeständnisse gemacht.

Und dann hieß es auf einmal aus der Menge: »Und die Wiedervereinigung Deutschlands?!« Und das war für mich dann noch ein weiterer Ansporn. Dann ging es um die Wiedervereinigung Deutschlands! Und dann kam das Wort von überall, von da und von da. Für mich war es, das möchte ich sagen, der ergreifendste Höhepunkt meines Lebens, daß zum Abschluß das Deutschlandlied gesungen wurde.

Nicht anders erlebte *Wilhelm Grothaus,* ein alter Gewerkschafter, den

17. Juni in Dresden. Grothaus war damals als kaufmännischer Leiter in der Volkseigenen Firma »Abus« tätig. Er erinnerte sich an die große Demonstration der 7600 Arbeiter der Firmen »Abus« und »Sachsenwerke«, die zu einer Protestkundgebung zusammengeströmt waren:

> Wir haben uns dann in der großen Montagehalle eingefunden. Hier versuchte zunächst der Vertreter der Zentralen Parteileitung der Betriebsleitung zu sprechen, der aber niedergeschrien wurde. Dann versuchte der Gewerkschaftsobmann zu sprechen, dem es aber auch nicht gelang, zu Wort zu kommen. Dann bin ich auf eine große Drehbank gestiegen und habe zu den Versammelten gesprochen, und dann war's auch still. Die Arbeiter kannten mich ja alle und wußten auch, was ich wollte; mehr oder weniger.
>
> Ich habe dann den Arbeitern gesagt, nicht so entscheidend sei die Ursache des Kampfes in Berlin, die Frage der Normenerhöhung. Entscheidend sei vielmehr, daß wir diesen Kampf, der in Berlin noch das Gesicht eines Gewerkschaftskampfes trage, umgestalten müßten in einen politischen Kampf und daß unsere Forderungen sich nicht auf die Beseitigung der Normenerhöhung beschränken dürften. Die grundsätzlichen, die entscheidenden Forderungen seien:
>
> Beseitigung der Regierung,
> Sturz des kommunistischen Systems,
> Freilassung aller politischen Gefangenen,
> Abhaltung freier gesamtdeutscher Wahlen,
> Wiederherstellung der Einheit Deutschlands.

Ganz konkret also beschrieb Streikführer Grothaus den Übergang vom Gewerkschaftskampf zum politischen Kampf im Laufe des Vormittags des 17. Juni. Nicht anders erinnerte sich der Demonstrant *Redmann* aus Rathenow. Redmann arbeitete damals als Betriebsassistent in den »Rathenower Optischen Werken«, einem volkseigenen Betrieb, der vom Ministerium für Maschinenbau in Ost-Berlin zentral gelenkt wurde. Redmann war damals in den Abrechnungsstellen der Betriebsverwaltung tätig. Sein Betrieb hatte etwa dreitausend Arbeiter und Angestellte, er lag unmittelbar in der Nähe der Rathenower Hauptstraße, der »Berliner Straße«. Dorthin zogen die Aufständischen, deren Zahl zwischen 18000 und 20000 betrug. Redmann erinnerte sich:

> Karl Renzihausen, ein bewußter alter Sozialdemokrat, sprang auf einen Trecker und hielt an der Ecke Berliner-Brandenburger-Straße eine Ansprache an die Demonstranten. Er formulierte die allgemeinen Vorstellungen, die während des Demonstrationsmarsches an ihn herangetragen worden waren. Die Hauptforderungen, die er vortrug, waren:

Weg mit dem Regime! Diesem von der Besatzungsmacht ausgehaltenen Regime, das sich Sozialistische Einheitspartei nennt. Weg mit den HO-Läden! Diesen Läden, in denen wir Schwarzmarktpreise bezahlen müssen.
Weg mit diesem Hunger! Denn wir fingen ja wieder an zu hungern. Und dann vor allem: gesamtdeutsche freie Wahlen!
Weg mit dieser Regierung, das war das Wesentliche. Schluß mit einer Entwicklung, die ja reiner Verrat am Sozialismus war.
Ja, wir wollten die Wiedervereinigung! Wir wollten demonstrieren! Wir wollten die Einheit Deutschlands!

Alle diese Schilderungen wurden quasi von der anderen Seite, der der Herrschenden, bestätigt durch *Fritz Schenk,* dem späteren ZDF-Moderator, der damals Persönlicher Referent des Vorsitzenden der Staatlichen Plankommission der SED, Bruno Leuschner, war und den Vormittag des 17. Juni im belagerten Haus der Ministerien verbrachte. Er erinnerte sich genau an die politischen Forderungen der Aufständischen:

»freie gesamtdeutsche Wahlen –
weg mit der SED-Regierung –
die Wiedervereinigung Deutschlands!
Schließlich wurde um die Mittagszeit das Deutschlandlied gesungen.«

Zum Schluß der Bericht von *Kurt Unbehauen,* Landwirt von Beruf, der den Aufstand in Jena erlebte:

»Am 17. Juni begannen früh die Demonstrationen. Die Demonstrationen begannen insofern, daß die Arbeiter zum Gefängnis marschierten, das Gefängnistor eingedrückt und die Gefangenen befreit haben. Polizei, die anrückte, wurde entwaffnet und davongejagt. Daraufhin wurde die Staatssicherheit gestürmt. Spitzelkarteien wurden vorgefunden. Dann zogen die Demonstranten zum Gewerkschaftsgebäude und haben auch dort alles ausgeräumt. Außerdem wurde das Landratsamt gestürmt. Dort war ich zugegen und habe miterlebt, wie die wütende Menschenmasse die roten Funktionäre hinausgejagt hat, das heißt, der Landrat sprang aus dem Fenster und ergriff die Flucht. Nachdem die roten Funktionäre vertrieben waren, zogen die Demonstranten zum Holzmarkt – eine vieltausendköpfige Menge. Viele Menschen haben geweint. Sie sangen dort das Deutschlandlied.«

Die Behauptungen des US-Professors Fritz Stern aus dem Jahre 1987 erweisen sich angesichts dieser Dokumentation, die ad infinitum verlängert werden könnte, als Ausweis einer bestürzenden historischen Ignoranz und

zugleich als antideutsche Manipulationsversuche. Die politische Absicht besteht darin, den Deutschen den letzten Willen zur nationalen Einheit zu nehmen, indem man ihre Geschichte – hier den 17. Juni 1953 – entnationalisiert und verfälscht.
Die Aufständischen des 17. Juni haben sich damals den Ehrennamen einer nationalen Avantgarde des deutschen Volkes erworben. Insgesamt erhoben sich aktiv etwa 400000 Menschen: 100000 in Ost-Berlin, ca. 300000 in den Bezirken. Das war etwa jeder vierte männliche DDR-Bewohner, der zwischen 20 und 35 Jahren alt war. Sie handelten, in den Großstädten, stellvertretend für alle anderen in den Kleinstädten und in den Dörfern, die keine Organisationsmöglichkeiten hatten oder zu spät von den Ereignissen in Ost-Berlin erfuhren. Viele von ihnen mußten einen hohen Preis für ihren Patriotismus und ihre Zivilcourage bezahlen. Mehr als 5000 von ihnen wurden verhaftet. Fünfzehn Demonstranten wurden zum Tode verurteilt und hingerichtet. Die Zahl der an diesem Tag Erschossenen und Getöteten schwankt zwischen 25 (offizielle Angabe der DDR) und 363 (ungefähre Schätzung von Teilnehmern). Mehr als 250 Städte und Ortschaften waren vorübergehend fest in den Händen der Aufständischen.
Der spontane, improvisierte Straßen-Aufstand des 17. Juni hätte ohne weiteres in einen langdauernden Generalstreik übergehen können, also in einen gewaltlosen Widerstand, den die DDR-Bevölkerung vierzehn Tage lang hätte durchhalten können, ohne zu verhungern. Nach Verkündung des Ausnahmezustandes war die Flüsterparole von Demonstrant zu Demonstrant, von Stadt zu Stadt gegangen: »Ab morgen, 18. Juni, Generalstreik!« Aber dazu kam es nicht. Es kam nicht dazu, weil die westlichen Rundfunkanstalten, vor allem der amerikanische Besatzungssender in West-Berlin, der RIAS, am frühen Nachmittag des 17. Juni damit begannen, die Stimmung abzuwiegeln. Ausgerechnet der RIAS, der die Bevölkerung zwischen Elbe und Oder jahrelang planmäßig gegen die SED und die Sowjets aufgehetzt hatte, ließ nun durch den Mund Matthias Waldens zu Ruhe und Besonnenheit mahnen; jetzt, wo es eindeutig zu spät war, wo Tausende von Demonstranten flüchteten oder bereits verhaftet wurden.
Wie das auf die Bevölkerung der DDR wirkte, schilderte der Görlitzer Demonstrant *Ingo Havenstein:*

> »Wir hatten die Hoffnung, die Sache am nächsten Tag fortzusetzen! Wir hatten gehofft, daß wir zumindest moralisch vom Westen unterstützt werden. Und besonders enttäuscht waren wir dann, als wir über den Rundfunk hörten, daß wir vorsichtig sein sollten, daß wir nichts riskieren sollten und daß alles in Ruhe weiterlaufen sollte. So war wenigstens der Eindruck, den wir damals hatten.
> Uns kam es auf folgendes an: Wir wollten am nächsten Tag den Streik

fortsetzen! Wir wollten ihn solange fortsetzen, bis die Russen unseren Forderungen nachgeben würden.«

Der neunzehnjährige Demonstrant Havenstein beurteilte die Situation ganz richtig: dem Straßenaufstand hätte der Generalstreik folgen müssen! Um die Mittagszeit des 17. Juni 1953, zwischen 11.30 und 12.30 Uhr, war die SED-Führung am Aufgeben, und die Sowjets waren bereit, das zu akzeptieren. Wie wir von dem ehemaligen FDJ-Funktionär Dieter Borkowski wissen, spielte sich folgendes in der SED-Führung ab:

> Mittags holt man uns in den großen Konferenzsaal*. Erich Honecker erscheint zusammen mit seiner neuen Ehefrau. »Es wird ernst!«, sagt Honecker. »Wir werden das Haus verteidigen, Waffen liegen bereit.« Jeder spürt, daß der FDJ-Vorsitzende erregt ist, seine hohe Stimme überschlägt sich fast. »Das Wichtigste ist, daß wir als Kaderreserve der Partei einig und fest um Genossen Ulbricht zusammenstehen . . . Es gibt leider auch Genossen, die feige abwarten wollen. Man hört sogar, daß eine neue Parteiführung gebildet werden soll.«

Kurz darauf rief Ulbrichts Büro an und forderte die FDJ-Führung auf, die Familien der leitenden Genossen für eine Evakuierung in die UdSSR bereitzumachen. Weiter Dieter Borkowski als Augenzeuge:

> In diesem Augenblick betritt Erich Honecker das Zimmer, zusammen mit Margot Feist-Honecker, und hört gerade noch den Schluß des Telefonats . . . Er belehrt seinen Stellvertreter (namens Lippmann), daß die Parteidisziplin erfordere, der Weisung Walter Ulbrichts zu folgen: »Der angebotene Schutz durch die sowjetischen Genossen entspricht der besseren Erfahrung. Wer soll denn später den Kommunismus aufbauen, wenn wir der Konterrevolution zum Opfer fallen?«

Aus diesem Augenzeugen-Bericht geht unzweideutig hervor, daß die SED-Führung am Mittag des 17. Juni bereits die Koffer packte, um Hals über Kopf in die Sowjetunion zu flüchten. Aber während sich die hohen Funktionäre in Ost-Berlin reisefertig machten, spielte sich in West-Berlin zur selben Zeit – gegen 12.15 Uhr – eine andere bezeichnende Szene ab, über die Matthias Walden (alias Baron Sass) Jahre später einer Reihe von SFB-Redakteuren berichtete. Walden, der damals im RIAS saß und der jahrelang die DDR-Bevölkerung gegen ihre Machthaber aufgeputscht hatte, erfuhr plötzlich von seiner Sekretärin, draußen, vor der Tür, stünden

---

* Gemeint ist der Konferenzsaal der FDJ-Zentralleitung.

verschmutzte Arbeiter, die ihn dringend zu sprechen wünschten. Es war eine Delegation der 12000 aufständischen Hennigsdorfer, die in strömendem Regen quer durch West-Berlin mit dem Schlesierlied auf den Lippen zum Brandenburger Tor marschierten, um sich den Kameraden in Ost-Berlin anzuschließen. Sie hatten einige Leute zum RIAS geschickt, und die Delegation trug nun Walden, voller Vertrauen in die Aufrichtigkeit der westlichen Propaganda, ihren Wunsch vor, über den RIAS einen Aufruf zu verlesen, der für die gesamte DDR den Generalstreik für Donnerstag, den 18. Juni, proklamieren sollte. Walden zu den SFB-Redakteuren:

> »Ich mußte ihnen den Wunsch abschlagen. Die Amerikaner hatten ja eine ganz andere Politik! Ich habe nie vergessen, wie verzweifelt und deprimiert die Hennigsdorfer abzogen. Auf dem Teppich meines Fußbodens blieben die Schmutzflecken von ihren Holzpantinen zurück.«

Daran also erinnerte sich der Herr Walden, nach so vielen Jahren noch, daß sein Teppich von den aufständischen Arbeitern beschmutzt worden war! Beschmutzt aber wurde damals in Wahrheit die Ehre des Westens, der die Aufständischen, die er jahrelang aufgestachelt hatte, schnöde im Stich ließ. »Freiheit« und »Menschenrechte«, die stereotypen Propagandaformeln im Kampf gegen den Osten, wurden am 17. Juni 1953 vom Westen verraten. Und zwar ohne Not. Denn ein über Rundfunk verbreiteter Aufruf zum Generalstreik in der DDR hätte keinen Krieg ausgelöst. Im Gegenteil, Berija und Malenkow überlegten ja gerade im Kreml, wie sie die ungeliebte DDR mit einigem Anstand loswerden konnten.

Keine Frage, in den ersten drei Wochen nach dem 17. Juni gab es praktisch keine SED-Herrschaft in der DDR; sie war auf den Straßen der Großstädte zusammengebrochen. Die DDR stand in diesen Tagen praktisch unter der Herrschaft der Sowjettruppen. Auf allen größeren Plätzen kampierten sowjetische Panzerverbände; nachts lag der Schein der Lagerfeuer über den Städten der DDR. Es kam also in jenem historischen Augenblick allein auf die *Russen* an, und die überlegten zwei bis drei Wochen krampfhaft, was zu tun sei, wie sie reagieren sollten. Daß sie sich schließlich doch – und zwar nur zögernd, ja widerwillig – dazu entschlossen, an Walter Ulbricht festzuhalten, ist ausschließlich auf die abwiegelnden Reaktionen des Westens zurückzuführen. Ein gewaltfreier Widerstand in Form eines Generalstreiks hätte im Mindestfalle zum Sturz Ulbrichts und seiner engeren Mannschaft geführt.

So aber konnte man am 18. Juni morgens in Ost-Berlin beobachten, daß etwa die Hälfte der arbeitenden Bevölkerung, durch den RIAS desinformiert, mit Straßenbahnen, Bussen und Fahrrädern zur Arbeit fuhr. In den

Betrieben mußten sie in den nächsten Tagen entwürdigende Prozeduren über sich ergehen lassen. Kommandierte Abordnungen der draußen lagernden Sowjettruppen kamen »zu Besuch«. Die Belegschaften wurden zwangsweise zu »Meetings« geführt, auf denen die »ruhmreiche Sowjetarmee« gefeiert und der »konterrevolutionäre Putsch westlicher Faschisten« verdammt wurde. Die Frauen und Mädchen wurden gezwungen, mit denselben Sowjetarmisten zu tanzen, die gerade ihre Männer oder Brüder auseinandergejagt bzw. verhaftet hatten.
Die Bevölkerung der DDR hat diese Tage niemals vergessen! Nie wankte ihr gesamtdeutscher Patriotismus. Aber die Hoffnungen auf den Westen, auf die »Brüder und Schwestern« im anderen Teil Deutschlands, sind damals für immer erschüttert worden. Zu nachhaltig war das Erlebnis der westdeutschen Gleichgültigkeit. Adenauer wurde in der DDR niemals wieder populär. Ganz offenbar hatten die Demonstranten recht gehabt, die – wie DER SPIEGEL berichtete – am 17. Juni auf den Bahnsteigen des Hauptbahnhofs Magdeburg Transparente entrollt hatten, auf denen für die Interzonenreisenden zu lesen stand:

> »Räumt Euren Mist in Bonn jetzt aus!
> In Pankow säubern wir das Haus!«

Die in Zürich erscheinende »TAT« veröffentlichte einen Bericht ihres Bonner Korrespondenten, der die Reaktion der herrschenden politischen Klasse in Westdeutschland auf die Ereignisse in der DDR mit erstaunlicher Feinfühligkeit schilderte:

> »Zunächst war nach außen alles eitel Freude und Triumph über den Mut der Berliner, die ihren Tyrannen die Faust unter die Nase zu halten wagten. Man bewundert hier und bestaunt das Wagnis, unter den Gewehren der Volkspolizei und der sowjetischen Besatzungstruppen für soziale und politische Ziele den Kopf zu riskieren. Insgeheim aber ist man in Bonn mit dem Herzen keineswegs bei den Aktionen der Ostberliner Arbeiter, die man hinter verschlossenen Türen ›unbesonnen‹ und ›unverantwortlich‹ nennt. Man spürt hier sehr genau, daß das, was sich in Berlin abspielte, die Regung eines politischen Machtzentrums ist, das man zerschlagen und tot glaubte: Es war Berlin, die alte Reichshauptstadt, die sich in den ungeordneten Haufen der Bauarbeiter, ihrer Frauen und Kinder, zu Worte meldete! Hierin liegt die tiefe innerdeutsche Tragweite dieser Ereignisse. Dem Bonner Obrigkeits- und Ministerialstaat sind die Elemente der Volksmacht fremd und unverständlich. Nur so läßt sich das unangenehme Gefühl in der Magengegend erklären, das sich hier nach den ersten Freudenausbrüchen bemerkbar machte.«

Als vier Tage nach dem Aufstand, am 21. Juni 1953, das Zentralkomitee der SED zu seiner 14. Plenartagung zusammentrat, war noch völlig unentschieden, wie es in der DDR weitergehen sollte. Walter Ulbricht in seiner Position als Erster Sekretär wurde eigentlich nur noch von Hermann Matern und Erich Honecker gestützt. Die Anti-Ulbricht-Fronde, angeführt vom Stasi-Minister Wilhelm Zaisser und »ND«-Chefredakteur Rudolf Herrnstadt, schien kurz vor einem innerparteilichen Triumph zu stehen und setzte sich bei Semjonow dafür ein, Ulbricht durch Grotewohl zu ersetzen. Der Umschwung kam erst am 9. Juli 1953, als aus Moskau bekannt wurde, daß der allmächtige Berija gestürzt worden war. Zehn Tage später, auf der 15. Plenartagung des SED-Zentralkomitees, bekam Walter Ulbricht erst allmählich wieder Oberwasser.
In den ersten drei Wochen nach dem 17. Juni war also alles offen. Keiner wußte, wie es weitergehen sollte. Nicht einmal die Sowjets. In diesen Tagen, am 24. Juni 1953, hatte ich ein bezeichnendes Erlebnis, das ich am nächsten Tag in einem Artikel unter dem Titel »Gespräche im Niemandsland« beschrieben habe und das in der westdeutschen Presse erschien. Der Ostsektor Berlins war ja seit den Abendstunden des 17. Juni hermetisch abgeriegelt; nur mit Sonderausweisen war der Verkehr über bestimmte Grenzkontrollpunkte möglich.

> »24. Juni 1953, abends 18 Uhr. Ich stehe in der Brunnenstraße an der Grenze des französischen Sektors von Berlin und schaue über die Kette bewaffneter Volkspolizisten hinweg in die Straßen des sowjetisch besetzten Sektors. Nur wenige Meter vor mir stehen breitbeinig und mit umgehängten Karabinern die Offiziere und Soldaten der Kasernierten Volkspolizei in ihren olivgrünen Uniformen und kontrollieren jene Grenzgänger, die seit heute wieder passieren dürfen. Auch ich will hinüber, denn 200 Meter weiter in den Ostsektor hinein warten hinter einer zweiten Polizeikette meine Verwandten, die ich nun seit einer Woche nicht mehr gesehen und gesprochen habe. Da ich nicht im sowjetischen Sektor arbeite, weist ein Hauptmann der Olivgrünen mich zurück. Er erklärt, daß keine Ausnahme gemacht werden könne. Drüben winken verzweifelt meine Verwandten. Ich frage den Offizier spöttisch: »Ich denke, die Partei kämpft jetzt gegen den Bürokratismus?« Der Genosse Hauptmann ist einen Moment verwirrt, antwortet dann aber sehr wichtig: »Ja, aber trotzdem erhöhte Wachsamkeit!« Bevor ich mir noch wütend an die Stirn tippen kann, steht ein Zivilist vor mir, ein breiter, untersetzter Mann, auf dessen Nacken ein runder geschorener Schädel sitzt. Besonders fällt an seinem Gesicht ein energisches Kinn auf. Mit einem eiskalten Blick auf mich fragt er den Polizisten: »Will dieser Mann provozieren?« Er verlangt meinen Ausweis, und der Akzent verrät mir

den Russen. Nachdem ich meinen Wunsch vorgetragen habe, meine Verlobte an der Sperrkette im Ostsektor kurz sprechen zu dürfen, sagt er nach einem weiteren prüfenden Blick auf mich: »Das man kann machen . . .« Er winkt mit der Hand, und wir beide gehen in Begleitung eines Polizeioffiziers in den Ostsektor hinein. Im Gehen zünde ich mir eine Zigarette an und bin froh, daß niemand sieht, wie meine Hand zittert. Wir nähern uns den beiden Sowjetpanzern, die ihre Rohre drohend gen Westen richten. Ein sowjetischer Oberstleutnant spricht mit allen Anzeichen großen Respekts mit »meinem« Russen. Auf meine Frage an den begleitenden deutschen Polizisten, mit wem ich es eigentlich zu tun habe, antwortet der: »Der sowjetische Freund ist Leiter der politischen Abteilung der Sowjetischen Hohen Kommission.«
Fünfzig Meter vor der zweiten Polizeikette im Ost-Sektor und 150 Meter von den West-Sektoren entfernt liegt, quasi im Niemandsland, auf der rechten Straßenseite ein seit dem 17. Juni geräumtes Lokal, in dem nun eine einstündige Unterhaltung stattfindet. Auf einen knappen Wink des Russen hin verlassen die anwesenden SSD-Beamten und SED-Funktionäre den Raum, und wir beide nehmen an einem langen Tisch Platz.«

Schon gleich zu Beginn der Unterhaltung wurde klar, was das Mitglied der Sowjetischen Hohen Kommission (wahrscheinlich war es Oberst Guljaew, der Nachfolger des legendären Obersten Tulpanow) bewogen hatte, mir sein Interesse zu widmen: Er hatte meinen gelben Studentenausweis von der West-Berliner »Freien Universität« gesehen, und er war ganz offensichtlich bestrebt, meine Meinung zum 17. Juni zu testen. Ich sagte, meiner Ansicht nach habe die Demonstration vom 16. Juni ganz im sowjetischen Interesse gelegen. Mein Gegenüber lachte breit: »Ja, wir haben befohlen! Wir haben auch Neuen Kurs befohlen!« Als ich dann auf den 17. Juni kam, sprach er sofort von den Ausschreitungen »westlicher Banditen« im Ostsektor und beobachtete mich dabei scharf. Ich schüttelte den Kopf und sagte, es sei ja ein regelrechter Volksaufstand gewesen. Mein Gesprächspartner nickte ernst: »Ja, wir wissen, ganzes deutsches Volk gegen uns . . .« Plötzlich lachte er hämisch auf und zeigte nach draußen durch das Fenster auf die dort stehenden SED-Funktionäre: »Da sehen: SED alles Mist! Acht Jahre lang schrieben sie uns solche Berichte«, dabei zeichnete er in der Luft ein riesiges Quadrat, »daß alles in Ordnung sei und daß alle Deutschen für sie und für uns wären. 17. Juni kommen: alles gegen uns!« Er zündete sich eine lange Papyrossi an: »SED alles Dummköpfe! Bonzen und Bürokraten! Wenn wir geben einem von ihnen einen kleinen Posten, benimmt er sich gleich wie ein König. Er arbeitet sofort für uns und gegen die Deutschen!« Ich verwies auf Ulbricht und Pieck. Mein Gegenüber lachte auf: »Ich kenne

Wilhelm Pieck serr gutt und serr lange. Ich habe gutten Witz gehört: er sprechen russisch besser als deutsch . . .«

Die brutale Offenheit und der unverhohlene Zynismus meines sowjetischen Gesprächspartners schockierten mich. Andererseits war es ungeheuer wohltuend angesichts der täglichen Schwindelkampagnen, mit denen West wie Ost ihre Interessen tarnten, endlich mal ein wahres Wort zu hören. Das Gespräch kam auf die Wiedervereinigung Deutschlands, und ich sagte, daß ich schon seit drei Jahren für ein wiedervereinigtes Deutschland in bewaffneter Neutralität einträte. Der Russe zog seine buschigen Augenbrauen hoch und fragte, wer meiner Meinung nach bei gesamtdeutschen freien Wahlen gewinnen würde. Ich antwortete: »Vorerst einmal die SPD, Ollenhauer.« Der Russe bekam ein gefährliches Lächeln ins Gesicht und fragte: »Glauben Sie im Ernst, unter Ollenhauer gäbe es Neutralität?« Das konnte ich nicht bejahen. Nach einer Weile fragte er, ob ich eine Neutralität Deutschlands überhaupt für möglich hielte. Ich nickte und verwies auf das ermutigende Beispiel Schwedens und Finnlands. Der Russe grinste verschmitzt und antwortete langsam: »Finnland? Nicht wirklich neutral! Finnland war immer unser Feind und will seine Gebiete zurück haben. Er ist nur neutral, weil wir stehen so«, dabei setzte er mir symbolisch mit der Faust eine Pistole auf die Brust. »Weil wir stehen in Porkalla, eine Kanonenschußweite von Helsinki, darum Finnland neutral! Und weil Kekkonen* ist ein serr kluger Mann, der weiß, daß Finnland verloren, wenn es unser Feind ist. Auch Erlander** ist ein serr kluger Mann, der weiß, daß wir sofort besetzen Finnland, wenn Schweden geht in Atlantik-Pakt. Nein, mein lieber Freund, in Deutschland es gibt keine Kekkonens und Erlanders! . . .«

Ich dachte verzweifelt, das heißt also, in Deutschland gibt es keine Patrioten und keine klugen Männer. Und hatte der Russe so Unrecht? Mein Gesprächspartner beobachtete mich und sagte: »Ja. Wir wissen, ganzes deutsches Volk gegen uns. Es will freie Wahlen und Wiedervereinigung und den Abzug der Besatzungstruppen. Wir wollen das alles auch! Aber werden die Deutschen wirklich neutral sein? In Deutschland wir können niemandem vertrauen! Auch nicht SED . . .« Es entstand eine Pause. Dann fuhr er fort, im Friedensvertrag müßten Deutschland Klauseln auferlegt werden, so daß es sich wirklich neutral zwischen Ost und West verhielte. »Dieser Weg ist unsere einzige Hoffnung. Wenn Amerikaner wollen bis zur Oder, dann wir werden in Deutschland kämpfen bis zum letzten Mann! . . .«

---

* Urho Kaleva Kekkonen, Finnlands damaliger Ministerpräsident.

** Tage Erlander, Schwedens damaliger Ministerpräsident.

Dieses »Gespräch im Niemandsland« hatte natürlich keinerlei praktische Bedeutung. Dennoch war es symptomatisch für die politische Situation wie für die sowjetischen Überlegungen. Und es schälte auf jeden Fall zwei Tatbestände heraus: Erstens waren die Sowjets mit der SED-Führung unter Walter Ulbricht mehr als unzufrieden. (Zum Schluß hatte mich mein Gesprächspartner listig gefragt: »Ich glaube, Grotewohl hat bei der Bevölkerung etwas mehr Autorität, wie?«) Zweitens – und das läßt sich ja bis zum Herbst 1954 bzw. Frühjahr 1955 anhand historischer Dokumente nachweisen – waren die Sowjets damals bereit, Deutschland die Wiedervereinigung in bewaffneter Neutralität zwischen West und Ost zuzugestehen.
Die Aufständischen des 17. Juni 1953 hatten auf diese Frage keinerlei Einfluß. Ihre großartige Erhebung hat der deutschen Einheit – in einem aktuellen politischen Sinne – weder genützt noch geschadet. Die Möglichkeit, Deutschlands Einheit wiederherzustellen, wurde in den folgenden zwei Jahren auf internationaler Ebene verspielt oder torpediert.
Und doch war der Aufstand vom 17. Juni 1953 nicht umsonst! Es dauerte noch einige Zeit. Aber dann nahm die Geschichte der Deutschen Demokratischen Republik, in Konsequenz dieser Erhebung, einen neuen Verlauf. Die Geschichte der *inneren* Folgen des 17. Juni 1953 für das Leben der Deutschen in der DDR ist niemals beschrieben worden. Das soll nun geschehen.

Die Folgen

Juli 1953 bis Dezember 1954

Der Aufstand des 17. Juni war gescheitert, die SED an der Macht geblieben. Walter Ulbricht hatte mit knapper Not die schwerste Krise seiner politischen Laufbahn überstanden. Die Deutsche Demokratische Republik existierte weiter, war aber in ihren Grundfesten, in ihrem Selbstverständnis zutiefst erschüttert. Ausgerechnet die Arbeiterklasse hatte sich gegen den »Arbeiter-Staat« erhoben! Was nützte es schon, daß die SED-Propaganda von einem »konterrevolutionären Putschversuch« übler Ami-Agenten und westdeutscher Faschisten phantasierte? 19 Millionen DDR-Bewohner hatten mit eigenen Augen gesehen und erlebt, was am 16. und 17. Juni auf den Straßen wirklich geschehen war.
Ihr vornehmstes Ziel, die Wiedervereinigung Deutschlands, hatten die aufständischen Arbeiter nicht erreichen können. Niemand in West-Deutschland und in West-Berlin hatte ihre Marschparole »Wir wollen alle Deutsche sein!« aufgegriffen und sich mit flammenden Appellen zugunsten des Selbstbestimmungsrechts des deutschen Volkes an die Weltöffentlichkeit gewandt. Aber für sich selbst, für ihr eigenes Leben, für alle Deutschen in der DDR haben die aufständischen Arbeiter viel erreicht. Hinter den »Neuen Kurs« konnte die SED nie mehr zurück. Die finsteren Zeiten von 1945 bis 1952 sollten in der DDR niemals wiederkommen.
Das zeigte sich sogleich am 21. Juni 1953, vier Tage nach dem Aufstand, als das ZK der SED erstmalig wieder zusammentrat. Zwar wurde der 17. Juni als »eine faschistische Provokation gegen die DDR« bezeichnet, als ein »von langer Hand vorbereiteter Tag X«, den westliche »Banditen-Kolonnen«, angeleitet »von Adenauer, Ollenhauer, Kaiser und Reuter« für ihre dunklen Zwecke auszunützen gesucht hätten. Doch zugleich mußte das SED-Zentralkomitee eingestehen, daß sich Arbeiter am Aufstand beteiligt hatten. Und daß es sich nicht nur um einige wenige Unzufriedene gehandelt hatte, ging aus dem Satz hervor: »Wenn Massen von Arbeitern die Partei nicht verstehen, ist die Partei schuld, nicht der Arbeiter.«
Jedenfalls sah sich die Partei genötigt, der Bevölkerung materielle Zugeständnisse zu machen. Das ZK verordnete im einzelnen:

1. Den Lohnabrechnungen sind ab sofort diejenigen Arbeitsnormen zugrunde zu legen, die am 1. April 1953 Gültigkeit hatten. Die zehnprozentige Normenerhöhung vom 28. Mai 1953 war damit vom Tisch!
2. Die Fahrpreisermäßigung für Arbeiterrückfahrkarten beträgt ab 1. Juli 1953 für diejenigen Arbeiter und Angestellten, die ein Monatseinkom-

men bis 500,– DM brutto haben, entsprechend der früheren Regelung 75 Prozent.

3. Die Mindestrenten für Alters-, Invaliden- und Unfallrentner werden von 65,– auf 75,– Mark pro Monat erhöht.
   Die Mindestrenten für Witwen werden von 55,– auf 65,– Mark pro Monat erhöht.
   Der monatliche Fürsorgesatz für Hauptunterstützungsempfänger bei der Sozialfürsorge wird von 45,– auf 55,– Mark erhöht. Soweit Ehegatten von Alters-, Invaliden- oder Unfallrentnern keine eigene Rente beziehen und arbeitsunfähig sind oder die Altersgrenze überschritten haben, wird der Ehegattenzuschlag erhöht, so daß Rente und Ehegattenzuschlag den Betrag von mindestens 95,– erreichen.
4. Die Anrechnung des Jahresurlaubs bei Heil- und Genesungskuren der Sozialversicherung wird aufgehoben.

Das waren Erfolge des 17. Juni, Erfolge, welche die Arbeiter gegen die SED-Führung erkämpft hatten. Die marschierenden grauen Kolonnen auf der Straße hatten die SED-Führung das Fürchten gelehrt! Einen Monat später, auf der 15. Tagung des ZK der SED vom 24. bis 26. Juli 1953, verkündete Ministerpräsident Grotewohl, es ginge vordringlich um eine »rasche Verbesserung der Lebenslage der Arbeiterklasse und der gesamten werktätigen Bevölkerung der DDR«. Es wurde beschlossen, den Fünfjahrplan der DDR zu korrigieren, die Investitionen für die Schwerindustrie im zweiten Halbjahr 1953 um 1,7 Milliarden Mark und in den Jahren 1954 und 1955 um jeweils 2 Milliarden Mark zu senken, dagegen die Produktion von Konsumgütern und Nahrungsmitteln um jährlich 1 Milliarde Mark anzuheben. Grotewohl forderte, daß darüber hinaus »für die Reparatur, den Ausbau und Neubau von Wohnungen, für Straßenbau, Verbesserung hygienischer und sanitärer Einrichtungen in volkseigenen Betrieben, Ausbau von Erholungsstätten, Feierabendheimen, Kindergärten und Kinderkrippen 670 Millionen Mark bereitgestellt« würden.

Gleichzeitig verfuhr die SED-Führung der Bevölkerung gegenüber nach der altberüchtigten Devise »Zuckerbrot und Peitsche«. Während die eine Hand Geschenke austeilte, schlug die andere auf den Kopf. Die Verhaftungen und Verurteilungen im Zusammenhang mit den Ereignissen des 17. Juni rissen nicht ab. SED-Justizminister Fechner, der zwölf Tage nach dem Aufstand in einem Interview erklärt hatte, die erfolgten Verhaftungen seien unrechtmäßig, den Arbeitern stünde laut Verfassung ein Streikrecht zu, wurde am 16. Juli abgesetzt und schließlich selbst verhaftet. Seine Nachfolgerin wurde die berüchtigte »rote Hilde«, Frau Hilde Benjamin.

Die SED-Führung ruderte verzweifelt, um ihren schwer angeschlagenen Staat wieder auf Kurs zu bringen. Am 4. August 1953 warnte das ZK der

SED die Bevölkerung ausdrücklich vor »neuen Provokationsversuchen«. Man wußte sehr genau, daß die Arbeiter, die sich vom ersten Schock der Enttäuschung erholt hatten, in den Betrieben keineswegs kuschten. Die Partei ermahnte immer wieder dazu, »die faschistischen Untergrundorganisationen in den Betrieben und Arbeitsstellen« zu bekämpfen, »die Provokateure aus den Betrieben« zu schmeißen. Wenig später wurden jedoch über dreitausend Verhaftete aus den Zuchthäusern entlassen.

Die KPdSU kam der SED zu Hilfe. Den ganzen August hindurch und noch Anfang September überschwemmten sowjetische Delegationen die DDR. Offiziell handelte es sich um Arbeiterdelegationen, in Wahrheit setzten sie sich fast ausnahmslos aus »Aktivisten«, »verdienten Aktivisten«, »Helden der Arbeit«, Stalinpreisträgern und hohen Gewerkschaftsfunktionären zusammen. Die SED begrüßte die Besucher natürlich überschwenglich als »sowjetische Freunde«, als »verdiente Neuerer«, die den deutschen Arbeitern ein Vorbild sein sollten, jubelte in höchsten Tönen über die »Freundschaftsbesuche«, die dem proletarischen Internationalismus neuen Auftrieb geben würden.

Die Aktion wurde jedoch zu einer kalten Dusche für die SED. Denn die sowjetischen Delegationen, die sich über die Baustellen der Stalinallee und in die größeren Produktionsbetriebe der DDR ergossen, stellten perplex fest, mit welcher Furchtlosigkeit und Zivilcourage die deutschen Arbeiter zu ihnen sprachen. Der ukrainische Stalinpreisträger Wassilij Drokin mußte sich vom Brigadeleiter Erwin Ilchmann ins Gesicht sagen lassen: »Wir lassen uns nicht die Haare von den Zähnen nehmen, wir werden unsere Klappe immer weiter aufreißen!« In den Werkhallen des volkseigenen Transformatorenwerkes »Karl Liebknecht« kam es zu heftigen Diskussionen mit den sowjetischen Besuchern. Iwan Iljitsch Turtanow, Meister in der Moskauer Fabrik »Hammer und Sichel« und hochdekorierter »Initiator des Schnellwalzens«, stand in einer Diskussionsgruppe, in der es um soziale Fragen ging. Der Einrichter Assmann sagte zu ihm: »Ich finde, daß die Differenz zwischen den Lohngruppen I und VIII zu groß ist, obgleich ich selbst nach der höchsten Lohngruppe bezahlt werde« und griff die unsoziale, stark gestaffelte Lohnskala an, mit der der SED-Staatskapitalismus den Arbeitern gegenüber operierte. Nicht weit davon entfernt, in der Abteilung Großtransformatorenbau, diskutierte Pawel Bykow, »Initiator des Schnelldrehens«, mit dem 23jährigen Presser Kurt Ernst. Auf die Frage, wie er den 17. Juni beurteile, antwortete Ernst, er habe gerade an diesem Tag mit einem gebrochenen Bein im Bett gelegen und interessiere sich nicht für Politik. Bykow, sichtlich irritiert, fragte: »Haben Sie denn nicht bemerkt, daß der Krieg am 17. sehr nahe war?« Kurt Ernst antwortete eisig: »Nein.«

Einige Tage später besuchte eine Sowjet-Delegation das Großdrehmaschinenwerk »7. Oktober« im Arbeiterviertel Berlin-Weißensee. Da die Delegation unter der Leitung des Stellvertretenden Vorsitzenden des Stadtkomitees der Gewerkschaften in Moskau, Victor Platanow, stand, hatte die Ost-»Berliner Zeitung« eine SED-Korrespondentin zur Berichterstattung abgestellt. Platonow erkundigte sich nach den Verbesserungsvorschlägen im Betrieb und bekam prompt zur Antwort, das sei ein Kapitel für sich, die Betriebsleitung tue nichts, »man schläft sich dort aus, es geht nicht weiter«. Das, so berichtete die Korrespondentin, »war Platonow ganz unverständlich«. Noch erstaunter war der Moskauer Abgesandte, als das Gespräch auf den 17. Juni kam und sich herausstellte, daß sich unter den deutschen Arbeitern, die mit ihm diskutierten, viele fanden, »die eine falsche Einstellung zum Kurs der Regierung zeigten«, wie die Korrespondentin rügte. Ein junger Berliner Bohrwerksdreher führte das Wort. Er lehnte den »Neuen Kurs« der SED rundweg als Schwindelmanöver ab und sagte zum Genossen Platonow: »Die Ausschreitungen waren nicht richtig. Aber die Demonstration war angebracht!« Platonow war zuerst sprachlos. Dann belehrte er die Deutschen, daß die sowjetischen Arbeiter schon 1917 in der Revolution erkannt hätten, »daß der Streik nur eine Waffe gegen die Klassenfeinde ist, nicht gegen eine Arbeiterregierung«. Das hätte er besser nicht sagen sollen, denn das Wort »Arbeiterregierung« brachte die Arbeiter erst richtig in Rage. Die Korrespondentin notierte voller Entsetzen: »Merkwürdig berührte die sowjetische Delegation die Ansicht, die von einzelnen geäußert wurde, daß die Regierung der DDR wegen ihrer Fehler, die sie begangen hat, abtreten sollte.«

Die Stimmung in der DDR war also nach wie vor explosiv. Vor allem die Arbeiter nahmen kein Blatt vor den Mund. In Ost-Berlin kam es erneut zu Straßendiskussionen, wie man sie bereits am 6. Oktober 1949 erlebt hatte. Bezeichnend dafür ist ein Augenzeugenbericht vom September 1953, der durch die westdeutsche Presse ging:

> Auf der Schönhauser Allee im Bezirk Prenzlauer Berg des Berliner Ostsektors ist es vormittags normalerweise ruhig. Heute stauen sich hier die Menschen; die Straßenbahnen müssen langsam fahren. Überall kleinere und größere Gruppen. In der Mitte stehen jeweils zwei, drei, vier Männer, die das Wort führen und miteinander diskutieren; rund herum ballen sich fünfzig oder hundert Menschen zu schwarzen Klumpen zusammen, aus denen laute Zurufe, helles Gelächter oder dumpfes Murren steigt.
>
> An der Ecke Wichertstraße wird der Grund für die Zusammenrottungen offensichtlich: Die Promenade in der Mitte der breiten Schönhauser Allee ist mit Seilen abgesperrt, und zwischen ihnen drängen sich Hun-

derte von Menschen vor mehreren Holzständen. Dort werden von der SED sogenannte »Ami-Speckpakete«, die DDR-Bürgern, die damit aus West-Berlin kamen, von der Volkspolizei abgenommen wurden, an Arbeitslose und Rentner aus West-Berlin verteilt, die morgens herüberkamen und sich zwischen den Seilen anstellten. Es sind Alte und Junge, Männer und Mütter mit ihren Kindern, und alle drängen nach vorn, halten ihre Aktentaschen oder Rucksäcke auf, während SED-Ordner mit grellroter Armbinde für Ordnung sorgen.

Auf den Bürgersteigen, an den Straßenrändern, stehen dicht gedrängt, zu Tausenden, Ost-Berliner, die nicht mit verächtlichen Bemerkungen für die SED und für die West-Berliner Paketabholer sparen. Auf den Fahrbahnen patrouilliert Kasernierte Volkspolizei in olivgrünen Uniformen mit umgehängten Sturmgewehren. Neben den Ausgabeständen ist ein Lautsprecherwagen der SED aufgefahren und läßt Musik über die Straße dröhnen: das russische Volkslied »Katinka«, den Chor der Lützowschen Jäger, das »Weltjugendlied« usw. Über die ganze Allee verstreut liegen SED-Propagandaprospekte über den »Tag X«, den 17. Juni, die von niemandem beachtet werden.

In einer der Diskussionsgruppen beschimpft ein junger FDJler die DDR-Bewohner, die sich in West-Berlin Pakete abholen, als »Speck-Hyänen« und spuckt verächtlich aus: »Wer vom Ami frißt, der stirbt!« Die Umstehenden drängen wütend auf ihn ein, halten ihm die Fäuste vors Gesicht, und der Jungkommunist blickt sich hilfesuchend um.

Auf der Mittelpromenade ist die Schlange der Wartenden noch länger geworden. Die dröhnende Musik des Lautsprecherwagens bricht plötzlich ab, und ein Ansager schreit: »Achtung, Achtung!« Die Wartenden heben ängstlich die Köpfe, denn sie befürchten, daß die Pakete nicht für alle reichen könnten. Der Ansager berichtet triumphierend, daß der »Arbeitslosen-Zentralausschuß« soeben ein Paket von einem DDR-Bürger aus Dessau zugeschickt bekommen hätte, der sich schäme, daß er von den Amis etwas genommen und damit die hungernden West-Berliner bestohlen habe. Der Ansager klettert aus seinem Wagen und trägt das Paket stolz zu den Holzständen. Zwei Ost-Berliner am Straßenrand lachen laut auf, und einer sagt: »Mensch, geklaute Sachen verschenken die...«

Inzwischen haben die Ost-Berliner auch die Mittelpromenade der Schönhauser Allee, unter der Hochbahnstrecke, dem sogenannten »Magistratsschirm«, überschwemmt und stehen hier am dichtesten. Ein SED-Mitglied im hellblauen Anzug läuft plötzlich unter Gelächter davon. Zwei Jungarbeiter feixen: »Erst hat er uns erzählt, daß er auch ein Arbeiter ist. Dann hat er sich verquatscht, daß er an der Humboldt-Uni

studiert. Soon Vollidiot!« Überall stehen zwischen den erregten Menschen blaue und olivgrüne Volkspolizisten mit steinernen Gesichtern. Hohe Vopo-Offiziere gehen horchend um die Menge. Kaum jemand kümmert sich darum.
Die Menschen diskutieren nun schon zwei Stunden hier und machen ihrem gequälten Herzen Luft. Die SED-Leute werden überall in die Enge gedrängt, werden offen ausgelacht. Besonders die Hausfrauen nehmen kein Blatt vor den Mund. Ein junger Schlosser zeigt auf vier Männer. Er behauptet, sie seien aus einem in der Nähe liegenden Betrieb als »Aufklärer« unter die Leute geschickt worden. Sie tragen keine Parteiabzeichen und geben sich als harmlose Straßenpassanten. »Ich kenne sie ganz genau«, sagt der Schlosser, »ich habe ja selbst in dem Betrieb gearbeitet. Der da mit dem Pflaster auf der Stirn ist der Leiter der Kaderabteilung.« Ein blasser junger Mann im zerfransten Regenmantel sagt zu einer Gruppe Vopos: »Kinder, Ihr braucht ja bloß freie Wahlen zu veranstalten. Dann sollt Ihr mal sehen! Der 17. Juni war ja schon 'ne freie Wahl . . .«
Ein paar Schritte weiter erzählt ein SED-Agitator im hellen Trenchcoat, daß der Kriegshetzer Kesselring in den Bundestag gewählt worden sei. Ein jüngerer Mann tippt ihm von hinten auf die Schulter: »Mann, reden Sie doch bloß nicht so'n Quatsch. Feldmarschall Kesselring hat gar nicht für eine Partei kandidiert, also ist er auch nicht im Bundestag.« Der Agitator gibt nicht nach: »Ja, aber eine ganze Menge Dienstgrade der Nazi-Wehrmacht sind in Westdeutschland wieder politisch aktiv.« Aggressiv fragt ihn der andere: »Na und? Ist denn jeder kleine Offizier der Wehrmacht in Euren Augen ein Kriegsverbrecher? Da seid Ihr Genossen aber ganz schön schief gewickelt! Ihr habt wohl die Sowjet-Note vom vorigen Jahr nicht richtig gelesen, in der es heißt, daß die ehemaligen Offiziere und Nationalsozialisten gleiche bürgerliche und demokratische Rechte haben sollen.« Die Menge johlt vor Vergnügen.
Nebenan beschimpft ein sächselnder FDJler einen alten Mann als »Kriegshetzer«. Giftig sagt er zu ihm: »Das ist offene Kriegshetze und eine Provokation! Das ganze Unglück kommt daher, daß wir 1945 den Krieg verloren haben, haben Sie eben gesagt. Stimmts? Sie möchten wohl am liebsten wieder für Hitler marschieren, mit Handgranate und Patronengürtel, wie?« Der alte Mann wird käseweiß, schweigt verbiestert. Ein kleiner Arbeiter lehnt sich bequem auf sein Fahrrad und blickt den FDJler aufmerksam an. Plötzlich sagt er: »Du diskutierst falsch, Kolleje! Du redest Unsinn, Du verstehst nischt von Politik.« Der FDJler ist wie auf den Mund geschlagen. »Ick bin zwar nur ein kleener Arbeiter«, sagt der mit dem Fahrrad, »aber det Du Blödsinn verzapst, det

merke ick doch. Keener verliert den Krieg jerne. Der alte Mann hat vollkommen recht; seitdem jeht es uns schlecht. Deswegen is er bestimmt nicht für Hitler. Und det will ick Dir mal sagen, Kolleje: Die, die bis 1945 am lautesten Heil Hitler geschrien haben, die sind heute in Ost und West schon wieder janz oben und große Antinazis! Aus Sachsen kommen doch lauter Rote, die früher alle mal schokoladenbraun war'n. Deshalb halt jefälligst Deine Klappe, wenn Du nischt verstehst.« Großer Beifall der Umstehenden. Eine Frau in roter Strickjacke stellt sich schützend vor den alten Mann und sagt zu dem FDJler: »Ich würde mich an Ihrer Stelle schämen, überhaupt den Mund aufzumachen und alte Leute zu beschimpfen, Sie junger Fant!...

Ebenfalls im September 1953 war eine DDR-Delegation nach Moskau gereist, an der Spitze Ministerpräsident Otto Grotewohl. Die Zugeständnisse, welche die Sowjetführung den SED-Genossen vor allem in der Kriegsgefangenen-Frage machte (Entlassung der letzten deutschen Kriegsgefangenen bis auf 10.000 angebliche Kriegsverbrecher), war keine Konzession an die »Bruderpartei«, sondern eine direkte Auswirkung des Aufstandes vom 17. Juni. Die Arbeiter hatten sich also nicht umsonst exponiert. Es hatte sich doch gelohnt zu kämpfen! Kurz darauf wurde das in Moskau unterzeichnete Protokoll veröffentlicht, in dem es hieß: »Die Sowjetregierung überführt ab 1. Januar 1954 unentgeltlich in das Eigentum der Deutschen Demokratischen Republik die in Deutschland befindlichen 33 Maschinenbaubetriebe, chemische, metallurgische und andere Betriebe, die als Reparationsleistungen in das Eigentum der UdSSR übergegangen waren und einen Gesamtwert von 2700 Millionen Mark besitzen.«
Das war ein Riesenerfolg des 17. Juni. Ursprünglich, 1946, hatten ja die Sowjets unter dem schamhaften Etikett der »Entnahmen aus der laufenden Produktion« die zweihundert wichtigsten Betriebe zwischen Elbe und Oder in Sowjetische Aktiengesellschaften (SAG) verwandelt. Bis 1950 wurden der DDR 70 dieser SAG-Betriebe zurückgegeben, darunter die Filmstudios der UFA und TOBIS, die Porzellanfabrik Meißen, das Schreibmaschinenwerk »Olympia« in Erfurt ect. Dennoch hatten die SAG-Betriebe 1951 noch 31 Prozent der gesamten DDR-Produktion erarbeitet und nach Rußland abgeliefert; die Herstellung von Motorrädern, Uhren, Benzin, Stickstoff und synthetischem Kautschuk erfolgte zu 80 Prozent in den SAG. 1952 waren weitere 66 SAG-Betriebe an die DDR zurückgegeben worden. Jetzt kamen die 33 größten und wichtigsten Industriebetriebe wieder in deutsches Eigentum, und es waren dies ausnahmslos Werke, in denen sich die Arbeiter am 17. Juni erhoben hatten. Ihre Namen, die jedes Kind in der DDR seit dem Aufstandstag kannte, lauteten:

Maschinenfabrik Georg Dimitroff (vormals Otto Gruson), Magdeburg – Schwermaschinenbau Ernst Thälmann (vormals Krupp-Gruson), Magdeburg – Maschinenbau 7. Oktober (vormals Mackensen), Magdeburg-Buckau – Schwermaschinenbau Karl Liebknecht (vormals Buckau-Wolf), Magdeburg – Geräte- und Armaturenwerk Karl Marx (vormals Schäffer und Budenberg), Magdeburg – Stahlgießerei Krautheim, Chemnitz/Borna – Chemische Werke Buna, Schkopau – Leuna-Werke Walter Ulbricht, Leuna, Krs. Merseburg – Filmfabrik Agfa-Wolfen, Wolfen, Krs. Bitterfeld – Kirow-Werke (vormals Unruh & Liebig), Leipzig – Elektro-Apparate-Werk J. W. Stalin, Berlin-Treptow – Siemens-Plania, Berlin-Lichtenberg – usw.

Der 17. Juni bewirkte noch mehr. Die Regierung der UdSSR erklärte sich nun »großzügigerweise« bereit, ab 1. Januar 1954 auf sämtliche Reparationsleistungen zu verzichten. Die Besatzungskosten wurden auf fünf Prozent des DDR-Staatshaushaltes begrenzt. Verschwiegen wurde der Bevölkerung allerdings, daß in den neuen Handelsverträgen mit der Sowjetunion die Warenlieferungen aus der DDR zu Preisen festgesetzt wurden, die weit unter dem Weltmarktniveau lagen.

Schließlich, am 24. Oktober 1953, entschloß sich die DDR-Regierung, das verhaßte HO-Übel zu mildern und gab Preissenkungen für Lebens- und Genußmittel bekannt, die in den staatlichen HO-Geschäften verkauft wurden. Etwa 12000 Warenposten wurden im statistischen Mittel um zehn bis fünfundzwanzig Prozent billiger. Die folgende Aufstellung zeigt die HO-Preisreduzierung für den Zeitraum vom Juli 1949, kurz vor Gründung der DDR, bis zur Jahreswende 1953/54, ein halbes Jahr nach dem Aufstand:

		Juli 1949	Januar 1954
Weizenmehl	kg	8,—	1,32
Schweinefleisch	kg	51,—	11,20
Jagdwurst	kg	44,—	12,20
Margarine	kg	50,—	6,—
Butter	kg	70,—	20,—
Zucker	kg	15,—	3,—
Bockwurst	Stück	3,60	1,24
Eier	Stück	2,—	0,45
Herren-Sporthemd	Stück	60,—	17,68
Damenschlüpfer	Stück	25,—	7,50
Glühbirne (40 Watt)	Stück	20,—	1,30
Damenstrümpfe	Paar	20,—	2,60

Das waren große, unbestreitbare Fortschritte, die der gesamten Bevölkerung der DDR zugute kamen und die in erster Linie dem Mut, dem

Widerstandswillen der aufständischen Arbeiter zu danken waren. Dennoch brachen nun keine paradiesischen Zustände in der ostelbischen Republik aus. Das Leben blieb noch immer trist und armselig im Vergleich zu den sich rasant entwickelnden Lebensumständen in Westdeutschland. Es sollte noch ein Jahr vergehen, bis sich der Alltag in der DDR allmählich normalisierte. Denn noch immer fehlten der SED auf allen Gebieten geschulte Führungskader, um eine optimale Staats- und Wirtschaftslenkung zu gewährleisten, und noch immer war die sklavische Anbetung und Nachahmung des sowjetischen »Beispiels« nicht außer Kurs gekommen.
Unter welchen deprimierenden Umständen die DDR-Bevölkerung 1953/54 nach wie vor leben mußte, mögen einige Beispiele verdeutlichen, die aus der Ost-Berliner Presse jener Tage stammen, wobei berücksichtigt werden muß, daß die schlimmsten Erscheinungen des täglichen Lebens, die so sehr an den Nerven der Leute zerrten, gar keinen Eingang in die Spalten der SED-Gazetten fanden. Dennoch zeigt schon diese Blütenlese, wie es dem kleinen Mann auf der Straße damals erging. Und da das bislang in keinem Buch oder Bericht über die DDR berücksichtigt wurde, soll es hier ausführlich geschehen.

September 1953

Die Ost-Berliner Presse, die die Stalinallee jahrelang als »die schönste und prächtigste Straße der Weltstadt Berlin« gepriesen und stolz auf die Schaufensterauslagen hingewiesen hatte, in denen HO und Konsum »mit Takt und den ideenreichsten Dekorationen« miteinander wetteiferten, beklagt den abendlichen Zustand der Straße. Wenn die Sonne versinke, dann verfielen die Geschäfte der Stalinallee »in einen tiefen Schlummer, und rabenschwarze Finsternis breitet sich über die Auslagen«. Es heißt weiter: »Den heiter gelaunten Werktätigen, die zu abendlicher Stunde das Café-Restaurant ›Warschau‹ verlassen, den Kinobesuchern im Kulturhaus der Bauarbeiter ... den Bewohnern der neuen Häuser..., ihnen allen bleibt der Anblick der Schaufenster versagt, wenn sie nicht gerade eine Taschenlampe zu Hilfe nehmen.« Recherchen der SED-Redakteure führen zu HO-Direktor Müller, der folgende Erklärung abgibt: Der Einführung einer abendlichen Schaufenster-Beleuchtung ständen »nicht unbeträchtliche Hindernisse« im Wege. Es gäbe nämlich in der Stalinallee keine Möglichkeit, die Beleuchtung, die noch während der Geschäftszeit eingeschaltet werden müsse, um 24 Uhr wieder auszuschalten. Das müßte automatisch geschehen, weil außerhalb der Geschäftszeit die Läden nicht betreten

werden dürfen. Eine automatische Schaltanlage sei aber nicht vorhanden; sie sei infolge einer »fehlerhaften Bauplanung« der Ost-Berliner Bauakademie – vergessen worden.
Die DDR-Presse berichtet Erstaunliches über die Forstwirtschaft. In den Wäldern Brandenburgs, Mecklenburgs oder Thüringens ist es keine Seltenheit, verzweifelte Förster anzutreffen, die damit beschäftigt sind, mühsam Steine vom Boden aufzusammeln, um damit nach Elsterschwärmen zu werfen. Das Ergebnis dieser Bemühungen ist dann meistens, daß der Förster fluchend vondannen zieht, während ihm die Elstern höhnisch hinterdrein schreien. Denn fast neun Jahre nach Kriegsende sind die Förster in der DDR noch immer ohne alle Wehr und Waffen, d. h. es ist ihnen weder ein Hirschfänger noch eine Jagdflinte zur Ausübung ihres Berufes gestattet. So ist es kein Wunder, daß die Krähen, Elstern und Eichelhäher in den Wäldern der DDR immer mehr überhand nehmen. Noch ernster steht es mit der Landplage der Eichhörnchen. Die größte Gefahr für die Landwirtschaft aber bedeutet die enorme Wildschweinplage. Die waffenlosen Förster stehen dieser Seuche machtlos gegenüber. Ab und an werden Abschußkommandos der Volkspolizei in den Wäldern eingesetzt, doch gehört zu einer erfolgreichen Wildschweinjagd mehr als eine Schußwaffe, vor allem langjährige Erfahrung und genaueste Kenntnis der Gewohnheiten dieser Borstentiere. Weder über das eine noch über das andere verfügen die Polizisten der Abschußkommandos; um so mehr aber die Förster, die wiederum keine Waffe haben. So entstehen der DDR-Landwirtschaft jährlich Schäden in Millionenhöhe, und die Förster können weiter nichts tun, als in ohnmächtiger Wut die Fäuste ballen – oder mit Steinen werfen.

Dezember 1953

Ein Pressebericht beschäftigt sich mit dem Wirken des Gütekontrolleurs Klebocki von der Abteilung Konfektion des Ost-Berliner Konsums. Es ist die Vorweihnachtszeit, und die Leute sind ständig auf den Beinen, um jetzt – da endlich einmal ein Warenangebot vorhanden ist – nach Stoffen für Winterkleidung in den HO- und Konsumgeschäften zu suchen. Die Preise sind aber gepfeffert. Während ein Meter Mantelstoff aus DDR-Produkten 30,– bis 50,– Mark kostet, liegt der Meterpreis für besseren schwedischen oder sowjetischen Wollstoff bei 90,– bis 140,– Mark, was einfach nicht zu bezahlen ist. Also bleibt nur die Möglichkeit, die benötigte Winterkleidung »von der Stange« zu kaufen. Doch davor scheut das Publikum zurück. Allzu oft ist es schon mit Stangenware hereingefallen.
Und hier kommt nun der Gütekontrolleur Klebocki ins Spiel. Ihm ist

aufgefallen, daß die Textillieferungen aus den »Halleschen Bekleidungswerken« für die Ost-Berliner Konsumgeschäfte »unter aller Kanone« sind. So stellt er fest, »daß Taschen ungleichmäßig angenäht wurden, Ärmel nicht paßten, Kragen- und Rückenverschlüsse nicht ordnungsgemäß ausgeführt wurden und der Schnitt unbefriedigend war«. Derartige Mängel notiert Klebocki bei 122 Mänteln, 157 Anzügen und 600 Hosen, was fast die gesamte letzte Lieferung der »Halleschen Bekleidungswerke« ausmacht. Hochrot vor Zorn macht sich Herr Klebocki nach Halle auf, wo er von dem dortigen Gütekontrolleur Krüger mit dem unwilligen Ausruf empfangen wird: »Berlin stellt immer besondere Ansprüche!« Klebocki läßt sich nicht einschüchtern und dringt mit seinen Beanstandungen zur Betriebsleitung vor. Dort paßt man sich der unangenehmen Situation geschmeidig an und »entschuldigte sich mit ungenügender Qualifizierung von neu eingestellten Näherinnen und mit Schwierigkeiten in der Dampfbügelei.« Die Geschäftsleitung beanstandet ihrerseits »die schlechten Stofflieferungen aus den Webereien«. So schiebt es einer auf den anderen! Zum Schluß faßt die Betriebsleitung den heroischen Entschluß, daß die Halleschen Bekleidungswerke eine Fabrikmarke erhalten sollen, »um deren Ehre sie kämpfen werden«.
Wenige Tage, nachdem der amtierende Ministerpräsident der DDR, Walter Ulbricht, in einer großen Rede den »Neuen Kurs« der SED gepriesen und von »großen Erfolgen« in der Versorgung der Bevölkerung gesprochen hat, erscheint in der Ost-»Berliner Zeitung« eine Leserzuschrift des Herrn Heinz Nortmann aus Berlin-Pankow. Herr Nortmann hat sich mit seiner Frau vor einigen Tagen aufgemacht, um ihr ein paar dringend benötigte schwarze Damenschuhe zu kaufen. »Schwarze Schuhe? Haben wir nicht. Nehmen Sie doch braune! Die sind auch sehr hübsch und kosten 126,– Mark«, erklärt eine Verkäuferin des HO-Schuhwarengeschäftes dem verdutzten Ehepaar. Schüchtern wendet Herr Nortmann ein: »Aber wir dachten eigentlich an schwarze.« Die würden besser zum schwarzen Rock seiner Frau passen. »Werden denn schwarze Schuhe nicht verlangt?« Doch, lautet die Antwort: »Aber unsere Industrie ist gerade auf braun eingerichtet, und nun wollen alle schwarze haben.« Aha, sinnieren die Nortmanns, dann haben also die Kunden schuld? Jedoch, geschult in dialektischem Denken, sagen sie sich schließlich: »Wenn man uns zu einem schwarzen Rock nur braune Schuhe verkaufen kann, dann müssen wir eben einen braunen Rock besorgen.« Gedacht, getan, und hinein in die Textilgeschäfte. Aber auch hier brachte der »Neue Kurs« der SED nur Enttäuschungen. Herr Nortmann resümiert: »Das einzige, was uns Textil-HO und Konsumgeschäfte in Braun anboten, waren zwei sackartige Gebilde, die mit Röcken nur das Hinein-

schlüpfen gemeinsam hatten. Mit schwarzen Röcken dagegen hätte sich meine Frau für alle Zeit eindecken können.«

Januar/Februar 1954

Während in beiden Teilen Berlins eine große Viermächte-Konferenz stattfindet, die sich wieder einmal mit der Lösung der deutschen Frage beschäftigt, proklamiert die SED das Jahr 1954 zum »Jahr der großen Initiative«. Das alltägliche Leben in der DDR soll sich entscheidend verbessern, vor allem soll die »neue Wohn- und Hauskultur« entwickelt werden.

Die meisten Wohnungen Ost-Berlins gehören inzwischen nicht mehr privaten Vermietern, sondern einer »Volkseigenen Wohnungsverwaltung«. Wie sie ihren Pflichten den Mietern, also dem Volk gegenüber, nachkommt, schildern erbitterte Leserzuschriften. Lieselotte K. aus Berlin-Pankow schreibt beispielsweise über das Haus Breite Straße 23, »das dem Rathaus Pankow genau gegenüber liegt«, und stellt über den Treppenflur fest: »Die früher einmal vorhandene Wandbespannung hängt in Fetzen herunter, die Wände sind verschmiert, und die Treppen sehen aus, als ob sie seit vielen Wochen keinen Besen mehr gesehen hätten – von Wasser ganz zu schweigen.« Zehn Mieter des Hauses Wandlitzstraße 39 in Berlin-Karlshorst stellen fest, daß »seit beinahe vier Monaten keine Reinigung des Hauses mehr erfolgt« ist. Sie fügen hinzu: »Sind Reparaturen erforderlich oder ein Rohrbruch zu beheben, dann müssen die Mieter, die alle berufstätig sind, sich selbst um die Handwerker bemühen und kostbare Arbeitszeit versäumen.« Auf Beschwerden bei der »Volkseigenen Wohnungsverwaltung« sei ihnen geantwortet worden, sie sollten »selbst für die Sauberhaltung des Hauses sorgen«. Vergeblich hätten sie daraufhin zurückgeschrieben: »Wenn wir pünktlich unsere Miete entrichten, haben wir auch Anspruch darauf, daß das Haus saubergehalten wird.«

Die Mieter des Hauses Hagedornstraße 58 in Berlin-Johannisthal beklagen sich darüber, daß sie in ihren Wohnungen bitterlich frieren müssen. »Wir bezahlen zwar die Heizung, aber die Wohnungen sind völlig unzureichend geheizt.« So sei es auch schon im vorigen Winter 1952/53 gewesen. Einige völlig unzureichende Reparaturen an den Heizkörpern wurden »anstatt im Sommer, erst nach wiederholtem Monieren während der Heizperiode vorgenommen, obwohl der Wohnungsverwaltung bereits im vorigen Winter bekannt war, daß die Heizkörper nicht funktionieren«. Die Reparaturen hätten »nichts gebracht«.

Die Bewohner des Hauses Stralauer Allee 17 in Berlin 0 17 sind verzweifelt, denn die Städtische Müllabfuhr hat »mit ihren Karren die Fliesen so

zerhackt, daß man ständig über lose Steine und Löcher stolpert. Sehr leicht kann hier ein Unfall geschehen, zumal der Hausflur von vielen Gehbehinderten genutzt wird, die ein Fußpflegeinstitut in diesem Hause aufsuchen. In den anliegenden Häusern sieht es ähnlich aus«.
Die Bewohner des Hauses Linienstraße 156/57 schließlich stellen fest, daß seit Jahren bereits die Haustüren fehlen.

März 1954

Während der Berliner Viererkonferenz hatte man in Ost-Berlin dreihundert Zigarettenautomaten neben HO-Geschäften aufgestellt und sie als die »neuesten Errungenschaften« des Sozialismus gepriesen. Die Ost-Berliner Arbeiter und Angestellten hatten gehöhnt, das sei die neueste Methode der SED, »automatisch« zu Geld zu kommen. Inzwischen sind diese Automaten sämtlich kaputt. Selbst die SED-Presse schreibt: »Unverschämtheit! Da steckt man nun sein schwerverdientes Geld in so eine Blechkiste und glaubt, unten fallen ein paar Zigaretten heraus, aber was tut sich? Nichts. Das Geld macht ›klick‹, der Kasten schweigt . . .« Ein paar Ost-Berliner Witzbolde machen daraufhin in Leserzuschriften den Vorschlag, neben die HO-Automaten staatliche Verkäufer zu stellen. Die SED-Presse reagiert nun mit der Erklärung, »westliche Sabotage« sei am Versagen der HO-Blechkisten schuld.

April 1954

Die »Deutsche Konzert- und Gastspieldirektion« in Ost-Berlin hatte zu einer »heiteren Großveranstaltung mit vielen Überraschungen« in die Deutsche Sporthalle auf der Stalinallee eingeladen. Versprochen wurde ein »Frühlingsball«, und auch West-Berliner waren herzlich willkommen, denn in den Ankündigungen hieß es ausdrücklich, daß ohne Vorzeigen des Personalausweises bestellt werden könne. Fast zweitausend Personen drängten sich in die Deutsche Sporthalle. Einer von ihnen berichtet nun:
»Alle kamen voll auf ihre Kosten, jedenfalls was die ›Überraschungen‹ anbetraf. Die erste erlebten sie, als sie feststellen mußten, daß für die zweitausend Gäste ganze acht Kellner vorhanden waren. Auf eine Flasche Bier konnte man bis zu einer Stunde warten. Da half kein Protestieren und kein Schimpfen; jeder Ober hatte etwa 250 Gäste zu bedienen und konnte es beim besten Willen nicht schneller schaffen. Wenn die Tanzlustigen von den Rängen zur Tanzfläche wollten, mußten sie ihre sportliche Gewandtheit

beweisen und über Tische und Stühle ein Hindernisrennen veranstalten. Auch das Programm war eine einzige ›Überraschung‹: von sämtlichen Darbietungen hatte nicht eine etwas mit dem Frühling zu tun. Aber die ›Überraschungen‹ nahmen kein Ende. Als es nämlich den Leuten zu dumm wurde, eine Stunde auf ihr Bier zu warten, gingen sie einfach zur ›Selbstbedienung‹ über, indem sie in dichten Haufen zu den Ständen stürmten, um sich dort in Sammelbestellungen die Ware mit eigener Kraft zu erobern. Aber selbst wenn man sich schließlich nach heißen Schlachten eine Flasche Bockbier erstritten hatte, mußte man es lauwarm trinken, weil die Veranstalter das Eis vergessen hatten. Dafür gab es allerdings Schaumwein, den man bereits nach einer halben Stunde Wartezeit serviert bekommen konnte. Nur hatten die Veranstalter beim Wein eine weitere ›Überraschung‹ in petto: Es wurden dafür Biergläser geliefert, die es beim Flaschenbier wiederum nicht gab! Die acht Kellner stellten sich schließlich in einer Ecke zusammen, wo sie gemütlich grinsend Zigaretten rauchten, da die Gäste sich doch alle selbst bedienten.
So verlief der ›Frühlingsball‹ in der Stalinallee wirklich ›heiter‹. Und zum Schluß merkte man auch etwas vom Frühling; denn die Kapelle wurde gegen 3.00 Uhr morgens frühjahrsmüde und packte ihre Instrumente zusammen. Die Halle wurde geschlossen. Da standen nun die Berliner mitten in der Nacht auf der Straße, zu einer Zeit, da keine Verkehrsmittel und keine Taxis fuhren, und konnten die (nicht gerade milde) Frühlingsluft genießen . . .«

Mai 1954

Monatelang hatte die SED-Propaganda von geradezu sagenhaften Erfolgen der DDR-Landwirtschaft berichtet, von gewaltigen Leistungssteigerungen in der Vieh- und Milchwirtschaft, von sogenannten »3000- und 4000-Liter-Bewegungen« etc. Jetzt, Mitte Mai, steht die DDR vor einer schweren Ernährungskrise. Seit vierzehn Tagen laufen die Hausfrauen in Ost-Berlin, Magdeburg, Halle, Bitterfeld, Dresden und den anderen Städten der Republik von Geschäft zu Geschäft, getrieben von der vagen Hoffnung, irgendwo ein Stück Fleisch oder Butter zu ergattern. Vergeblich; es werden nur noch die viel zu knappen Lebensmittelkarten beliefert. Bis vor einer Woche war wenigstens noch etwas Schweinefleisch vorhanden, bis vor einigen Tagen gab es noch Gemüsekonserven, die Fleischstückchen enthielten. Da auch die Butter, die es auf Abschnitte gibt, bei weitem nicht ausreicht, müssen selbst die Kinder jetzt die unglaublich schlechte Ost-Margarine essen.

Die DDR-Presse, die bislang das Thema totschwieg, ist nun zu peinlichen Eingeständnissen gezwungen. Die Ost-»Berliner Zeitung« schreibt: »Ein Gang durch die Fleisch- und Wurstwarengeschäfte der HO, des Konsums und unseres privaten Einzelhandels zeigt, daß gegenwärtig kein ausreichendes Sortiment an Fleisch angeboten wird ... Auch die traditionelle Bockwurst als HO-Ware fehlt in vielen Wurstkesseln.« Auf einmal ist von Zurückbleiben in der Viehaufzucht, von Futtermittelknappheit, von der Nichterfüllung der Pläne durch die DDR-Landwirtschaft die Rede. Die SED-Presse sieht sich genötigt – »aufgrund von Informationen der zuständigen staatlichen Verwaltungsstellen« –, ein Anhalten der Ernährungskrise bis Ende Juni oder Anfang Juli anzukündigen.

Juni 1954

Am 12. Dezember 1953 hatte die DDR-Regierung eine »Verordnung über die bessere Versorgung der Bevölkerung mit Massenbedarfsgütern« veröffentlicht. Unter Abschnitt III, Ziffer 28, hieß es darin: »Das Ministerium für Lebensmittelindustrie hat dafür zu sorgen, daß vor allem in den heißen Monaten eine ausreichende Versorgung der Bevölkerung gewährleistet wird.«

In einer Leserzuschrift schildert nun Herr Berthold D. aus Berlin-Pankow seine entsprechenden Erfahrungen mit der »Mitropa« der Deutschen Reichsbahn. Bereits vor einem Jahr, im Juni 1953, hatte er sich empört, als es auf der Fahrt von Wolgast nach Ost-Berlin nur helles Bier, aber keine Brause und keine Selters für seine beiden kleinen Kinder gab. Seine jetzigen Erfahrungen, am 19. Juni 1954, schildert er so: »Wer beschreibt unser Erstaunen, als es im Mitropa-Abteil des Eilzuges (15.45 ab Wolgast) wieder nur helles Bier gab, – und das bei der Hitze!! Die Mitropa war also auf diesem Gebiet nicht einen Schritt vorwärts gekommen.« Er schreibt weiter: »Als der Zug in Wolgast abfuhr, war kein Eis vorhanden, und das Bier war so warm, daß die Mitropa es kaum den Reisenden anzubieten wagte. Erst in Pasewalk wurden zwei winzige Stangen Eis hereingereicht. Eine Stunde vor dem Eintreffen auf dem Berliner Ostbahnhof wurde auch der Bierverkauf eingestellt mit der Entschuldigung: ›Wir müssen jetzt abrechnen‹. Die Empörung aller Fahrgäste über die Mißstände war groß.«

Urlaube in der DDR werden im allgemeinen vom Feriendienst des Freien Deutschen Gewerkschaftsbundes (FDGB) vermittelt. Wie das funktioniert, erfuhr auch Fräulein Wally W. aus Ost-Berlin. Sie hatte nach vielen Bemühungen eine Reise nach Ziegenrück in Thüringen für die Zeit vom 18. bis 31. Mai bekommen, und zwar im FDGB-Hotel Eckstein. Also fuhr

Wally W. am 18. Mai um sieben Uhr morgens von Ost-Berlin nach Ziegenrück ab. Etwa zwei Stunden später traf in ihrem Betrieb eine Karte des FDGB-Hotels Eckstein mit folgendem Text ein: »Betr. Feriendienstbelegung eines Dreibett-Zimmers! Dreibett-Zimmer müssen so belegt werden, daß alle drei Personen das Zimmer gemeinsam bewohnen können, da eine Umdisposition nicht vorgenommen werden kann. Vom 18. bis 31. Mai wird das Dreibett-Zimmer wie folgt belegt: Genossenschaft des Elektrohandwerks, mit Fräulein Wally W.; Firma Burke & Co., Schaarnweberstraße, mit Kollegen Herbert E.; Firma Hans Fabian, mit Kollegen Emil S. Mit gewerkschaftlichem Gruß. FDGB-Vertragshaus Hotel Eckstein.«
Fräulein Wally W. berichtet jetzt, wie sie am Abend des 18. Mai im FDGB-Hotel Eckstein auf dem Absatz kehrt machte, als sie ihr Zimmer bereits mit zwei Herren »belegt« fand.

Juli 1954

Als eine Art »Ausgleich« für die letzten Monate einer drastischen Ernährungskrise sind nun die Regale der HO- und Konsumgeschäfte bis unter die Decken mit sowjetischen Fisch-, Krebs-, Hummer- und Kaviar-Konserven vollgestopft worden. Die Hausfrauen in der DDR haben jedoch nicht allzuviel davon, weil die Konservendosen mit kyrillischen Lettern beschriftet sind, so daß die Käuferinnen davor zurückscheuen, »die Katze im Sack« zu erstehen. Das Ministerium für Lebensmittelindustrie, das durch zahlreiche Beschwerden aus der Bevölkerung aufgeschreckt wurde, hat zwar deutschsprachige Aufkleber drucken lassen, aber niemand kann sagen, wo sie landeten.
Frau Gertrud Wetzel aus Berlin-Pankow hat sie endlich entdeckt und schildert ihren erstaunlichen Fund so: »Sehr überrascht war ich . . ., als ich vor einigen Tagen bei einem Einkauf in einem Konsumgeschäft ein Stück Seife in einen Bogen Papier gewickelt bekam, auf dem mehrere Rezepte zur Verwendung von Fischkonserven standen. Nun frage ich mich, hat man diese Rezeptvorschläge gedruckt, um sie als Einwickelpapier zu benutzen?«
Die Tageszeitungen der Republik sind voller Klagen jener Damen, die der Volksmund als »vollschlank« bezeichnet. Es gibt so gut wie keine Übergrößen, weder bei Kleidern noch bei Blusen. Frau Traute Mies aus Berlin NW 7 berichtet darüber folgendes: »Am Gehaltstag beschlossen meine Freundin und ich, einen Einkaufsbummel zu machen, um unsere Garderobe etwas aufzubessern. Leider sind wir beide keine Backfische mehr, sondern ziemlich korpulent. Wir gingen also in das HO-Spezialgeschäft für Über-

größen in der Reinhardtstraße. Dort wollte meine Freundin ein Kleid in Größe 50 kaufen. Die Verkäuferin zeigte uns das *einzige* Stück, das in der gewünschten Größe vorhanden war, ein dunkles Kleid, das uns nicht gefiel. Also weiter zur HO in der Chausseestraße. Dort erging es uns ebenso. Nur *ein* Kleid in Gr. 46, wie ich es brauche, und dazu schlecht gearbeitet.« So ging es weiter, durch die ganze Stadt, bis die beiden Damen resignierten. Frau Traute Mies fragt nun böse: »Will uns die HO auf diese Art von der Qual der Wahl befreien?«

August 1954

In den heißen Sommermonaten zieht es die Berliner traditionell in die Ausflugslokale der Umgebung, beispielsweise zum Müggelsee oder an den Wandlitzsee. Vor dem Krieg waren das die Erholungs-Paradiese der Verliebten und der kinderreichen Familien. Jetzt hagelt es Protestbriefe aus der Bevölkerung, die sich gegen die staatliche HO richten, die in den letzten fünf Jahren auch die Ausflugs-Gaststätten in ihre Regie übernommen hat. Der allgemeine Tenor der massenhaften Beschwerden lautet: »Endloses Warten auf Bedienung! – Keine Weiße mit Schuß! – Keine Selters! – Warum kommt mein Schnitzel nicht?« Und immer wieder die bittere Feststellung, man habe von den HO-Angestellten nichts anderes zu hören bekommen als »Kolleje kommt gleich«.
Herr Gerhard Engler aus Berlin-Lichtenberg berichtet über die HO-Gaststätte »Rathausklause« in Lichtenberg: »Malzbier ist leider nicht da, Wiener Würstchen wurden nicht geliefert, die billigen Spirituosen sind trotz rechtzeitiger Nachbestellung ausgegangen, Schokobecher für Eierlikör wurden nicht geliefert und die beliebte Berliner Weiße ist alle.« Über die bekannte HO-Gaststätte »Müggelseeperle« heißt es: »Bei rund 2000 Stühlen hat die ›Müggelseeperle‹ nur etwa 500 Biergläser! In anderen Betriebsstätten ist es ähnlich. Wir meinen, daß die HO nicht energisch genug um ihre Ausstattung* kämpft.«
Frau Dagmar Horstmann aus Berlin-Wilhelmsruh schildert folgende Erfahrung: »An einem Sonntag kam ich gegen 10.30 Uhr in die HO-Gaststätte ›Seeblick‹ am Wandlitzsee und fragte nach Selterwasser, Brause oder Most. Nichts gab es. Ich wandte mich an den Geschäftsführer und erkundigte mich, ob er nicht rechtzeitig Getränke bestellt habe. Er erwiderte darauf, daß es nicht an ihm läge, sondern die HO-Zentrale diese Getränke nicht

* Gläser mit Maßstrich, Porzellan und Bestecke

vorrätig hätte und deshalb nicht liefern könne. Er habe auch nur ein halbes Faß Bier bekommen. Ich frage mich nun, wie ist so etwas möglich?!«

September 1954

Die Klagen und Beschwerden der Bevölkerung über die »Volkseigene Wohnungsverwaltung« reißen nicht ab. Längst hat der Volksmund die verhaßte Institution in »Volkseigene Wohnungs-Verhinderung« umgetauft.

Herr Lothar S. aus der Trützschlerstraße in Berlin-Johannisthal schildert in einer Leserzuschrift den typischen Bagatellfall eines undicht gewordenen Wasserhahns. Einleitend erinnert er sich der Zeiten vor dem II. Weltkrieg: »Wenn früher in der Wohnung mal ein Wasserleitungshahn undicht wurde, ging man zum Hauswart, der stellte das Wasser ab, griff sich eine Bohr-Zange, legte eine neue Scheibe auf, und schon war der Schaden behoben. Die ganze Aktion dauerte keine zehn Minunten! . . .« Dann fährt Herr Lothar S. fort: »Heutzutage, da gehe ich auch zum Hauswart. Der kommt aber nicht gleich mit. Er füllt vielmehr eine ›Reparaturauftragsbescheinigung‹ aus. Diese Bescheinigung muß dann zum Klempner geschafft werden. Der kann natürlich auch nicht gleich kommen . . . Er kommt also ›gelegentlich‹, d. h. nach zwei oder drei Tagen, und derweilen rinnt das Wasser weg; natürlich mit entsprechenden Geräuschen und unter erheblichen Kosten. Der Hauswart darf nämlich selbst keine Scheiben mehr auflegen, weil er sich dadurch einen Nebenverdienst verschaffen könnte, und außerdem sei das so ähnlich wie Schwarzarbeit.« Herr Lothar S. schließt seine kummervollen Betrachtungen mit den Worten: »Wenn man dann noch daran denkt, daß der Klempner Rechnungen ausschreiben und einreichen muß, die gebucht, registriert, abgehakt, kontrolliert und schließlich zur Zahlung angewiesen werden müssen, dann fragt man sich, welcher Schildbürger da dem gesunden Menschenverstand einen Schabernack gespielt hat . . .«

Oktober 1954

Bis zum November 1953 forderte die DDR-Führung über ihre Massenmedien, vor allem über den Hörfunk, die West-Berliner dazu auf, im Ostsektor Berlins einzukaufen. Am Potsdamer Platz prangte viele Monate lang ein gewaltiges Schild mit der Aufschrift: »Der kluge Berliner kauft in der HO.« Als daraufhin in West-Berlin Zollkontrollen in der U-Bahn eingeführt

wurden, um den Kaffee- und Zigarettenschmuggel von Ost nach West zu unterbinden, veranstaltete die SED-Presse ein Preisausschreiben mit der Aufgabe, einen typisch berlinischen Namen für die westlichen Zollkontrolleure zu finden. Prämiert wurde der Ausdruck »Krümelsucher«. Dies war zugleich die Antwort auf die Bezeichnung »Herr Schimpf und Frau Schande«, mit der die westliche Propaganda, vor allem in den RIAS-Sendungen, West-Berliner Rentner, Arbeitslose und Studenten belegte, die im Ostsektor billig Lebensmittel einkauften, nachdem sie ihre Westmark zuvor schwarz im Verhältnis 1:4 gegen Ostmark eingetauscht hatten.
Seit Dezember 1953 hat sich die Situation geändert. West-Berliner dürfen nach wie vor im Ostsektor ohne Ausweiskontrollen und für Ostmark auf allen Verkehrsmitteln fahren, ins Restaurant, zum Friseur, ins Kino oder ins Theater gehen, ja sie können auch Zeitungen, Zeitschriften und Bücher käuflich erwerben. Streng verboten dagegen ist nun der Kauf von Lebensmitteln und Textilien. In den betreffenden Geschäften muß jedermann seinen Ausweis vorzeigen. Die Ost-Berliner Bevölkerung, die diese Anordnung ursprünglich lebhaft begrüßte, weil sie die Hamstereinkäufe gewissenloser West-Berliner Schieber eindämmte, reagiert jetzt jedoch mit Hohn und Spott auf die von der SED-Presse propagierte »Ausweis-Vorzeige-Moral«, ärgert sich über staatliche Kontrolleure in den HO-Geschäften, die sich von den Kunden die Ausweise vorzeigen lassen, und hat für sie die Bezeichnung »Ausweisschnüffler« geprägt.
Eine solche »Ausweisschnüfflerin« namens Margot Steinborn berichtet jetzt in der Ost-»Berliner Zeitung« über ihre praktischen Erfahrungen. Die erste Kundin, die das HO-Geschäft betrat, zückte zwar prompt ihren DDR-Ausweis, hatte aber über das Paßfoto einen Fahrscheinausweis der BVG gesteckt. Dazu Frau Steinborn: »Die Verkäuferin hatte – gar kein Interesse an Paßbildern! Denn sie sagte nichts zu diesem Verdunklungsakt, gar nichts.« Margot Steinborn sinnierte: »Könnte nicht jemand vielleicht einen Grund haben, das Foto zu verdecken?« Aber schon kam die nächste Kundin, »eine Dicke mit einem Pünktchen-Kleid«, wie die Kontrolleurin berichtet. Sie ließ sich nichts gefallen, wurde »böse, sehr sogar« und verbat sich energisch die Ausweis-Schnüffelei. Frau Steinborn empört: »Die Verkäuferin unterstützte sie noch in dieser Ansicht!« Inzwischen hatte sich das HO-Geschäft mit Kunden gefüllt, und die Ausweis-Kontrolleurin bekam den Volkszorn zu spüren: »Die Dicke schimpfte noch eine ganze Weile weiter. Aber nicht nur sie, sondern, und das überraschte mich, auch andere Kunden. Sie schimpften nicht etwa auf die Dicke, sondern auf mich. ›Lassen Sie doch die Frau in Ruhe! Was geht Sie denn das überhaupt an?‹ hieß es nun von allen Seiten.« Die Ausweis-Kontrolleurin retirierte schleunigst aus dem HO-Geschäft. –

Genug der Zitate, das alltägliche Leben für den »kleinen Mann auf der Straße« war in der DDR auch noch in den Jahren 1953 und 1954 eine einzige Kette von Ärgernissen, Enttäuschungen und Mühseligkeiten. Die Auszüge aus den Leserzuschriften sind ja keineswegs zum Lachen. Der manchmal schnoddrige Berliner Ton verdeckt nur mühsam die Tragödien, die sich Tag für Tag in den Betrieben und Haushalten der DDR abspielten. Was die »Lebensqualität« in der Republik anging, klappte eigentlich gar nichts. Die sture Ideologisierung dieses Staates hatte dafür gesorgt, daß allerorten Parteizugehörigkeit an die Stelle von Sachverstand getreten war. Noch immer fehlte es überall an qualifizierten Fachleuten, noch immer konnte man in der DDR am besten dadurch Karriere machen, daß man die offiziellen Partei- und Regierungslosungen bis zum Erbrechen nachplapperte. Und das Schlimmste: Jede Spur von Privat- und Einzelinitiative war zerschlagen worden! Der Einzelne dachte gar nicht daran, Verantwortung zu übernehmen, Impulse zu geben, sich durch Ideen und Vorschläge zu exponieren. Die Parteifunktionäre, fast ausschließlich Leute ohne akademische oder Fachausbildung, waren ja doch nicht gewillt, sich »auf den Trab« bringen zu lassen – oder sie rissen sich die Initiativen und Anstöße anderer unter den Nagel, gaben sie als ihre eigenen geistigen »Errungenschaften« aus.

Der nichtwiedergutzumachende Krebsschaden der DDR bestand im staatlichen HO-System. Die Sozialisierung der Schwer- und Schlüsselindustrien, die spätere Kollektivierung der Landwirtschaft – das alles hätten die hellen Sachsen, die flinken Berliner, die fleißigen Thüringer und die zuverlässigen Pommern oder Mecklenburger verdaut. Sie wären damals schon dazu in der Lage gewesen, mit ihrer Hände Arbeit ein »sozialistisches Wirtschaftswunder« zu vollbringen. Aber die HO machte sie wirklich k. o., machte sie einfach fertig. Die schwachsinnige, durch nichts begründete Verstaatlichung des Einzelhandels, des Gaststätten- und Hotelgewerbes sowie von Teilen des Handwerks hatte den Menschen ostwärts der Elbe russische Zustände beschert.

Unter dieser Ineffizienz, dieser unaufhörlichen Schlamperei, den sagenhaften Schildbürgerstreichen, dem Dreck und der Verkommenheit in Häusern, Straßen, Toiletten und Lokalen litten die DDR-Bewohner unsäglich. Sie konnten sich doch genau erinnern, wie es vor 1945 gewesen war. Sie sahen es ja am Beispiel Westdeutschlands, wie es auch bei ihnen – fast ein Jahrzehnt nach Kriegsende – hätte sein können. Gerade in den Jahren 1953 bis 1955 machte Westdeutschland seinen »großen Sprung nach vorn«, verschwanden dort die Trümmer- und Schuttberge aus dem Gesichtsfeld. Man konnte sich ausrechnen: noch zehn Jahre In-die-Hände-spucken, etwa 1965, dann würden West- und Süddeutschland wieder wie vor dem Kriege aussehen. Das Bewußtsein, dies alles ganz genau so gut zu können, in nichts an Kultur, Technik, Erfindungsgeist, Fleiß, Tüchtigkeit und Zivilisation den Deutschen westlich der Elbe nachzustehen und doch der Funktionärs-Unfähigkeit und den HO-Schlampereien hilflos ausgesetzt zu sein, drückte die Stimmung bei den DDR-Massen permanent.

Als man am 7. Oktober 1954 auf fünf Jahre »Deutsche Demokratische Republik« zurücksehen konnte, war die Bilanz niederschmetternd. Von den ursprünglich zwanzig Millionen Deutschen zwischen Elbe und Oder hatten inzwischen 1,5 Millionen Fersengeld nach Westen gegeben, davon 1,2 Millionen seit Begründung der DDR.

Und doch war dieser absolute Tiefpunkt in der Geschichte des zweiten deutschen Teilstaates zugleich der Beginn eines wundersamen Aufstiegs. Jetzt endlich, Ende 1954, begannen sich die kleinen Verhältnisse des Alltagslebens, die für die Menschen viel wichtiger sind als die der »großen Politik«, ganz langsam zu normalisieren. Das waren natürlich Spätwirkungen der Aufstandsmärsche vom 17. Juni 1953, die der Partei- und Staatsführung der DDR eine unvergeßliche Lehre gewesen waren. Damals konnte man es noch nicht wissen, aber gerade Walter Ulbricht und Erich Honecker, die nacheinander die Geschicke dieses Staates autoritär lenken sollten, haben aus dem 17. Juni 1953 tiefeinschneidende Konsequenzen gezogen. Wenn Ulbricht in den sechziger Jahren die Idylle einer »sozialistischen Menschengemeinschaft« anpreisen und Honecker nach ihm die »Einheit von Wirtschafts- und Sozialpolitik« proklamieren sollte, so hieß das nichts anderes als: ›Wir können unsere sozialistische Politik nur mit Erfolg durchführen, wenn wir gleichzeitig die Konsum- und Zivilisationsbedürfnisse unserer Menschen befriedigen, wenn wir nie wieder in die Fehler aus der Zeit vor dem 17. Juni zurückfallen.‹ Es war doch nicht umsonst gewesen, daß sich die Arbeiter erhoben hatten.

Als das Weihnachtsfest 1954 vor der Tür steht, sieht die materielle Lage in der DDR folgendermaßen aus:

Die schlimme Ernährungskrise des Sommers 1954 ist behoben. Lebensmittel, wenn auch noch keineswegs in gehobener Qualität, sind zum ersten Mal seit Kriegsende ausreichend vorhanden. In den Schaufenstern gibt es beinahe ein Überangebot an Rundfunkgeräten, Reiseschreibmaschinen und Photoapparaten, von zum Teil sehr guter Ausführung. Eine Reiseschreibmaschine kostet zwischen 400,– und 600,– Ostmark; gute Photoapparate werden von 240,– Ostmark an feilgeboten. Auf einmal existiert auch eine bemerkenswerte Auswahl an Porzellan-Servicen, vom 24teiligen Service »Inge« aus Porzellan-Steingut für 32,50 Ostmark bis zum echten blauweißen Meissener Mokkaservice für sechs Personen, das 72,– Ostmark kostet. Die Hausfrauen atmen auf, daß es endlich wieder Bettfedern, in Tüten

verpackt, gibt, das Kilo zu 20,30 Ostmark. Die Ost-Berliner drängen sich zu den Stofflagern in der Stalinallee, in denen sie ein interessantes Brokat- und Damastangebot aus der Volksrepublik China vorfinden. Schöne Weihnachtskerzen für den Christbaumschmuck, der 12-Stück-Karton für 83 Ostpfennige, gehen geradezu reißend weg.
Andererseits beklagt sich Herr Horst Peters bereits Anfang Dezember in einer Leserzuschrift: »Stell' Dir vor, liebe BZ, elektrische Weihnachtsbaumbeleuchtungen sind schon ausverkauft!« Damenunterwäsche, heiß begehrt, ist nach wie vor Mangelware. Dasselbe gilt für preiswerte Perlonstrümpfe, für kleidsame Blusen oder moderne Damenkleider. Schlimmster Engpaß: Herren-Oberhemden. Was HO und Konsum anbieten, ist so miserabel, daß selbst die Ost-»Berliner Zeitung« zugeben muß: »Solche Oberhemden locken keine Frau zum Geschenk für ihren Mann.«
Wahre Lichtblicke sind dagegen die Schaufensterauslagen der Buchhandlungen. Es gibt ein großes Sortiment sehr hübscher Kinderbücher, unter denen sich auch Grimms Märchen und daneben viele schöne Ausgaben mit russischen, finnischen, chinesischen, schwedischen und indonesischen Märchen befinden, die alle gut illustriert sind. Für Jungen über zehn Jahre ist die Auswahl nicht so groß; aber wenigstens »Der Spion« von Cooper, »General Franco« von Gerstäcker, »Die Schatzinsel« von Stevenson und einige Titel von Jack London stehen zur Verfügung; alle ohne Ausnahme in ordentlichen Leinenbänden, mit hervorragenden Federzeichnungen oder Holzschnitten versehen. Der »Verlag der Nation« bringt zu Weihnachten eine entzückende Kassette heraus, die in fünf kleinen Leinenbändchen Wagners »Pilgerfahrt zu Beethoven«, Reuters »Schelmuffsky«, Eichendorffs »Taugenichts«, E.T.A. Hoffmanns »Musikalische Novellen« und einen Band mit deutschen Liebesgedichten enthält. Die Kassette kostet 11,80 Ostmark. Fontanes »Irrungen Wirrungen« und sein urpreußischer »Stechlin« – hervorragend illustriert von Prof. Max Schwimmer – sind Verkaufsschlager. Ehm Welks Buch »Die Lebensuhr des Gottlieb Grambauer«, das 1937 erschien und neuaufgelegt wurde, reißen sich die Käufer gegenseitig aus der Hand. Neben prächtigen Bildbänden über die Stadt Prag, die slowakische Malkunst im 19. Jahrhundert, Pieter Breughels Gemälde und Rembrandts Radierungen stehen geschmackvoll gebundene Klassiker-Ausgaben von Tolstoi, Balzac, Hugo, Dickens, Maupassant, Gedichte von Storm und Rilke in den Schaufenstern.
Fast zehn Jahre nach Kriegsende und fünf Jahre nach Gründung der DDR, eineinhalb Jahre nach dem 17. Juni, geht zu Weihnachten 1954 ein schwacher Hoffnungsschimmer durch das ausgepowerte Land zwischen Elbe und Oder. Zum ersten Mal freuen sich die Menschen wieder auf ein Fest.
Weihnachten 1954. Ein Licht- und Hoffnungsschimmer für 18,5 Millionen

Deutsche zwischen Elbe und Oder? Würden sich nun die Verhältnisse endgültig normalisieren? Würde jetzt – ein Jahrzehnt nach Ende des II. Weltkriegs – endlich die Zeit der Entbehrungen und Beschränkungen ein Ende nehmen? War es nicht inzwischen hoch an der Zeit, daß die Besatzer aus Deutschland abzogen, daß das deutsche Volk seine nationale Souveränität, sein demokratisches Selbstbestimmungsrecht wiederbekam, daß die deutsche Nation ihre Einheit wiederfand, daß die Brüder und Schwestern *eines* Volkes endlich wieder in einem gemeinsamen Haus wohnen konnten?

Die Spaltung

von 1953 bis 1955

Der Tod des grausamen Sowjet-Diktators Stalin am 6. März 1953 hatte natürlich nicht nur die Menschen in der DDR aufgewühlt. Die ganze Welt hatte einen Augenblick lang den Atem angehalten. In Washington war Euphorie ausgebrochen. Die US-Administration erwartete eine langanhaltende Schwächeperiode in der sowjetischen Außen- und Machtpolitik, überlegte, wie man den Druck des Kalten Krieges auf Moskau verstärken könnte. Ganz anders reagierte der britische Premier, Winston Churchill. Ihn plagte seit Jahren das schlechte Gewissen. Hatte er nicht mit seiner fanatischen Vernichtungspolitik gegenüber dem Deutschen Reich die Hälfte des europäischen Kontinents den Moskowitern in die Hände gespielt, das britische Weltreich zerstört und jedwede Politik einer »balance of power« für immer zunichte gemacht? Jedenfalls dachte er ernsthaft über Korrekturen nach und sagte am 18. Mai 1953 zu leitenden Mitarbeitern des Foreign Office, daß er über »die Möglichkeit eines wiedervereinigten neutralen Deutschlands« nachdenke. Gerade jetzt, nach Stalins Tod, könne man vielleicht mit den verunsicherten Sowjetführern einen solchen Vertrag abschließen, »sofern die Deutschen dies wünschten«.
Zwölf Tage später, am 30. Mai 1953, meldete das Foreign Office seine Bedenken gegen eine solche Politik der Entspannung an. »Der Kampf um Deutschland ist der eigentliche Kern des Problems«, hieß es in einer ausführlichen Denkschrift für den Premier, die von Staatssekretär William Strang unterzeichnet war. Dann ging es weiter:

> »Die Neutralisierung Deutschlands würde sowohl den Wegfall deutscher Truppen wie den Verlust des deutschen Raumes, den Abzug aller verbündeten Truppen nach Frankreich und in die Niederlande, und wahrscheinlich den Abzug der amerikanischen Truppen aus Europa überhaupt bedeuten, was für die künftige Entwicklung der NATO und der amerikanischen Politik gegenüber Europa unabsehbare Folgen haben würde.« Der Schluß lautete, ein nicht remilitarisiertes und neutrales Deutschland würde »von den hohen wirtschaftlichen, finanziellen, arbeitskräftemäßigen und sonstigen Verteidigungslasten befreit sein, die dann noch drückender als zur Zeit auf dem Vereinigten Königreich und seinen Verbündeten lasten würden. Die deutsche Wirtschaftskonkur-

renz, bereits jetzt ein ernstzunehmendes Problem, würde zu einer erheblichen Bedrohung werden«.

In dasselbe Horn wie Staatssekretär Strang stießen die Franzosen unter Außenminister Bidault wie auch die westdeutschen herrschenden Kräfte unter Bundeskanzler Adenauer. Am 10. Juni 1953, eine Woche vor dem Arbeiteraufstand in der DDR, verabschiedete der Bundestag in Bonn eine Resolution zur deutschen Frage, die sich eng an die Antwortnote der drei Westmächte an die UdSSR vom 23. September 1952 anlehnte. Die in beiden Kundgebungen artikulierten Forderungen lauteten identisch:
1. Abhaltung freier Wahlen in ganz Deutschland,
2. Bildung einer gesamtdeutschen Regierung,
3. Handlungs- und Bündnisfreiheit der dann existierenden gesamtdeutschen Regierung,
4. Abschluß eines Friedensvertrages.

Natürlich wußte man in Bonn, Paris und Washington sehr gut, daß in Anbetracht des 3. Punktes jegliche Übereinkunft mit Moskau ausgeschlossen war, denn die Sowjets konnten sich mitnichten darauf verlassen, daß eine gesamtdeutsche Regierung bürgerlicher oder sozialdemokratischer Couleur ehrlich den Weg außenpolitischer Neutralität einschlagen würde; im Gegenteil, sie durften in absoluter Gewißheit mit dem Abmarsch des wiedervereinigten Deutschlands ins westliche Bündnislager rechnen. Deshalb konnte man bei den Westmächten in aller Ruhe davon ausgehen, daß es zu keiner Einigung mit der Sowjetunion kommen würde, daß man mit einer langdauernden Teilung Deutschlands und mit der Realisierung der westlichen Militärstrategie kalkulieren konnte.
Treibende Kraft des Kalten Krieges war Bundeskanzler Adenauer. Einen Tag nach der Bundestagsresolution, am 11. Juni 1953, sprach er vertraulich mit dem französischen Hochkommissar für Deutschland, François Poncet. Angesichts der in Kürze bevorstehenden Wahlen zum Zweiten Deutschen Bundestag beklagte er sich bei dem Franzosen lebhaft über die Entspannungsinitiative Churchills in Richtung einer Verständigung mit Moskau über Deutschland. Adenauer monierte, »daß sie der deutschen sozialistischen Opposition (also der SPD – W.V.) genau jene Argumente geliefert habe, die diese gesucht habe, um die Stellung des Kanzlers zu schwächen und nach Möglichkeit seine ausgezeichneten Wahlaussichten zu verderben«. Er bestand entschieden darauf, daß es zu keinerlei Viermächteverhandlungen vor der Bundestagswahl kommen dürfe, ja nicht einmal zu einer öffentlichen Ankündigung solcher Verhandlungen. Er sprach die Hoffnung aus, »daß die Franzosen seine Meinung teilen würden, wonach es vor

irgendeinem Treffen mit den Russen auf jeden Fall eine feste Tagesordnung und eine abgestimmte Politik des Westens geben müsse«.

Sechs Tage später erhoben sich die Deutschen zwischen Elbe und Oder für die Einheit und Freiheit ihres Vaterlandes. Für die nächsten drei Wochen geriet Adenauer in gefährliche Turbulenzen, stand doch die gesamte Welt unter dem schockartigen Eindruck der hocherhobenen schwarz-rot-goldenen Fahne in deutschen Arbeiterfäusten. Wie man in den westlichen Staatskanzleien, also bei den künftigen »Verbündeten« des deutschen Volkes, auf den Arbeiter-Aufstand für Einheit und Freiheit reagierte, geht schlagend aus Sätzen hervor, die der spätere britische Außenminister Selwyn Lloyd am 22. Juni 1953 an Winston Churchill schrieb.

> »Deutschland ist der Schlüssel zum Frieden in Europa. Ein geteiltes Europa bedeutet ein geteiltes Deutschland. Deutschland wiederzuvereinigen, so lange Europa geteilt ist, ist – selbst wenn dies machbar wäre – gefahrvoll für uns alle. Deshalb fühlen alle – Dr. Adenauer, die Russen, die Amerikaner, die Franzosen und wir selbst – im Grunde ihres Herzens, daß ein geteiltes Deutschland zur Zeit die sicherere Lösung ist. Aber keiner von uns wagt dies, wegen der Auswirkungen auf die öffentliche Meinung in Deutschland, auch offen zuzugeben. Deshalb unterstützen wir alle öffentlich ein vereintes Deutschland, jeder allerdings aufgrund seiner eigenen Bedingungen.«

Das hieß mit dürren Worten, das deutsche Volk wurde in seiner nationalen Existenzfrage bewußt irregeführt. Und es hieß gleichzeitig, daß die Herrschenden nur zu gut wußten, wie das deutsche Volk reagieren würde, wenn es einen wirklichen Durchblick hätte. Am 26. Juni 1953 erhielt die britische Entspannungspolitik mit dem Osten einen schweren Hieb, als ein Schlaganfall Winston Churchill traf und ihn aufs Bett streckte. Dennoch, der kranke, kaum noch handlungsfähige Premier ließ sich nicht von seinen Entspannungsideen abbringen. Schließlich stand er schon seit eineinhalb Monaten in tastenden Kontakten mit Stalins Nachfolgern im Kreml, und das Erlebnis des 17. Juni 1953 hatte einen tiefen Eindruck auf ihn gemacht. So schrieb er am 6. Juli 1953, vom Krankenlager aus, einen nachdenklichen Brief an den geschäftsführenden Außenminister im Foreign Office, Lord Salisbury:

> »Nichts wird das deutsche Volk von der Wiederherstellung seiner Einheit abhalten können.
>
> Selbst Adenauer, obwohl ein aufrichtiger Verfechter der EVG, sieht sich mehr und mehr gezwungen, dies immer öfter zu betonen. Sämtliche deutschen Parteien werden sich entschieden für die Wiedervereinigung einsetzen, wie immer auch die Wahlen ausgehen mögen. Dies kommt auf

> uns zu und wird uns um so eher beschäftigen, wenn die Franzosen der EVG den Rücken kehren.
> Der Tatsache, daß es immer ›ein deutsches Problem‹ und ›eine preußische Gefahr‹ geben wird, müssen wir ins Auge sehen.«

Churchill sah also in der deutschen nationalen Einheit – wie Adenauer – eine »preußische Gefahr«. Doch im Gegensatz zum westdeutschen Kanzler war er überzeugt von der unauflösbaren Kraft der Nationen. (Adenauer hätte ihn konsequenterweise ebenfalls als »Nationalisten« diffamieren müssen.) Der Aufstand des 17. Juni 1953 hatte Churchills Überzeugung untermauert, daß Nationalbewußtsein und Antikommunismus bei den Deutschen unauflöslich zusammenfielen. In seinem Brief an Salisbury nannte er die Gründe, die ihn glauben ließen, daß ein wiedervereinigtes neutrales Deutschland keinesfalls dem sowjetischen Sog erliegen würde:

> »1. ist der Charakter des deutschen Volkes mit den knechtenden Bedingungen der kommunistischen Welt nicht vereinbar;
> 2. haben die Deutschen in dem Schicksal der Ostzone ein lehrreiches Beispiel von anhaltender Wirkung erhalten, zumal Millionen Menschen über viele Jahre hinaus die Schrecken der kommunistischen Herrschaft, ausgeübt sogar von Deutschen über Deutsche, aus eigener Erfahrung bezeugen können;
> 3. ist der Haß, den Hitler gegen den Bolschewismus erzeugte, tief in den Herzen der Deutschen verwurzelt.«

Churchill glaubte, daß der Blick der Deutschen, die auf die Franzosen nur mit Mitleid herabsähen, wenn er sich nach Osten richtete, von »Furcht, Haß und Antagonismus« geprägt sei, und er fuhr fort:

> »Ich bin sicher, daß in den nächsten zwanzig Jahren Deutschland sich nicht mit Rußland gegen den Westen verbünden oder seine innere Verbindung zu den freien Mächten Europas und Amerikas verlieren wird.«

Diese Gedanken kamen – zur hohen Befriedigung Adenauers und der Amerikaner – politisch nicht zum Tragen, da Churchill infolge seiner Krankheit für mehrere Monate handlungsunfähig wurde. Anstelle eines Gipfeltreffens kam nur eine westliche Außenminister-Konferenz in Washington zustande, die am 10. Juli 1953 begann. Hier blieb es bei der bekannten Reihenfolge: zuerst gesamtdeutsche freie Wahlen – dann Bildung einer gesamtdeutschen Regierung mit außenpolitischer Handlungsfreiheit – schließlich Abschluß eines Friedensvertrags mit Deutschland. Genauso gut hätte man in Washington einen frommen Choral singen

können, denn es war die pure Zeitverschwendung, erneut Bedingungen zu stellen, die für Moskau einfach inakzeptabel sein mußten.
Inzwischen lief der Wahlkampf in Westdeutschland auf hohen Touren, und er stand ganz im Zeichen des Antikommunismus, gepaart mit den schlimmsten Verdächtigungen der westdeutschen Sozialdemokraten und aller neutralistischen Gruppierungen, die für ernsthafte Verhandlungen mit der Sowjetunion eintraten. Die Amerikaner, die ausschließlich auf Adenauer setzten, griffen massiv in die innenpolitischen Vorgänge der Bundesrepublik ein. Am 20. August 1953 gaben sie 382 beschlagnahmte Schiffe des Deutschen Reiches frei, acht Tage später stellten sie fünfzehn Millionen Dollar für den Bau von Wohnungen für DDR-Flüchtlinge zur Verfügung, und am 3. September 1953 schreckte US-Außenminister Dulles nicht vor direkter Einmischung in den westdeutschen Wahlkampf zurück, als er eine öffentliche Erklärung abgab, wonach eine Wahlniederlage Adenauers »katastrophale Folgen für die Aussichten Deutschlands auf Wiedervereinigung und Wiedererlangung der Souveränität« haben würde. Kein Wunder, daß die Bundestagswahl eine Zweidrittelmehrheit der antikommunistischen bürgerlichen Kräfte erbrachte. Denn was hätten die Westdeutschen schon wählen sollen, wenn man ihnen offen mit Verweigerung der Wiedervereinigung und der Souveränität drohte?
Adenauer hatte erreicht, was er wollte. Jetzt, nach siegreicher Wahl, war er – wenn auch ungern – bereit, einer Viererkonferenz über Deutschland zuzustimmen, die nun für Ende Januar 1954 in Berlin anberaumt wurde. Damit wurden nun endlich auch wieder die Sowjetunion und die DDR-Führung aktiv, die sechs Monate lang ihre Wunden geleckt hatten, die ihnen der Arbeiter-Aufstand vom 17. Juni geschlagen hatte. Am 17. Dezember 1953 forderte die Ost-Berliner Regierung erneut »Deutsche an einen Tisch!« und konkretisierte ihre Forderungen an die vier Besatzungsmächte mit Blick auf die in Vorbereitung befindliche Berliner Konferenz:

> »Die Regierung der Deutschen Demokratischen Republik gibt den Interessen und dem Willen des deutschen Volkes Ausdruck, wenn sie sich dafür einsetzt, daß auf der Berliner Konferenz der vier Außenminister folgende Lebensfragen der deutschen Nation behandelt werden:
> 1. Abschluß eines Friedensvertrages mit Deutschland,
> 2. Wiederherstellung der Einheit Deutschlands auf demokratischer und friedlicher Grundlage.
>
> Die Regierung der Deutschen Demokratischen Republik wendet sich an die vier Mächte mit dem Vorschlag, daß Vertreter der Deutschen Demokratischen Republik und Westdeutschlands bei der Beratung der deutschen Frage an der Konferenz der vier Außenminister teilnehmen.

Wir hoffen, daß diesen berechtigten Forderungen des deutschen Volkes entsprochen wird.«

Die vier Besatzungsmächte nahmen auf solche Wünsche keinerlei Rücksicht. Deutsche wurden auf der Außenminister-Konferenz, die vom 25. Januar bis 18. Februar 1954 alternierend in beiden Teilen Berlins tagte, nicht zugelassen. Sie durften sich vor verschlossenen Türen herumdrücken und lange Ohren machen. Adenauer hatte seine beiden außenpolitischen Berater Blankenhorn und Grewe nach Berlin delegiert, um sofort informiert zu werden, falls sich wider Erwarten doch eine Annäherung der großen Vier über Deutschland anbahnen sollte. Und für ein paar Tage gab es große Aufregung in Bonn, als US-Außenminister Dulles eine freiwillige Neutralität als eine durchaus »ehrbare Sache« bezeichnete. Doch am 2. Februar 1954 konnte Blankenhorn seinen Chef in Bonn beruhigen, als er in einem Brief »die Stimmung in allen Delegationen ohne Unterschied als so überraschend antisowjetisch, wie ich es nach meinen Unterhaltungen, zumindest in Paris und London, nicht für möglich gehalten hätte«, schilderte.
Dabei hatte der sowjetische Außenminister Molotow zwei hochinteressante Ergänzungsvorschläge zum Stalin-Angebot vom 10. März 1952 nach Berlin mitgebracht. Die Ergänzung zu den »Wirtschaftlichen Leitsätzen« der Stalin-Note lautete:

»Deutschland wird von der Zahlung der staatlichen Nachkriegsschulden an die USA, Großbritannien, Frankreich und die UdSSR, mit Ausnahme der Verschuldung aus den Handelsverpflichtungen, vollkommen befreit.«

Und der Zusatz zu den »Politischen Leitsätzen« hatte – noch sensationeller! – folgenden Wortlaut:

»Deutschland werden keinerlei Verpflichtungen politischen oder militärischen Charakters auferlegt, die sich aus Verträgen oder Abkommen ergeben, die von den Regierungen der Bundesrepublik Deutschland und der Deutschen Demokratischen Republik vor dem Abschluß des Friedensvertrages mit Deutschland und der Wiedervereinigung Deutschlands zu einem einheitlichen Staat abgeschlossen wurden.«

Das bedeutete ganz konkret, daß auch der im Juli 1950 zwischen der Volksrepublik Polen und der DDR abgeschlossene Vertrag, der die Oder-Neiße-Linie als »Friedensgrenze« festgelegt hatte, im Falle der Wiedervereinigung obsolet werden konnte. Damit hatte die Sowjetunion von selbst die Möglichkeit von Grenzkorrekturen im Osten für ein wiedervereinigtes neutrales Deutschland ins Spiel gebracht! Und ich selbst erlebte es am

Rande der Berliner Konferenz in einer Diskussion mit sowjetischen Journalisten-Kollegen, daß die unprovozierte russische Äußerung fiel: »114000 Quadratkilometer Gebietsverlust sind wohl wirklich etwas viel für die Deutschen ... 70000 Quadratkilometer wären durchaus genug...« Nahm man sich daraufhin die Landkarte vor, so erkannte man, daß die Sowjets mit dem Gedanken spielten, unter Umständen 44000 Quadratkilometer pommersches, märkisches und schlesisches Gebiet mit den Städten Kolberg, Stettin, Landsberg, Grünberg, Sorau, Sagan und Bunzlau zurückzugeben, so daß die Ostgrenze des wiedervereinigten neutralen Deutschland etwa auf der Linie Köslin, Bentschen, Glogau und Liegnitz verlaufen wäre.

Die Westmächte dachten jedoch nicht daran, von ihren prinzipiellen Forderungen abzugehen. Ein Plan des britischen Außenministers Anthony Eden skizzierte fünf Phasen für die Wiederherstellung der nationalen Einheit Deutschlands: erstens – freie Wahlen in ganz Deutschland; zweitens – Einberufung einer Nationalversammlung; drittens – Vorbereitung eines Friedensvertrages; viertens – Bildung einer gesamtdeutschen Regierung; fünftens – Abschluß eines Friedensvertrages. Der sowjetische Vorschlag zeichnete die Prozedur genau umgekehrt: erstens – Ausarbeitung eines gesamtdeutschen Friedensvertrages mit Vertretern Bonns und Ost-Berlins; zweitens – Bildung einer gesamtdeutschen provisorischen Regierung durch Bundestag und Volkskammer; drittens – Abhaltung gesamtdeutscher freier Wahlen; viertens – Bildung einer endgültigen gesamtdeutschen Regierung.

Der ganze Streit drehte sich nur um einen einzigen Punkt: Westbindung oder Neutralität für Gesamtdeutschland! Die Westmächte plädierten für die freie Wahl der Westbindung, weil sie auch das wiedervereinigte Deutschland in ihre Paktsysteme einbeziehen wollten. Die Sowjetunion war nur bereit, freien Wahlen und der Wiedervereinigung grünes Licht zu geben, wenn im voraus (durch den Friedensvertrag) der neutrale Status Gesamtdeutschlands festgeschrieben wurde. Nur unter dieser Voraussetzung war sie willens, die SED und die »sozialistischen Errungenschaften« zwischen Elbe und Oder preiszugeben.

Daß es sich so und nicht anders verhielt, machte die Rede Molotows am neunten Verhandlungstag, dem 3. Februar 1954, klar, als er die westliche Haltung einer scharfsinnigen Analyse unterzog:

> »Herr Eden und Herr Bidault haben hier erklärt, daß ein Vereinigtes Deutschland nach den Bedingungen der Bonner und Pariser Verträge angeblich an diese Abkommen nicht gebunden sein wird und über die Frage dieser oder jener Verpflichtungen ... frei entscheiden kann. Hierzu hat Herr Bidault erklärt: ›Frankreich stellt für die Wiedervereini-

gung Deutschlands nicht die Bedingung, daß es als Ganzes der Europäischen Verteidigungsgemeinschaft beitritt.‹

Ist das aber so? Um diese Frage zu beantworten, wollen wir uns dem Text des Bonner Vertrages zuwenden.

Artikel 7, Punkt 2 dieses Vertrages lautet:

›Die Bundesrepublik und die drei Mächte (USA, Großbritannien und Frankreich) werden zusammenwirken, um mit friedlichen Mitteln ihr gemeinsames Ziel zu verwirklichen: ein wiedervereinigtes Deutschland, das eine freiheitlich-demokratische Verfassung ähnlich wie die Bundesrepublik besitzt und das in die Europäische Verteidigungsgemeinschaft integriert ist‹ . . .

Um zu zeigen, daß in dieser Frage keinerlei Abweichungen zulässig sind, gibt es in diesem Artikel des Bonner Abkommens noch einen dritten Punkt, in dem festgestellt wird: ›Soweit nicht alle Unterzeichnerstaaten ihre gemeinsame Zustimmung erteilen, wird die Bundesrepublik kein Abkommen abschließen noch einer Abmachung beitreten, welche die Rechte der drei Mächte auf Grund der genannten Verträge beeinträchtigen oder die Verpflichtungen der Bundesrepublik auf Grund dieser Verträge mindern würden.‹

Hieraus ist ersichtlich, daß die Bonner Regierung durch die Verpflichtung gebunden sein wird, auf keine Vereinigung Deutschlands einzugehen, die nicht die Einbeziehung des vereinten Deutschland in das System der ›Europäischen Verteidigungsgemeinschaft‹, das heißt in die Europaarmee, vorsieht.

Wo ist hier die wahre Freiheit der Wahl der Wege zur Vereinigung des gegenwärtig gespaltenen Deutschland?

Kann man unter solchen Umständen von einem wahrhaft freien deutschen Staat reden, auch dann, wenn die Vereinigung der Teile zu einem einheitlichen Deutschland erfolgen wird?

Das kann man auf keinen Fall!«

Auf die Erklärungen des Westens, mit der Vorschaltung des Friedensvertrags vor freien gesamtdeutschen Wahlen wolle die Sowjetunion den Deutschen ein Zwangsstatut der »Neutralisierung« auferlegen, antwortete nun Molotow, die Westmächte hätten ihrerseits der Bundesrepublik längst ein Zwangsstatut der einseitigen Westbindung auferlegt.

Die westdeutsche Öffentlichkeit wurde über den Inhalt der bedeutsamen Molotow-Rede nur unvollständig oder verzerrt informiert. Was die Delegation der Bundesrepublik während der Berliner Konferenz trieb, darüber berichtete der ehemalige österreichische Bundeskanzler Dr. Bruno Kreisky am 1. September 1986 in einem Artikel, den DER SPIEGEL veröffentlichte:

»Auf deutscher Seite – die Delegation der Bundesrepublik war ebenfalls in einem Hotel am Kurfürstendamm untergebracht – setzte der Leiter der deutschen Delegation, Herr Blankenhorn, alles daran, einen österreichischen Staatsvertrag zu verhindern. Adenauer fürchtete, daß dies ein fatales Beispiel für Deutschland abgeben könnte.«

Als der FDP-Bundestagsabgeordnete Dr. Thomas Dehler in Berlin eintraf, um sich über den Stand der Konferenz zu informieren, wurde er – wie er im Januar 1958 Dr. Gustav Heinemann anvertraute – von Blankenhorn und Grewe mit dem triumphierenden Ausruf empfangen: »Sie brauchen keine Angst zu haben! Es kommt nichts zustande!«
Es kam auch nichts zustande. Adenauer glaubte nun den EVG-Vertrag in der Tasche zu haben. Doch in Frankreich rührten sich allerorten die nationalistischen Widerstandskräfte gegen die »supranationale« EVG. Einzige konkrete Folge des gescheiterten Außenminister-Treffens war, daß die Sowjetunion der DDR am 25. März 1954 »erweiterte Souveränitätsrechte« zubilligte.
Am 30. August 1954 scheiterte die Ratifikation des EVG-Vertrages in der französischen Nationalversammlung. Die Mehrheit setzte die Weiterbehandlung des Vertrages von der Tagesordnung ab. Adenauer schäumte vor Wut und Enttäuschung. Sein Gegenspieler in der CDU, der Patriot Jakob Kaiser, der einer europäischen Integration immer nur »auf der Grundlage der bestehenden Nationalstaaten« zuzustimmen bereit gewesen war, frohlockte. War vielleicht doch noch nicht alles verloren? In seinen persönlichen Notizen stellte Kaiser erbittert fest, daß Adenauer und Konsorten den antinationalen Westeuropa-Kurs immer nur »als den einzig möglichen zur Rettung Westdeutschlands, Europas und zur Wiedervereinigung« ausgegeben hätten. »Jede Alternative«, fuhr er fort, »jede Diskussion darüber ist systematisch diskriminiert worden. Jedes Abweichen wurde entweder als Liebäugeln mit dem Kommunismus oder als Nationalismus verschrien! ... Nun werden Alternativen notwendig.«
Doch davon war mitnichten die Rede. Adenauer dachte nicht im entferntesten an eine alternative Konzeption. Und sofort betrieben Washington und London – als Ersatz für die gescheiterte EVG – den Beitritt der Bundesrepublik zur »Westeuropäischen Union« und die Integration der geplanten westdeutschen Streitkräfte in die NATO. Am 23. Oktober 1954 wurde dies alles in den Pariser Verträgen festgeschrieben.
Im Kreml setzte man seine Hoffnungen wieder auf die französische Nationalversammlung, die aber mit knapper Mehrheit am 30. Dezember 1954 den Verträgen zustimmte. Vierzehn Tage später, am 15. Januar 1955, entschloß sich die Sowjetführung zu ihrem äußersten und letzten Schritt. TASS erklärte:

»Bekanntlich ist die endgültige Erörterung der Pariser Verträge im westdeutschen Bundestag für Februar vorgesehen. Von seiner Entscheidung hängt die Zukunft Deutschlands in hohem Maße ab! Im Falle der Ratifizierung der Pariser Abkommen übernimmt der Bundestag die schwere Verantwortung für das Fortbestehen der Spaltung Deutschlands sowie für die nicht gleichberechtigte Lage, in der sich die Bevölkerung der Deutschen Bundesrepublik auf lange Jahre befinden wird.
Gegenwärtig gibt es noch ungenutzte Möglichkeiten zur Erreichung eines Abkommens in der Frage der Wiedervereinigung Deutschlands unter gebührender Berücksichtigung der rechtmäßigen Interessen des deutschen Volkes und über die Durchführung von gesamtdeutschen freien Wahlen zu diesem Zweck im Jahre 1955. Solche Möglichkeiten sind vorhanden, wenn das Haupthindernis, das jetzt auf dem Wege der Wiedervereinigung Deutschlands steht – die Pläne der Remilitarisierung Westdeutschlands und seiner Einbeziehung in militärische Gruppierungen –, beseitigt sein wird.
Das deutsche Volk muß durch die Abhaltung allgemeiner freier Wahlen in ganz Deutschland einschließlich Berlin die Möglichkeit haben, seinen freien Willen zu äußern, damit ein einheitliches Deutschland als Großmacht wiederersteht und einen würdigen Platz unter den anderen Mächten einnimmt.«

So weit war die sowjetische Führung noch nie gegangen, von einem wiedervereinigten neutralen Deutschland als *Großmacht* zu sprechen! Vor allem aber, Moskau trat für ein Wahlgesetz ein, das unter Berücksichtigung der in beiden Teilen Deutschlands ausgearbeiteten Wahlgesetze geschaffen werden sollte, und erklärte sich expressis verbis, falls die Bundesregierung und die DDR-Regierung zustimmten, mit »einer internationalen Aufsicht über die Durchführung gesamtdeutscher Wahlen« einverstanden.
Das war bislang in allen Erörterungen der Wahlproblematik der Streitpunkt gewesen: die Sicherstellung wirklich freier Wahlen in *beiden* Teilen Deutschlands. Und dieser Streit war jetzt, mit dem Zugeständnis »internationaler Aufsicht« durch Moskau, endgültig vom Tisch. Bedenken demokratischer Natur standen nun der Wiedervereinigungs-Prozedur nicht mehr im Wege.
Die TASS-Erklärung vom 15. Januar 1955 schloß mit drei dezidierten Feststellungen:

»Erstens: Das Wichtigste und Dringlichste für die Regelung des Deutschlandproblems ist die Lösung der Aufgabe der Wiederherstellung der Einheit Deutschlands. Zur Lösung dieser Aufgabe sind Verhandlungen zwischen den Vereinigten Staaten von Amerika, Großbritannien, Frankreich und der Sowjetunion über die Frage der Wiederherstellung der Einheit Deutschlands auf der Grundlage der Durchführung gesamtdeutscher freier Wahlen erforderlich. Solche Verhandlungen verlieren ihren Sinn und werden unmöglich, wenn die Pariser Abkommen ratifiziert sind.

Zweitens: Die Sowjetunion unterhält gute Beziehungen zur Deutschen Demokratischen Republik. Die Sowjetregierung ist bereit, auch die Beziehungen zwischen der UdSSR und der Deutschen Bundesrepublik zu normalisieren. Unter den gegenwärtigen Verhältnissen könnte eine Normalisierung der Beziehungen zwischen der Sowjetunion und der Deutschen Bundesrepublik gleichzeitig zu einem besseren gegenseitigen Verständnis und zum Suchen erfolgreicher Wege zur Lösung der Aufgabe der Wiederherstellung der Einheit Deutschlands beitragen.

Drittens: Wenn die Pariser Abkommen ratifiziert sein werden, wird eine *neue Lage* entstehen, bei der die Sowjetunion nicht nur für die weitere Festigung der freundschaftlichen Beziehungen zur Deutschen Demokratischen Republik Sorge tragen wird, sondern auch dafür, daß durch gemeinsame Bemühungen der friedliebenden europäischen Staaten zur Festigung des Friedens und der Sicherheit in Europa beigetragen wird.«

Nun mußte auch dem Letzten und Dümmsten klar sein, welche Stunde geschlagen hatte. Die Sowjetführung war unzweideutig bereit, wenn die Bedingung der außenpolitischen Neutralität erfüllt wurde, das SED-Regime in Ost-Berlin zu opfern. Denn über den Ausgang freier gesamtdeutscher Wahlen unter »internationaler Aufsicht« gab sich auch im Kreml niemand einem Zweifel hin. Zugleich jedoch ließ die TASS-Erklärung erkennen, daß es sich um das letzte Angebot Moskaus handelte, daß man in der Sowjetführung gedanklich bereits dabei war, sich auf eine »neue Lage« einzustellen, die sich aus der Ratifizierung der Pariser Verträge durch den Bonner Bundestag und durch die Aufstellung einer westdeutschen Armee ergeben würde.

Die SPD in der Bundesrepublik forderte denn auch, daß die sowjetische Erklärung zum Gegenstand von Verhandlungen gemacht werden müßte, bevor an die Debatte über die Ratifikation der Pariser Verträge herangegangen würde; das Angebot einer internationalen Kontrolle freier gesamtdeutscher Wahlen bedeute ein »neues Element«. Und am 20. Januar 1955 erschien im »Neuen Deutschland«, dem Zentralorgan der SED, ein großer Artikel Albert Nordens, der eine drastische Warnung an die Westdeutschen enthielt.

Norden erklärte darin, das Hauptziel der am 23. 10. 1954 abgeschlossenen

Pariser Verträge sei die separatistische Spaltung Deutschlands. Über die Artikel 4 bis 8 des sogenannten Deutschlandvertrages und durch den Stationierungsvertrag mit den Westmächten erfolge die Verewigung der ausländischen Besetzung Deutschlands und eine Permanenzerklärung ausländischer Einmischung in die inneren Angelegenheiten des deutschen Volkes. Den Deutschen würde auf diese Weise das nationale Selbstbestimmungsrecht geraubt, weil die Westmächte gegen eine Wiedervereinigung Deutschlands seien. Ihr »Handlanger«, Konrad Adenauer, habe bereits im August 1954 festgestellt, daß er der einzige deutsche Kanzler sei, der die Vereinigung Westeuropas der Einheit des eigenen Vaterlandes vorzöge. Norden verwies auf die Erklärung der Sowjetunion vom 15. Januar 1955 und appellierte an den westdeutschen Bundestag, sich seiner nationalen Verantwortung bewußt zu werden. Wörtliche Zitate aus dem Norden-Artikel:

»Die Erklärung der Sowjetregierung zur Deutschlandfrage vom 15. Januar ist ein welthistorisches Ereignis, über dessen Bedeutung sich niemand einer Täuschung hingeben soll.«

»Von der Haltung zu dieser Erklärung hängt in der Tat für Westdeutschland Entscheidendes ab, kann es abhängen, ob Deutschland wieder zur Großmacht werden oder ob es untergehen wird.«

»Wenn verantwortliche Kreise in Bonn diese Vorschläge ablehnen, dann zeigt das nur, daß sie die Wiedervereinigung Deutschlands abgeschrieben oder ad acta gelegt haben.«

»Mögen alle, denen Deutschland teuer ist, sich gegen diejenigen zur Wehr setzen, die ihm den Dolch der Spaltung ins Herz stoßen wollen!«

Zwei Tage später, am 22. Januar 1955, lehnte Adenauer in einer Rundfunkansprache das Sowjet-Angebot ab:

»Die Verlautbarung der Sowjetunion ist im Ton etwas anders als die bisherigen Noten. Am Ziel der sowjetrussischen Politik hat sich, wenn man sie sorgfältig prüft, nichts geändert.

Am 27. Februar 1955 wurden die Pariser Verträge vom Bundestag, gegen die Stimmen der SPD, ratifiziert. Wie man in Moskau diese Entscheidung über das Schicksal des deutschen Volkes auffaßte, geht aus einer Tischrede hervor, die der sowjetische Ministerpräsident Bulganin Mitte April 1955 in der österreichischen Botschaft zu Moskau hielt und über die Dr. Bruno Kreisky am 1. September 1986 in einem Artikel berichtete, den DER SPIEGEL veröffentlichte. Bulganin erhob sich an jenem Abend und sagte:

»Die österreichische Frage kann erst heute einer Lösung zugeführt werden. Diese Lösung entspricht bei aller Sympathie für das österreichische Volk, für Wien, das ich gut kenne und wo ich einige Male war, nicht lyrischen Empfindungen. Wir haben geglaubt, daß wir das deutsche und das österreichische Problem zusammen werden lösen können! Das war nicht möglich. Jetzt hat man eine Lösung für das deutsche Problem gefunden, die unerfreulich ist. Wir haben das zur Kenntnis zu nehmen, und wir werden unsere Konsequenzen ziehen. Aber es besteht für uns jetzt kein Grund mehr, die österreichische Frage aufzuhalten.«

Diese erschütternde Szene spielte also Mitte April 1955 in der österreichischen Botschaft zu Moskau. Am Wahrheitsgehalt der Überlieferung kann kein Zweifel sein: der ehemalige österreichische Bundeskanzler Dr. Kreisky könnte sich niemals erlauben, eine erfundene Geschichte zu veröffentlichen, hatte auch keinerlei Veranlassung dazu. Die Ansprache des sowjetischen Ministerpräsidenten Bulganin aber, die ja nicht vor der Öffentlichkeit gehalten wurde und somit nicht zur Medienbeeinflussung im sowjetischen Interesse gedacht war, stellt in ihrer resignativen Bilanzierung eindeutig klar, daß Moskau damals bereit war, Deutschland – wie Österreich – in eine nationale Wiedervereinigung unter bewaffneter Neutralität zu entlassen.
Ausgerechnet am 8. Mai, dem zehnten Jahrestag der Kapitulation der Wehrmacht, erfolgte die endgültige Aufnahme der Bundesrepublik in die NATO.
Damit war die Spaltung Deutschlands perfekt. Der erbitterte fünfjährige Kampf um die Wiedervereinigung war für Deutschland verloren. Und zwar hauptsächlich durch deutsche Schuld! Die Teilung Deutschlands war ja kein Gottesgericht und auch kein Ergebnis der Kapitulation gewesen. In den ersten vier Jahren nach Kriegsende, von 1945 bis 1949, hatte die deutsche Einheit – ungeachtet der vier Besatzungszonen – auf der Grundlage des Potsdamer Abkommens fortbestanden. Mit zwei gezielten Schritten war sie zerschlagen worden: mit der separaten Gründung der Bundesrepublik im Mai 1949 und mit dem Beitritt der Bundesrepublik zur NATO im Mai 1955.
An diesen beiden separatistischen Aktionen hatte die Bevölkerung der DDR wie die Partei der SED keinerlei Anteil. So sehr sich die SED in den zehn Jahren seit Kriegsende als willfähriges Instrument sowjetischer Außenpolitik erwiesen hatte, so entschieden hatte sie – jedenfalls verbal – auf der Einheit Deutschlands bestanden. Ganz gewiß handelte sie auch darin auf Weisung Moskaus, aber ebenso auf der Basis ihrer gesamtdeutschen Intentionen.
Verhandlungen des Westens mit dem Osten führten wenige Tage, nachdem die Westdeutschen die Einheit ihres Vaterlandes für das Linsengericht einer

Schein-Souveränität preisgegeben hatten, nämlich Mitte Mai 1955, zur Befreiung Österreichs von ausländischer Besetzung. Die österreichischen Politiker aller Parteien waren verantwortungsbewußt genug, in zähen, äußerst geschickt geführten Verhandlungen die Einheit und Unabhängigkeit ihres Staates zu retten. Der Staatsvertrag bescherte ihnen die Souveränität und den Abzug aller Besatzungstruppen. Das war nur möglich geworden, weil die Österreicher einen Monat zuvor, im April 1955, eine Erklärung über »Österreichs immerwährende Neutralität« abgegeben hatten. Ohne diese Neutralitäts-Erklärung wäre es niemals zum Staatsvertrag gekommen! Es war also um dieselbe Frage wie im Falle Deutschlands gegangen: entweder Neutralität zwischen West und Ost – oder Spaltung und Besetzung auf unabsehbare Zeiten.
Der erfolgreiche Abschluß des österreichischen Staatsvertrages machte selbst die US-Regierung nachdenklich. Außenminister Dulles äußerte sich am 17. Mai 1955 zwar sehr vorsichtig, aber keineswegs ablehnend zu Überlegungen, das österreichische Neutralitäts-Modell in Europa auszudehnen. Einen Tag später, am 18. Mai 1955, erklärte US-Präsident Eisenhower in einem Interview mit dem Washingtoner Korrespondenten der führenden französischen Tageszeitung »Le Monde«, er habe wohl bemerkt, daß sich in der Öffentlichkeit die Idee entwickele, eine Reihe von neutralen Staaten zu schaffen, die sich von Norden nach Süden quer durch Europa ziehen könnten. Er verwies ausdrücklich auf das österreichische Beispiel einer bewaffneten Neutralität, die ein militärisches Vakuum ausschlösse.
Adenauer war außer sich. In seinen Erinnerungen schrieb er, den zur Debatte stehenden Begriff »Neutralität« ständig absichtlich in »Neutralisierung« verfälschend:

> »Diese Äußerungen wirkten sich für uns in fataler Weise aus, zumal vor allem die Neutralisierung Deutschlands als mögliches Ergebnis solcher Überlegungen ernsthaft ins Auge gefaßt werden konnte. Ich beauftragte Botschafter Krekeler, unverzüglich bei Außenminister Dulles vorstellig zu werden und meine starken Bedenken anzumelden. Offensichtlich auf Grund meines Eingreifens gab Außenminister Dulles am Dienstag, dem 24. Mai 1955, öffentlich eine Erklärung ab, in der er sich von dem Gedanken einer Neutralisierung Deutschlands distanzierte.«

Während Adenauer gegen jeden erneuten Ansatz zur Deutschen Einheit nachhakte, wurde die DDR-Regierung von Moskau eingeladen, als gleichberechtigtes Mitglied an der Gründung des »Warschauer Pakts« teilzunehmen, vorerst jedoch noch ohne eine eigene »Nationale Volksarmee«, die erst im Januar 1956 proklamiert wurde. Damit trat das Ergebnis einer fünfjährigen konsequenten Spaltungspolitik endgültig zutage: Die »Politik der Stärke« und des Bündnisses mit dem Westen hatte mitnichten zur Wiedervereinigung Deutschlands geführt, wie es Adenauer und seine Anhänger unzählige Male versprochen hatten, sondern hatte die beiden Teile Deutschlands auf unabsehbare Zeit in zwei feindliche Militärkoalitionen getrieben. Die westdeutsche Bevölkerung hatte einem Manne vertraut, der – wie die führende französische Tageszeitung »Le Monde« am 13. Juni 1955 schrieb – »zwar immer von der Wiedervereinigung spricht, aber niemals daran denkt«.

Die Gipfelkonferenz der vier Mächte, die vom 18. bis 23. Juli 1955 in Genf in der Besetzung Bulganin, Eisenhower, Eden und Faure stattfand, ging aus wie das Hornberger Schießen, was die Deutschlandfrage anbetraf. Als aber die beiden Sowjetführer Bulganin und Chruschtschow auf der Rückreise von Genf Station in Ostberlin machten, da erwies es sich, daß die UdSSR die vergangenen fünf Jahre als abgeschlossene diplomatische Phase betrachtete, daß sie aus dem Scheitern all ihrer Bemühungen und aus der Ratifizierung der Pariser Verträge entschiedene Konsequenzen in der Deutschlandfrage zog, wie sie es ja auch wiederholt öffentlich angekündigt hatte. Sie machte ein für allemal Schluß mit ihrem Liebeswerben um das deutsche Nationalgefühl auf Kosten der SED. Sie nahm endgültig Abschied von einer Politik, welche die Existenz der DDR immer wieder in Frage gestellt hatte. Es war eine *neue* Lage entstanden, und also inaugurierte der Kreml eine *neue* Politik, die unter der Devise stand, die Wiedervereinigung des deutschen Volkes sei Sache der beiden deutschen Staaten. Punktum.

Am 26. Juli 1955 hielt Nikita Chruschtschow auf dem Ost-Berliner Marx-Engels-Platz, dem früheren Lustgarten, eine große Rede, die einer Weichenstellung gleich kam und die deshalb hier ausführlich zitiert werden soll:

> ». . . Wir haben in Genf aufrichtig erklärt, daß unter den Bedingungen, daß auf dem Gebiet Deutschlands zwei Staaten mit verschiedener gesellschaftlicher und wirtschaftlicher Ordnung entstanden sind, daß Westdeutschland Teilnehmer des Nordatlantikpaktes und der Westeuropäischen Union ist, die Lösung des deutschen Problems eine schwierige Angelegenheit ist. Für seine Lösung unter den gegenwärtigen Bedingungen sind große und ernsthafte Anstrengungen sowohl seitens der Großmächte als auch insbesondere seitens des deutschen Volkes in beiden Teilen Deutschlands selbst erforderlich. Das Beste aber wäre es, wenn die deutsche Frage die Deutschen selbst lösen würden, die zweifelsohne den richtigen Weg für die Entwicklung Deutschlands wählen können.
>
> Man kann nicht umhin, zu berücksichtigen, daß jetzt in Europa neue Verhältnisse entstanden sind und daß wir auf der Suche nach Wegen zur Vereinigung Deutschlands diese Verhältnisse in Rechnung stellen müssen. Ist denn nicht klar, daß die mechanische Vereinigung beider Teile

Deutschlands, die sich in verschiedenen Richtungen entwickeln, eine unreale Sache ist?
In der entstandenen Situation ist der einzige Weg zur Vereinigung Deutschlands die Schaffung eines Systems der kollektiven Sicherheit in Europa, die Festigung und Entwicklung wirtschaftlicher und politischer Kontakte zwischen beiden Teilen Deutschlands.
Man kann die deutsche Frage nicht auf Kosten der Interessen der Deutschen Demokratischen Republik lösen! ...
Große Bedeutung für die Vereinigung Deutschlands kann die Annäherung zwischen der Deutschen Demokratischen Republik und der Deutschen Bundesrepublik haben. Diese beiden Staaten können im Interesse des ganzen deutschen Volkes eine umfassende Zusammenarbeit auf allen Gebieten des innerdeutschen Lebens herstellen, was zweifelsohne die Lösung der Aufgabe der Wiedervereinigung Deutschlands erleichtern würde.«

Zwei Tage später, am 28. Juli 1955, gaben die Regierungen der UdSSR und der DDR ein gemeinsames Kommuniqué heraus, in dem versichert wurde, daß beide Regierungen »ihr unabänderliches Streben nach der Wiedervereinigung Deutschlands auf friedlicher und demokratischer Grundlage« fortsetzen würden. Anschließend hieß es:

»Der Erreichung dieses Zieles würde am besten die Schaffung eines Systems der kollektiven Sicherheit in Europa unter gleichberechtigter Beteiligung zunächst beider Teile Deutschlands und dann des vereinigten Deutschland dienen. Dieser Weg der Lösung der deutschen Frage berücksichtigt die realen Bedingungen des Bestehens zweier deutscher Staaten: der Deutschen Demokratischen Republik und der Deutschen Bundesrepublik, die verschiedene wirtschaftliche und gesellschaftliche Ordnungen haben ...
Beide Regierungen gehen davon aus, daß die Lösung der deutschen Frage ohne die Beteiligung der Deutschen selbst, ohne die Annäherung zwischen der Deutschen Demokratischen Republik und der Deutschen Bundesrepublik unmöglich ist ...«

Damit lag nun die Zwei-Staaten-Theorie für Deutschland – damals noch als Übergangslösung! – offen auf dem Tisch. Und sie entsprach nur dem, was Adenauer und seine Anhänger mit ihrer permananten Destruktionspolitik heraufbeschworen hatten. Niemand konnte sich über die sowjetische Deutschlandpolitik beklagen, die drei Jahre lang, vom März 1952 bis Februar 1955, Angebot um Angebot an die Deutschen aufgehäuft hatte, um deren militärische Einbindung in den Westen zu verhindern, und die seit

Oktober 1954 immer wieder warnend auf die irreparablen Konsequenzen einer »Politik der Stärke« hingewiesen hatte.
Und nun ging es im Osten Schlag auf Schlag. Am 20. September 1955 wurde in Moskau ein »Vertrag über die Beziehungen zwischen der DDR und der UdSSR« unterzeichnet, der nochmals die volle Souveränität der DDR hervorhob. Alle Beschlüsse des Alliierten Kontrollrats von 1945 bis 1948 wurden annulliert, und die Sowjetunion löste ihre Hohe Kommission in Ost-Berlin auf. Gleichzeitig wurde vereinbart, daß auf dem Gebiet der DDR sowjetische Truppen stationiert bleiben sollten, wie es ja auch mit den westalliierten Truppen in der Bundesrepublik der Fall war. Sechs Tage später schritt die DDR-Regierung zu einer Verfassungsänderung. Artikel 5 wurde folgendermaßen ergänzt: »Der Dienst zum Schutz des Vaterlandes und der Errungenschaften der Werktätigen ist eine ehrenvolle nationale Pflicht der Bürger der Deutschen Demokratischen Republik.«
Sieben Monate, nachdem die Mehrheit des Bundestages in Bonn die Pariser Verträge ratifiziert hatte, und zwar ungeachtet aller sowjetischen Angebote wie Warnungen, waren alle Voraussetzungen für das Entstehen zweier deutscher Armeen geschaffen, die sich – zehn Jahre nach dem Ende des II. Weltkriegs – als haßerfüllte Feinde im eigenen Vaterland gegenübertreten sollten.
Ein Zwischenspiel: Im September 1955 fuhr Adenauer zu den »Todfeinden« nach Moskau. Es ging ihm keineswegs um die Wiedervereinigung Deutschlands, sondern um die Zementierung der deutschen Spaltung. Dazu diente die Aufnahme diplomatischer Beziehungen zu Moskau. Die Sowjetbosse spielten das Adenauersche Spiel nolens volens mit. Endlich hatte man in Moskau erkannt, was die Bonner Regierung wirklich wollte: nicht die Wiedervereinigung und auch nicht die Befreiung der deutschen Ostgebiete, sondern die Sanktionierung der deutschen Spaltung und die Absicherung des Status quo. Chruschtschow und Bulganin waren mit dieser Politik einverstanden. Nikita Chruschtschow sagte grinsend zu Adenauer: »*Uns* bläst der Wind nicht ins Gesicht! ...«
Am 15. Dezember 1955 fand die Bonner Katastrophen-Politik ihre eindrucksvollste und enthüllendste Illustration, die allerdings erst drei Jahrzehnte später durch einen unerwünschten Aktenfund aufgedeckt wurde. Es war der westdeutsche Historiker Dr. Foschepoth, der 1986 eine Aktennotiz des britischen Staatssekretärs Kirkpatrick im Foreign Office entdeckte und veröffentlichte. Ein Jahr später, 1987, legte der F.A.Z.-Redakteur Karl Feldmeyer dem damaligen Gesprächspartner Kirkpatricks, Botschafter a. D. Herwarth von Bittenfeld, die fragliche Aktennotiz in Fotokopie vor, der die Richtigkeit dieser Notiz bestätigte und sich noch »sehr genau« an die Umstände des Gesprächs mit Kirkpatrick erinnerte.

An jenem 15. Dezember 1955 also ließ Adenauer den westdeutschen Botschafter in London, Hans Herwarth von Bittenfeld, im britischen Außenministerium vorsprechen, um dem ranghöchsten anwesenden Beamten, Staatssekretär Sir Ivon Kirkpatrick, eine streng vertrauliche Mitteilung zu machen. Der Staatssekretär hielt sie in einer Aktennotiz mit folgendem Wortlaut fest:

»Deutsche Einheit«

»1. Der deutsche Botschafter sagte mir gestern, daß er mir eine streng vertrauliche Mitteilung über dieses Thema zu machen wünsche. Wie ich mich wohl erinnern würde, hätte ich ihm bei meiner Rückkehr aus Genf gesagt, daß wir gegebenenfalls elastischer als die Amerikaner sein würden und gegebenenfalls eine Haltung einzunehmen beabsichtigten, in der wir jeden vernünftigen Sicherheitspakt mit den Sowjets abzuschließen bereit seien, vorausgesetzt, daß Deutschland durch Freie Wahlen vereint würde und daß die gesamtdeutsche Regierung ihre inneren und äußeren Angelegenheiten frei entscheiden könne.

2. Der Botschafter sagte mir, daß er diese Möglichkeit mit dem Kanzler vertraulich erörtert habe. Dr. Adenauer wolle mich wissen lassen, daß er seinerseits nicht schätzen würde, wenn wir eine solche Haltung einnähmen. Der entscheidende Grund dafür sei der, daß Dr. Adenauer kein Vertrauen in das deutsche Volk habe. Er sei äußerst besorgt, daß sich eine künftige deutsche Regierung, wenn er von der politischen Bühne abgetreten sei, zu Lasten Deutschlands mit Rußland verständigen könnte. Folglich sei er der Meinung, daß die Integration Westdeutschlands in den Westen wichtiger sei als die Wiedervereinigung. Er wolle uns wissen lassen, daß er alle Kraft in der ihm noch verbleibenden Zeit darauf konzentrieren werde, dieses Ziel zu erreichen, und er hoffe, daß wir unsererseits alles tun würden, ihn dabei zu unterstützen.

3. Bei dieser vertraulichen Mitteilung hob der Botschafter selbstverständlich hervor, der Kanzler lege Wert darauf, daß mir seine Einstellung bekannt sei, aber daß es natürlich katastrophale Folgen für seine politische Stellung haben würde, wenn seine Ansichten, die er mir in solcher Offenheit mitgeteilt habe, jemals in Deutschland bekannt würden.

Unterzeichnet: J. Kirkpatrick, 16. Dezember 1955.«

Diese Mitteilungen Adenauers nach London beweisen unwiderleglich, daß Adenauer niemals die Wiedervereinigung Deutschlands wollte; daß er einen Meineid leistete, wenn er jedesmal vor Wahlen die Schwurhand erhob – so auf riesigen Plakaten –, um dem deutschen Volk zu schwören, daß er alles für die Einheit Deutschlands tun würde.
Ja, mehr noch: Adenauers Mitteilungen an Kirkpatrick liefern den unstrittigen Nachweis, daß er nicht einmal ein wiedervereinigtes Deutschland mit freier Bündniswahl wollte! Sein ganzer Kampf mit Moskau um diese Frage war also nichts als ein Scheingefecht gewesen. Adenauer war eben klug genug zu wissen, daß ein Gesamtdeutschland mit der Hauptstadt Berlin niemals auf Dauer zum Rheinbund-Satelliten des Westens werden konnte. Sein infernalischer Haß gegen alles Preußische, Protestantische, Berlinische (siehe Ernst Lemmers Äußerung), seine hintergründige Rheinbund-Mentalität, machten ihn zum erfolgreichen Spalter und Zerstörer Deutschlands. In seiner Person fand der Separatismus seine höchste Ausprägung.
Ein solches Urteil gilt im Westen Deutschlands als Sakrileg. In Frankreich weiß man es besser, wie das »Le Monde«-Zitat vom 13. Juni 1955 beweist, daß Adenauer ständig von der Wiedervereinigung gesprochen, aber in Wahrheit niemals an sie gedacht habe. Und Michel Tournier, der erfolgreichste französische Gegenwarts-Schriftsteller, dessen Bücher Millionen-Auflagen erreichen, ein persönlicher Freund des Staatspräsidenten Mitterand, erklärte in einem Interview, das DIE ZEIT am 6. Mai 1988 veröffentlichte:

> »Das Übel im Nachkriegsdeutschland hieß Adenauer. Er ist nach Hitler die zweite deutsche Katastrophe. Er hat die Teilung gewollt, zementiert. Er hat Stalins Angebot zur deutschen Einheit, zu freien Wahlen, unter den Tisch gefegt.«

Dies Urteil deckt sich nahtlos mit einer Äußerung des großen deutschen CDU-Patrioten Jakob Kaiser aus dem Jahre 1946, der in seiner Berliner Wohnung am Rüdesheimer Platz, im Beisein des jungen Egon Bahr, erklärte: »Adenauer, dieser Separatist, muß weg!« Und es deckt sich ebenso mit der Feststellung des ehemaligen US-Außenministers Dean Rusk über Adenauer, der sich nur einen nationalen Anschein gegeben habe, aber in Wahrheit »keine Vereinigung Deutschlands wollte«.
Selbstverständlich, die machtpolitischen Bedingungen des damaligen Kampfes um Deutschland waren höchst kompliziert gewesen. Schwarz-Weiß-Malerei wäre mitnichten angebracht. Daß Adenauer etwa vom Frühjahr 1950 an konsequent mit der Möglichkeit einer westdeutschen Wiederbewaffnung operierte, brauchte a priori nichts Negatives zu sein; diese Taktik löste ja überhaupt erst konkrete Deutschland-Angebote der Sowjetunion aus. Auch auf die sensationelle Stalin-Note vom 10. März 1952

mußte man in Bonn nicht sofort mit einer dramatischen Kehrtwendung reagieren; die Russen schätzen zähes Pokern. Aber unmittelbar nach Stalins Tod, im Frühjahr 1953, etwa drei Monate vor dem Aufstand vom 17. Juni, da war der Zeitpunkt gekommen, aus nationalem Verantwortungsbewußtsein zu einer politischen Doppelstrategie überzugehen; nämlich: Moskau weiterhin mit deutschen Truppen an der Seite des Westens zu schrecken und die Westmächte gleichzeitig in Richtung auf ein blockfreies Gesamtdeutschland einzuschwören. Wir haben ja gesehen, daß die Westdeutschen zu dieser Zeit in Winston Churchill einen starken Verbündeten gefunden hätten. Die britische Politik wollte, wie man das damals jede Woche im SPIEGEL und in Augsteins Essays ablesen konnte, aus der Kalten-Kriegs-Konfrontation heraus und der deutschen Einheit Zugeständnisse machen. Man hätte also von März bis Juni 1953 die Westmächte, unter starker Anlehnung an London, auf die Wiedervereinigung Deutschlands einschwören müssen. Unter dem weltweiten Schock des 17. Juni wäre das wahrscheinlich oder möglicherweise gelungen. Von Juli bis Dezember 1953 hätte man in zähen Verhandlungen nach beiden Seiten die eigene Konzeption herausformen müssen, die auf der Berliner Konferenz vom 25. Januar bis 28. Februar 1954 dann im Mittelpunkt der Debatte gestanden hätte. Diese Konzeption hätte folgendermaßen aussehen können:

1. Gesamtdeutsche freie Wahlen unter internationaler Kontrolle;
2. Bildung einer gesamtdeutschen Regierung unter der bereits im voraus erfolgten Festlegung eines allianzfreien Status nach Osten wie nach Westen;
3. Räumung Gesamtdeutschlands von sämtlichen ausländischen Truppen bis zum Frühjahr 1955;
4. Aufstellung einer deutschen Nationalarmee;
5. Abschluß eines Garantievertrages zwischen den vier Mächten und Gesamtdeutschland über die Integrität und Unverletzlichkeit des Gebietes der wiedervereinigten Deutschen Republik.

Kein Zweifel, im Frühjahr 1955 hätte Deutschland – wie Österreich – seinen Staatsvertrag gehabt, hätten die Deutschen über den Abzug der Besatzer jubeln können. Und es gab tatsächlich in schriftlicher Form eine solche Konzeption! Einer der führenden Ost-Experten des Auswärtigen Amtes, Richard Meyer von Achenbach, hatte sie für die Berliner Konferenz der vier Außenminister ausgearbeitet. Adenauer las sie – und ließ sie unterdrükken.

West- oder Ostorientierung hätte für deutsche Patrioten niemals zur Debatte stehen dürfen! Nach der Devise Claus v. Stauffenbergs, die er 1944 kurz vor seinem Tod niedergeschrieben hatte, hätte man »unter Ausnutzung der

Gegensätze im feindlichen Lager« handeln und Deutschlands nationale Einheit retten müssen (womit man Europa einen unschätzbaren Dienst erwiesen hätte). Die österreichischen Politiker verhielten sich nach dieser Maxime; mit Erfolg.

Eine solche doppelgleisige Politik hätte allerdings den Willen zur nationalen Einheit vorausgesetzt, und der war bei der westdeutschen Bourgeoisie nicht vorhanden. Sie zitterte pausenlos davor, sich zwischen sämtliche Stühle zu setzen, und sie stellte ihr Klasseninteresse eindeutig über das der Nation, unter dem scheinheiligen Slogan: »Freiheit geht vor Einheit«.*

Die Marxisten in der DDR, in Ost-Berlin, hätten das eigentlich verstehen müssen, denn ihrer Ideologie entsprach es doch völlig, das Klasseninteresse allem anderen überzuordnen. Wenn sich die SED-Führung dennoch lautstark zum »Verteidiger der Nation« aufwarf, so geschah das aus zwei gewichtigen Gründen:

a) aus sklavischer Abhängigkeit von der Sowjetunion, die im eigenen Interesse Westdeutschlands Wiederbewaffnung mit allen Mitteln verhindern wollte und deshalb das nationale, das gesamtdeutsche Bewußtsein des deutschen Volkes zu mobilisieren suchte –
b) aus dem traditionellen »preußischen Komplex« heraus (um mit Röpke zu sprechen), der seit einhundertvierzig Jahren, seit den Befreiungskriegen von 1813, bei den ostelbischen Massen einen gesamtdeutschen Patriotismus erzeugt hatte, auf den die SED Rücksicht nehmen mußte.

Die DDR-Führung hatte damals überhaupt keine Wahl: Die russische Besatzungsmacht und die eigene ostelbische Bevölkerung zwangen sie zum Bekennertum für die Einheit der deutschen Nation.

Einer der besten SED-Kenner in der Bundesrepublik, Professor Dr. Wolfgang Seiffert von der Universität Kiel, der zweieinhalb Jahrzehnte lang (bis 1978) als hochgeschätzter Völkerrechts-Experte und als prominentes SED-Mitglied in der DDR tätig war, sagte mir im Frühjahr 1983 in einem Fernseh-Gespräch über die Deutschlandpolitik der DDR-Führung:

> »Man kann zweifelsohne sagen, daß die DDR Anfang der fünfziger Jahre und von da an etwa zehn Jahre lang eine Wiedervereinigungsoffensive gegenüber der Bundesrepublik in Form von Angeboten, Vorschlägen, Initiativen und Losungen durchgeführt hat. Ja, das ging so weit, daß man sich in der DDR bald ausrechnen konnte: ›Wir können der Bundesrepublik praktisch jeden Vorschlag machen; wir gehen gar

* Ein philosophischer Nonsens in sich, da die Nation – wie Abraham Lincoln feststellte – nicht halb frei, halb Sklave sein kann.

kein Risiko dabei ein, denn die Bundesregierung antwortet immer nur mit Nein darauf!‹
Ich möchte dennoch sagen, daß diese Angebote nicht nur Propaganda waren, daß diese Wiedervereinigungs-Politik der SED nicht nur Legitimation für das war, was in der DDR geschah, sondern daß sie echte gesamtdeutsche Ambitionen der SED-Führung zum Ausdruck brachte.
Diese gesamtdeutschen Ambitionen der SED-Führung waren natürlich abgestimmt mit Moskau. Aber es gab einen prinzipiellen Unterschied zwischen der Haltung der Sowjetunion einerseits und der der SED-Führung andererseits. Die SED-Führung war natürlich nur an solchen Wiedervereinigungs-Perspektiven interessiert, die ihr in einem künftigen Gesamtdeutschland den entscheidenden Einfluß – unabhängig vom Wählerwillen – sicherten. Für die Sowjetunion aber war diese Frage nach ihren globalen Interessen zu beurteilen. Und von daher war es für die Sowjetunion eine Frage ihrer Sicherheitsinteressen in Europa, die Einbeziehung deutscher Truppen in das westliche Bündnis zu vereiteln. Und von daher war sie meines Erachtens in den Jahren 1952 bis 1955 bereit, unter bestimmten Voraussetzungen einer Kompensation zuzustimmen, die einerseits die Wiedervereinigung Deutschlands brachte, andererseits aber ausschloß, daß deutsches militärisches Potential in das westliche Bündnis eingegliedert wurde.
Und deshalb glaube ich, kann man sagen, daß sicherlich solche Schritte der Sowjetunion wie die bekannte Stalin-Note von 1952 ein Störmanöver gegen die Einbeziehung der Bundesrepublik in das militärische Verteidigungsbündnis des Westens waren. Aber das war ein durchaus ernstgemeinter Störversuch! Und für die SED-Führung beinhaltete diese Variante der sowjetischen Deutschlandpolitik die Gefahr, daß sie Zugeständnisse machen mußte, die die politischen Strukturen eines wiedervereinigten Deutschlands durchaus nicht von vornherein im kommunistischen Sinne festschrieben.
Ja, ich erinnere mich, daß man im SED-Parteiapparat damals sogar davon ausging – etwa 1953 bis 1955 –, daß es nicht auszuschließen war, daß die SED in einem so wiedervereinigten Deutschland in die Illegalität gehen müßte.«

Diese Einschätzung Seifferts deckt sich vollständig mit einer Aussage Valentin Falins, der 1950 bis 1955 in der Deutschland-Abteilung des sowjetischen Außenministeriums tätig und später langjähriger Botschafter in Bonn war. Auf die Frage, welche Ziele die Sowjetunion damals wirklich verfolgt habe, antwortete er in der ZDF-Sendung »Die erste Schlacht des Kalten Krieges«, die im Frühsommer 1988 ausgestrahlt wurde:

»Ich kann Ihnen ganz genau sagen, welche Entwicklung wir für richtig gehalten haben: ein einheitliches Deutschland, militärisch neutral, mit sozialen Strukturen wie in der Weimarer Republik, das neben uns freundlich als Nachbar existiert und sich an keinen feindlichen Kombinationen beteiligt! Wir haben mehrmals verschiedene Vorschläge unseren damaligen Partnern eingereicht, eine zentrale deutsche Regierung zu bilden und freie Wahlen durchzuführen... Die Antwort war immer negativ.«

Jedenfalls, das Ergebnis des fünfjährigen leidenschaftlichen Ringens um die Einheit Deutschlands war nun, im Jahre 1955, eindeutig:
Die sowjetische Besatzungszone und die aus ihr hervorgegangene »Deutsche Demokratische Republik« waren durch die Politik Bonns und des Westens gerettet, ja stabilisiert worden. Denn nur von seiten der Sowjetunion war die Existenz der DDR immer wieder aufs Spiel gesetzt worden! Die herrschenden Kräfte in Bonn hatten mit ihrer separatistischen Politik, mit ihrer Abwendung von Deutschland hin zum Westen, wirklich alles getan, die SED, die nur um Haaresbreite dem Untergang entging, auf lange Zeit in Deutschland zu verankern.
Niemand hatte mit einem solchen Ergebnis rechnen können. Von Oktober 1949 bis Oktober 1954 hatte die SED-Führung die Rolle eines Todeskandidaten gespielt. Von der Mehrheit der eigenen Bevölkerung verabscheut und gehaßt, aus eigener Kraft zu fast nichts fähig, von der Besatzungs- und Schutzmacht UdSSR immer wieder als Verhandlungsobjekt desavouiert und mißbraucht, hätte niemand auch nur einen Pfennig auf die Zukunft dieses Teilstaates gewettet. Hätte damals jemand den Deutschen erklärt, dieses merkwürdige Staatsgebilde würde 1989 seinen vierzigsten Geburtstag begehen und sein kommunistisches Staatsoberhaupt würde eines Tages im Westen, in Brüssel ebenso wie in Paris, ja selbst in Bonn mit allen protokollarischen Ehren empfangen und hofiert werden, er wäre ausgelacht und für verrückt erklärt worden. Ja, die SED-Führer selbst haben, wie die Äußerungen von Dr. Bolz zeigen, dies nicht einmal in ihren kühnsten Träumen für möglich gehalten.
Die Bonner Politik der Todfeindschaft gegenüber der Sowjetunion und der Arroganz gegenüber der östlichen Hälfte Deutschlands hat die Spaltung der Nation hervorgerufen (1949) und sie schließlich endgültig besiegelt (1955). Triumphiert haben nicht die »Freiheit« oder die »Selbstbestimmung« des deutschen Volkes, wie der Bevölkerung vor jeder Bundestagswahl versprochen wurde, triumphiert hat ausschließlich die SED. Gewiß hat DDR-Ministerpräsident Otto Grotewohl eines Tages wehmütig zu Probst Heinrich Grüber gesagt »Ich möchte lieber Erwerbsloser in einem wiederverei-

nigten als Regierungschef in einem gespaltenen Deutschland sein«. Und von Grotewohl war das wahrscheinlich ehrlich gemeint. Aber die Masse der SED-Funktionäre hätte sich eigentlich bei Adenauer und seinen Wählern bedanken müssen. Die Macht ihrer Partei und die Existenz ihres Separatstaates waren dank Bonn von nun an gesichert.

Die Bilanz des fünfjährigen Kampfes um Deutschland, von 1950 bis 1955, bestand letztendlich darin, daß die Macht des Kommunismus und der Einfluß der Sowjetunion auf deutschem Territorium und inmitten des deutschen Volkes auf unabsehbare Zeit stabilisiert wurden – und zwar mit langfristigen Folgewirkungen, die sich in ihrer ganzen Bedeutung erst im nächsten Jahrhundert zeigen werden. Das hätte nicht sein müssen! Botschaftsrat Wladimir Grinin von der Sowjetbotschaft Unter den Linden traf den Nagel auf den Kopf, als er am 17. Februar 1988 in West-Berlin erklärte, Moskau habe keineswegs die »Wiedervereinigung von Deutschland verhindert; das waren die Deutschen selbst, die das bewirkt haben!«

Die DDR, die frühere Sowjetzone aber, die so lange auf der Kippe gestanden und in welcher zehn Jahre lang fast nichts geklappt hatte, sie war ihre ärgsten außen- und deutschlandpolitischen Bedrängnisse los. Zehn Jahre Hangen und Bangen um die kommunistische Herrschaft waren vorüber. Die Deutsche Demokratische Republik stand in ihrer Existenz nicht mehr zur Debatte! Im Innern jedoch stand die DDR nun, 1955, vor einem regelrechten Gebirge von Problemen.

2.
Der Aufstieg

1955–1975

Der Apparatschik

Um die Jahreswende 1954/55 betrug die Bevölkerung der DDR noch ca. 18,5 Millionen Menschen. Etwa eineinhalb Millionen waren seit dem Sommer 1946 nach Westen geflohen: ca. 7,5 Prozent der ursprünglichen Gesamtbevölkerung.

Jeder zwölfte DDR-Bewohner war Mitglied der SED. Das genügte, um – gestützt auf die Bajonette der sowjetischen Besatzungstruppen – die Herrschaft zwischen Elbe und Oder aufrechtzuerhalten. Zu den ca. 1,4 Millionen SED-Mitgliedern kamen noch 450000 Mitglieder der vier sogenannten Blockparteien (Ost-CDU, LDPD, Nationaldemokratische Partei Deutschlands, Demokratische Bauernpartei Deutschlands), so daß sich die Regierung sagen konnte, zehn Prozent der Bevölkerung seien in zuverlässigen Parteikadern organsiert.

Die SED hatte alles fest im Griff. Sie bestimmte allein und ausschließlich den sozialistischen Gang der DDR. Seit dem IV. Parteitag der Sozialistischen Einheitspartei Deutschlands, zehn Monate nach den Ereignissen des 17. Juni, herrschte eine Handvoll Männer über die Republik: nämlich die Mitglieder und die Kandidaten des Politbüros der SED.

Es war ein Dutzend von Männern, die im Jahre 1955 die absolute Herrschaft über 18,5 Millionen Deutsche zwischen Elbe und Oder ausübten. Der Älteste von ihnen, Wilhelm Pieck, war jetzt achtundsiebzig Jahre alt, der Jüngste, Willi Stoph, vierzig Jahre. Zehn von ihnen waren Arbeitersöhne, zwei (Ebert und Leuschner) hatten Handwerker zu Vätern. Sechs von ihnen waren gebürtige Preußen, je zwei stammten aus Sachsen bzw. den Hansestädten, Grotewohl kam aus Braunschweig, Honecker aus dem Saargebiet. Acht von ihnen hatten die NS-Zeit von 1933 bis 1945 in Deutschland erlebt, drei in der Sowjetunion und einer (Warnke) in der West-Emigration verbracht.

Aber sie alle zusammen genommen hatten nicht annähernd die Macht und die Bedeutung eines weiteren SED-Politbüromitglieds, dessen Stern jetzt aufzugehen begann, namens: Walter *Ulbricht*. Für eineinhalb Jahrzehnte, von 1955 bis 1970, sollte dieser Ulbricht der allmächtige Diktator und zugleich der eigentliche Schöpfer und Erbauer der DDR werden.

Was war das für ein Mann?

Am 30. Juni 1893 wurde Walter Ulbricht in der alten sächsischen Handelsmetropole Leipzig geboren, und zwar in der Gottschedstraße Nr. 25. Sein Vater, Ernst Ulbricht, war Schneidermeister, die Mutter Pauline betreute als Hausfrau die fünfköpfige Familie. Es war ein sozialdemokratisches Milieu, in welchem der junge Ulbricht aufwuchs. Die Eltern standen in entschiedener Opposition zu den herrschenden Klassen des Kaiserreiches, und der Sohn Walter wurde schon von Kindesbeinen an in sozialistischem Sinne beeinflußt. In seinem fünfzehntem Lebensjahr, 1908, schloß er sich der Arbeiterjugend an. Er war Feuer und Flamme. Als DDR-Diktator schwärmte er später von dieser Zeit:

> »Was haben wir alles gemacht! Wir haben Fußball gespielt, wir sind Wandern gegangen und haben auch interessante wissenschaftliche Bücher gelesen. Zum Beispiel das Kommunistische Manifest von Marx. Ich weiß, es gab woanders Jugendgruppen, die haben gesagt, tanzen darf man nicht. Wir haben das anders gemacht. Zwei Stunden haben wir abends gesessen, und danach haben wir getanzt. Manche haben gesagt: ›Um Gottes Willen, das verstößt ja gegen unsere höchsten Prinzipien.‹ Wieso denn? Wieso denn? Das ist ausgezeichnet gegangen, und nichts ist passiert dabei.«

Ulbricht lernte Möbeltischler. 1912 wurde er Mitglied der SPD und zählte sich zum linken Flügel der Partei. Im I. Weltkrieg sah Ulbricht als konsequenter Marxist nichts anderes als eine bewaffnete Auseinandersetzung zwischen imperialistischen Ausbeutern, die in seinen Augen allesamt Todfeinde der Arbeiterklasse waren. 1915 zur Armee eingezogen, benutzte er im Frühsommer 1918 eine Truppenverschiebung in der Nähe von Leipzig, um zu desertieren.

1919 wurde er Mitglied der neugegründeten KPD. Er diente seiner Partei treu und ergeben; bereits 1928 war er als Funktionär der »Kommunistischen Internationale« tätig. Ulbricht gehörte zum radikalen Kern der Partei und folgte bedingungslos den ideologischen Anweisungen aus Moskau, denen zufolge die Mitglieder der SPD als »Sozialfaschisten« attackiert werden mußten. Ganz in diesem Sinne betätigte er sich auch als Abgeordneter des Deutschen Reichstags und erklärte in einer Reichstagsrede am 23. Februar 1932, also ein knappes Jahr vor Hitlers Machtübernahme:

> »Die Diskussion in diesem Reichtstag zeigt, daß dieser Reichstag im Zeichen der imperialistischen Kriegspolitik steht, sie zeigt, daß sich Nationalsozialisten und Sozialdemokraten gegenseitig den Rang ablaufen, wer die treuesten Diener Hindenburgs sind.«

Das klägliche Fiasko der KPD-Politik um die Jahreswende 1932/33 erschütterte Ulbricht nicht. Nach Hitlers Machtübernahme tauchte er für acht Monate in den Untergrund, um im Oktober 1933 über Paris und Prag nach Moskau zu emigrieren. Dort, im Hotel »Lux«, das man als Emigranten-Hauptquartier bezeichnen könnte, tauchte Walter Ulbricht für fast ein Jahrzehnt erneut unter, denn er trat niemals in der Öffentlichkeit hervor, ging den dramatischen innenpolitischen Ereignissen der Stalin-Ära völlig aus dem Wege, so daß er die grausamen Säuberungswellen, die nicht zuletzt auch die Emigrantengruppen erfaßten, ungeschoren überlebte. Wahrscheinlich hatte diese auffällige Zurückhaltung vor allem damit zu tun, daß Ulbricht nicht die russische Sprache beherrschte, sich in Moskau also nicht verständigen konnte. Vielleicht war es aber auch sein Überlebens-Instinkt, der ihn ein Jahrzehnt lang U-Boot spielen ließ. Die Schriftstellerin Margarete Buber-Neumann erinnerte sich an die Moskauer Jahre so:

> »Die Rolle, die Ulbricht damals spielte, wird ersichtlich aus der Tatsache, daß ich zum Beispiel – ich lebte ja dort immerhin einige Jahre bis zu meiner Verhaftung – daß ich nicht einmal wußte, in welchem Zimmer im Hotel Lux Ulbricht wohnte. Er hielt sich so zurück, daß man keine Kenntnis von seiner Anwesenheit hatte. Das war wahrscheinlich das Geschickteste, was es gab.«

Ein Meister in der Kunst des Überlebens also! Ein vorsichtiger Taktiker, der auch abwarten konnte; ein Mann der verborgenen Qualitäten. Dagegen blamierte Ulbricht sich unsterblich, als ihn die Sowjets 1943 als Agitator in deutschen Kriegsgefangenenlagern einsetzten. Er hatte, untergetaucht im Hotel »Lux«, nicht mitbekommen, wie sehr sich Deutschland seit 1933 gewandelt hatte. Einer der Mitbegründer des »Nationalkomitees Freies Deutschland«, Leutnant Graf Einsiedel, und einer der ehemaligen deutschen Kriegsgefangenen in der Sowjetunion, Oberleutnant Helmut Gerstein, erinnerten sich 1982 vor der TV-Kamera fast identisch an Ulbrichts Auftritt im Kriegsgefangenenlager Oranki:

Graf Einsiedel: »Ulbricht war ganz der Mentalität verhaftet, die ihn 1918 hatte desertieren lassen. Er glaubte, die Verhältnisse in der großdeutschen Wehrmacht lägen ähnlich wie in der kaiserlichen Armee, man könne einen Keil zwischen die Offiziere und die Mannschaften treiben. Er hatte nicht begriffen, daß der Nationalsozialismus immerhin ein ganzes Stück Pseudosozialismus mitgebracht hatte und daß diese Kluft, wie sie 1918 bestand, im II. Weltkrieg nicht mehr existierte.«

Helmut Gerstein: »Ulbricht hielt bei uns in Oranki eine große Rede, in der er ganz unsinnige historische Behauptungen aufstellte.

Zum Beispiel sagte er, daß die Universität Prag eine tschechische Gründung gewesen sei . . .«

Graf Einsiedel: »Ulbricht hielt eine Rede, die eine seiner üblichen Komintern-Sprüche waren über das Monopolkapital und über Hitler, den Kettenhund des Monopolkapitals, und all diese Spruchslogans aneinandergereiht . . .«

Helmut Gerstein: »Während der Rede saßen wir an unseren Tischen und spielten Karten. Es kam dann zu einer Antwort . . .«

Graf Einsiedel: »Und dann sprang ein bekannter deutscher Jagdflieger, Assi Hahn, auf und hielt ihm einige der größten Dummheiten, die er gesagt hatte, vor und schrie dann: ›Und wenn wir nur noch zwölf Millionen sind, wir kämpfen bis zum Endsieg!‹ So Assi Hahn . . .«

Helmut Gerstein: »In einer furiosen Rede widerlegte Major Hahn die unsinnigen Thesen des Herrn Ulbricht, immer und immer wieder unterbrochen von rhythmischem Beifalls-Klatschen . . .«

Graf Einsiedel: »Und dann marschierten die Meisten aus dem Versammlungsraum und sangen das Lied: ›Das kann doch einen Seemann nicht erschüttern; keine Angst, keine Angst, Rosmarie.‹ Und Ulbricht blieb wie ein begossener Pudel zurück.«

Aus diesem Desaster lernte Ulbricht blitzschnell. Er schwenkte auf die schwarz-weiß-rote Linie des »Nationalkomitees« um, so wie es die Sowjets damals, 1943, wollten.

Und wie es Moskau befahl, so war er am 2. Mai 1945 in Berlin zur Stelle, schon eine Woche vor der Kapitulation. Er stand an der Spitze einer zehnköpfigen Gruppe kommunistischer Emigranten. Unter ihnen war auch Wolfgang Leonhard, der sich 1982 erinnerte:

> Genau in derselben Minute, als die letzten deutschen Truppen in Berlin kapitulierten, waren wir schon da, mit den Direktiven, mit allem. Bei einer kurzen Rast sagte Ulbricht: »Hier ist die Karte von Berlin.« Und teilte alle Bezirke ein, unter den anderen neun, bloß an mich nicht. Ich guckte – ich war der Jüngste –, ich fragte nichts; man fragt nicht. Ulbricht sagte: »Dich habe ich nicht eingeteilt. Du kommst mit mir. Wir fahren nach Neukölln.« Und dann sind wir zu den Neuköllner Kommunisten gegangen. In einer Wohnung 30, 40, 50 Neuköllner Kommunisten. Richtige Kommunisten, die in Deutschland gegen die Nazis gekämpft hatten. Ich war sehr bewegt! Ich habe gedacht, jetzt würde Ulbricht die Genossen fragen: »Wie war denn das alles? Was wird denn jetzt sein?

Was denkt Ihr denn?« Ich dachte, wir kommen als Schüler zu den deutschen Kommunisten. Aber nein! Ulbricht war überhaupt nicht bewegt, sagte nur so obenhin Guten Tag. Alle waren erfreut: »Ulbricht aus Moskau zurück!« Aber Ulbricht verzog keine Miene. Er sagte: »Wir müssen ein paar Sachen besprechen«, zog eine Liste heraus und fragte: »Wie hat sich der verhalten, und der, und der?« Für mich war es ein gewisser Schock: Er war der Lehrer! Er war nicht der Genosse, der aus dem Ausland kam und jetzt lernen wollte von den deutschen Berliner Kommunisten. Es war umgekehrt: er gab die Anweisungen! Das ging so eine Stunde. Die deutschen Genossen waren voller Gefühle, und Ulbricht war der kalte Apparatschik.

Ein Apparatschik also – und ein Lehrer! In den folgenden fünfundzwanzig Jahren seiner politischen Laufbahn sollte der erste Aspekt konstant bleiben, der zweite – der des Lehrers – ständig an Bedeutung gewinnen und ihn schließlich auf den Höhepunkt seiner Karriere wie in den Abgrund seines Sturzes führen.

Im Frühsommer 1945 jedenfalls war Walter Ulbricht rastlos tätig. Mit beschlagnahmten Autos jagte seine kleine Gruppe durch die Trümmerlandschaft der Reichshauptstadt. Bereits am 16./17. Mai 1945 wurde ein neuer Berliner Magistrat gebildet, und einen Monat später fand die erste Funktionärskonferenz der KPD statt. Angesichts der geradezu unvorstellbaren Katastrophenbedingungen im ausgebrannten und hungernden Berlin war das ein erstaunliches organisatorisches Ergebnis. Ulbricht war der nie versagende Motor dieser hektischen Anstrengungen. Hektisch deshalb, weil in Berlin vollendete Tatsachen geschaffen werden sollten, bevor die Westalliierten Anfang Juli 1945 in ihre Westsektoren einrücken konnten. Wolfgang Leonhard erlebte Ulbrichts Tätigkeit in diesen Wochen:

Jeder von uns hatte die Aufgabe, Berliner Bezirksverwaltungen aufzubauen, und zwar so, daß – sobald die westlichen Alliierten kamen – sie das legitimieren würden. Sozialdemokraten mußten rein, Bürgerliche mit Doktortiteln, während Kommunisten nur die Schlüsselstellungen besetzen sollten: Personal, Polizei, stellvertretende Bürgermeister-Posten. Es war aber ziemlich schwer, in den Maitagen von 45 Bürgerliche mit Doktortiteln zu finden. Wir versuchten unser Bestes. Vor allem: Unsere Leute, die Kommunisten, nur in zwei, drei Schlüsselstellungen! Ulbricht faßte das mal so zusammen: »Es muß alles demokratisch aussehen – aber wir müssen alles in der Hand haben.« Unvergeßlich.

Walter Ulbricht zog auch im Hintergrund die Fäden, als es, im April 1946, zur Vereinigung der beiden Arbeiterparteien SPD und KPD zur neuen SED

in Ost-Berlin kam. Der Wunsch der SPD-Genossen, die seit 1919 existierende Spaltung der deutschen Arbeiterklasse zu überwinden, und der Wille der KPD-Funktionäre, keine zweite Arbeiterpartei neben sich zu dulden, war der psychologische Hintergrund, vor dem Ulbricht organisatorisch agierte, wiederum nach seinem unschlagbaren Motto: »Es muß alles demokratisch aussehen – aber wir müssen alles in der Hand haben.«
So ging er auch vor bei der Bildung der Zentralverwaltungen, also der Ministerien, in der Sowjetischen Besatzungszone. Wolfgang Leonhard erlebte beispielsweise mit, wie die Zentralverwaltung »Arbeit und Soziales« zustande kam:

> Ulbricht fing an, aus dem Kopf – und das hat mir damals sehr imponiert – aus dem Kopf alle Abteilungen dieser neuen Zentralverwaltung darzustellen und schon die Leute einzusetzen. Aus dem Kopf! Er sagte: »Der, der versteht was von Gesundheit. Wir müssen uns auch mit der Gesundheit befassen. Guter Arzt. Bißchen weich, da brauchen wir noch 'nen harten, ja? Ach, da nehmen wir den Kurt aus Stralsund, der paßt auf den 'n bißchen auf.« Und so setzte er die gesamte Zentralverwaltung aus dem Kopf zusammen, bis hinunter zum Leiter der Garage. Aus dem Kopf! Und das habe ich immer wieder erlebt. Wenn man in Niederschönhausen abends beisammen saß, dann haben manche sich mit theoretischen, mit ideologischen Fragen beschäftigt. Ulbricht aber, der oft mit Maron und Winzer zusammenhockte, für den gab es nur ein Thema: Personalpolitik. Sein Lieblingsausdruck war: »Den nehmen wir – und den stecken wir! Den nehmen wir aus Jena und stecken ihn nach Potsdam. Und den nehmen wir aus Brandenburg und stecken ihn nach Rostock.« Nehmen und Stecken! Hunderte und Tausende Namen im Kopf.

Für Walter Ulbricht, der vom Habitus eines Intellektuellen meilenweit entfernt und der der Prototyp des reinen »Machers« war, waren die chaotischen ersten Jahre nach 1945 eine ideale Zeit. Alles konnte von Grund auf neu organisiert werden, und Organisationsfragen waren Lust und Stärke des Leipziger Schneidersohnes. Wie unorthodox Ulbricht notfalls vorgehen konnte, wenn es um nichts anderes als die Effizienz ging, zeigte sich insbesondere in der Behandlung der ehemaligen Nationalsozialisten der Sowjetischen Besatzungszone. Während die SED-Propaganda von den Gesängen des »Antifaschismus« widerhallte, die russische Besatzungsmacht brutal und ungesetzlich in den Internierungslagern mit den inhaftierten »Nazis« umsprang, waren Ulbricht und ein junger Mann namens Erich Honecker, der seit 1946 Vorsitzender der »Freien Deutschen Jugend« (FDJ) war, landauf landab unterwegs, um mit den ehemaligen Führern der »Hitlerjugend« und des »Deutschen Jungvolks« zu diskutieren, mit der

Absicht, die junge Generation der HJ, die sich so begeistert in die Arme des Nationalsozialismus geworfen hatte, für neue Ziele zu gewinnen. Vieles von dem idealistischen, jugendbewegten Schwung der ehemaligen HJ ging so auf die FDJ über, und bald sah man die »Blauhemden« mit Trommel- und Fanfarenzügen marschieren, hörte man sie Trompetensignale schmettern, die erst wenige Jahre zuvor in den Reihen der »Braunhemden« erklungen waren, hörte man ehemalige Fähnleinführer der Pimpfenzeit über die leuchtende Zukunft des deutschen Sozialismus sprechen. Freilich, von »Alleingängen« Ulbrichts und Honeckers konnte keine Rede sein. Dahinter stand die sehr kluge Politik der sowjetischen Besatzungsmacht, die Anfang 1948, als sich der »Kalte Krieg« mit dem Westen vorbereitete, für ihr Gebiet amtlich dekretierte, die deutschen Jahrgänge von 1918 bis 1930 seien von jeder Schuld oder Verantwortung für die Geschehnisse der Vergangenheit kollektiv freizusprechen. Ulbricht hat später, filmisch dokumentiert, in seiner unnachahmlichen Art über die Kampagne zur Gewinnung der HJ-Führer berichtet:

> Wir hatten von Anfang an Vertrauen zur Jugend. Diese Jugendlichen, die sich jahrelang hatten vom Nazismus betören lassen, zu denen haben wir gesagt: »Die Hitlerregierung ist gestürzt. Wir haben Vertrauen zu Euch, daß Ihr jetzt den richtigen Weg mit uns geht. Faßt zu, lernt tüchtig, dann wird's vorwärts gehen! Dann werdet Ihr tüchtige Menschen werden!«
> Wir haben also nicht sortiert zwischen den Jugendlichen, nach dem Motto, was hast du früher mal für dummes Zeug geredet, ja? Außerdem hatten wir gar keine Zeit dazu ...«

Diese unorthodoxe Art, an die Fragen der sogenannten Vergangenheitsbewältigung heranzutreten, sich rein pragmatisch den drängenden Problemen der Gegenwart und Zukunft zuzuwenden, fand im Frühjahr 1948 ihre Entsprechung, als die sowjetische Besatzungsmacht die SED-Führung ermunterte, sich um eine positive Mitarbeit der ehemaligen NSDAP-Mitglieder, Offiziere und Unteroffiziere der Wehrmacht zu bemühen. Von Ulbricht zielstrebig gefördert, kam es im Sommer 1948 zur Gründung der »Nationaldemokratischen Partei Deutschlands« (NDPD), in deren Programm-Forderungen es hieß:

1. Wir Nationaldemokraten sind eine nationale Partei, deshalb ist unsere erste Forderung: Die Einheit Deutschlands als unteilbare Republik.
2. Wir fordern: Sofortigen Abschluß eines gerechten Friedens für Gesamtdeutschland; Bekanntgabe der bisher von Deutschland gezahlten Reparationsleistungen und der noch bestehenden Reparationsschulden.
6. Wir treten ein für die völlige Gleichberechtigung aller wahlberechtig-

ten Deutschen. Wir fordern daher, daß ehemalige Nationalsozialisten, die sich keiner Verbrechen schuldig gemacht haben, im öffentlichen Leben nicht mehr als ›ehemalige Pgs‹ abgestempelt werden. Wir fordern, daß alle jungen Menschen, die unter die politische Jugendamnestie fallen, zu allen Berufen zugelassen werden, auch bei der Justiz, der Polizei und als Neulehrer...«

Damit war an die Seite der bisherigen »antifaschistisch-demokratischen« Blockparteien Ost-CDU und LDPD eine weitere zuverlässige politische Kraft getreten (später kam noch die Bauernpartei hinzu), wodurch die totalitäre Macht der SED mitnichten geschmälert, sondern im Gegenteil stabilisiert wurde: Aus dem ehemaligen 1:2 (SED: Ost-CDU und LDPD) wurde ein Kräfteverhältnis von 3:2 (SED, NDPD und Bauernpartei: Ost-CDU und LDPD), ein glänzender politisch-organisatorischer Trick Walter Ulbrichts, dessen außerordentliche Bedeutung für die Entwicklung der DDR bis heute im Westen nicht richtig gewürdigt wurde. Aber weit über alle taktischen Finessen hinaus sollte diese kluge Versöhnungspolitik für die SED ihre Früchte tragen: Als Ende der sechziger Jahre in der Bundesrepublik der zerfleddernde Prozeß nachträglicher »Vergangenheits-Bewältigung« begann, Parteien ebenso wie Politiker und Historiker erneut in kollektive Schuld- oder Scham-Debatten eintraten, blieb die Gesellschaft der DDR von Nazi-Riecherei, Denunziantentum und Anschwärzerei frei, was weitgehend Walter Ulbrichts Verdienst gewesen ist.
Immerhin, als am 7. Oktober 1949 die DDR gegründet war, wurde Ulbricht nur einer der drei stellvertretenden Ministerpräsidenten. Doch das war nur Schein. Es sollte eben alles ganz demokratisch aussehen, und so wurde der ehemalige Sozialdemokrat Grotewohl als Ministerpräsident nach vorne geschoben. Ulbricht, als Mitglied des Politbüros, hatte im Hintergrund jedoch alles fest in der Hand. Sein mißtrauischer Blick überwachte alle Vorgänge und Aktivitäten in dem neuen Staat, bis hin zur Außenpolitik, die sich in den Jahren bis 1950 im Wesentlichen auf die Pflege des Verhältnisses zu Moskau beschränkte. Wolfgang Leonhard erlebte das so:

> Ich mußte für Ulbricht häufig die PRAWDA übersetzen. Er fragte immer nur: »Was steht da und da und da?« Dann übersetzte ich immer nur ganz kurze Stellen, und dann lächelte er: dann verstand er die Linie, die politische Linie. Nie mit großen theoretischen Überlegungen, nein! Sondern er wußte blitzschnell, wie gerade die Linie war. Und diese Linie setzte er um.

Richard Scheringer, der berühmte Nationalkommunist aus Bayern, schilderte mir diese »Kunst der Vereinfachung«, die Walter Ulbricht so exzellent beherrschte, 1982 vor der TV-Kamera aus persönlicher Kenntnis folgendermaßen:

> In meinen Augen war es eine der besonderen Fähigkeiten Ulbrichts, das Wesentliche vom Unwesentlichen zu trennen und das Wesentliche in aller Einfachheit zu erfassen. Ich erinnere mich da an eine typische Geschichte in Leipzig, als ich bei einem Festakt neben Walter Ulbricht saß. Auf der Bühne stand ein berühmter Dirigent, alles war aufmarschiert, alle Koryphäen und der Thomanerchor. Und da sagte Paul Fröhlich, der SED-Bezirksvorsitzende von Leipzig, der auf der anderen Seite neben Ulbricht saß, zu ihm: »Also, Walter, ich weeß nicht . . . Die Leute sagen, das ist viel zu teuer, was dieser Dirigent hier kriegt . . . Das ist zwar ein berühmter Mann, aber ich meene, die Leute sind damit nicht einverstanden . . .« Da sagte Walter Ulbricht zu ihm: »Na, Paule, dann mach' Du doch die Musik.«

Ulbricht, seit 1950 allmächtiger Generalsekretär des ZK der SED, befolgte in den beiden folgenden Jahren exakt die Moskauer Linie, und lange Zeit hielt er sich an seine erprobte Devise: wenig nach außen hervortreten, aber im Innern alles fest im Griff haben. Er glaubte sich auch völlig auf der Stalin'schen Linie, als er im Sommer 1952 den »Aufbau des Sozialismus« und die Verschärfung des Klassenkampfes in der DDR proklamierte, als er die Zügel so fest anzog, daß es der Bevölkerung tief ins Fleisch schnitt. Er fühlte sich so selbstsicher, daß er mehr und mehr zum Personenkult überging und die Anordnung erließ, seinen sechzigsten Geburtstag am 30. Juni 1953 wie einen Staatsfeiertag zu begehen, ihm in Form von Buch- und Zeitschriftenveröffentlichungen, Kundgebungen und Feierstunden förmlich Lorbeerkränze zu winden. Der unerwartete Tod Stalins im März 1953 traf ihn wie ein Schock und ließ ihn für drei, vier Monate »die Linie« verlieren, so daß er am 17. Juni 1953 fast hinweggefegt worden wäre. Beachtlich war jedoch, wie Ulbricht auf die dramatischen Ereignisse reagierte: Er dachte keinen Augenblick daran zu resignieren; er trixte und taktierte vielmehr nach allen Seiten, ließ die massiven Angriffe Semjonows ungerührt über sich ergehen, zeigte keinerlei innere Verunsicherung, als sich der abgrundtiefe Haß der Massen gegen ihn öffentlich artikulierte, saß den 17. Juni und die folgenden unangenehmen zwei, drei Wochen stur auf seinem Sekretärsstuhl aus, redete plötzlich nur noch von »kollektiver Führung«, ganz so, wie es in Moskau von Malenkow, Beria und Bulganin praktiziert wurde – und überstand so die schwerste Krise seines politischen Lebens.

Als sich die Aufstands-Wogen geglättet hatten, war Ulbricht immer noch da. Er war nun nicht mehr der »Generalsekretär«, sondern der »Erste

Sekretär« des ZK der SED, und er zog sich keineswegs ins Schneckenhaus zurück, sondern von jetzt an trat Walter Ulbricht immer mehr hervor, so daß die DDR allmählich zur Ulbricht-Republik wurde. Er war um eine wichtige Erfahrung reicher geworden: Die »Linie«, die von Moskau ausgegeben wurde, konnte schwanken, ja, sie konnte sich sogar umkehren; man mußte sie kennen, gewiß, konnte sich aber nicht blindlings auf sie verlassen. Es galt, Schritt für Schritt und immer mehr autonom eine eigene »Linie« zu entwickeln! Und das tat Ulbricht in den folgenden fünfzehn Jahren: Er entwickelte die »DDR-Linie«, und aus einem bloßen Apparatschik und Einpeitscher wurde ein erfolgreicher Krisenmanager.

Den politischen Krisen, denen sich der Erste SED-Sekretär in der zweiten Hälfte der fünfziger Jahre entgegenstemmen mußte, werden wir uns gleich zuwenden. Sehen wir zuerst einmal, in welcher Verfassung sich sein Staat, die Deutsche Demokratische Republik, am Jahresende 1955 präsentierte.

Eine Zwischenbilanz

Damals endete der erste Fünfjahrplan der DDR, und die Parteipresse jubilierte: »zu 105 Prozent übererfüllt«. Tatsächlich aber sah das Gesamtbild der DDR-Wirtschaft sehr gemischt aus, gab es neben erstaunlichen Aufbauleistungen auch eine Vielzahl drastischer Mangelerscheinungen. Was die gesellschaftlichen Besitzverhältnisse anbetraf, hatte die SED ihr Ziel erreicht: Die Energiequellen waren zu 100% sozialisiert, der Bergbau zu 99%, der Großhandel zu 92%, vom Gesamtprodukt der Volkswirtschaft entfielen 62,5% auf den staatlichen Bereich, in der Industrieproduktion sogar 82,4%. Der Einzelhandel in der DDR verteilte sich etwa gleichmäßig zu je einem Drittel auf die staatlichen HO-Läden, die Konsumgenossenschaften und den privaten Einzelhandel. Auf dem Lande überwog noch mit 73% das private Produktionselement, auf die LPG's (Landwirtschaftlichen Produktionsgenossenschaften) entfielen 23%, auf den Staat (»Volkseigene Güter«) 4% der landwirtschaftlichen Nutzfläche. Die gesellschaftliche Machtfrage war also im weitesten Umfang zugunsten der SED entschieden.
Positiv in der SED-Bilanz war weiterhin, daß sich die Industrieproduktion der DDR im Vergleich zu Ende 1950 verdoppelt hatte. Das war natürlich in erster Linie ein Verdienst der ostelbischen Werktätigen, der Preußen und der Sachsen, die ungeachtet ihrer ungebildeten und unerfahrenen Leitungskader kräftig in die Hände gespuckt und das Unmögliche möglich gemacht hatten.
Insgesamt waren in den abgelaufenen fünf Jahren, unter entsprechender Vernachlässigung der Leicht- und Konsumgüterindustrie, 32,5 Millionen Ostmark von Staats wegen in die Schwerindustrie investiert worden. Das hatte sich ausgezahlt, denn die DDR verfügte nun über eine metallurgische und schwerindustrielle Basis, und dazu – nach alter mitteldeutscher Tradition – über einen leistungsfähigen Maschinenbau. Die Produktion in der Metallurgie war im Vergleich zu 1950 fast auf 250%, die im Schwermaschinenbau auf 225% gestiegen. In den Bereichen Energie, Braunkohle und Rohstahl konnten dagegen die gesteckten Ziele nicht erreicht werden.
Beachtliche Industrieanlagen waren aus dem Boden gestampft worden, so das Eisenhüttenkombinat Ost bei Fürstenberg a. d. Oder, die Großkokerei

Lauchhammer, die Maschinenfabrik Halberstadt und mehrere Kraftwerke. Erweiterungen der vorhandenen Kapazitäten hatten ebenfalls stattgefunden, unter anderem bei den Stahl- und Walzwerken Riesa, in Brandenburg, Hennigsdorf, beim Edelstahlwerk Döhlen, bei den Schwermaschinenbaubetrieben in Ost-Berlin und Wildau, auf den Werften in Wismar und Stralsund.

Auch in der Landwirtschaft zeigte sich ein doppeltes Bild. Während der Rinder- und Geflügelbestand stagnierte, war der Schweinebestand um 58% gewachsen. Die Hektarerträge an Getreide und Hülsenfrüchten waren um 28% gesteigert worden. Das war auch bitter notwendig, denn seit Frühjahr 1955 war die »Freßwelle« über die DDR hereingebrochen; nach sechzehnjährigen Rationierungen und unvorstellbaren Entbehrungen seit 1945 entwickelten die Menschen einen gewaltigen Nachholbedarf. Bis Ende 1955 war der Pro-Kopf-Verbrauch bei Fleisch und Wurstwaren, Butter, Fetten und Eiern auf das Doppelte im Vergleich zu 1950 gestiegen. Für Nahrungsmittel gaben die Leute fast ihr gesamtes verdientes Geld an Löhnen und Gehältern aus. Denn der durchschnittliche monatliche Bruttoverdienst war in den fünf Jahren nur von 256,– Ostmark (1950) auf 366,– Ostmark (1955) gestiegen, also lediglich um 22,– Ostmark pro Jahr. Allerdings waren die Einzelhandelspreise im selben Zeitraum durchschnittlich um 32% gesenkt worden.

Einfach katastrophal stand es um die Wohnverhältnisse in der DDR. Seit sechzehn Jahren, nämlich seit Kriegsbeginn 1939, war auf diesem Sektor nichts mehr getan worden, wenn man davon absieht, daß die zerbombten Häuser notdürftig, mit Pappe und Holz, zu Wohnhöhlen umfunktioniert worden waren. Die »Volkseigene Wohnungsverwaltung« hatte an der vorhandenen Wohnsubstanz so gut wie nichts getan, hatte die vom Bombenterror verschont gebliebenen Straßenzüge und Wohnblöcke weiter verkommen lassen, während es dem Staat an Finanzierungsmöglichkeiten für großzügige Neubauprojekte mangelte. Nur 300000 Neubauwohnungen waren entstanden.

Eine DDR-Publikation, die 1975, also zwanzig Jahre danach, in Ost-Berlin erschien, urteilte im Rückblick auf das Jahr 1955 sehr realistisch:

> »Trotz den in kurzer Zeit errungenen Erfolgen war noch viel zu tun, um die Voraussetzungen für die Entwicklung einer wirklich sozialistischen Lebensweise zu schaffen. Die noch bestehende Rationierung bei bestimmten Lebensmitteln ließ erkennen, daß es noch an vielem mangelte. Die Hungerleiden der Nachkriegszeit waren zwar überwunden, aber die Lebensumstände waren doch noch recht schwer. Es gab immer wieder Versorgungslücken, es fehlten vor allem hochwertige Gebrauchsgüter in ausreichender Zahl. Die Wohnungssituation war weiterhin angespannt;

gegenüber der Vorkriegszeit mußten auf dem Gebiet der DDR mehr Menschen mit weniger Wohnungen auskommen.«

Und kaum hatte man in den führenden Kreisen Ost-Berlins die Schockwellen des Stalin-Todes und des deutschen Arbeiteraufstandes einigermaßen verdaut, da erfolgte die nächste schwere Verunsicherung der SED, als es vom 14. bis 25. Februar 1956 zum XX. Parteitag der KPdSU kam, auf dem Nikita Chruschtschow vor 1400 Delegierten seine berühmte Rede gegen Stalin und den Stalinismus hielt. Als die ersten Flüsterparolen in die DDR durchsickerten, brach vielen SED-Mitgliedern, die Stalin ein Jahrzehnt lang wie einen Gott verehrt hatten, eine Welt zusammen. Nicht so Walter Ulbricht. Bereits am 4. März 1956 ließ er »Neues Deutschland« schreiben:

> Wenn man von Genossen gefragt wird, »ob Stalin zu den Klassikern des Marxismus gehört«, kann man darauf nur antworten: Zweifellos hatte Stalin nach dem Tode Lenins bedeutende Verdienste beim Aufbau des Sozialismus und im Kampf gegen die parteifeindlichen Gruppierungen der Trotzkisten, Bucharinleute und bürgerlichen Nationalisten. Als sich Stalin jedoch später über die Partei stellte und den Personenkult pflegte, erwuchsen der KPdSU und dem Sowjetstaat bedeutende Schäden. Zu den Klassikern des Marxismus kann man Stalin nicht rechnen . . .

Einige Tage später machte Ulbricht vor der Berliner Bezirksdelegiertenkonferenz der SED ein bemerkenswertes Eingeständnis, als er von den jüngeren Genossen sprach, »die nicht wie wir 45 Jahre Parteikampf und *innerparteilichen* Kampf mitgemacht haben . . . und nun erleben, daß einige Dogmen nicht mehr zum Leben passen«. Das war eine feine Umschreibung für die jahrzehntelangen Machtkämpfe und Intrigen, die in den Reihen der deutschen wie der russischen Kommunisten getobt und so unendlich viele Opfer gekostet hatten. Ulbricht, der es im Laufe seines Lebens zu höchster Meisterschaft gebracht hatte, sich der jeweils herrschenden Fraktion und der jeweils geltenden »Linie« anzupassen, dem es ja ohnehin nie um Theorien und Ideologien, sondern um Macht, Organisation und Praxis gegangen war, ließ das einst angebetete Idol namens »Generalissimus Stalin« platt zu Boden fallen und ging zur Tagesordnung über. Immerhin kam er den enttäuschten Idealisten auf derselben Veranstaltung entgegen, indem er ausrief:

> »Wenn jüngere Genossen hier in Berlin in Parteiversammlungen aufgetreten sind und haben erklärt: »Ich bin von Stalin erzogen, und ich glaube ihm«, so müssen wir ihnen helfen, die Probleme richtig zu erkennen. Für diesen Führerkult tragen wir mit dem ZK der KPdSU in diesem Falle die gemeinsame Verantwortung.«

Der Wirtschaftsaufschwung

Es war ein Glücksfall für die SED-Führung, daß kurz darauf, am 26. März 1956, die 3. Parteikonferenz der SED begann, zu der sich 2300 Delegierte versammelten. Die geschickte Regie Walter Ulbrichts verhinderte es, daß es zu ernsthaften Auseinandersetzungen über Fragen des Stalinismus kam, und sorgte dafür, daß die ökonomischen Probleme des zweiten Fünfjahrplanes im Vordergrund der Diskussion standen.

Und hier wurden tatsächlich Weichen gestellt. Weichen für den allmählichen wirtschaftlichen Aufstieg des zweiten deutschen Staates. Eine Direktive der 3. Parteikonferenz legte fest, daß die industrielle Bruttoproduktion der DDR in den nächsten fünf Jahren um 55% ansteigen sollte, und zwar unter der Devise »Modernisierung, Mechanisierung, Automatisierung«. Das Parteiorgan »Neues Deutschland« sprach emphatisch vom »Beginn einer neuen industriellen Umwälzung auf der Basis der Ausnutzung von Kernenergie, des weiteren Ausbaues der Schwerindustrie, der ununterbrochenen Entwicklung des technischen Fortschritts«. Und die Parteikonferenz wurde auch konkret, als sie beschloß, den Hauptteil der staatlichen Investitionen für den Bau der »Schwarzen Pumpe«, des größten Braunkohlekombinats der Welt, sowie für den Aufbau des ersten Atomreaktors der DDR in Rossendorf bei Dresden zu verwenden, der bereits nach zwanzig Monaten in Betrieb genommen werden sollte.

Natürlich war das nur die eine, die angenehme Seite der Medaille. Mit größtem Nachdruck wurde gefordert, die allgemeine Arbeitsproduktivität um 50% zu erhöhen. Das hieß mit dürren Worten: die Preußen mußten erneut die Ärmel aufkrempeln! Immerhin wurde der Arbeiterschaft eine Erhöhung des Reallohns von jährlich sechs Prozent für die Dauer des zweiten Fünfjahrplans versprochen, und für bestimmte Industriesektoren lautete die Verheißung: »die 40-Stunden-Woche ohne Lohneinbußen«.

Es kann nicht geleugnet werden, daß die 3. Parteikonferenz der SED den Startschuß für eine beachtliche ökonomische Aufwärtsentwicklung der DDR gab. Während in der Sowjetunion zwar laut getönt, aber massenweise gefaulenzt wurde, es in den Ostblockstaaten Polen, Ungarn und ČSSR wirtschaftlich drunter und drüber ging, arbeitete die deutsche Bevölkerung

der DDR zäh, mit zusammengebissenen Zähnen an ihrem zweiten Fünfjahres-Programm.
Es war Ulbricht, der endlich begriffen hatte, wie wesentlich es darauf ankam, auch die städtischen Mittelschichten für den allgemeinen Wirtschaftsaufschwung zu interessieren. Funktionäre der bürgerlichen Blockparteien Ost-CDU, NDPD und LDPD hatten ihm mit Initiativen und Vorschlägen in die Hände gespielt. So beschloß die 3. Parteikonferenz, den größeren Privatbetrieben von staatlicher Seite eine fünfzigprozentige Beteiligung anzubieten, die Betriebe in Kommanditgesellschaften umzuwandeln, wobei die bisherigen Eigentümer zu persönlich haftenden Gesellschaftern mit festen Gehältern wurden. In den folgenden zehn Jahren, von 1956 bis 1966, stieg die Zahl solcher halbstaatlicher Unternehmen von 144 auf 5512, ihr Anteil an der industriellen Bruttoproduktion erhöhte sich von 0,26 auf 10,04 Prozent, er vervierzigfachte sich also. Unbegreiflicherweise wurde diese erfreuliche Entwicklung 1972 durch Verstaatlichungs-Maßnahmen wieder zunichte gemacht.
Wirtschaftlich ging es also vorwärts mit der DDR; zwar bescheiden genug im Vergleich zum stürmischen Wachstum in der Bundesrepublik, aber für Ostblockverhältnisse geradezu erstaunlich.

Nationale Volksarmee

Walter Ulbricht löste zu Beginn des Jahres 1956 auch ein besonders heikles Problem der DDR erfolgreich: das der offiziellen Wiederbewaffnung, das sich unvermeidlich aus dem Beitritt der Bundesrepublik zur NATO und der Aufstellung der »Bundeswehr« ergeben hatte. Die Deutschen zwischen Elbe und Oder, die nach den Erfahrungen mit den westlichen und westdeutschen Reaktionen auf den 17. Juni 1953 eine Welle der Resignation erfaßt hatte, waren gewiß bereit, unter den nun einmal gegebenen Umständen ihr Bestes in der Arbeit und beim Wiederaufbau zu geben, aber die Vorstellung, unter russischem Kommando Soldaten zu spielen und in einer Armee dienen zu müssen, die eines Tages vielleicht auf die eigenen westdeutschen Brüder schießen mußte, stieß auf breiteste Ablehnung. Eine DDR-Publikation aus dem Jahre 1976 umschrieb die damalige Anti-Stimmung der Bevölkerung so:

> ». . . Doch ein Jahrzehnt nach dem Ende des zweiten Weltkrieges wirkten in breiten Schichten pazifistische Auffassungen noch stark nach. Zahlreichen Bürgern fiel es auch schwer, den grundsätzlichen Unterschied zwischen der Schaffung einer Volksarmee der DDR und dem Aufbau der aggressiven Bundeswehr zu verstehen.«

Ulbricht war sich dieser Kalamität wohl bewußt. Eine kommunistische deutsche Armee: das mußte für die Masse der DDR-Bürger eine Horrorvision sein. Dennoch war er sofort entschlossen, keine halbe Sache zu machen. Richard Scheringer, der ihn damals in Ost-Berlin besuchte, erinnerte sich 1982 vor der TV-Kamera:

> Nach Einführung der allgemeinen Wehrpflicht in der Bundesrepublik sprach ich mit Ulbricht in Ost-Berlin darüber. Er sagte zu mir: »Nu, jetzt machen ma eben ooch eene Armee! Aber keene Miliz, sondern eene richtige.«

Ulbricht beratschlagte mit Willi Stoph, der acht Jahre in der Deutschen Wehrmacht gedient hatte, mit Heinz Hoffmann, einem alten Haudegen aus der Zeit der Internationalen Brigaden in Spanien, und zog als hochrangigen Militärexperten den ehemaligen Generalleutnant der Deutschen Wehrmacht

Vincenz Müller heran, der nach seiner Gefangennahme im Sommer 1944 dem »Nationalkomitee Freies Deutschland« beigetreten und später, in der DDR, Mitglied der NDPD geworden war. Auf Müllers Rat hin wurde beschlossen, die ablehnende Haltung der Bevölkerung »national« zu unterlaufen, die neuen Streitkräfte der DDR vom äußeren Erscheinungsbild her ganz den früheren Traditionen der Reichswehr und der Wehrmacht anzupassen. Nachdem die 10. Tagung der DDR-Volkskammer am 8. Januar 1956 das Gesetz über die Gründung der »Nationalen Volksarmee« und den Aufbau eines Ministeriums für Nationale Verteidigung beschlossen hatte, begann die Aufstockung der 80000 Mann starken »Kasernierten Volkspolizei« (KVP) zu einer regulären Armee, die sich als einzige Streitmacht des Ostblocks nicht in das Olivgrün der Sowjets, sondern in das traditionelle Feldgrau des deutschen Heeres kleidete. Bis auf den Stahlhelm glichen die Soldaten der NVA dem Bild der früheren Wehrmachtsangehörigen, von den preußischen Gardelitzen auf den Kragenspiegeln bis zu den Distinktionen der Generäle.

Es war ein außerordentlich geschickter Schachzug der DDR-Staatsführung, unter Rückgriff auf preußisch-deutsche Militärtraditionen die tiefsitzenden Aversionen der Bevölkerung zu unterwandern. Die Soldaten der NVA sahen mitnichten wie »deutsche Russen« aus. Ihr äußeres Erscheinungsbild machte sie zu »den roten Preußen der Volksarmee«. Und die SED-Propaganda arbeitete bewußt mit solchen Assoziationen. Originalton der DEFA-Wochenschau Ende 1956:

> Mit amerikanischen Waffen und in amerikanischer Uniform präsentieren sich die ersten Einheiten der westdeutschen NATO-Armee ihrem Kriegsherrn Adenauer und der erstaunten Öffentlichkeit. Die westdeutsche Zeitung DER TAG schrieb nach diesem militärischen Schauspiel: »Die neuen Soldaten sehen völlig undeutsch aus!« Aber sie sehen nicht nur amerikanisch aus, sie stehen im amerikanischen Solde und dienen den Interessen der USA.
>
> Die Uniformen der Nationalen Volksarmee entsprechen im Gegensatz zu den amerikanischen Uniformen der westdeutschen Söldner den nationalen Traditionen unseres Volkes. Unsere Matrosen tragen das blaue Kieler Hemd und dazu die Bändermütze. Die Landstreitkräfte zeigen sich in ihrer steingraunen Dienst- und Paradeuniform. Die Rangabzeichen entsprechen deutscher Überlieferung. Die Dienstgrade sind ausschließlich an den Schulterstücken erkennbar. Die spezielle Waffengattung ist an den traditionellen Farben der Kragenspiegel und der Paspellierung zu erkennen.
>
> So unterstreichen Farbton, Schnitt und Trageweise der Uniformen den nationalen Charakter unserer Volksarmee.

Das gewagte Experiment gelang. Preußischer Stechschritt und russische Kalaschnikow, Yorck'scher Marsch und die Takte der Internationale gingen eine merkwürdige Symbiose ein. Sechs Jahre später, 1962/63, stand die NVA, gehörten »die roten Preußen der Volksarmee« bereits zur 1. Staffel der Warschauer Pakt-Truppen.

Die Konföderations-Idee

Im Oktober/November 1956 überstand Walter Ulbricht auch unangefochten den Schock der Ereignisse in Ungarn, als sowjetische Panzer den Aufstand der Magyaren in Budapest niederwalzten. Niemand in der Welt mochte so herzlich über die britisch-französische Aggression am Suezkanal frohlokken wie der SED-Diktator, nahm sie doch der weltweiten Empörung über den Sowjet-Imperialismus, wie er sich in Ungarn entlarvte, viel von ihrer Wirkung. In der DDR selbst beschränkten sich die Auswirkungen der ungarischen Tragödie auf die Opposition eines kleinen intellektuellen Zirkels, der als »Harich-Gruppe« (genannt nach ihrem führenden Kopf, Wolfgang Harich) firmierte. Es handelte sich dabei im Wesentlichen um einen Diskutierzirkel von acht bis zehn Personen, ausschließlich Kommunisten, die entschieden gegen den Stalinismus Front machten. Da sie sich in erster Linie philosophisch-ideologisch artikulierten, beispielsweise forderten, die Theorie des Marxismus-Leninismus durch die Erkenntnisse von Trotzki und Bucharin, Rosa Luxemburg und Karl Kautsky zu erweitern, blieb es bei einer partei-internen Auseinandersetzung, die bei den breiten Massen der DDR-Bevölkerung keinerlei politisches Echo auslöste und so zu einer bloßen SED-Episode schrumpfte, mit der Ulbricht auf dem Prozeß-Wege fertig wurde. (Sieben Mitglieder der »Harich-Gruppe« wurden zu insgesamt dreißig Jahren Zuchthaus verurteilt.) Von breiterem Interesse waren lediglich die gesamtdeutschen Vorstellungen dieser SED-Oppositionellen, die sie so formuliert hatten:

> »Wenn wir diese Reformen durchführen und einen Lebensstandard schaffen, der zwar nicht an den Lebensstandard Westdeutschlands heranreichen wird, aber eine grundsätzliche Verbesserung der Situation gegenüber der stalinistischen Ära darstellt, dann haben wir auch das Recht, Westdeutschland Bedingungen zu stellen. Als Grundsatz unserer gesamtdeutschen Politik gilt: In einem wiedervereinigten Deutschland darf es nicht zu einer kapitalistischen Restauration kommen ...«

Die nationale Frage der deutschen Einheit stand ja nach wie vor für die SED auf der Tagesordnung. Die Bevölkerung der DDR, so desillusioniert sie auch seit dem 17. Juni 1953 über die Macht des Westens dachte, hatte sich

keineswegs mit der Spaltung Deutschlands abgefunden. Selbst in den Reihen der SED-Mitglieder und der Angehörigen der bürgerlichen Blockparteien blieben die Hoffnungen auf einen großen Kompromiß in der nationalen Frage bis Ende der sechziger Jahre virulent.
Im Herbst 1956 trafen sich in Ostberlin zwei Landsleute aus Bayern, deren persönliche Bekanntschaft bis in die Zeiten der Weimarer Republik zurückreichte: der Bundesfinanzminister Dr. Fritz Schäffer (CSU) und der ehemalige Generalleutnant der Deutschen Wehrmacht und DDR-Militärexperte Vincenz Müller (NDPD). Die Rede der beiden Bayern war von Deutschland, und Dr. Schäffer entwickelte neue, überraschende Vorstellungen, die auf dem Boden des alten süddeutschen Föderalismus-Denkens gewachsen waren, aber durchaus geeignet schienen, die seit dem Frühjahr 1955 völlig festgefahrene Situation der deutschen Spaltung in positive Bewegung zu bringen. Seine Idee lief darauf hinaus, das Problem der deutschen Wiedervereinigung föderativ anzugehen, also nicht freie gesamtdeutsche Wahlen für einen nationalen Einheitsstaat an den Anfang zu stellen, sondern eine föderative Zwischenstufe in Gestalt eines deutschen Staatenbundes (Konföderation) einzuschalten, verbunden mit einem gleichzeitigen Austritt der beiden deutschen Staaten aus den Militärblöcken und einer Begrenzung der jeweiligen deutschen Truppenstärke nach dem Bevölkerungsstand, während gesamtdeutsche Wahlen erst am Ende eines mehrjährigen Übergangsprozesses stattfinden sollten.
Daß dieser Konföderations-Vorschlag in der Tat von prominenter westdeutscher Seite stammte, wurde im Oktober 1958 von Walter Ulbricht enthüllt, als er bestätigte, die Idee einer Konföderation sei das Ergebnis einer Aussprache zwischen einem »namhaften Mitglied der Bonner Regierung und unseren Vertretern« gewesen, der »betreffende ... Herr Minister der CDU/CSU« habe »die Frage der Konföderation in die Diskussion« geworfen. Im Januar 1959 nannte er dann »Dr. Schäffer« sogar namentlich, und Propagandachef Albert Norden bestätigte mir auf einer Internationalen Pressekonferenz in Ost-Berlin 1961 noch einmal ausdrücklich die Autorenschaft des bayerischen Ministers an der Konföderations-Idee.
Dieser Vorschlag wurde von der DDR-Führung, die in ihrem preußisch-unitarischen Denken doch recht überrascht war, unverzüglich den Sowjets übermittelt. Daß deren Reaktion günstig ausfiel, zeigte sich bereits am 30. Dezember 1956, als Ulbricht unter der Überschrift »Was wir wollen und was wir nicht wollen« zum ersten Mal den Konföderations-Begriff verwandte, indem er ausführte:

> »Nachdem in Deutschland zwei Staaten mit verschiedenen gesellschaftlichen Systemen bestehen, ist es notwendig, zunächst eine Annäherung der beiden deutschen Staaten herbeizuführen, später eine Zwischenlö-

sung in Form der Konföderation oder Föderation zu finden, bis es möglich ist, die Wiedervereinigung und wirklich demokratische Wahlen zur Nationalversammlung zu erreichen.«

Auf der 30. ZK-Tagung der SED, Anfang Februar 1957, ging Ulbricht näher auf den Konföderations-Gedanken ein und belastete ihn mit einer ganzen Reihe unannehmbarer Vorbedingungen. Damit war er persönlich vorgeprellt und hatte zum zweiten Mal – nach dem Juni 1953 – ganz offensichtlich »die Linie« ignoriert, die in Moskau verfolgt wurde. Wenige Tage später, am 11. Februar 1957, distanzierte sich DDR-Ministerpräsident Otto Grotewohl auf einer Parteiversammlung der Akademie der Wissenschaften Ost-Berlins von Ulbrichts Vorbedingungen, als er ausführte:

»Eine solche Konföderation stellen wir uns als einen losen Staatenbund vor. Der Staatenbund bedeutet eine grundsätzliche, dauernde Vereinigung mehrerer unabhängiger Staaten durch einen völkerrechtlichen Vertrag zur gemeinsamen Erreichung umfassender politischer Gesamtzwecke. Diese Konföderation geht von der prinzipiellen Auffassung aus, daß zunächst die beiden deutschen Staaten in ihrer gegenwärtigen Form, in ihrem Inhalt und in ihrer ganzen Lebensweise selbständig bestehen bleiben. Diese Konföderation schafft keine über den einzelnen Staaten stehende selbständige Staatsgewalt. Der eine kann nicht den anderen bedrücken oder vergewaltigen, sondern er erkennt den anderen an. Es bestehen also keinerlei Herrschaftsverhältnisse der beiden Staaten übereinander.«

Der Grotewohl-Text entschleierte das wahre Interesse Moskaus an der Konföderations-Idee: Es ging primär um die *Anerkennung* der DDR, die damals diplomatisch noch gänzlich isoliert war und die nun auf dem Umweg über eine Konföderations-Bildung national wie international aufgewertet werden sollte. Außerordentlich beachtenswert mußte jedoch die Tatsache sein, daß Grotewohl insgesamt wie in den Details von Ulbrichts politischen Vorbedingungen abgerückt war und daß er expressis verbis vom Weiterbestehen der »ganzen Lebensweise« im jeweiligen deutschen Teilstaat innerhalb einer Konföderation sprach. Das bedeutete ohne jeden Zweifel einen ersten Defensivschritt der DDR, die ja bis dahin unentwegt eine ideologische Offensivkonzeption gegenüber Westdeutschland verfolgt hatte.

Am 27. Juli 1957 gab Otto Grotewohl für die DDR-Regierung eine offizielle Erklärung zur Konföderations-Problematik ab, wobei er einleitend betonte:

»Im gegenwärtigen Moment besteht die Regierung der Deutschen Demokratischen Republik, um die Vereinigung der beiden deutschen Staaten nicht zu erschweren, *nicht* auf der Erörterung solcher Fragen, die mit der weiteren Entwicklung Westdeutschlands oder der Deutschen Demokratischen Republik verbunden sind.«

Damit wurde die Defensiverklärung, sich im Konföderationsfalle nicht in die inneren Verhältnisse der Bundesrepublik einzumischen, amtlicherseits bekräftigt. Sodann schlug Grotewohl als »Anfang einer deutschen Konföderation« ein beiderseitiges Abkommen vor, das festlegen sollte:

a) ein Verbot der Lagerung und Herstellung von Atomwaffen auf deutschem Boden sowie ein Verbot der Propagierung von Atomkriegen;
b) den Austritt beider deutscher Staaten aus der NATO und aus dem Warschauer Pakt sowie Vereinbarungen über die beiderseitigen Truppenstärken;
c) ein gemeinsames (oder separates) Ersuchen der deutschen Teilregierungen an die vier Besatzungsmächte zur baldigen Zurückziehung ihrer Truppen aus ganz Deutschland.

Was die Konföderations-Bildung selbst anging, sah Grotewohl in der ersten Phase einen Katalog von beiderseitigen Absprachen vor, die auf dem Gebiet der wirtschaftlichen Verbindungen, der Zoll- und Währungsangelegenheiten, des Verkehrs- und Nachrichtenwesens und der mit dem Status von Berlin verbundenen Fragen zu Annäherungen führen sollten. Vertreter beider Parlamente, des Bundestages und der Volkskammer, sollten einen »Gesamtdeutschen Rat« bilden, der weitere Maßnahmen empfehlen und beschließen sollte, die einer verstärkten Kooperation beider deutscher Staaten dienen sollten. Empfehlungen und Beschlüsse des »Gesamtdeutschen Rates« sollten von beiden deutschen Teilregierungen »nur freiwillig durchgeführt werden«.

Es war also ein völkerrechtlich gesehen durchaus korrekter Konföderationsvorschlag, der die innere »Souveränität« der beiden deutschen Teilstaaten mitnichten in Frage stellte, da er dem »Gesamtdeutschen Rat« nur beratende Funktionen zubilligte. Er hielt sich streng an historische Vorbilder wie beispielsweise die amerikanische Konföderation der Jahre 1776 bis 1787/89 oder die Schweizer Konföderation, die beide als Zwischenphasen bis zum Übergang in den Status eines Nationalstaates existiert und historisch eine positive Rolle gespielt hatten.

Das Fernziel der Wiedervereinigung Deutschlands wurde von der DDR-Regierung keineswegs aufgegeben. In der Grotewohl-Erklärung hieß es:

> »Die Regierung der Deutschen Demokratischen Republik macht darum diesen Vorschlag aus tiefer nationaler Verantwortung. Sie hat niemals daran gedacht und denkt nicht daran, sich mit der Existenz zweier

deutscher Staaten abzufinden. Sie kämpft gemeinsam mit allen deutschen Patrioten unermüdlich für die Erreichung des hohen Zieles der Wiedervereinigung Deutschlands.«

Adenauer lehnte am 20. Januar 1958 den Konföderations-Vorschlag rundweg ab. Die Wiedervereinigung Deutschlands, so erklärte er, sei »nicht Sache zweier Regierungen«, sie läge vielmehr »in der ausschließlichen Zuständigkeit des ganzen deutschen Volkes«. Er schob das unbezweifelbare Selbstbestimmungsrecht der deutschen Nation vor, um einen realistischen Annäherungs- und Übergangsplan im statu nascendi zunichte zu machen. Drei Tage später, am 23. Januar 1958, gab Bundesaußenminister von Brentano eine Bonner Regierungserklärung ab, in der er behauptete, eine Konföderation sei »nicht der geeignete Weg zur Wiedervereinigung«, sie würde im Gegenteil dazu beitragen, »die Teilung Deutschlands auf unbestimmte Zeit zu verhärten«. Das Problem ideologisierend fügte er hinzu: »Was soll eine Konföderation zwischen einer Demokratie und einer kommunistischen Diktatur? Schon wegen des inneren Widerspruchs der staatstragenden Idee wäre eine solche Konföderation zur Aktionsunfähigkeit verurteilt.« Des weiteren erklärte er, der Abschluß einer Konföderation bedeute die Anerkennung der DDR. Genau vierzehn Jahre später, 1972, mußte die Bundesrepublik dann doch die DDR anerkennen, aber nun nicht mehr in Gestalt eines Konföderationsvertrages, der die Einheit der Nation anerkannte, sondern in Form des Grundlagenvertrages, der den Status quo der deutschen Teilung zementierte.
Die SED-Führung sah sich im Verlaufe der gesamtdeutschen öffentlichen Debatte über den Konföderations-Vorschlag gezwungen, auf das Argument einzugehen, die DDR betreibe mit dieser deutschland-politischen Variante lediglich den Versuch, auf listigen Umwegen ihre sozialistische Expansion nach Westdeutschland und ihr Ringen um völkerrechtliche Anerkennung der DDR voranzutreiben. Am 13. Februar 1958 gab Walter Ulbricht der »Süddeutschen Zeitung« ein Interview, in dem er von seinen eigenen Vorbedingungen, die er ein Jahr zuvor erhoben hatte, abrückte. Das alles sei ein Mißverständnis gewesen, erklärte er, es werde von Ost-Berlin keineswegs vorgeschlagen, mit dem Abschluß einer Konföderation die volksdemokratische Ordnung und die sozialistischen Errungenschaften der DDR nach Westdeutschland zu exportieren. Und zur Anerkennungsfrage führte er am 20. Oktober 1958 aus:

»Als der Vorschlag der Konföderation gemacht wurde, gingen wir davon aus, einen realen Weg zur Wiedervereinigung zu finden und zu beschreiten. Wir haben nicht die Frage gestellt, daß man bei Verhandlungen über die Wiedervereinigung die DDR diplomatisch anerkennen muß. Wenn man das in Bonn nicht wünscht, dann werden wir die Bonner Regierung auch nicht diplomatisch anerkennen. Also stehen wir dann auf Parität! Das ist keine Diskussionsfrage für uns.«

Man muß sich in die Jahre 1957 und 1958 zurückversetzen. Noch gab es keine Mauer! Noch gab es keine eingemauerte DDR und kein eingemauertes West-Berlin. Gewiß, seit 1953 konnte man nicht mehr, wie man wollte, in die DDR fahren und dort beispielsweise seinen Urlaub verbringen (was bis 1952 ohne weiteres möglich gewesen war). Aber die West- und Ost-Berliner spazierten in ihrer Viermächte-Besatzungs-Stadt noch ungeniert hin und her, von Schießbefehl, Minen und Stacheldraht war noch keine Rede. Es war wirklich höchste Zeit, mit den DDR-Machthabern zu einem Arrangement zu kommen, um zu verhindern, daß die Staats-Spaltung zu einer Volks-Spaltung führte! Doch niemand in Bonn hörte auf Ulricht, als er erklärte:

»Obwohl mit der Bildung der Konföderation der beiden deutschen Staaten die nationale Frage noch nicht vollständig gelöst sein wird, werden damit wichtige demokratische Grundlagen geschaffen, die es den Deutschen besser als bisher gestatten, in der Welt als Kraft des Friedens und des Fortschritts eine bedeutende Rolle zu spielen. Wichtige weitere Schritte könnten unternommen werden, um den Bürgern der beiden deutschen Staaten die Vorteile zugute kommen zu lassen, die sich aus der dem Konföderationsvertrag zugrunde liegenden Politik des Friedens ergeben. So dürfte der Reiseverkehr zwischen den beiden deutschen Staaten beträchtlich erweitert und normalisiert werden, auch die Sicherheitsvorkehrungen an den Grenzen zwischen beiden deutschen Staaten und zwischen der DDR und West-Berlin werden dann den Bedingungen des friedlichen Nebeneinanderbestehens angepaßt werden können. So wird aus der demokratischen Entwicklung der Konföderation die friedliche Wiedervereinigung Deutschlands erwachsen.«

Zehn Jahre lang, bis Anfang 1967, also selbst über den Bau der Mauer hinweg, blieb die SED bei ihrem Konföderationsangebot. Ende Juli 1957 hatte sie es offiziell verkündet, und es wäre die letzte Chance zur Erhaltung des deutschen Nationalverbandes gewesen, diesen Ball in Bonn aufzufangen und ihn – mit eigenen westdeutschen Farben versehen – nach Ost-Berlin und Moskau zurückzuspielen. Doch die Arroganz gegenüber dem roten Preußen war ungebrochen, die Bundesregierung verfocht tagtäglich ihren propagandistischen Alleinvertretungs-Anspruch für ganz Deutschland, mit dem sie in Wahrheit jeden Ansatz zur Lösung der deutschen Frage im Keim erstickte. Heute, drei Jahrzehnte später, schlägt man die Hände über dem

Kopf zusammen, wenn man liest, was beispielsweise Heinrich Krone, Fraktionsvorsitzender der CDU/CSU, am 5. November 1957 in Richtung DDR erklärte: »Wenn wir von der Wiedervereinigung sprechen, meinen wir ... nichts anderes als die Liquidation des derzeitigen Machtregimes in der Besatzungszone drüben hinter dem Eisernen Vorhang.«
Es war eine Politik der Illusionen, die man in Bonn betrieb, eine Politik, die geradezu zwangsläufig und gesetzmäßig zur immer tiefergreifenden Spaltung Deutschlands führen mußte.
Sechs Monate nach Verkündung des Konföderations-Vorschlages, am 23. Januar 1958, brachte ein Mann das alles auf den Punkt, der acht Jahre lang die Adenauer-Politik in unbegreiflicher Verblendung an prominenter Stelle mitgetragen hatte: Dr. Thomas Dehler, von 1949 bis 1953 Bundesjustizminister, von 1953 bis 1957 FDP-Parteivorsitzender, machte in einer großen nächtlichen Debattenrede im Bundestag seinem enttäuschten Herzen Luft. In erschütternder Weise brachen Kummer und Verzweiflung aus ihm hervor, als er konstatierte, »daß Deutschland auf Generationen hin zerrissen ist«. Jetzt, sechs Jahre nach dem Stalin-Angebot, erkannte Thomas Dehler endlich, daß die Wiederherstellung der deutschen Einheit nur möglich war, wenn *zuvor* der militärische und völkerrechtliche Status Gesamtdeutschlands festgelegt wurde. Der »besonderen geographischen Lage Deutschlands« müsse eben Rechnung getragen werden, sagte er nun. Mit Blick auf die Ost-Berliner Angebote fügte er hinzu, daß die demokratisch gewählte Regierung der Bundesrepublik, ohne sich etwas zu vergeben, durchaus im Auftrage der vier Mächte mit den Machthabern der DDR reden könne. Von tiefer Sorge um Deutschland gequält, beklagte er, »daß niemand mehr ernstlich« an die Wiedervereinigung glaube, und er verurteilte mit zu Herzen gehenden Worten »die Verkümmerung des gesunden nationalen Empfindens« in Westdeutschland. Warnend erhob er seine Stimme, als er prophezeite:

> »Wer etwas weiter denkt, weiß doch, daß diese Dinge von Tag zu Tag schlimmer werden, sich immer mehr verhärten, daß auch die Existenz der ostdeutschen Regierung immer fester und stärker wird, daß uns dadurch immer härtere Bedingungen für die Erreichung unserer politischen Ziele gesetzt werden.«

Die Konsolidierung

Die bewegte Klage Dehlers um das verlorene Vaterland stieß bei der herrschenden politischen Klasse Bonns auf taube Ohren. Angebote Walter Ulbrichts zu einem »erweiterten Konföderationsplan« wurden am Rhein hohnlachend zurückgewiesen. Im sicheren Wissen darum, daß eine solche Forderung für die östliche Seite unannehmbar war, verlangte die Bundesregierung stereotyp freie gesamtdeutsche Wahlen als ersten Schritt zur Wiedervereinigung.

Die einzige politische Kraft, die von dieser Bonner Politik profitierte, war die SED-Führung, deren Macht in der Tat – wie es Thomas Dehler prophezeite – immer fester und stärker wurde. Auf der 35. ZK-Sitzung der SED im Februar 1958 rechnete Ulbricht mit einer innerparteilichen Oppositionsgruppe ab, die sich im Frühjahr 1957 um Karl Schirdewan (Mitglied des Politbüros und Sekretär des ZK für Kaderfragen), Ernst Wollweber (Minister für Staatssicherheit), Gerhart Ziller (Sekretär des ZK für Wirtschaftsfragen) und Fred Oelßner (Mitglied des Politbüros) gebildet und die einen entschiedenen antistalinistischen Reformkurs in der DDR propagiert hatte. Ulbricht feuerte sie alle aus dem ZK bzw. aus dem Politbüro; Ziller hatte bereits im Dezember 1957 Selbstmord begangen.

Die SED-Führung überstand in diesen Jahren auch unangefochten den abenteuerlichen Kurs, den Nikita S. Chruschtschow mit der Sowjetunion steuerte. Am 27. November 1958 schlug Moskau plötzlich in einer Note den drei Westmächten vor, West-Berlin in eine entmilitarisierte Freie Stadt umzuwandeln. Chruschtschow forderte ultimativ die Aufhebung des Viermächtestatuts für Berlin und setzte dem Westen eine Frist von sechs Monaten. Der Vorschlag in Form eines Ultimatums war völlig unrealistisch, bedeutete doch seine Verwirklichung nicht nur den Abzug der drei Westmächte aus der Reichshauptstadt, während die Sowjetunion mit ihren Truppen rund um Berlin präsent blieb, sondern darüber hinaus die Auslieferung West-Berlins an die Gnade oder Ungnade der DDR. Die Ablehnung im Westen war denn auch einhellig. In West-Berlin erwachte der alte Blokkade-Trotz unter der Parole »Bange machen gilt nicht!« Das Berlin-Ultimatum Chruschtschows verriet die innere Sprunghaftigkeit und Unsicherheit der Sowjetführung.

Mehr Sinn machte es, als die Sowjetunion am 10. Januar 1959 den Entwurf eines Friedensvertrages mit Deutschland vorlegte, der eine Mixtur aus den Bestimmungen des Potsdamer Abkommens von 1945 und der Stalin-Note vom 10. März 1952, unter Berücksichtigung der inzwischen entstandenen Veränderungen, darstellte. Der Entwurf sah vor, daß beide deutsche Staaten gemeinsam einen Friedensvertrag unterschreiben sollten, der auch im Falle einer Wiedervereinigung Deutschlands in Kraft bleiben und seine Bestimmungen dann auf den einheitlichen deutschen Nationalstaat erstrecken würde. In jedem Fall sollte ein Jahr nach Abschluß des Friedensvertrages der Abzug aller ausländischen Besatzungsstreitkräfte von deutschem Boden erfolgen.

So inakzeptabel die Moskauer Vorstellungen zur Berlin-Problematik waren, so vernünftig schien es, fast eineinhalb Jahrzehnte nach Ende des II. Weltkriegs endlich zu einem Friedensvertrag mit Deutschland zu kommen. Vom 11. Mai bis 20. Juni sowie vom 13. Juli bis 5. August 1959 tagte in Genf eine Außenministerkonferenz der vier Besatzungsmächte, an der zum ersten Mal Beobachterdelegationen der beiden deutschen Staaten teilnahmen, die an »Katzentischen« Platz nehmen mußten. Für das deutsche Volk kam bei dem Palaver, das sich monoton im Kreise drehte, nichts heraus. Doch jedermann hätte an der Tatsache, daß eine DDR-Delegation quasi »gleichberechtigt« mit einer BRD-Delegation auftrat (nämlich genauso minderberechtigt), ablesen können, daß die Zeit für Ost-Berlin, für die DDR arbeitete; und zwar unaufhaltsam. Noch ein Jahrzehnt, so hätte sich jeder vorurteilslose Beobachter sagen müssen, und die DDR hat international mit der Bundesrepublik gleichgezogen.

Die SED-Führung benutzte das Forum der Genfer Außenministerkonferenz, um mit einem spektakulären Vorschlag vor die Öffentlichkeit zu treten. Am 23. Mai 1959 richtete Walter Ulbricht einen Offenen Brief an Konrad Adenauer, mit dem er den Abschluß eines Nichtangriffsvertrages der beiden deutschen Staaten vorschlug. Darin hieß es:

> »Angesichts der Gefahr eines Bruderkrieges auf deutschem Boden und seiner unausbleiblichen Ausweitung zu einem atomaren Weltkrieg unterbreitet die Regierung der Deutschen Demokratischen Republik der Regierung der Deutschen Bundesrepublik den Vorschlag, zwischen beiden deutschen Staaten einen Nichtangriffsvertrag abzuschließen. Ein solcher Vertrag würde davon ausgehen, daß die gegenwärtige Zugehörigkeit beider deutscher Staaten zu den bestehenden militärischen Koalitionen nicht berührt wird.
>
> Im Mittelpunkt dieses Vertrages sollte der feierliche Verzicht auf jede Art von Gewaltanwendung und Drohung mit Gewalt in den Beziehungen zwischen der Deutschen Demokratischen Republik und der Deutschen

Bundesrepublik sowie die Verpflichtung stehen, alle bestehenden und auftretenden Streitfragen ausschließlich mit friedlichen Mitteln im Geiste der Verständigung zu regeln und keinem Gewaltakt oder seiner Vorbereitung Unterstützung zu geben.«

Es braucht kaum noch referiert zu werden, daß Adenauer nicht daran dachte, den Ulbricht-Brief zu beantworten. Noch immer glaubte man in Bonn, die Existenz der DDR ignorieren zu können. Die westdeutsche Bundeswehr stellte inzwischen mit 250000 Mann das Hauptkontingent der Landstreitkräfte im NATO-Kommandobereich Mitte, und noch immer bildeten sich manche Leute in der Bundesrepublik ein, man befinde sich – wie Adenauer erklärt hatte – »im stärksten Bündnis der Welt« und könne mit dem Osten Fraktur reden. Dabei enthielt der Ulbricht-Vorschlag ein völlig neues, hochinteressantes Element, das durchaus wegweisend für künftige Lösungen der Deutschlandfrage sein konnte, indem er eine deutsch-deutsche Teilverständigung vorschlug, durch welche die bestehenden Paktsysteme keineswegs berührt, die Sicherheitsinteressen der vier Mächte und ihrer jeweiligen Verbündeten also mitnichten tangiert wurden.
Zäh und geschmeidig zugleich paßte sich Ulbricht den hektischen Schlingerbewegungen der Chruschtschowschen Politik an, ohne das Eigeninteresse der DDR dabei aus dem Auge zu verlieren. Als die Sowjetführung im Januar 1959 auf dem XXI. Parteitag der KPdSU plötzlich zu einem Siebenjahrplan beim Ausbau der Wirtschaftsproduktion überging und Chruschtschow prahlte, nach Ablauf dieser sieben Jahre, also Anfang 1966, werde die Industrieproduktion des sozialistischen Lagers die aller kapitalistischen Länder übertreffen, brach die SED-Führung kurzerhand ihren eigenen zweiten Fünfjahrplan ab und ging – dem sowjetischen Beispiel folgend – zu einem Siebenjahrplan über, der bis zur Jahreswende 1965/66 laufen sollte. Ulbricht, der sich wieder geschickt der Moskauer Linie angepaßt hatte, verkündete am 20. August 1959:

> »Die Wahrheit ist doch die: Die DDR wird ... auf allen wichtigen Gebieten der Versorgung der Bevölkerung mit Lebensmitteln und Konsumgütern Westdeutschland einholen und zum Teil übertreffen. Obwohl grundsätzlich die Überlegenheit der sozialistischen Gesellschaftsordnung über das kapitalistische System in Westdeutschland schon jetzt feststeht, wird diese Überlegenheit in den nächsten Jahren auf allen Gebieten bewiesen und der Sozialismus durch die Vollendung des Siebenjahrplanes zum Siege geführt.«

Das war natürlich eine reine Propaganda-Behauptung, fern aller damaligen Realitäten. Die westdeutsche Konsumgüter-Produktion lag Ende 1958 um

25 Prozent, die Industrie-Produktion um 30 Prozent in der pro-Kopf-Berechnung über der der DDR. Von »Einholen und Überholen« in den nächsten sieben Jahren konnte also im Ernst keine Rede sein. Allerdings war es in der Tat außerordentlich, was die hart arbeitenden Preußen und Sachsen in den vergangenen drei Jahren seit der Jahreswende 1955/56 zustande gebracht hatten, und zwar unter den ungünstigsten Bedingungen. Die rohstoffarme DDR, deren wirtschaftliche Existenz zu fünfzig Prozent auf Ex- und Import angewiesen war, die Jahr für Jahr 250000 Bewohner durch Flucht bzw. Abwanderung verlor, von denen die Hälfte unter 25 Jahre alt waren, diese mühsam rudernde und ringende Republik hatte sich auf den neunten Platz in der Industrieproduktion der Welt hochgearbeitet! Ihr Außenhandelsumsatz betrug 1958 insgesamt 14 Milliarden Ost-Mark. Ihre Jahres-Produktionszahlen lauteten:

Elektroengergie	37 Milliarden Kwh
Rohbraunkohle	215 Millionen t
Roheisen	1,7 Millionen t
Rohstahl	3,1 Millionen t
PKW	ca. 40000 Stück
Motorräder	ca. 80000 Stück
Kühlschränke	ca. 50000 Stück
Waschmaschinen	ca. 50000 Stück
Fernsehgeräte	ca. 180000 Stück

Der Leistungsstand in der DDR-Landwirtschaft betrug:

Rindvieh je 100 ha	ca. 65 Stück
Schweine je 100 ha	ca. 115 Stück
Getreide je ha	ca. 25 Doppelzentner
Kartoffeln je ha	ca. 160 Doppelzentner
Zuckerrüben je ha	ca. 310 Doppelzentner.

Das hieß konkret, der Lebensstandard in der DDR hatte sich in den letzten drei Jahren, von Ende 1955 bis Ende 1958, erheblich verbessert. Hatten in diesem Zeitraum durchschnittlich 250000 Deutsche pro Jahr das Gebiet zwischen Elbe und Oder verlassen, um nach Westdeutschland oder West-Berlin zu gehen, so sank jetzt, im Jahre 1959, die Fluchtrate unter die Grenze von 150000. Es konnte gar kein Zweifel darüber bestehen, daß das SED-Regime seine Position gefestigt hatte, daß es deshalb hoch an der Zeit war, den westdeutschen »Alleinvertretungsanspruch« preiszugeben, um zu einer positiven Lösung der deutschen Frage zu kommen. Im März 1959 veröffentlichte denn auch die SPD in der Bundesrepublik ihren aufsehenerregenden »Deutschlandplan«, der »eine allmähliche Annäherung in Stufen« vorsah. Eine gesamtdeutsche Konferenz sollte einen »Gesamtdeutschen

Rat« bilden, dessen Aufgabe es war, Gesetze zur Annäherung beider Teile Deutschlands vorzubereiten. Am Ende der Prozedur sollte die Wiedervereinigung über eine freigewählte »Nationalversammlung« bewerkstelligt werden.

Beim Deutschlandplan der SPD vom März 1959 handelte es sich um das erste realistische Wiedervereinigungs-Angebot von westdeutscher Seite, und es wird für immer zu beklagen bleiben, daß die Bonner SPD-Führung schon ein Jahr später umfiel und sich im Sommer 1960, mit einer Umkehr-Rede Herbert Wehners im Bundestag, dem separatistischen Deutschland-Kurs der Bundesregierung anpaßte. Dies war eine verhängnisvolle Weichenstellung in der Deutschlandpolitik der mächtigsten deutschen Arbeiterpartei, die überhaupt erst die Vorbedingungen für den Bau der Mauer im August 1961 schuf. Das Einschwenken der SPD-Führung auf die so lange von ihr bekämpfte Politik des NATO-Bündnisses und der Westintegration vernichtete praktisch die Variante der nationalen Neutralität, die seit der Diskussion um die Stalin-Note vom 10. März 1952 theoretisch immer noch relevant gewesen war. Das politische Kalkül der SPD-Führung für diese drastische »Wende« lag auf der Hand: Herbert Wehner steuerte die große Koalition in Bonn an, wollte die SPD durch den Abwurf von gesamtdeutschem Ballast koalitions- und regierungsfähig machen. Für das Linsengericht der Machtbeteiligung in Bonn verschacherte die SPD-Führung ihren gesamtdeutschen Patriotismus.

Die DDR unter Walter Ulbricht demonstrierte ihrerseits, daß die gesamtdeutschen Bekenntnisse, die ihr ein Jahrzehnt lang so geläufig und vehement über die Lippen geflossen waren, dann, wenn es ernst wurde, zu taktischen Finessen schrumpften. Es klang beinahe wie ein schlechter Aprilscherz, als die vom Deutschlandplan überraschte SED-Führung am 1. April 1959 erklären ließ: »Der sogenannte Deutschlandplan der SPD ist irreal und gegen die Interessen der Arbeiterschaft und des werktätigen Volkes gerichtet«. Aber schon wenige Tage später, als man in Ost-Berlin bemerkte, daß der Deutschlandplan der SPD in den Bonner Regierungskreisen auf schärfste Ablehnung stieß, warf man das Steuer um 180 Grad herum, erklärte den Deutschlandplan der SPD für durchaus »real« und bot dem Parteivorstand der SPD in einem Offenen Brief eine »Aktionsgemeinschaft der Arbeiterparteien« an. Ja, Anfang 1960 proklamierte das Zentralkomitee der SED selbst einen »Deutschlandplan des Volkes«, der monatelang, landauf landab, zu erregten Diskussionen in der Bevölkerung der DDR führte, während er in der Bundesrepublik praktisch nicht zur Kenntnis genommen wurde.

Die großen Propagandaslogans dieser DDR-internen Debatte lauteten: »Konföderation der beiden deutschen Staaten« – »friedliche Koexistenz« –

»Deutschlandplan des Volkes«. Noch hatte sich die SPD-Führung in Bonn nicht von ihrem patriotischen Deutschlandplan losgesagt. Niemals vorher und niemals nachher grassierte das Hoffnungs-Fieber eines »dritten Weges« zwischen Ost und West so stark in der DDR-Bevölkerung wie damals, im Frühjahr 1960. Es gab kaum andere Gesprächsthemen.
Am 7. September 1960 starb der erste und einzige Präsident der DDR, Wilhelm Pieck, im Alter von 84 Jahren. Das Amt des Präsidenten wurde abgeschafft und stattdessen – nach sowjetischem Vorbild – ein »Staatsrat« gebildet. Vorsitzender des neuetablierten Staatsrats wurde Walter Ulbricht. Damit war er – jetzt für alle Welt sichtbar – zum mächtigsten Manne der DDR aufgestiegen, denn als Erster Sekretär des ZK der SED und Vorsitzender des Verteidigungsrates der DDR kontrollierte er nun, nach Übernahme des Amtes als Staatsratsvorsitzender, praktisch sämtliche Lebensbereiche in der ostelbischen Republik. Stellvertreter des neuen Staatsratsvorsitzenden wurden Otto Grotewohl (SED), Volkskammerpräsident Johannes Dieckmann (LDPD), Gerald Götting (Ost-CDU), Heinrich Homann (NDPD), Hanns Prietz (DBD) und Manfred Gerlach (LDPD).

Die Blockparteien

Gewiß handelte es sich dabei nur um leere Titel. Ulbricht und die SED hatten nach wie vor alles fest im Griff. Aber die Stellvertreter-Positionen der bürgerlichen Satellitenparteien im Staatsrat signalisierten doch unmißverständlich, daß es beim System der Blockparteien bleiben würde, daß die ständig wiederkehrenden Behauptungen oder Gerüchte in der Westpresse, die SED würde mit ihren Satellitenparteien demnächst kurzen Prozeß machen, an den politischen Realitäten der DDR vorbeigingen. Wie hatte Walter Ulbricht zu Wolfgang Leonhard gesagt? »Es muß alles demokratisch aussehen. Aber wir müssen alles in der Hand haben.« Nach diesem Motto betrieb Ulbricht seine »Bündnispolitik« gegenüber den nichtmarxistischen Parteien der DDR. Die Ost-CDU, deren spezielle Aufgabe es lange Zeit war, die Kontakte zwischen der SED und den christlichen Kirchen in der DDR zu vermitteln und die 1946 noch – als zweitstärkste Partei der SBZ – über 220000 Mitglieder verfügt hatte, war bis 1960 auf ein knappes Drittel ihres Bestandes (70000 Mitglieder) geschrumpft. Daran hatten auch unterwürfige Loyalitäts-Erklärungen gegenüber der SED-Führung nichts geändert wie die des Partei-Hauptvorstandes aus dem Jahre 1958:

> »Alle demokratischen Kräfte, die an der Sicherheit eines dauerhaften Friedens und an der Schaffung einer sozial gerechten Gesellschaftsordnung interessiert sind, haben sich im Kampf für die Verwirklichung dieser hohen Ziele um die Arbeiterklasse und ihre Partei geschart. Ihr gebührt die von allen anderen Parteien und Massenorganisationen unseres Staates anerkannte führende Rolle im Aufbau des Sozialismus.«

Die »Demokratische Bauernpartei Deutschlands«, die etwa sechzigtausend Mitglieder umfaßte, hatte sich inzwischen als verlängerter Arm der SED auf dem Lande entpuppt und schickte sich gerade jetzt, 1959/60, an, eine Vorreiterrolle bei der Zwangskollektivierung der Landwirtschaft zu spielen. Die LDPD, die Ost-Liberalen, die 1948 noch zweihunderttausend Mitglieder in ihren Reihen gezählt hatten, war inzwischen auf die Zahl von 70000 gerutscht. Ihre Aufgabe war es, den Besitzern der verbliebenen »privatkapitalistischen« Betriebe das Angebot staatlicher Beteiligung schmackhaft zu machen. Die NDPD, die ihren Mitgliederstamm von 1948

bis 1951 verfünffacht hatte (von 20000 auf 100000), wirkte insbesondere auf die privaten Handwerker ein, sich den von der SED propagierten Produktionsgenossenschaften des Handwerks (PGH) anzuschließen.
Zweifellos stellten die Blockparteien nur Machtinstrumente zur Herrschaftsausübung der SED dar. Auf außen- und gesellschaftspolitische Entscheidungen blieben sie ohne jeden Einfluß. Andererseits war nicht zu verkennen, daß sie in Detailfragen der Wirtschafts- und Sozialpolitik den Resten des Bürgertums zwischen Elbe und Oder begrenzte Überlebensräume zu schaffen vermochten. So wenig das untere und mittlere Funktionärskorps der SED ihnen Beachtung oder gar Hochachtung schenkte, so erfreuten sie sich doch des ausgesprochenen Wohlwollens von Ulbricht und Grotewohl, ja, es war bekannt, daß Walter Ulbricht beispielsweise zu Heinrich Homann von der NDPD, einem ehemaligen Reederssohn aus Bremen und Major der Wehrmacht, ab 1943 Mitglied des »Nationalkomitees Freies Deutschland«, ein besonders gutes Verhältnis entwickelt hatte. Er zog ihn entschieden dem Linksintellektuellen Dr. Bolz vor, der pro forma an der Spitze der NDPD stand und der mit seinen exzellenten Russisch-Kenntnissen und intimen Beziehungen nach Moskau Ulbricht seit langem ein Dorn im Auge war. Es war ohne Frage ein taktischer Fehler, daß man in der Bundesrepublik den DDR-Blockparteien die kalte Schulter zeigte, daß man niemals den Versuch machte, mit ihnen – wie selbstverständlich auch mit der SED – harte gesamtdeutsche Gespräche zu führen, sie in taktische Diskussionen zu verwickeln. Dies wurde auf der 63. Tagung des Hauptausschusses der »Nationaldemokratischen Partei Deutschlands« (NDPD) auch unmißverständlich zum Ausdruck gebracht. Allgemein mokierte man sich über die Tatsache, daß man in der Bundesrepublik sehr wenig von den Blockparteien in der DDR wußte.
Einiges war immerhin von Ost-CDU und Ost-LDP bekannt, weil sie ursprünglich Glieder der im Westen bestehenden CDU/CSU und der FDP waren und weil eine Reihe führender Funktionäre nach dem Westen übergewechselt und hier über Erlebnisse und Erfahrungen berichtet hatte. Wer aber kannte auch nur dem Namen nach die NDPD?
Als sie begründet wurde, gab es bei den politisch Interessierten ein erhebliches Aufsehen. War das doch noch in der Zeit, als jeder ehemalige Offizier oder Berufssoldat, jeder ehemalige NSDAP-Angehörige oder HJ-Führer als Verbrecher behandelt wurde, als Hunderttausende in den Internierungslagern saßen. Da war es eine politische Sensation, als die Sowjets in ihrer Besatzungszone eine Partei zuließen, die es sich offiziell zur Aufgabe setzte, die ehemaligen Offiziere, Soldaten und NSDAP-Angehörigen zu gleichberechtigter politischer Mitarbeit in der Gesellschaft heranzuführen.

Allerlei Verdacht und Spekulationen knüpften sich an diesen Akt. Im Westen sah man das Gespenst von Rapallo und Tauroggen erstehen, fürchtete man ein Kampfbündnis von Kommunisten und Nationalisten, dessen Spitze gegen die westliche Welt gerichtet sei. Die Anhänger einer echten Aussöhnung zwischen Deutschland und der Sowjetunion auf dem Boden der Gleichberechtigung wiederum sahen darin eine politische Chance.

Es fing auch vielversprechend an. Die ersten Nummern der »National-Zeitung«, die heute noch das Zentralorgan der NDPD ist, waren betont national, die außenpolitische Tradition Preußens, von Friedrich dem Großen über 1813 bis zu Bismarck und Rathenau, schien – den neuen Realitäten angepaßt – eine Wiederbelebung zu erfahren. Auf den ersten Versammlungen der neuen Partei, die in fast allen bedeutenden Städten der Ostzone abgehalten wurden, ging es hoch her: Zusammenstöße und scharfe Diskussionen mit begriffsstutzigen Block-Partnern waren an der Tagesordnung. Das Nationalkomitee Freies Deutschland und der Bund Deutscher Offiziere schienen in Schwarz-Weiß-Rot wiederaufzuerstehen und eine echte Aufgabe zu erhalten.

Schienen allerdings nur. Denn nun begannen die Sowjets wieder das plumpe, dumme Spiel, das so sehr ihren eigenen Interessen schadete und das sie bereits in Rußland mit den Offizieren des Nationalkomitees getrieben hatten. Die Chefredakteure der »National-Zeitung« verschwanden in der Versenkung, sobald sie sich nicht sklavisch an die vorgeschriebene SED-Linie hielten, und der ganzen Partei wurde das erbärmliche Schicksal der Ost-CDU und der Ost-LDP bereitet: Sie alle durften nur noch hörige Gefolgsleute der SED sein.

Wenn man mit NDPD-Funktionären darüber sprach, zuckte kein Muskel in ihrem Gesicht. Sie hüteten sich peinlich, ihre wahren Gefühle zu verraten. Statt dessen wiesen sie auf ihre Verdienste an der Entwicklung der DDR hin: sie hätten die ehemaligen Nationalsozialisten und Offiziere gleichberechtigt in das gesellschaftliche Leben eingegliedert, sie hätten sich um die Würdigung der nationalen Traditionen von 1813 bis 1815 verdient gemacht, es durchgesetzt, daß die Nationale Volksarmee die traditionellen deutschen Uniformen bekam, und maßgebend an ihrem Aufbau mitgearbeitet, sie seien die berufenen Interessenvertreter des Mittelstandes und der Handwerker in der DDR und hätten hier schon manches Unheil der SED verhüten können.

Mochte das mehr oder weniger zutreffen, es blieb kümmerlich genug. Was hätte eine solche Partei, selbstverständlich auf dem Boden des Sozialismus und der Ostorientierung, in voller Freiheit und Unabhängigkeit Segensreiches bewirken können: die Industrie hätte verstaatlicht und die Landwirtschaft kollektiviert werden können, *ohne* daß Einzelhändler, Gastwirte, Hotelbesitzer und Handwerksbetriebe in ihrem privaten Besitz und Aufbaustreben angetastet worden wären. Die DDR hätte von Beginn an anders ausgesehen, und es wäre der Anfang mit einem eigenständigen deutschen Sozialismus gemacht worden. Der Sozialismus in Ostelbien hätte eine pragmatische Form erhalten, *ohne* zu einem marxistisch-bolschewistischen Dogma zu entarten.

Parteiinterne Meinungsverschiedenheiten waren in den Blockparteien Anfang 61 beträchtlich und spiegelten – pars pro toto – die Verwirrung und Verunsicherung der DDR-Bevölkerung in allen Fragen der Deutschlandpolitik wider. Insbesondere war es die Zwei-Staaten-Theorie der SED, die weithin Unbehagen auslöste. So erklärten die NDPD-Mitglieder in Worbis: »Es kann keine Seite von einem rechtmäßigen deutschen Staat sprechen! Zur Zeit gibt es zwei deutsche Staaten, und die Zukunft muß zeigen, welcher Staat rechtmäßig ist.« Das war eine sehr geschickte Formulierung, die zwar von der bestehenden Realität zweier deutscher Staaten ausging, aber keinen Zweifel daran ließ, daß man sie als vorübergehende Provisorien, daß man sie lediglich als Teil-Staaten betrachtete, von denen keiner das Recht hatte, sich als alleiniger Repräsentant der deutschen Nation aufzuspielen. Im NDPD-Kreisvorstand Gotha erhob sich die Meinung, man könne doch die von der DDR propagierte »dynamische Koexistenz« nicht auf die Verhältnisse in Deutschland übertragen, da man sich dann ja »in die inneren Angelegenheiten der Bonner Regierung einmischen würde«, was man für sich selbst, die DDR, entschieden ablehne. Auf einer Mitgliederversammlung in Berlin-Köpenick wurde die Frage laut: »Wie ist es möglich, überhaupt zu gemeinsamen Auffassungen zu gelangen, wenn die Gesellschaftssysteme verschieden sind?« Dahinter verbarg sich die Befürchtung, die DDR-Führung könne mit ihrem Konföderations-Angebot ein unehrliches Spiel treiben, wie es die Bevölkerung soeben mit Befremden an den wechselnden DDR-Standpunkten zum Deutschlandplan der SPD wahrgenommen hatte. Besondere Unruhe hatte ganz offensichtlich ein überraschender Vorschlag Ulbrichts für einen zehnjährigen Frieden zwischen beiden deutschen Staaten ausgelöst. Die NDPD-Parteimitglieder von Eberswalde fragten ärgerlich, warum nicht überhaupt von einem Friedensvertrag gesprochen würde, was denn eine Begrenzung auf zehn Jahre bedeuten sollte. Ein Mechanikermeister aus Schwerin wurde noch deutlicher und fragte: »Was heißt zehn Jahre Frieden? Ich denke, wir wollen einen dauerhaften Frieden haben!« Die NDPD-Mitgliederversammlung in Dorndorf (Kreis Jena-Land) artikulierte eine Befürchtung, die in der gesamten DDR-Bevölkerung umging, als sie die Frage stellte: »Was nützen die vielen Vorschläge, wenn doch keiner verwirklicht wird?« Ein Ost-Berliner

NDPD-Mann rief auf einer Parteiveranstaltung erregt aus: »Heißt das, die Wiedervereinigung für zehn Jahre abschreiben?«
Die SED-Führung hatte 1959 und 1960 ganz offenbar falsch taktiert. Die Stimmung in der Bevölkerung war zu Beginn des Jahres 1961 plötzlich wieder hektisch und nervös. Die Deutschen in der DDR hatten ihre gesamtdeutschen Hoffnungen, die sie ungeachtet aller Enttäuschungen doch niemals preisgaben, auf die Konföderations-Angebote der Jahre 1957 und 1958 gesetzt. Das Hin und Her der SED gegenüber dem SPD-Deutschlandplan und Ulbrichts absurder Vorschlag eines auf zehn Jahre begrenzten innerdeutschen Friedens hatten eine Atmosphäre der Ungewißheit und des Mißtrauens erzeugt, die sich in zwei Fragen manifestierte, die in den Betrieben oder auf Parteiversammlungen immer aggressiver aufgeworfen wurden:

> »Was heißt zehn Jahre Frieden? Soll es denn im elften Jahr Bruderkrieg geben?«
>
> und
>
> »Bedeutet das nicht, sich mit solchen Angeboten rückwärts zu bewegen und die weiterreichenden Vorschläge wie Konföderation der beiden deutschen Staaten und die atomwaffenfreie Zone in Mitteleuropa für zehn Jahre auf Eis zu legen?«

Die Zwangskollektivierung

Die nervöse, gereizte Stimmung in der DDR-Bevölkerung zu Beginn des Jahres 1961 hatte aber noch andere Gründe. Seit 1960 war die Zwangskollektivierung der Landwirtschaft angelaufen. Die Atmosphäre von Furcht, Haß und Wut hatte von den Dörfern auf die Städte übergegriffen.

Der prozentuale Anteil der Landwirtschaftlichen Produktionsgenossenschaften (LPG) an der Nutzfläche der DDR hatte Ende 1954 etwa 14,3 Prozent betragen. Mit mehr oder weniger »sanftem« Druck war dieser Status in den nächsten fünf Jahren, bis zum 31. 12. 1959, bis 43,5 Prozent verändert worden. Am folgenden Tag hatte der Rat des Kreises Eilenburg im Fanfarenton bekanntgegeben, Eilenburg sei der »erste vollgenossenschaftliche Kreis der DDR«.

Selbstverständlich war das eine vom ZK der SED ausbaldowerte Sache gewesen, im Sinne des Mottos, nach dem die Partei in allen Fragen der revolutionären Umgestaltung verfuhr: zuerst ein regionales künstliches Modell schaffen – dann auf breitester Ebene, mit Hilfe aller Zwangsmittel agitieren! Und in den nächsten zwölf Monaten des Jahres 1960 war dann eine Kampagne unvorstellbaren Ausmaßes über die Bauernschaft der DDR hereingebrochen. SED-Agitationsgruppen überschwemmten die Dörfer, fuhren Lautsprecherwagen vor den Bauernhäusern auf, suchten mit Druck und Drohungen die Landwirte zum »freiwilligen« Eintritt in die Genossenschaften zu pressen. »So manche Träne ist damals geflossen!«, gestand mir zehn Jahre später in einem Fernsehinterview der stellvertretende LPG-Vorsitzende Heinrich Oldenburg von der LPG Dorf Mecklenburg.

Gewöhnlich erschienen Abgesandte vom Rat des jeweiligen Kreises, Abteilung Landwirtschaft (alles selbstredend SED-Mitglieder), bei einem privaten Einzelbauern und verwickelten ihn in langanhaltende Diskussionen, die aus einer Mischung von Vulgärmarxismus und lockenden Versprechungen bestanden. Zeigte sich der Betroffene unnachgiebig oder hartnäckig, sprach er darüber auch mit anderen Bauern des Dorfes, dann zogen die SED-Abgesandten plötzlich andere Seiten auf. Nun war auf einmal von »staatsfeindlichen Umtrieben und Sabotage« die Rede; das Erscheinen des gefürchteten Staatssicherheitsdienstes stand jeden Augenblick zu befürchten. Spätestens nach fünf, sechs Monaten war der Bauer dann so weit, daß er entweder seinen »freiwilligen« Beitritt zur LPG erklärte oder sich bei Nacht und Nebel nach West-Berlin absetzte.

Am Ende des Jahres 1960 konnte die SED-Presse triumphierend verkünden, daß sich fast 85 Prozent der landwirtschaftlichen Nutzfläche der DDR in den Händen von Produktionsgenossenschaften befanden. Was sie dagegen *nicht* berichtete, war die Tatsache einer sprunghaft angestiegenen Fluchtbewegung aus der DDR. Hatte die Flüchtlingszahl für 1959 klar unter 150000 gelegen, so schnellte sie 1960 um beinahe fünfzig Prozent nach oben: zweihunderttausend Deutsche verließen in diesem Jahr die DDR.

Kein Wunder, daß sich die Stimmung der Bevölkerung in der ersten Jahreshälfte 1961 rapide verschlechterte. Wachsende Befürchtungen im Blick auf die ungelöste nationale Problematik verbanden sich mit handfesten Ärgernissen materieller Art, so daß sich Zorn und Opposition stauten, ähnlich wie in den letzten sechs Monaten vor dem 17. Juni 1953. Der Zuwachs in der Industrieproduktion der DDR sank 1961 im Vergleich zu 1959 um fast vierzig Prozent. Die überstürzte Zwangskollektivierung und die damit verbundene Massenflucht führte nun dazu, daß weite landwirtschaftliche Nutzflächen nicht oder nur ungenügend bestellt wurden. Die Folge war eine erneute Ernährungskrise. Der stellvertretende DDR-Ministerpräsident Willi Stoph mußte am 13. Juni 1961 eingestehen, »daß es zur Zeit bei der Versorgung mit Fleisch, Milch und Butter eine Reihe Schwierigkeiten gibt«. Das war äußerst milde ausgedrückt. Die Fluchtbewegung stieg sprunghaft an. Waren 1959 monatlich etwa 12000 Bürger der DDR nach Westen abgewandert, so erreichte die monatliche Fluchtrate in der ersten Jahreshälfte 1961 beinahe die doppelte Höhe, nämlich 20000 pro Monat. Und die Westmedien gossen täglich Öl ins Feuer. Eine »Abstimmung mit den Füßen« nannten sie triumphierend die Massenflucht der Deutschen aus dem Land zwischen Elbe und Oder.

Selbstredend, die Zwangsmethoden der SED waren verwerflich. Sie unterschieden sich jedoch fundamental von den Praktiken Stalins und der sowjetischen Kommunisten, die dreißig Jahre zuvor, von 1928 bis 1932, das »Kulakentum« bekämpft, die bäuerlichen Menschen Rußlands in die Kolchosen getrieben und im Zuge dieser Terrorkampagne etwa fünfzehn Millionen Menschen auf verbrecherische Weise vom Leben zum Tode gebracht hatten. Davon konnte in der DDR auch nicht annähernd die Rede sein. Und in der Sache selbst? Der Nationalkommunist Richard Scheringer, selbst ein erfahrener bayerischer Landwirt, erklärte 1982 vor der TV-Kamera:

> Eine der größten historischen Leistungen Ulbrichts als Staatsmann war meiner Meinung nach die Zusammenfassung der Einzelbauernschaft in landwirtschaftliche Produktionsgenossenschaften. Das war ein umwäl-

zender und schwerer Weg. Aber die DDR hat hier ein Beispiel in landwirtschaftlicher Beziehung geschaffen, das sich wirklich sehen läßt. Ulbricht hat mal zu mir gesagt: »Wir sind keene Spezialisten für Großbauern, ja? Aber die Großbauern, die sollen ooch in die Produktionsgenossenschaften! Die sollen ihre Fähigkeiten und Erfahrungen dort einbringen.« Und das ist im allgemeinen – bis natürlich auf 'ne Reihe von Ausnahmen, die abgehauen sind – ja auch gelungen. Und heute, wenn der Mironovskaya bis auf die höchsten Höhen des Thüringer Waldes wächst, dann ist das mit ein Verdienst des Walter Ulbricht gewesen.

In der Tat, zehn Jahre nach der Zwangskollektivierung, 1970, überwand die DDR-Landwirtschaft ihre Krisenerscheinungen und stand – innerhalb des Ostblocks – einzigartig da. Und wiederum fünf Jahre später, 1975, hatte die DDR eine Getreideernte von 9 Millionen t (Bundesrepublik 18 Millionen t), einen Rinderbestand von 5,7 Millionen (Bundesrepublik 14,3 Millionen) und einen Schweinebestand von 11,4 Millionen (Bundesrepublik 20 Millionen).
Jetzt allerdings, Mitte des Jahres 1961, sah es für die DDR dramatisch aus. Seit dem Sommer 1946 hatten annähernd drei Millionen Menschen den Raum zwischen Elbe und Oder verlassen. Von ursprünglich zwanzig Millionen Deutschen wohnten nur noch siebzehn Millionen ostwärts der Demarkationslinie, in den künstlichen Grenzen zwischen Elbe und Oder.

Der Mauerbau

Die DDR war im Frühsommer 1961 dabei, bevölkerungspolitisch auszubluten. Von Januar bis Juni flohen über 100000 Menschen; im Monatsdurchschnitt 20000. Dann schnellte die Fluchtziffer weiter empor: 30000 Flüchtlinge im Juli. In den ersten zwölf Tagen des August, bis zum Mauerbau, wechselten sogar 40000 Deutsche von Ost nach West; also täglich 3500 Menschen. Das Schlimmste für die SED-Führung war der permanente Abfluß hochqualifizierter und jugendlicher Arbeitskräfte.

In den sieben Jahren von 1954 bis 1961 verlor die DDR durch Flucht und Abwanderung:

5660 Ärzte, Zahnärzte und Apotheker,
17082 Ingenieure und Techniker
18155 Rechtsanwälte, Universitätslehrer und Lehrer,
22113 Studenten und Abiturienten.

Das war ein Aderlaß von 63000 Fach- und Führungskräften; etwa vier Prozent der gesamten Fluchtstatistik. Noch verheerender für die DDR war, daß hauptsächlich junge Menschen nach Westen flohen. Denn während der Anteil der mehr als 65jährigen unter den Flüchtlingen nur 5,4 Prozent betrug, lag derjenige der unter 25jährigen bei 50,3 Prozent, derjenige der unter 45jährigen bei 76,2 Prozent. Von jeweils vier Flüchtlingen standen also drei im besten Arbeitsalter.

Das konnte so nicht weitergehen. Die DDR blutete nicht nur aus, sie war dabei zu vergreisen und zu »verbauern«, ihre gesamte Jugend und Intelligenz einzubüßen.

Anfang Juni 1961 trafen sich US-Präsident Kennedy und Nikita S. Chruschtschow in Wien. Kurz darauf reiste der ehemalige US-Hochkommissar für Westdeutschland, John J. Mc Cloy, an das Schwarze Meer und verbrachte dort mehrere Wochen im trauten tête-à-tête mit dem Kreml-Boß. War zwischen den beiden Supermächten, gewissermaßen augenzwinkernd, etwas im Gange? Jedenfalls begannen sich die Ereignisse im Sommer 1961 zu überstürzen:

15. Juni: Walter Ulbricht erklärte auf einer internationalen Pressekonferenz in Ost-Berlin zum Thema der Fluchtbewe-

	gung: »Niemand hat die Absicht, eine Mauer zu errichten!« Warnte aber vor weiterer Fluchteskalation.
21. Juli:	SED-Agitationschef Albert Norden goß Öl ins Feuer: »Es kann Krieg geben, wenn dieser Westberliner Unruheherd bestehen bleibt und die Westberlin-Frage nicht gelöst wird.«
26. Juli:	Ost-Berlins Oberbürgermeister Ebert stieß in dasselbe Horn: »Der Provokationsherd Westberlin und sein Mißbrauch als Stützpunkt des Kalten Krieges werden in jedem Fall beseitigt werden.«
1. August:	Im Ost-Berliner Glühlampenwerk konstituierte sich mit Propagandagetöse ein »Betriebskomitee zum Kampf gegen den Menschenhandel«.
2. August:	In einem Interview mit dem Londoner »Evening Standard« erklärte Ulbricht auf die Frage, ob es richtig sei, daß er keineswegs die Absicht habe, die Grenzen zu schließen: »Das ist richtig. Voraussetzung ist aber, daß die andere Seite friedliche Absichten bezeugt, indem sie zu normalen Beziehungen übergeht.«
3.–5. August:	Die Ersten Sekretäre der Staatsparteien des Ostblocks faßten in Moskau den geheimen Beschluß, quer durch Berlin und Deutschland eine Mauer zu bauen, um der dramatisch ansteigenden Fluchtbewegung aus der DDR einen Riegel vorzuschieben.
10. August:	Walter Ulbricht erklärte im Ost-Berliner Kabelwerk öffentlich: »Wir haben uns mit unseren sowjetischen Freunden und den Vertretern aller Staaten des Warschauer Vertrages beraten und sind übereingekommen, daß wir nicht länger unsere Geduld mißbrauchen lassen wollen. Wir sind übereingekommen, daß der Zeitpunkt gekommen ist, wo man sagen muß: bis hierher und nicht weiter!«

Drei Tage darauf, in den frühen Morgenstunden des 13. August 1961, erfolgte der furchtbare Schlag: Bewaffnete Einheiten der DDR-Bereitschaftspolizei und der Betriebskampfgruppen zogen auf der 50 km langen Demarkationslinie zwischen West- und Ost-Berlin Stacheldrahtverhaue und riegelten die 115 km lange Zonengrenze rund um West-Berlin hermetisch ab. Am 22. August 1961 wurde den West-Berlinern das Betreten des Ostsektors generell untersagt.

Den Deutschen in der DDR verschlug es die Sprache. Resignation und Hoffnungslosigkeit breiteten sich mit Windeseile aus. Es ging für die meisten DDR-Bewohner im Augenblick gar nicht um konkrete Fluchtmöglichkeiten. Aber der Bau einer Mauer, der wenige Tage nach dem 13. August einsetzte, signalisierte das unwiderrufliche Ende der gesamtdeutschen Freizügigkeit. Die Deutschen zwischen Elbe und Oder sahen sich eingesperrt, fühlten sich wie die Insassen eines riesigen Konzentrationslagers.

Das Schlimmste für die Menschen war die höhnisch-triumphierende Agitationssprache der SED-Gazetten in den ersten achtundvierzig Stunden. »Aua!« – »Getroffene Hunde bellen!« – »Der Schlag hat gesessen!« – »Wir haben nicht nur die Stärke der Argumente, sondern auch die Argumente der Stärke!«, so lauteten die SED-Schlagzeilen. Auf einmal brüstete sich die DDR-Führung, die ein Dutzend Jahre lang Adenauers »Politik der Stärke« angegriffen hatte, selbst mit militärischer Stärke. Die Ost-Berliner Presse veröffentlichte ein Foto des damaligen gesamtdeutschen Ministers Ernst Lemmer und schrieb dazu: »Belemmert guckt er aus der Wäsche, der Bonner Minister für Menschenhandel. Aus ist es mit seinem Geschäft! Steht nicht in jeder Falte des schlaffen Gesichts jämmerliche Ratlosigkeit? Die Maßnahmen unserer Regierung haben auch Lemmer die Petersilie verhagelt!« Der Spott und der Hohn über den Westen wurden ergänzt durch handfeste Drohungen gegen die eigene Bevölkerung: »Wir brauchen Gewalt? Jawohl, und zwar gegen alle diejenigen, die vernünftiger Überlegung nicht zugänglich sind.« Das SED-Boulevardblatt »BZ am Abend« warnte: ». . . mit Irregeführten werden wir geduldig, aber nicht endlos diskutieren!« SED-Propagandist Gerhard Eisler erklärte in einer Rundfunkdiskussion: »Wir wollen aber auch die Frage erörtern, wie die Bürger unserer Republik über die neuen Maßnahmen unserer Regierung denken. Einige werden sie vielleicht nicht gleich begreifen. Nun gut, wir werden sie zu überzeugen versuchen. Aber ich rate niemandem, sich gegen die Anordnungen der DDR aufzulehnen, sich gegen sie zu vergehen. Wir lassen nicht mit uns spielen! Mögen das alle bei uns begreifen, deren Köpfe noch unklar, deren Seelen zerrissen sind. Dem Freunde die Hand; aber dem Feinde die Faust!«

Deprimierender noch als alles andere wirkte es auf die Deutschen in der DDR, daß die SED-Kommentatoren mit aller Gemütsruhe erklären konnten, die Deutschen in der Bundesrepublik hätten die Ereignise in Berlin mit großer Gleichgültigkeit aufgenommen, die westdeutschen Nachrichtenagenturen hätten berichtet, daß die Leute in Hamburg, München, Hannover wie eh und je ins Grüne gefahren seien, ohne auch nur eine Spur von Anteilnahme am furchtbaren Schicksal ihrer Landsleute zu zeigen. Und in der Tat: Bundeskanzler Adenauer fuhr am 13. August 1961 nicht in die unglückliche Hauptstadt Deutschlands, Berlin, sondern zu einer gewöhnlichen CDU-Veranstaltung, in Regensburg. Erst nach neun Tagen, am 22. August 1961, betrat Adenauer den ihm so verhaßten preußischen Boden. Das alles bekam die DDR-Bevölkerung mit. Sie erfuhr auch, daß der britische Premierminister Harold Macmillan in seinem Urlaub ungerührt erklärt hatte, die Teilung Berlins sei nicht illegal und bedeute keinen Bruch der Vereinbarungen.

Wer trug nun die Verantwortung für den Bau der »Schandmauer«, wie das monströse Bauwerk schon bald von der Westpresse getauft wurde? Jahre- und Jahrzehntelang hieß es in der Bundesrepublik: »Walter Ulbricht; wer sonst?!« Immer und immer wieder wiederholte die Westpropaganda Ulbrichts Erklärung vom 15. Juni 1961 »Niemand hat die Absicht, eine Mauer zu errichten«, um den DDR-Diktator der bewußten Lüge zu überführen. Erst Anfang der achtziger Jahre änderte sich das Bild, als man Näheres über die Vorgeschichte des Mauerbaues erfuhr. Der langjährige hohe SED-Funktionär Professor Dr. Wolfgang Seiffert berichtete mir 1982 in einem Fernsehinterview:

> »Im Frühjahr bzw. Sommer 1961 war der SED-Führung – und wie man inzwischen weiß, nicht nur der SED-Führung, sondern auch den politischen Führungskräften des Westens wie des Ostens – absolut klar, daß gegen den Flüchtlingsstrom aus der DDR in die Bundesrepublik, der immer mehr zunahm, irgend etwas unternommen werden mußte. Es wird im Westen dazu oft gesagt, Walter Ulbricht hätte den Bau der Mauer, so wie er dann am 13. August 1961 erfolgt ist, von vornherein so im Sinn gehabt. Das ist nicht zutreffend. Die Variante Ulbrichts war eine andere. Er wollte, daß die Sowjetunion den zivilen Flugverkehr von und nach Berlin-West ausschließlich über den DDR-Flughafen Berlin-Schönefeld laufen ließ. Das hätte ihm die Möglichkeit gegeben, den Flüchtlingsstrom unter Kontrolle zu bringen und abzubremsen, ohne eine Mauer quer durch Berlin zu errichten. Diese Variante war für ihn mit seiner Konzeption verbunden, die völkerrechtliche Anerkennung der DDR zu erreichen, und sie sollte zugleich seinen gesamtdeutschen Ambitionen dienen.
>
> Diese Auffassung konnte er aber gegen die Sowjetunion nicht durchsetzen. Die Sowjets befürchteten, daß die Ulbricht-Variante das Prestige der drei Westmächte zu sehr in Frage stellen und daß es die UdSSR zu stark ins Risiko ziehen würde. Sie waren daher für zwei andere Varianten; nämlich:
>
> erstens, eine »Mauer« quer durch Berlin zu bauen, und zwar in der Weise, daß zunächst Stacheldraht ausgelegt und – wenn die Westmächte diesen Draht nicht gewaltsam wegräumen würden – daraus allmählich eine richtige Mauer ausgeformt würde, oder

zweitens, falls die Westmächte doch den Stacheldraht beseitigen würden, eine Mauer nicht quer durch Berlin, sondern rund herum um ganz Berlin zu bauen, so daß der Ostsektor Berlins nach wie vor frei zugänglich geblieben wäre, die eigentliche DDR aber nicht.
Die Entscheidung zugunsten dieser beiden flexiblen Varianten ist erst vom 3. bis 5. August 1961 auf der Geheimkonferenz des Warschauer Paktes in Moskau getroffen worden, während Ulbricht bis dahin immer noch gehofft hatte, er könne seine Variante durchsetzen. Deshalb ist sein Zitat, er wolle die Bauarbeiter Berlins bzw. der DDR nicht zum Bau einer Mauer einsetzen, nicht zynisch zu verstehen, sondern entsprach in der Tat den Absichten Ulbrichts.«

Die Spaltung Deutschlands war seit dem schwarzen Sonntag, seit dem 13. August 1961, nun regelrecht betoniert worden. Es war dies das konsequente Ergebnis der stalinistischen Zwangspolitik, die von der SED-Führung gegenüber der eigenen Bevölkerung praktiziert wurde. Zugleich war der Mauerbau aber auch eine direkte Folge jener antinationalen Separationspolitik, die Bonn seit einem Dutzend Jahren betrieben hatte. In zwei großen Phasen war die Schlacht um Deutschland verloren gegangen: In der ersten Phase, von 1950 bis 1955, hatte noch der *nationale Einheitsstaat* zur Debatte gestanden; und es war vor allem Adenauers *Aktivität* gewesen, die eine solche Lösung zunichte gemacht hatte. In der zweiten Phase, von 1955 bis 1960, hätte immerhin noch ein *nationaler Staatenbund* erkämpft werden können; aber nun war es die Bonner *Passivität gewesen,* die jeden Ansatz zur Lösung der deutschen Frage verhindert hatte.
Im übrigen, war der 13. August 1961 für die herrschenden politischen Kreise wirklich so überraschend gekommen? Der Mauerbau, so unmenschlich er sich auswirkte, war ja angesichts der Fluchtbewegung unvermeidlich gewesen. Oder hätte sich das Land zwischen Elbe und Oder von Deutschen entvölkern sollen? Wenn der Flüchtlingsstrom in demselben Umfang wie in den fünfzehn Jahren von 1946 bis 1961 weitergegangen wäre, dann würden heute, 1988/89, bestenfalls noch elf bis zwölf Millionen Deutsche in den Grenzen der DDR leben! Wahrscheinlich wären inzwischen schon Millionen Polen, von Osten kommend, »nachgerückt«.
So furchtbar, ja unerträglich die Mauer das Leben der DDR-Bewohner belastete und nach wie vor bis heute belastet, im gesamtdeutschen Interesse war ihr Bau eine Notwendigkeit gewesen. Ja, man darf weitergehen und sagen: ein Glück, daß die Westmächte nicht reagierten, daß sie den Stacheldraht in der Viersektoren-Stadt nicht abräumten! Denn was wäre die mutmaßliche Folge gewesen? Ost-Berlin wäre zu einer Art ungeliebter Dependance der DDR hinter der Mauer herabgesunken, abgeriegelt vom

eigenen Hinterland, und die SED-Führung hätte um der inneren Konsolidierung willen immer mehr Regierungsbehörden nach Dresden verlagert, wo mit der Zeit eine Art »zweites Bonn« entstanden wäre. Das hätte den Separatisten und antinationalen Kräften in beiden Staaten so gepaßt: Bonn und Dresden als »Hauptstädte« zweier getrennter Republiken, und die *beiden* Teile Berlins gemeinsam eingemauert, ins politische Abseits geschoben und bar jeder gesamtdeutschen Funktion! Eine von niemandem beabsichtigte positive Folge des Mauerbaues war, daß die DDR-Führung nun mit aller Konsequenz daran gehen konnte, den Ostteil Berlins zur »Hauptstadt der DDR« auszubauen. Damit behielt nicht nur ein Teil der alten deutschen Reichshauptstadt, deren Überreste sonst zur politischen Bedeutungslosigkeit herabgesunken wären, Hauptstadt-Funktion. Nein, jetzt bewahrheitete sich auf die ironischste Weise Adenauers Bemerkung von 1946: »Wer Berlin zur neuen deutschen Hauptstadt macht, schafft geistig ein neues Preußen.« Ob die SED-Führung nun wollte oder nicht: Von jetzt, von 1961 an stand sie mit ihrer DDR-Hauptstadt auf den Schultern preußischer Vergangenheit, mußten sich die nicht zu ignorierenden Gesetze der Geschichte und Geographie für die junge Republik immer stärker auswirken. Wer einen Staat besaß, dessen Prachtstraße »Unter den Linden« hieß, mußte – gewollt oder ungewollt, des früheren oder des späteren – seinen Frieden mit den preußischen Traditionen, mit Friedrich dem Großen und Bismarck, mit Scharnhorst und Gneisenau machen.

Für die SED selbst war der 13. August 1961 ungeachtet ihrer rüden Triumphparolen eine eklatante Niederlage. Alle Welt sah, daß diese Partei ihren Staat mit Zuchthausmauern umgeben mußte, wollte sie die Bewohner am Davonlaufen hindern. Die Mauer wurde zum permanenten Makel der DDR. Beeindruckend allerdings war, mit welcher Kälte und Gelassenheit Walter Ulbricht die immensen Belastungen des internationalen Ansehens seiner Republik wegsteckte. Er ließ sich von der weltweiten Verurteilungswelle nicht beeindrucken. Stur und unerschütterlich sprach er vom »antifaschistischen Schutzwall«, wenn er die Mauer meinte. Aber er gab schließlich auch nach innen das Signal, nun endlich mit den vielen kleinen Privatabrechnungen Schluß zu machen und zur allgemeinen, breiten Versöhnung überzugehen, als er am 31. Dezember 1961 in einem Interview erklärte:

> »Geduld und Verständnis bringen wir den Bürgern entgegen, die ehrlich mitarbeiten, auch wenn sie noch nicht alle komplizierten Fragen unserer Lage, unseres sozialistischen Aufbaues und unseres nationalen Kampfes verstehen. Sie betrachten wir als Freunde, als zu unserer großen Familie gehörig, auch wenn wir uns mit ihnen hier und da streiten müssen . . .«

Den Begriff der »großen Familie« hatte Ulbricht für die Gesamtgesellschaft der DDR bis dahin noch niemals gebraucht. Hier wurde ein wichtiges Signal für die Zukunft gesetzt. Wir werden uns daran erinnern müssen, wenn wir uns mit dem VI. Parteitag der SED, Anfang 1963, beschäftigen. Vorerst jedoch werden wir prüfen müssen, welche Stellung die DDR-Führung zur Deutschland-Problematik nach dem Bau der Mauer einnahm.

Die Übergangsphase

Noch immer standen pro forma Chruschtschows Berlin-Ultimatum vom November 1958 und seine diversen Androhungen im Raum, mit der DDR einen Separat-Friedensvertrag abzuschließen, falls die Westmächte sich nicht bereit fanden, zu einem Friedensvertrags-Werk für ganz Deutschland zu schreiten. Niemand wußte Ende 1961 so recht, wie es international weitergehen sollte. Das Zusammentreffen Kennedys und Chruschtschows in Wien hatte Hoffnungen auf eine Entspannung zwischen den beiden Supermächten, auf eine Beendigung des Kalten Krieges, der schon über ein Jahrzehnt andauerte, geweckt. Die Ereignisse vom 13. August in Berlin hatten aber Blütenträume welken lassen. In beiden Teilen Deutschlands triumphierten die »Falken«, führte man eine rüde Sprache, die von gegenseitigen Beleidigungen und Anfeindungen strotzte. Da hätte es eigentlich Wunder wirken müssen, als ein Memorandum der Sowjetführung an die Bundesregierung bekannt wurde, das am 27. Dezember 1961 dem westdeutschen Botschafter Dr. Kroll im sowjetischen Außenministerium überreicht worden war. Die Sprache dieses Memorandums war derart »offen«, also weit entfernt von den üblichen diplomatischen Verbrämungen der jeweiligen Interessenlage, und das Werben um die Bonner Gunst trat derart unverhüllt zutage, daß man eine lebhafte Diskussion an den Gestaden des Rheins hätte erwarten dürfen. Doch weit gefehlt. Das Sowjet-Memorandum wurde in der Bundesrepublik bagatellisiert, und das breite Publikum in Westdeutschland bekam den vollen Wortlaut des Memorandums niemals zu Gesicht. Die wichtigsten Absätze lauteten:

> „Zur Zeit sind die sowjetisch-westdeutschen Beziehungen noch sehr in der Vergangenheit verhaftet. Die Regierung der Bundesrepublik versucht – und sie handelt dabei unserer Meinung nach falsch –, die Verbesserung der sowjetisch-westdeutschen Beziehungen von der Erfüllung verschiedener Vorbedingungen abhängigig zu machen. Richtiger wäre es, von der einfachen Tatsache auszugehen, daß die UdSSR und die Bundesrepublik nebeneinander wohnen und daß es im Interesse beider liegt, nicht auf Kriegsfuß miteinander zu stehen, sondern als gute Nachbarn in Frieden miteinander leben.
>
> Die Regierung der Bundesrepublik glaubt zum Beispiel, die Sowjetunion

müßte ihr behilflich sein, gewisse Pläne mit Bezug auf die DDR durchzuführen. Man sollte sich aber keinen Illusionen hingeben. Die Sowjetunion hat nicht die Absicht, sich in die inneren Angelegenheiten der Deutschen Demokratischen Republik einzumischen. Unsere Beziehungen zur Bundesrepublik können natürlich auf der Grundlage der Berücksichtigung und Achtung der gegenseitigen Interessen aufgebaut werden, auf keinen Fall aber auf Kosten und zum Nachteil anderer Staaten. Wenn die Regierung der Bundesrepublik in ihrer Politik der Lösung der mit der Wiedervereinigung Deutschlands gestellten Aufgabe die ihr zukommende Beachtung schenkt, so wird es für sie das beste sein, darüber unmittelbar mit der Deutschen Demokratischen Republik zu verhandeln. So wie die beiden deutschen Staaten es vereinbaren, wird es nach Ansicht der Sowjetunion gut sein."*

Während man in der Bundesrepublik achselzuckend zur Tagesordnung überging, erregte das Sowjet-Memorandum in der DDR eine ungeheure Aufmerksamkeit. Das Zentralorgan der SED »Neues Deutschland«, das den vollen Wortlaut veröffentlichte, war zum ersten Mal vergriffen. SED-Fernseh-Kommentator Karl Eduard v. Schnitzler schilderte in seiner wöchentlichen TV-Sendung »Der schwarze Kanal« die negativen Reaktionen Bonns auf das Sowjet-Memorandum, das er als eine »Hilfe beim Nachdenken« charakterisierte, und erinnerte an das staatsmännische und nationale Vermächtnis Otto v. Bismarcks, »dessen Stiefel dem westdeutschen Kanzler Adenauer um einige Nummern zu groß sein dürften«.
Dabei blieb es nicht. Schnitzler organisierte eine Life-Sondersendung im DDR-Fernsehen, in der spontane telefonische Fragen aus der Bevölkerung zu beantworten waren. In der nächsten halben Stunde prasselte es Anfragen, wie beispielsweise diese:

»Hat das sowjetische Memorandum eigentlich auch für die DDR eine Bedeutung?«

»Ist denn die DDR überhaupt an guten Beziehungen zwischen Moskau und Bonn interessiert?«

»Warum darf denn die Bundesrepublik nach dem Vorschlag der sowjetischen Denkschrift in der NATO bleiben? Wir sind doch mit Recht dagegen!«

Der Gesandte im DDR-Außenministerium, Gerhard Kegel, der später

---

* Unterstreichung W. V. – Die wichtigsten Passagen des Sowjet-Memorandums vom 27. 12. 1961 in Anhang I.

enthüllen sollte, daß er in der Ribbentrop-Ära an der deutschen Botschaft in Moskau als KGB-Agent der Sowjets tätig gewesen war, antwortete auf die letzte Frage: »Das sowjetische Aide mémoire beschäftigt sich in erster Linie mit den Beziehungen zwischen der Bundesrepublik und der Sowjetunion. Sie können verbessert werden, auch wenn die Bundesrepublik in der NATO bleibt. Für uns in der DDR jedoch sieht die Geschichte anders aus. Für uns geht es um die Lösung der nationalen Frage. Sie müssen und werden wir selbst lösen! Das nimmt uns niemand ab; auch die Sowjetunion nicht. Und zur Lösung dieser Frage gehört der Austritt der beiden deutschen Staaten aus der NATO und aus dem Warschauer Pakt.«
Je länger die Sendung dauerte, desto drängender und erschütternder wurden die Fragestellungen. Mindestens vierzig Anrufer artikulierten ihre nationale Sorge, indem sie immer wieder zwei Fragen formulierten:

»Ist die Nation der Deutschen dabei, sich endgültig zu teilen?«

»Muß man schon von zwei Nationen sprechen?
Oder kann man noch von einer einzigen Nation der Deutschen reden?«

Die SED-Führung unter Ulbricht nahm diese Fragen sehr ernst. Sie spürte, daß sie den Massen einen Vorschlag oder eine Perspektive in der nationalen Frage bieten mußte. Die 17 Millionen Bewohner der DDR fühlten sich als Deutsche, auch und gerade nach dem Bau der Mauer; ja, sie klammerten sich jetzt noch mehr an das Wunschbild der Wiedervereinigung, die doch eines Tages kommen mußte.
Mitte März 1962 begann die SED mit den agitatorischen Vorbereitungen zu einem »Nationalkongreß«, der Mitte Juni über die Bühne gehen sollte. Eine Propaganda-Aktion von beispiellosem Ausmaß überzog die Republik. Man stellte ein »nationales Dokument« zur öffentlichen Debatte, und die SED, die Blockparteien, die FDJ und die anderen Massenorganisationen waren nun drei Monate lang bestrebt, die Thesen des »nationalen Dokuments« auch dem letzten und schwerfälligsten Kopf in der DDR einzuhämmern, so daß er sie im Schlaf aufsagen konnte. Abend für Abend mußten die prominentesten Schauspieler und Schauspielerinnen im DDR-Fernsehen Abschnitte des Dokuments vortragen und mit linientreuen Kommentaren versehen. Die Presse der DDR kannte kaum noch ein anderes Thema. Taschenausgaben des »nationalen Dokuments« wurden in Millionen Exemplaren über das Land verstreut.
Welches waren nun die Thesen dieses Dokuments zur nationalen Frage?
Am Anfang stand eine massive Schuldzuweisung an die herrschenden Kräfte in Bonn, denen die Spaltung Deutschlands angelastet wurde:

»Wieder einmal in der deutschen Geschichte wurde ebenso töricht wie verhängnisvoll der Antikommunismus zur Staatsräson erhoben. Wieder einmal verriet die deutsche Großbourgeoisie die Interessen des deutschen Volkes. Und da die schuldbeladenen Herren der großkapitalistischen Monopole in Westdeutschland sich nicht mehr imstande sahen, ganz Deutschland ihrer verderblichen Herrschaft zu unterwerfen, und aus Angst vor dem Volk sprengten sie die Einheit der Nation, lösten Westdeutschland aus dem Nationalverband der Deutschen heraus und unterwarfen es den Interessen des amerikanischen Imperialismus.«

Das bezog sich auf die Jahre 1948 und 1949, auf die einseitige Währungsreform und die separate Gründung der Bundesrepublik. Der zweite Angriff richtete sich gegen den Beitritt Bonns zur NATO 1955, der nach den Prophezeiungen und Warnungen der Sowjetregierung das Ende für alle Bemühungen um die Wiedervereinigung Deutschlands auf der Basis freier gesamtdeutscher Wahlen bedeutete. Dazu hieß es im Dokument:

»In ihrem Verrat an den Interessen des Volkes ging die deutsche Großbourgeoisie so weit, in den Pariser Verträgen der Besetzung Westdeutschlands durch Truppen der Westmächte bis zum Jahre 2005 zuzustimmen.«

Aus diesen Realitäten ergab sich für die Verfasser des Dokuments die Schlußfolgerung:

»Ob wir es wünschen oder nicht: Wir müssen auf längere Zeit mit dem Bestehen zweier grundverschiedener und voneinander völlig unabhängiger deutscher Staaten rechnen. Nicht nur mit dem Bestehen, sondern mit dem Nebeneinanderbestehen, denn wir können nicht die Geographie Europas ändern. Heute stehen sich diese beiden deutschen Staaten feindlich gegenüber. Das ist unerträglich, aber leider Tatsache.«

Damit wurde den 17 Millionen Deutschen in der DDR zum ersten Mal »reiner Wein« eingeschenkt: Es gab zwei Staaten in Deutschland, und mit ihrer Existenz war »auf längere Zeit« zu rechnen. Fast auf den Tag genau zehn Jahre nach jenem sensationellen Stalin-Angebot vom 10. März 1952, das die Wiedererrichtung eines einheitlichen deutschen Nationalstaates vorgeschlagen hatte, proklamierte nun die SED-Propaganda ganz unverschleiert die Zwei-Staaten-Realität in Deutschland.
Die deprimierende Feststellung wurde psychologisch entschärft, indem man in nahtlosem Kontext die Parole von der »friedlichen Koexistenz« ausgab. Liest man heutzutage die entsprechenden Passagen im damali-

gen »nationalen Dokument«, so kann man sich des Staunens nicht erwehren: Denn genauso ist es gekommen, genauso hat sich das Verhältnis der beiden deutschen Staaten zueinander »normalisiert«, wie es 1962 die DDR-Führung anvisierte. Der entsprechende Absatz lautete:

»Wir sind der Ansicht, daß ein friedliches und vernünftiges Zusammenleben der beiden deutschen Staaten trotz ihren unterschiedlichen Gesellschaftsordnungen und Lebensauffassungen durchaus möglich ist. Natürlich gibt es bei Staaten verschiedener Gesellschaftsordnungen grundsätzliche Meinungsverschiedenheiten. Die sollen gar nicht geleugnet oder verkleinert werden. Es wäre höchst unzweckmäßig, das zu tun. Aber da in der Übergangsperiode vom Kapitalismus zum Sozialismus in der ganzen Welt kapitalistische und sozialistische Staaten wohl oder übel miteinander und nebeneinander leben müssen, wenn nicht im Inferno eines nuklearen Krieges große Teile der Menschheit vernichtet werden sollen, so sollte ein solches Miteinanderleben doch erst recht im Verhältnis der beiden deutschen Staaten möglich sein. Wir nennen das friedliche Koexistenz! Sie setzt voraus die Achtung vor der Souveränität und den Rechten des Partnerstaates. Sie setzt den Verzicht voraus, mit Gewalt die innere Ordnung in dem anderen Staate umstürzen zu wollen. Weshalb sollte das also im Verhältnis zwischen den beiden deutschen Staaten nicht möglich sein?«

Der Begriff der friedlichen Koexistenz, den die SED-Führung niemals mehr preisgeben sollte, fiel jedoch mitnichten unter die Normen staatsrechtlicher oder völkerrechtlicher Observanz. Er mußte also, was die Frage des zur Debatte stehenden deutschen Nationalverbandes anging, konkretisiert werden. Das geschah, indem sich das »nationale Dokument« erneut für die Bildung einer deutschen Konföderation, eines Staatenbundes zwischen Bundesrepublik und DDR, aussprach:

»Unter den geschichtlichen Bedingungen, wie sie sich nun einmal auf dem Gebiete des früheren Deutschen Reiches und in dem gespaltenen Deutschland entwickelt haben, ist die geeignete Form für die friedliche Koexistenz der beiden deutschen Staaten eine *deutsche Konföderation* ...

Die Konföderation würde ein Maximum der Verständigung über alle wirtschaftlichen und rechtlichen und kulturellen Fragen, über internationale und nationale Fragen ermöglichen, jede Gefahr eines bewaffneten Konflikts ausschalten und eine weitere Vertiefung des Grabens zwischen den beiden deutschen Staaten verhindern. Wir meinen, daß alle Deutschen in Ost und West daran interessiert sein sollten.«

Zur Beruhigung der DDR-Bevölkerung, die leidenschaftlich am Ziel der deutschen Einheit festhielt, hieß es schließlich:

> »Natürlich ist eine solche deutsche Konföderation nicht für die Ewigkeit gedacht. Sie hätte die Zeit zu überbrücken, in der es zwei deutsche Staaten gibt. Sie würde also mit der Wiedervereinigung Deutschlands erlöschen.«

Es gilt festzuhalten, daß die DDR-Führung im Frühjahr und Sommer 1962 noch einmal – expressis verbis – die Bildung einer Konföderation anbot, also einen Vorschlag wiederholte, den sie am 30. Dezember 1956 zum ersten Mal artikuliert hatte. Nichts, aber auch gar nichts hatte es an westdeutschen Reaktionen darauf gegeben. Noch bekannte sich die SED in unzähligen Verlautbarungen zu *einer* deutschen Geschichte, zu *einer* deutschen Kultur, zu *einer* deutschen Sprache, zu *einer* deutschen Nation! Noch wäre also für Gesamtdeutschland nichts verloren gewesen, wenn man die SED-Führung bei ihren eigenen Konföderations-Angeboten gepackt und zum Dialog gezwungen hätte. Aber weder CDU noch SPD oder FDP hatten es in den letzten zwölf Monaten, seit dem Sommer 1961, seitdem es auch dem Letzten hätte klar werden müssen, daß die DDR alle Krisen überstanden hatte, für nötig befunden, ihre gescheiterte Deutschland-Politik gegenüber Moskau und Ost-Berlin einer Revision zu unterziehen. Ganz zu Recht sagte W. A. Sorin, Botschafter der UdSSR in Bonn, im Juli 1962 zu dem damaligen FDP-Vorsitzenden Erich Mende, die Bundesregierung in Bonn wolle keine Gespräche über die Wiedervereinigung Deutschlands! »Wir dagegen sind bereit, mit der Bundesregierung über alle Fragen zu verhandeln, die sich aus der Lage Deutschlands ergeben. Ich wiederhole, Herr Mende, über alle Fragen! Aber die Bundesregierung ist zu solchen Verhandlungen nicht bereit; sie will mit uns boxen.« (Bericht Mendes an Marie-Elisabeth Lüders vom 26. 7. 1962).

Jetzt, im September 1962, deutete sich plötzlich eine neue Phase an, als die West-Berliner SPD-Führung um Willy Brandt, Egon Bahr und Heinrich Albertz überraschende Töne anschlug. Jetzt – um Jahre zu spät – wurde eine neuartige Melodie des Realismus in der Deutschlandfrage intoniert.

Wie war es eigentlich zu dieser dramatischen Wende ausgerechnet in West-Berlin, jener jahrelang gepriesenen »Frontstadt« des Westens, gekommen? Das qualvolle Sterben eines jungen DDR-Flüchtlings namens Peter Fechter, den die tödlichen Schüsse ereilten, bevor er ganz über der Mauer war, hatte in der Bevölkerung Demonstrationen ausgelöst, die teilweise in Krawalle ausgeartet waren und sich schließlich mehr gegen die westlichen Besatzer als gegen die Urheber der Mauer gerichtet hatten. Eine Explosion langangestauter Gefühle hatte sich eruptiv Bahn gebrochen. Zorn und Wut über einen jahrelangen Betrug an der Bevölkerung, denen die Frontstadtpolitiker vorgegaukelt hatten, die Westmächte würden eher einen dritten Weltkrieg riskieren als die Deutschen im Stich lassen, waren angesichts der Fechter-Tragödie an der Mauer wie eine Lohe emporgeschlagen. Nun war auf einmal davon die Rede, man müsse »Mut zur Wirklichkeit« aufbringen, und Willy Brandt machte kein Hehl daraus, daß er einen Teil der Berliner Presse »für die illusionäre Haltung der Bevölkerung nach dem 13. August 1961 mitverantwortlich« machte*. Aber war wirklich nur die Presse an der »illusionären Haltung« der West-Berliner und westdeutschen Bevölkerung in der Deutschlandfrage schuld? Hatte nicht die gesamte herrschende Klasse in Bonn und West-Berlin, egal ob CDU, FDP oder SPD, gegenüber der Nation schmählich versagt? Daß Willy Brandt, der sich am 13. August 1961 von den westlichen Besatzern behandelt gefühlt hatte, »als ob sie mir in den Arsch träten«, nun – beraten von Egon Bahr – seinen Realitätssinn entdeckte, war durchaus zu begrüßen; in Bonn sollten noch sieben lange Jahre bis zur »Götterdämmerung« in Sachen Deutschland-Politik vergehen. Aber: »Spät kommt Ihr; doch Ihr kommt«, so mußte das historische Urteil lauten.

Der Klima-Wandel, der sich in diesen Vorgängen andeutete, erfuhr seine drastische Bestätigung durch die kurz darauf ausbrechende Kuba-Krise, in der sich die Welt für ein paar Tage am Rande des Abgrunds wähnte, und die nachfolgende Entspannung zwischen den beiden Supermächten, nachdem Chruschtschow seinen kaum kaschierten Rückzug vor den USA im Karibischen Meer angetreten hatte. Die SED-Presse überschlug sich in falschen Tönen, um den sowjetischen Prestigeverlust vor der eigenen Bevölkerung zu bemänteln: »Neuer Friedensschritt der UdSSR« – »Sowjetunion ergreift Friedensinitiative« – »Machtvoller Weltprotest zwingt die USA, Verzicht auf Aggression zu erklären« – »Staatsmänner würdigen UdSSR-Friedensschritt«, so und ähnlich lauteten eine Woche lang die Schlagzeilen der DDR-Publizistik. Der Ausbruch der »Spiegel«-Affäre in der Bundesrepublik befreite die SED-Medien endlich davon, mit Schaumschlägerei das Kuba-Debakel Chruschtschows zudecken zu müssen.**

Kennzeichnend für die internationale Lage war ein in vielfacher Hinsicht hochinteressanter Kommentar, den der führende Leitartikler der USA, Walter Lippmann, verfaßte:

---

* Wortlaut eines Presseartikels des Verfassers vom 15. 9. 1962 unter dem Titel »Götzendämmerung in Westberlin«, in Anhang II.

** Die Bevölkerung der DDR, die ja seit dem 13. August 1961 keine West-Zeitungen mehr zu Gesicht bekam, war über den Rundfunk doch ständig auf dem laufenden. Was die westdeutsche Fernseh-Berichterstattung anging, so dauerte es noch fünf Jahre, bis zum Herbst 1967, bis genügend TV-Apparate in der DDR vorhanden waren.

»Bei der Erinnerung daran, wie im Ersten Weltkrieg Wilson sich vom Kriegsfieber in eine solche Position treiben ließ, daß er Zentraleuropa als ein Chaos zurückließ; bei der Erinnerung daran, wie im Zweiten Weltkrieg Roosevelt die Politik der bedingungslosen Kapitulation annahm und dadurch nicht nur den Krieg verlängerte, sondern ihn unlösbar machte, indem er die Russen nach Europa brachte; bei der Erinnerung daran, daß im Koreanischen Krieg, als General Mac Arthur ihn schon durch seinen brillanten Feldzug nach der Landung in Inchon gewonnen hatte, Präsident Truman den Extremisten nachgab und bis zum Yalu-Fluß vorstieß und dadurch das militärische und politische Desaster hervorrief – fürchtete ich, als ich Präsident Kennedy am Montag, dem 22. Oktober 1962 hörte, daß wir uns wieder einmal auf die Linie der bedingungslosen Kapitulation begeben hatten und daß wir wieder einmal einen erreichbaren Sieg wegwerfen könnten, indem wir uns in einen Kreuzzug zur Beseitigung Castros stürzten. Diese Befürchtung, so muß ich heute glücklich feststellen, war unbegründet. Ich habe seitdem erfahren, daß Kennedy das, was Wilson, Roosevelt und Truman getan haben, *nicht* getan hat. Er hielt den Kanal der diplomatischen Verbindung mit dem Gegner instand, und er ließ sich nicht von denen auf die Seite ziehen, die in dieser Kriegsgefahr, wie in allen Kriegsgefahren dieses Jahrhunderts, nicht eine Lösung, sondern einen Kreuzzug wollten.«

Man muß sagen, daß die SED – ganz im Gegensatz zu den Herrschenden in Bonn – sehr schnell ihre Lehren aus den Kuba-Ereignissen zog, daß sie die internationale Atmosphäre richtig einschätzte. Einer der beiden Chefredakteure des »Neuen Deutschland«, Dr. Günter Kertzscher (früher Chefredakteur der Ost-»Berliner Zeitung«), schrieb auf der ersten Seite des Blattes eine auffällige Betrachtung unter dem Titel »Jetzt Frieden in Deutschland«. Er verzichtete klugerweise darauf, sich mit der Frage auseinanderzusetzen, wer denn nun eigentlich aus der kubanischen Affäre als Sieger oder als Besiegter hervorgegangen sei, sondern zog die nüchterne Schlußfolgerung: »Chruschtschow und Kennedy verständigten sich. Der Friede wurde gerettet, wenn er auch noch nicht gesichert ist.« Er rief den Lesern noch einmal die erschreckenden Gefahren der vergangenen Woche in Erinnerung und erklärte es zur vordringlichen Aufgabe, auch in Deutschland den Frieden zu sichern:

»Wenn die führenden Mächte der beiden Weltsysteme sich verständigen können, sollten dann die beiden deutschen Staaten nicht ebenfalls dazu in der Lage sein? Sollte zwischen Partnern, die derselben Nation angehören, nicht wenigstens das gleiche Maß an Vernunft walten wie zwischen Chruschtschow und Kennedy?«

Dieser Appell an die Vernunft kam nicht von ungefähr. Die Kuba-Krise hatte auch in Ost-Berlin einen heilsamen Schock ausgelöst. Vorbei waren die Tage nach dem 13. August 1961, als die SED-Presse mit einer östlichen »Politik der Stärke« gedroht hatte. Zum ersten Mal machte sich in SED-Köpfen der Gedanke breit, daß Kriege nicht mehr gewonnen werden konnten, daß sie mit der völligen Vernichtung von 72 Millionen Menschen in *beiden* deutschen Staaten enden mußten, ganz egal, unter welchen ideologischen Vorzeichen sie existierten. Und so schloß Dr. Kertzscher seinen ND-Artikel mit den Worten:

> »Die Erfahrung der letzten Tage hat erneut bewiesen: Die friedliche Koexistenz ist, solange Staaten verschiedener Gesellschaftsordnung bestehen, die einzig mögliche und menschenwürdige Form des Zusammenlebens für die Völker der Welt. Dieses Prinzip muß und wird sich auch innerhalb Deutschlands durchsetzen! Nutzen wir den Augenblick, da die Vernunft in der Weltpolitik einen Erfolg errungen hat, um den Frieden in Deutschland zu festigen.«

Alle diese Appelle verhallten in Bonn ungehört. Der Klima-Wandel vom Kalten Krieg zur internationalen Koexistenz, der sich allerorten vorbereitete, hatte an den Gestaden des Rheins noch lange nicht Fuß gefaßt. Dabei zeigten sich die Auswirkungen der Kuba-Krise recht deutlich. »Sie müssen verstehen«, sagte Chruschtschow zu ausländischen Journalisten auf einem Empfang im Kreml, »daß wir nicht West-Berlin haben wollen. Was wir wollen, das ist der Friede . . .« Nach vier Jahren eines schrillen, nervtötenden Konzerts, in dem mit Pauken und Trompeten die Grundthemen einer »Freien Stadt« West-Berlin und eines »Separat-Friedensvertrages« mit der DDR intoniert worden waren, wiegelte die Sowjetführung plötzlich ab. Von Ultimaten keine Rede mehr. Auf die Frage nach dem Termin eines Friedensabschlusses mit Deutschland zuckte Chruschtschow die Schultern: »Ein Kind wird erst geboren, wenn eine Frau schwanger geworden ist.« Man stand in einer Übergangsphase.

Die SED-Führung jedenfalls begriff, nachdem Walter Ulbricht und Erich Honecker in Moskau nähere Informationen eingeholt hatten, daß es mit den abgedroschenen Propaganda-Parolen der Sowjets zu Ende ging, erkannte, daß sie die Akzentuierung ihrer Agitation neu bestimmen mußte. Das war um so dringlicher, als man sich am Vorabend des VI. Parteitages befand, der im Januar 1963 über die Bühne gehen und auf dem das zukünftige Parteiprogramm der SED beschlossen werden sollte. Der Propaganda-Slogan von der »Freien Stadt« West-Berlin konnte nicht von einem Tag auf den anderen über Bord gekippt werden, nachdem man ihn vier Jahre lang strapaziert hatte. Was die Frage des Friedensvertrags anging, beschloß man, den Begriff selbst noch zu verwenden, aber die Kampagne für einen

Separat-Friedensvertrag mit der DDR sofort abzubrechen. In den Vordergrund aller deutschlandpolitischen Thesen sollte wieder die Konföderations-Idee treten, die in den Jahren 1957 bis 1959 vornehmstes Anliegen der DDR-Führung gewesen war. Demgemäß lauteten die entscheidenden Absätze des neuen Entwurfs für das zukünftige Programm der Sozialistischen Einheitspartei Deutschlands, den das ZK Ende November 1962 veröffentlichte:

»Die Sozialistische Einheitspartei Deutschlands hält unverrückbar an ihrem Ziel der Wiederherstellung der nationalen Einheit Deutschlands, an der Überwindung der von den imperialistischen Westmächten im Komplott mit dem westdeutschen Monopolkapital vollzogenen Spaltung fest. Auch der Kampf für ein einheitliches demokratisches und friedliebendes Deutschland gehört seit jeher, seit dem Wirken von Marx und Engels, zu den guten Traditionen der revolutionären deutschen Arbeiterbewegung.

Ohne gesicherten Frieden ist die Überwindung der Spaltung Deutschlands nicht möglich. In diesem Sinne sind Frieden und nationale Einheit in der Politik der Sozialistischen Einheitspartei Deutschlands untrennbar verbunden. Frieden und Einheit Deutschlands erfordern die Ausschaltung der deutschen Imperialisten und Militaristen von der Macht in Westdeutschland. Diese reden zwar heuchlerisch von Einheit, türmen aber durch ihre aggressive NATO-Politik und ihre Ablehnung jeglicher Verständigung zwischen den beiden deutschen Staaten auf dem Wege zur Wiedervereinigung immer neue Hindernisse auf...

Die Sozialistische Einheitspartei Deutschlands ist der Auffassung, daß die geeignetste Form der Verwirklichung der friedlichen Koexistenz in Deutschland eine Konföderation der beiden deutschen Staaten ist, der sich auch die Freie Stadt Westberlin anschließen könnte. Die Bildung einer deutschen Konföderation kann durch die Herstellung eines Minimums an korrekten Beziehungen und Vereinbarungen zwischen der DDR, der westdeutschen Bundesrepublik und der Freien Stadt Westberlin eingeleitet werden.

Für die Gestaltung einer Konföderation unterbreitet die Sozialistische Einheitspartei Deutschlands folgende Grundsätze:

Die Konföderation beruht auf der Souveränität und Gleichberechtigung beider deutschen Staaten und der Freien Stadt Westberlin. Sie schafft keine über ihnen stehende Zentralgewalt und erfordert keine Veränderung ihrer Gesellschaftsordnung. Die Organe der Konföderation beraten und beschließen Empfehlungen an die Parlamente und Regierungen der Teilnehmer der Konföderation. Die Empfehlungen sind vor allem auf die Erfüllung folgender Ziele gerichtet:

Dauerhafte Sicherung des Friedens für das deutsche Volk. Durchführung der Bestimmungen des Friedensvertrags. Verbot der Kernwaffen und Kernwaffenträger.

Stufenweiser Abbau der sich aus der Zugehörigkeit beider deutscher Staaten zu verschiedenen Mächtegruppierungen ergebenden militärischen Verpflichtungen.

Militärische Neutralität und vollständige Abrüstung.

Koordinierung der Mitwirkung der Teilnehmer der deutschen Konföderation in internationalen Organisationen.

Herstellung und Ausbau normaler Beziehungen zwischen beiden deutschen Staaten sowie zwischen der Deutschen Demokratischen Republik und Westberlin auf den Gebieten der Wirtschaft, des Handels, der Kultur, der Wissenschaft, der Technik und des Sports.

Das wären erste Schritte in Richtung auf die Überwindung der Spaltung Deutschlands, denen weitere Schritte bis zur völligen Wiederherstellung der staatlichen Einheit folgen könnten.«

Es war eines der letzten großen Angebote der DDR. Zwar rückte die SED-Führung in den nächsten Jahren, bis zur Wende 1966/67, offiziell niemals von der Konföderations-Idee ab; aber der Gedanke trat angesichts der inneren Konsolidierung des DDR-Staates mehr und mehr in den Hintergrund, verblaßte im Laufe der Jahre.

Jetzt aber, um die Jahreswende 1962/63, war es für die politischen Kräfte in der Bundesrepublik hohe Zeit, die DDR-Führung beim Wort zu nehmen. Die SED hatte in den letzten eineinhalb Jahren, seit dem 13. August 1961, eine komplizierte Übergangsphase durchlaufen. Erst allmählich begann die DDR-Bevölkerung zu resignieren und sich zähneknirschend mit der Mauer abzufinden. Auch die abenteuerliche, hektische Außenpolitik Chruschtschows hatte nicht eben zur inneren Stabilität der SED-Spitze beigetragen. Walter Ulbricht hoffte zwar, mit dem VI. Parteitag der SED ein neues großes Versöhnungs- und Aufbaukapitel in der Geschichte seines Staates aufschlagen zu können. Doch bislang hatte das SED-Schiff in heftigen äußeren wie inneren Turbulenzen geschlingert. Eine entschlossene nationale Politik in Bonn, die die Zeichen der fortschreitenden internationalen Entspannung erkannte, das Scheitern der Chruschtschow-Politik hinsichtlich einer »Freien Stadt« und eines »Separat-Friedensvertrages« kühl analysierte, hätte keinen Augenblick gezögert, den Konföderations-Vorschlag der DDR als letzte gesamtdeutsche Chance zu ergreifen und ihm den eigenen Stempel aufzudrücken. Aber: nichts geschah. Genau sieben Jahre später, 1969, mußte man sich doch entschließen, auf die wichtigsten SED-Vorschläge vom November 1962 einzuschwenken, aber dann *ohne* den Konföderations-Rahmen für Deutschland! Die zweite gesamtdeutsche Chance war verpaßt.

Allgemeine Wehrpflicht

Der Bau der Mauer am 13. August 1961 hatte in der DDR auch die Voraussetzung dafür geschaffen, sich mit dem Gedanken an eine Allgemeine Wehrpflicht zu befassen. Denn solange die Grenze offen war und jeder nach Belieben über die Demarkationslinie in Deutschland wechseln konnte, solange war an eine allgemeine Dienstpflicht für die »Nationale Volksarmee« nicht zu denken gewesen, hätte man doch unweigerlich mit einer Massenflucht junger Menschen im wehrpflichtigen Alter nach Westen rechnen müssen. So existierte die DDR-Streitmacht, die etwa 90000 Mann umfaßte – wozu noch 30000 kasernierte Bereitschaftspolizisten zu rechnen waren – sechs Jahre lang als eine Freiwilligen- oder Söldner-Armee.
Erst Anfang 1962 war ein Gesetz über die Allgemeine Wehrpflicht für die Nationale Volksarmee (NVA) erlassen worden, demzufolge jeder männliche DDR-Bürger vom 18. bis zum vollendeten 50. Lebensjahr – im Verteidigungszustand bis zum vollendeten 60. Lebensjahr – dienstpflichtig wurde. Jedermann hatte nun jederzeit damit zu rechnen, zur NVA eingezogen, in ihren Reihen feierlich vereidigt, ihren strengen Gesetzen und Strafbestimmungen unterworfen und von ihr auf Tod und Leben eingesetzt zu werden. Die neue Dienstpflicht betrug achtzehn Monate.
Als das Jahr 1963 begann, stand die Nationale Volksarmee als eine Streitmacht der Allgemeinen Wehrpflicht fix und fertig da. Westliche Geheimdienste schätzten ihre Effektivstärke mit allen drei Waffengattungen und den inzwischen übernommenen Grenztruppen auf insgesamt 150000 bis 155000 Mann (also erheblich stärker als die Reichswehr der Weimarer Republik). Die Soldaten der NVA präsentierten sich als »rote Preußen«:
Die Nationale Volksarmee trug den feldgrauen Rock des deutschen Heeres, preußische Gardelitzen auf den Kragenspiegeln bzw. preußische Generalsdistinktionen, an den Ärmelaufschlägen die bunten Litzen der Ausgehuniform der deutschen Friedenswehrmacht, in den nägelbeschlagenen Knobelbechern die umgeschlagenen feldgrauen Hosen. Mannschaften und Unteroffiziere erhielten Lederkoppel, die Offiziere silberdurchwirkte Feldbinden. Die Schulterklappen und Schulterstücke blieben fast unverändert. Neu war lediglich, daß die Marineoffiziere nach russischem Vorbild ebenfalls Schulterstücke bekamen und daß Stabsoffiziere nun »Oberoffiziere« genannt

wurden. Die Dienstgrade blieben etwa wie gehabt: Soldat – Gefreiter – Stabsgefreiter – Unteroffizier – Feldwebel – Oberfeldwebel – Unterleutnant – Leutnant – Oberleutnant – Hauptmann – Major – Oberstleutnant – Oberst – usw.

Neuartig wirkte lediglich der flach abgeschrägte Stahlhelm mit dem doppelten Sturmriemen beiderseits der Ohren. Aber auch er war ein deutscher Erprobungsstahlhelm aus dem Zweiten Weltkrieg, der sich bei Beschußprüfungen als das beste Modell erwiesen hatte. Im übrigen, alles wie einst: Kochgeschirr, Brotbeutel und Feldflasche mit aufgestülptem Trinkbecher für den Einsatz, dazu noch eine gerollte Zeltbahn. Auch die NVA übernahm – wie fast alle Armeen der Welt – die Tarnbekleidung der ehemaligen Waffen-SS.

Präsentiermarsch der Nationalen Volksarmee wurde der berühmte »Marsch des Yorkschen Korps 1813« von Ludwig van Beethoven. An die Stelle des alten deutschen Parademarsches trat der preußische Stechschritt.

Die Truppen des Heeres wurden in zwei Militärbezirke gegliedert: Nord (Neubrandenburg) und Süd (Leipzig). In jedem Militärbezirk wurden eine Panzerdivision und zwei vollmotorisierte Schützendivisionen stationiert; insgesamt also zwei Panzer- und vier Schützendivisionen. Jede Division gliederte sich in sechs Regimenter, darunter jeweils ein Artillerie- und ein Flugabwehr (Fla)-Regiment. Jedes Regiment erhielt eine chemische Kompanie, jede Division zusätzlich ein chemisches Bataillon zugeteilt.

Die gesamte Bewaffnung der Nationalen Volksarmee stellten die Streitkräfte der Sowjetunion. Von der Maschinenpistole »Kalaschnikow« über Granatwerfer der Kaliber 8,2 und 12 cm bis hin zur 7,62 cm Pak. Die Artillerie-Regimenter der NVA wurden mit sowjetischen Mehrzweck-Geschützen der Kaliber 7,6 cm, 12,2 cm und 15,2 cm ausgestattet; daneben mit 3,7 cm, 5 cm und 7,62 cm Fla-Geschützen bzw. der neuen 5 cm-Zwillingsflak auf Panzer-Selbstfahrlafette. Neben 1200 veralteten Panzern aus dem Zweiten Weltkrieg wurden 600 neueste Modelle vom Panzertyp T 54 zugeführt.

Die Luftwaffe der DDR stellte zwei Jagdflieger-Divisionen mit etwa 180 Maschinen auf, und zwar sowjetische Überschalljäger der Typen MIG 15, MIG 17, aber auch schon MIG 19. Diese Jagdflieger-Divisionen wurden in Drewitz und Kottbus stationiert. Dazu kamen eine Fla-Division mit etwa 200 Geschützen und zwei Radar-Bataillone. Die Aufstellung von Raketentruppen wurde in Angriff genommen. Die Seestreitkräfte der DDR, genannt »Volksmarine«, erhielt zweihundert kleine und kleinste Einheiten, bestehend aus Torpedobooten, Geleitbooten, Schnellbooten, Minenlegern, Minenräumbooten, Ubootjägern und Panzerlandungsbooten.

Die Rede zur Begründung des neuen Wehrpflichtgesetzes vor der Volkskammer hatte Verteidigungsminister und Armeegeneral Heinz Hoffmann

gehalten. Im Verlaufe des Jahres 1962 mußte er sich immer wieder Diskussionen in Rundfunk und Fernsehen stellen. Auf die ständig wiederholte Frage, wozu die Wehrpflicht überhaupt nötig sei, erklärte er: »Wenn wir unsere nationale Mission verwirklichen, den Sieg des Sozialismus in der DDR erringen und damit das Vorbild für ganz Deutschland schaffen wollen, müssen wir alles tun, um den siegreichen Aufbau des Sozialismus zu schützen.« Das waren natürlich Phrasen, die beispielsweise eine Gruppe von Schweriner Oberschülern wenig überzeugte. Sie befürchtete, daß durch die Einführung der Wehrpflicht die Spaltung Deutschlands vertieft werde. Hoffmann antwortete, daß die Verständigungs-Vorschläge der DDR ungeachtet der verständigungsfeindlichen Haltung Bonns in vollem Umfang aufrecht erhalten würden.
Selbstredend sprach General Hoffmann in seinen Interviews niemals davon, daß erst die Mauer vom 13. August die Voraussetzungen einer Wehrpflicht in der DDR geschaffen hatte. Er gab aber eine verhältnismäßig offene Antwort auf die Frage, warum das Prinzip der Freiwilligkeit nicht mehr ausgereicht hätte, indem er darauf hinwies, daß die NVA nicht genügend Soldaten mit hohen technischen Kenntnissen und guter Allgemeinbildung zur Beherrschung der modernen Waffen und zur Besetzung der Offiziersstellen bekommen habe. Mit anderen Worten: Unter den Freiwilligen für die NVA fehlte bislang fast vollständig die junge Intelligenz an Oberschülern, Abiturienten, Studenten und technischen Fachkräften. Die NVA war bis Ende 1961 im Grunde eine Söldnertruppe gewesen. Erst jetzt wurde sie im Sinne des Wortes zu einer Volksarmee.
Zu Beginn des Jahres 1963 konnte man den Aufbau der Nationalen Volksarmee als im wesentlichen abgeschlossen bezeichnen. Die SED-Führung verfügte nun auch über ein schlagkräftiges militärisches Instrument, das sich bald hoher Achtung und Anerkennung der Sowjets erfreute. Acht Jahre, nachdem sich die Bundesrepublik der NATO angeschlossen hatte, mit der angeblichen Zielsetzung, durch eine »Politik der Stärke« die Wiedervereinigung Deutschlands zu erreichen, war die Spaltung tiefer denn je, standen sich zwei deutsche Wehrpflicht-Armeen unter fremden Oberkommandos feindlich auf deutschem Boden gegenüber.

Neues Wirtschaftssystem

Vom 15. bis 21. Januar 1963 fand der VI. Parteitag der SED in Ost-Berlin statt. Versammelt waren ca. 2400 Delegierte aus der DDR und die Gast-Abordnungen von 70 kommunistischen Parteien der ganzen Welt. An der Spitze der ausländischen Prominenz erschien Nikita S. Chruschtschow, von dem noch niemand ahnte, daß seine Tage als Sowjet-Diktator bereits gezählt waren.

Das Hauptreferat hielt Walter Ulbricht, und es war jetzt ganz klar, daß er die unbestrittene Herrschaftsfigur im deutschen Teilstaat zwischen Elbe und Oder darstellte. Er hatte alle Krisen des letzten Jahrzehnts – vor allem die des 17. Juni 1955 und des 13. August 1961 – unbeschadet überstanden, seine Autorität und sein Prestige waren innerhalb der kommunistischen Weltbewegung unaufhaltsam im Steigen. Selbst die Sowjets zeigten nun deutlich Respekt vor ihm. In der sich ständig verschärfenden Spannung mit der kommunistischen Volksrepublik China hatten sie die Unterstützung der DDR auch dringend nötig.

»Wie hat er das nur geschafft, dieser Ulbricht?«, fragten sich die in- und ausländischen Beobachter. Am 17. Juni beispielsweise hätte niemand einen Pfifferling für sein politisches Überleben gegeben. In den folgenden Jahren, vom Frühjahr 53 bis Frühjahr 55, hatte in der DDR kaum etwas funktioniert, war seine Partei, die SED, die bestgehaßte Organisation gewesen, die man jemals in der deutschen Geschichte registriert hatte, von seinem miserablen persönlichen Ansehen gar nicht zu sprechen. Und nun, ein Jahrzehnt später, war er immer noch da, hatte er eine Machtfülle in der DDR erreicht, wie sie andere kommunistische Parteiführer – Chruschtschow nicht ausgenommen – nur erträumen konnten. Einer der gefürchteten mißtrauischen Blicke Walter Ulbrichts hinter seinen Brillengläsern, und alles erstarrte oder erzitterte in der Republik! Während der Ruhm seines innerdeutschen Konkurrenten, Konrad Adenauer, sichtlich verblaßte und sein Rücktritt als Bundeskanzler nur noch eine Frage der Zeit sein konnte, nahm der wundersame Aufstieg Ulbrichts kein Ende.

Der SED-Chef stand jetzt kurz vor seinem 70. Geburtstag, geistig und körperlich offenbar voll auf der Höhe. Sieht man von den ersten zwanzig Jugendjahren des Leipziger Schneidersohnes ab, von 1893 bis 1913, so waren ja doch die folgenden vier Jahrzehnte alles andere als ein Ruhmesblatt gewesen: seine nichtssagenden langen Emigrantenjahre in der Sowjetunion, sein eklatantes Versagen den deutschen Kriegsgefangenen gegenüber, seine dramatischen Fehler in der Krise von 1952 bis 1953, sein unübertroffener Negativ-Rekord, für die breiten Massen zum Abbild der Versklavung, der Unterdrückung, des Ausbeutertums zu werden. Seine hohe unsympathische Fistelstimme, eingefärbt in ein unverkennbar sächsisches Idiom, nachgeäfft und karikiert von Komikern und Moderatoren, hatte jahrelang als Signalgebung für Hohn, Haß, Abscheu oder Gelächter fungiert. Aber nun stand dieser Mann unangefochten auf der Szene! Seine zahllosen Konkurrenten und Opponenten, er hatte sie sämtlich ausgeschaltet oder hinter sich gelassen. Alle Gerüchte, die ein Jahrzehnt lang von der kurz bevorstehenden Ablösung des »Spitzbarts« auf Befehl der Sowjets berichtet hatten und die nie ganz unbegründet gewesen waren, sie verstummten allmählich. Walter Ulbricht, das war ganz einfach die Deutsche Demokratische Republik.

Woher kam dieser unerwartete, geradezu unwahrscheinliche Erfolg? Was hatte immer wieder, wenn Ulbricht schon wankte, für ihn den Ausschlag gegeben?

Neben vielem anderen wohl in erster Linie sein Machtinstinkt. Während seine Genossen, so zynisch sie es auch innerlich mit der Ideologie halten mochten, doch immer wieder Wirkung und Betroffenheit gezeigt hatten, wenn Theorie und Praxis gar zu sehr auseinanderklafften, wenn die Verkündigungen und die Realitäten in klirrenden Widersprüchen aufeinanderstießen, hatte Ulbricht die Theorie immer nur als ein Instrument zur Machtausübung betrachtet, niemals Utopien nachgehangen, ständig Lenins berühmte Maxime im Kopf »Wer – wen?« Der einstige Möbeltischler aus Leipzig entpuppte sich als Machtpolitiker von kältestem Format. Hätte ihn der Zufall als junger Mensch in eine andere politische Richtung geführt, wäre er mit seinem Ehrgeiz, seinem Bienenfleiß, seinem Gespür für Machtfragen wohl ebenfalls nach oben gekommen. Wolfgang Leonhard sagte darüber:

> »Walter Ulbricht hatte ein glänzendes Organisationstalent, ein glänzendes Namensgedächtnis. Er lebte in der Organisation! Ich hatte schon damals, nach dem Krieg, den ketzerischen Gedanken, das könnte er eigentlich in einer anderen Partei genauso machen.«

Wir werden noch sehen, daß es Ulbricht mit seinen sozialistischen Idealen, so wie er sie verstand, durchaus ernst war. Aber die Ideale waren die eine, die Machtfragen eine andere Sache. Ulbricht zweifelte nie daran, wem im Konfliktfall der Vorrang gebührte. Professor Dr. Wolfgang Seiffert berichtete mir darüber 1982 vor der Fernsehkamera:

Ich erinnere mich, als das erste Arbeitsgesetzbuch der DDR geschaffen wurde, leitete Ulbricht die entsprechende Gesetzgebungs-Kommission, und in dieser Kommission machten Vertreter der Staatsgewerkschaft Vorschläge für die Verkürzung der Arbeitszeit. Sie wurden sofort von Ulbricht unterbrochen, und er sagte: »Bevor Ihr hier solche Vorschläge einbringt, müßt Ihr erst mal ausrechnen, was die Sache kostet, ja? Reicht Euren Vorschlag wieder ein mit einem entsprechenden Kostenplan oder hängt ihn gleich vorne dran, ja? Und je nachdem, wie hoch die Summe ist, beraten wir die Sache oder auch nicht.« Als dann der Kostenplan vorgelegt wurde, war das Ulbricht zu hoch. Er wischte die Sache mit der Bemerkung vom Tisch: »Wir müssen investieren, ja? Wir müssen auf einigen Gebieten der industriellen Entwicklung so stark werden wie die Bundesrepublik, dann können wir uns mit der Bundesrepublik an einen Tisch setzen und gleichberechtigt verhandeln.« Und den Einwand, den dann doch einige Leute vorbrachten, daß die von dieser Negativ-Entscheidung betroffenen Arbeiter unmutig reagieren würden, fegte er brüsk mit der Bemerkung beiseite: »In der Weimarer Republik hatten wir zwar sechs Millionen Stimmen, aber wir waren politisch einflußlos. Heute haben wir die Staatsmacht, wir haben die Justiz, wir haben den Staatssicherheitsdienst, und wir haben die Polizei, ja? Und da kommt Ihr mit Befürchtungen, die Arbeiter könnten unruhig werden ...«

Zurück zum VI. Parteitag der SED im Januar 1963. Ulbricht kündigte in seiner Grundsatzrede vor dem Parteitags-Plenum an, daß die SED-Führung eine große Reform des Wirtschaftssystems der DDR in Angriff nehmen werde. Das kam keineswegs so überraschend, wie einige westliche Kommentatoren meinen wollten. Der SED-Chef hatte bereits am 14. Dezember 1962 vor der Bezirksdelegierten-Konferenz in Leipzig seine neue ökonomische Melodie angeschlagen. Einleitend hatte er dort ausgeführt:

»Selbstverständlich führen wir den politischen Kampf um die friedliche Regelung der deutschen Frage, um den Friedensvertrag und um die Lösung der Westberlin-Frage weiter. Aber in der Tat haben jetzt die ökonomischen Aufgaben den Vorrang! Die Voraussetzung für die friedliche Lösung der deutschen Frage ist die ökonomische Stärkung der DDR ...«

Ulbricht hatte dann seinen Willen zum Ausdruck gebracht, das bürokratisierte, seit langem eingerostete Wirtschaftssystem der DDR in neuen Schwung zu bringen. Er hatte davon gesprochen, daß man vom »Dogmatismus« abkommen müsse, daß die wirtschaftlichen Aufgaben endlich Vorrang haben sollten, daß man in der SED lernen müsse, die »ökonomischen Hebel« zu meistern. Originalton Ulbricht:

> »Es genügt nicht mehr, einfach von der Erfüllung der Pläne zu sprechen, sondern die Richtlinie muß sein: Erfüllung des Planes nach Menge, Qualität und Sortiment! Es nützt uns gar nichts, wenn manche im Wettbewerb hohe Ziffern bringen und sagen: ›Wir werden den Plan so und so erhöhen‹, wenn sie zugleich die Qualität verschlechtern.«

Ulbricht hatte praktische Folgerungen aus dieser Erkenntnis gezogen, indem er den Vereinigungen Volkseigener Betriebe (VVB) und deren Werkleitern eine größere »Bewegungsmöglichkeit und das Recht auf Änderung bestimmter Teilaufgaben« anbot, damit sie endlich instand gesetzt wurden, die Produktion nach dem Gesetz von Angebot und Nachfrage zu organisieren. Er hatte sich sogar zu dem Eingeständnis durchgerungen, daß die Betriebe eines Produktionszweiges keine Einheit darstellten, die aus den Ministerien oder vom ZK bürokratisch zu führen und zu organisieren seien. Jeder Betrieb sei wieder anders, habe sein spezielles eigenes Gesicht und Niveau. Ja, den gegen den Partei-Bürokratismus opponierenden technischen Fachleuten und Werkdirektoren hatte er zugerufen:

> »Die Vollmachten, die Sie haben wollen, werden Sie bekommen! Aber dann organisieren Sie bitte mit Ihren Wissenschaftlern und Technikern die Produktion, und nehmen Sie dann mit Ihren Mitarbeitern an der Organisation des Absatzes Ihrer Erzeugnisse teil!«

Damit hatte Ulbricht auf den Krebsschaden der bisherigen DDR-Ökonomie hingewiesen. Denn zwischen *Produktion* und *Absatz* lag ein weites Feld! Bis dahin war es einfach so gewesen, daß man in den VVB, den Vereinigungen Volkseigener Betriebe, alle Anstrengungen auf die Planerfüllung in der Produktion richtete und sich um den Absatz der Produkte, sei es nun im Binnen- wie im Außenhandel, nicht den Deut gekümmert hatte. Man hatte sein von oben vorgeschriebenes »Soll« erfüllt, und zwar mehr quantitativ als qualitativ; mochte nun der Handel sehen, was er mit dem »Ausstoß« anfing. Ulbricht dazu im Originalton:

> »Für den Außenhandel ergibt sich die Konsequenz, daß die Mitarbeiter des Außenhandels gute Fachleute auf ihrem Spezialgebiet sein müssen. Für den Binnenhandel ergibt sich, daß die Mitarbeiter lernen müssen, nicht einfach wie bisher Waren zu verteilen, sondern wirklich zu handeln, Waren zu beschaffen, Direktverträge abzuschließen. Sie müssen davon abkommen, Waren zu verschleudern, wie es teilweise geschehen ist. Wenn Angebot und Nachfrage nicht übereinstimmen, wenn eine zu

hohe und nicht qualitätsgerechte Produktion erfolgt ist, kann man die Frage nicht lösen, indem man die Ware einfach verschleudert, ja? Statt in der Produktion zu ändern, haben einige Leute geglaubt, sie können die Waren verschleudern, um den Plan des Verkaufssolls zu erfüllen.«

Auf dem VI. Parteitag wiederholte Ulbricht seine Dezember-Thesen, und damit war klar, daß mit den Reform-Vorstellungen des Parteichefs ernst gemacht werden würde. Fünf Monate später, am 14. Juni 1963, beschloß der Ministerrat der DDR die Einführung des »Neuen ökonomischen Systems der Planung und Leitung (NÖSPL)«.

In der Praxis sollte das neue Wirtschaftssystem folgendermaßen funktionieren:

Die Staatliche Plankommission der DDR hatte für jeweils fünf bis sieben Jahre den »Perspektivplan« für die gesamte Volkswirtschaft auszuarbeiten.

In der nachfolgenden Phase hatte die Plankommission in Beratungen mit den unteren Organen – unter Berücksichtigung des übergeordneten Perspektivplanes – die einzelnen Jahrespläne aufzustellen.

Nun kamen die 82 Vereinigungen Volkseigener Betriebe (VVB) als Konzernspitzen der VEB ins Spiel, die auf der Basis der gesamtstaatlichen Planung die einzelnen Industriezweige dirigierten. Sie sollten im neuen System der »Planung und Leitung« größere Bewegungsräume der Selbstverwaltung erhalten, um neue Initiativen wecken und unerschlossene Leistungsreserven mobilisieren zu können.

Die einzelnen Betriebe sollten größere Freiheiten in der Material- und Kreditbeschaffung, in den Fragen des Preises und des Absatzes bekommen sowie eigene Aktivitäten im Außen- und Binnenhandel entfalten dürfen. Der »Gewinn« sollte für sie zum Alpha und Omega werden.

An der Basis schließlich, beim Werktätigen, sollte weit mehr als bisher die »materielle Interessiertheit« des Einzelnen berücksichtigt und von den Werksleitungen in Rechnung gestellt werden.

Das neue Wirtschaftssystem Walter Ulbrichts stand unter einer dialektischen Maxime. Auf der einen Seite versprach man Vergünstigungen, suchte die »materielle Interessiertheit« des Arbeiters wie des Betriebskollektivs bewußt zu ködern, indem man beispielsweise die Prämienfonds erhöhte, Schichtprämien einführte und mit der Gewährung von erfolgsbezogenem Sonderurlaub winkte. Auf der anderen Seite wurde der Leistungsdruck von oben nach unten gesteigert. Die Leitungs- und Planungs-Gremien wurden mit mehr Vollmachten versehen, die Verantwortlichkeiten auf mehr Schultern verteilt. Die zentrale staatliche Wirtschaftsplanung, die im Grundsatz keineswegs angetastet wurde, und die 82 Konzernspitzen (VVB) hatten hinfort solche Kategorien wie Ware, Wert, Preis, Kredit, Zins, Kosten und

Gewinn in ihre Beurteilung der wirtschaftlichen Rechnungsführung der einzelnen Betriebe einzubeziehen.

Auf äußerste Effizienz war das neue System gerichtet. Ein typisches Ulbricht-Produkt, das nicht nach »Ideologie«, sondern nach »Machbarkeit« zusammengeschneidert war. Den Preußen und Sachsen sollte es besser gehen. Aber: sie mußten erneut die Muskeln anspannen.

Wie dringend notwendig die Ulbricht-Reform war, sollte sich Ende 1963 zeigen, ehe sich das neue System in der Praxis auswirken konnte: Der Volkswirtschaftsplan für 1963 konnte in zahlreichen Positionen nicht erfüllt werden, zwanzig Prozent der zentralgeleiteten Industriebetriebe schlossen mit beträchtlichem Verlust ab. Im darauffolgenden Jahr, 1964, änderte sich das Bild drastisch: Die Arbeitsproduktivität stieg um sieben Prozent, das Nationaleinkommen wuchs um fünf Prozent. Mit der DDR-Wirtschaft ging es sichtlich aufwärts.

Ulbrichts »Neuem ökonomischem System« ist es in der Beurteilung merkwürdig ergangen. Die westliche Kritik bemängelte von Anfang an den rein technokratischen Charakter einer Reform, die kaum Spuren von Selbstverwaltungs- und Demokratie-Elementen beinhaltet habe. Theoretisch war das berechtigt. Doch an den Intentionen Walter Ulbrichts ging solche Beanstandung völlig vorbei: nicht Demokratisierung, sondern (begrenzte) Dezentralisierung stand für ihn zur Debatte. An den Grundfesten sozialistischer Planwirtschaft sollte nicht gerüttelt werden. Wenn die westliche Kritik Jahre später vom »Scheitern« des Ulbrichtschen Wirtschaftssystems sprach, so war das nur richtig, wenn man sich Hoffnungen auf »Demokratisierung« und »Liberalisierung« gemacht hatte, also Erwartungen in etwas gesetzt hatte, das niemals beabsichtigt gewesen war. Die ökonomische Effektivität des Ulbricht-Systems kann dagegen gar nicht bestritten werden, wie die Statistiken ausweisen. In den fünf Jahren von 1964 bis 1969 schoß die DDR volkswirtschaftlich auf und davon, ließ sie sämtliche Ostblockstaaten, einschließlich der UdSSR, auf allen Gebieten der industriellen wie landwirtschaftlichen Produktion qualitativ meilenweit hinter sich. In diesem Jahrfünft mauserte sich die DDR.

So unzutreffend und einseitig das »Neue ökonomische System« im Westen beurteilt wurde, so wenig wird man ihm seit 1971 in der DDR selbst gerecht. Seit dem VIII. Parteitag der SED im Sommer des Jahres 1971 wurde Walter Ulbricht praktisch zur Unperson, sein Name verschwand völlig in der Versenkung, und vom NÖSPL wurde nicht mehr gesprochen oder wenn doch, dann nur in der Fachliteratur, mit krittelndem, ja nörgelndem Unterton. Heute hat man, wenn man SED-Literatur liest, den Eindruck, daß der Wirtschaftsaufschwung des zweiten deutschen Staates eigentlich erst im Sommer 1971 begann, als nämlich Erich Honecker offiziell die Macht ergriff und seine berühmte Devise von der »Einheit der Wirtschafts- und Sozialpolitik« verkündete. Und das ist Absicht: dieser Eindruck soll erweckt werden. Aber was ist denn der konkrete Unterschied zwischen Ulbrichts »materieller Interessiertheit« und Honeckers »Einheit von Wirtschafts- und Sozialpolitik«? Entscheidend für den sozialistischen Gang in der DDR war der Aufstand vom 17. Juni 1953, damals auf der Straße Unter den Linden. Die geballte Faust der revolutionären deutschen Arbeiterklasse war es, die die langfristigen Veränderungen in der DDR bewirkte. Flotte SED-Sprüche wie »So wie wir *heute* arbeiten, werden wir *morgen* leben«, ließen sich nicht aufrecht erhalten, weil die Basis, das Volk, den Ausbeutungs-Schwindel durchschaute. Die werktätigen Massen ließen sich nicht auf ein Morgen vertrösten, das in ungewisser Ferne lag. Es dauerte eineinhalb oder zwei Jahre nach dem Volksaufstand vom 17. Juni, aber dann begann es langsam in den Köpfen der SED-Funktionäre zu tagen. Unter dem Schock der Ereignisse erkannten sie, daß die Losung nur lauten konnte: »So wie wir *heute* arbeiten, wollen wir *heute* leben.«

Ulbricht und Honecker haben das – jeder auf seine Art – vollständig begriffen. In den Jahren 1955 bis 1961, als ja noch eineinhalb Millionen Menschen aus der DDR flüchteten, konnte man an Verbesserungen nicht allzuviel bewirken. So lange große Teile der Intelligenz und der jugendlichen Arbeitskräfte bei Nacht und Nebel die Republik verließen, war es unmöglich, durchgreifende Wirtschafts-Reformen mit Erfolg in Angriff zu nehmen. Aber sofort nach dem 13. August 1961 setzte sich Ulbricht mit Volkswirtschaftlern, Technikern, Kaufleuten und Wissenschaftlern zusammen und begann gedanklich an einem Reform-Modell zu basteln, das dann zwei Jahre später unter der Bezeichnung »Neues ökonomisches System« zum Grundgesetz der DDR-Wirtschaft wurde.

Erich Honecker hat unbestreitbare Erfolge im Wohnungsbau, den Ulbricht sträflich vernachlässigte, sowie in der Außenpolitik, vor allem in der Friedens- und Abrüstungspolitik, auf seinem persönlichen Konto zu verbuchen. Darin ist er ganz originär. Er hat auch stärkere Akzente in der Sozialpolitik als Ulbricht gesetzt (Erhöhung von Löhnen, Renten, Urlaubszeiten etc.), die ihm allerdings erst die Erfolge des »Neuen ökonomischen Systems« im Jahrfünft von 1964/65 bis 1969/70 ermöglichten. Was die Wirtschaftspolitik, die Industrie- und Landwirtschaftsproduktion der DDR angeht, so gehen alle Fortschritte, geht alle Effizienz, die die zweite deutsche Republik so positiv von den anderen Ostblockstaaten unterscheidet, auf Walter Ulbricht und auf seine große Wirtschafts-Reform von 1963 zurück.

Damals erkannte noch niemand, wie weit der Ehrgeiz des DDR-Diktators ging, als er sein neues Wirtschaftssystem inaugurierte. Gewiß wollte Ulbricht – rein vordergründig – in seiner DDR eine leistungsstarke Wirtschaft und eine effiziente Leistungsgesellschaft schaffen, und das ist ihm ja auch weitgehend gelungen, nicht zuletzt dank des nimmermüden Fleißes seiner »roten« Preußen und Sachsen, die erneut die Ärmel aufkrempelten und in die Hände spuckten. Doch Walter Ulbricht wollte weit mehr! Er wollte das Modell eines modernen sozialistischen Industriestaates in Mitteleuropa errichten. Seine ganz persönliche Ambition war es, ein perfektes Staats- und Gesellschaftsmodell zu installieren, das zum Vorbild für die anderen sozialistischen Staaten und zum Beispiel für die kommunistischen Bewegungen in Mittel- und Westeuropa werden sollte.

Mit diesem Unterfangen hat Ulbricht – gewollt oder ungewollt – das sowjetische Modell in Frage gestellt, das bis dahin für die gesamte kommunistische Weltbewegung als makellos und sakrosankt gegolten hatte. Die Abfall-Bewegungen Jugoslawiens, Albaniens und Chinas von der Moskauer Zentrale richteten sich ja mitnichten gegen das sowjetische »Modell«; sie hatten kaum ideologische, sondern nationalistische Ursachen, dienten der eigenen nationalen Unabhängigkeit. Walter Ulbricht meuterte nicht; das wäre ihm nicht einmal im Traum eingefallen. Er ritt sein altes pädagogisches Steckenpferd, machte sich zum Lehrer und Erzieher – auch und gerade der Sowjetunion gegenüber! Sozialistische Prinzipien plus deutsche Ordnung und Tüchtigkeit: das sollten sich die anderen gefälligst zum Beispiel nehmen.

In Moskau hat man das sehr schnell begriffen, und nicht zuletzt dies war der Grund, warum Ulbricht 1970/71 gestürzt wurde. Insofern könnte man sagen, Ulbricht habe sich mit seinem Modell-Versuch übernommen oder verrechnet. Aber auf lange Sicht gesehen? Walter Ulbricht dürfte sich heute im Jenseits die Hände reiben, wenn er die verzweifelten Bemühungen der Sowjetführung verfolgt, in ihre Volkswirtschaft, in ihre Gesellschaft Effizienz zu bringen und den russischen Oblomow-Effekt der massenweisen Passivität unterzukriegen. Sein Staat, die DDR, hat das alles schon 1964 vorexerziert. Von »Glasnost« (Transparenz) wäre beim DDR-Diktator natürlich nie die Rede gewesen. Aber »Perestroika« (Umgestaltung)? Als Michail Gorbatschow 1986 Potsdam besuchte, da erzählte er halb spöttisch, halb neidvoll, in seinem Land interpretiere man die Abkürzung DDR mit »*D*awai – *D*awei – *R*abotij« (»vorwärts – voran – arbeiten«). Damit kam er – ausgerechnet an der Geburtsstätte des Preußentums – der Wahrheit und Erkenntnis sehr nahe, warum die deutschen Genossen, die »roten Preußen«, in ihrem System solche Erfolge erringen konnten: mit Arbeit und Fleiß, mit Organisation und Ordnung. Und wenn die SED-Funktionäre heutzutage achselzuckend und beinahe schon hochmütig auf seine »Perestroika«-Versuche schauen, dann sollten sie sich vor allem anderem Walter Ulbrichts erinnern.

Sozialistische Menschengemeinschaft

In der nationalen Frage hielt die SED auch weiterhin an ihrer Politik »gesamtdeutscher Gespräche« und an ihrer Forderung nach der »Einheit Deutschlands« fest. Aber allen verbalen Bekundungen zum Trotz blieb die Spaltung Deutschlands Realität. Im Dezember 1963 stand das Monstrum der Mauer schon zweieinhalb Jahre. An zwei Weihnachtsfesten, 1961 und 1962, hatten sich die Bewohner der alten deutschen Hauptstadt Berlin, die nur Minuten oder eine halbe Stunde voneinander entfernt wohnten, nicht besuchen können. Zwar hatten die westdeutschen Medien immer wieder gefordert »Macht das Tor auf!«, aber erst jetzt, im Dezember 1963, kam es zu einem Passierschein-Abkommen, das es 1,2 Millionen West-Berlinern gestattete, zu Weihnachten ihre Verwandten und Freunde im Ostteil der Stadt zu besuchen. Die Wiedersehens-Szenen, nach zweieinhalb Jahren Trennung, waren herzzerreißend.

Gab es keine Entspannungs- und Annäherungs-Chancen im geteilten Deutschland? Im April 1964 bot der SED-Chef an, bestimmte westdeutsche Presseorgane wie »DIE ZEIT« oder die »Süddeutsche Zeitung« zum freien Verkauf in der DDR zuzulassen, wenn im Gegenzug »Neues Deutschland« in der Bundesrepublik öffentlich gekauft werden könnte. In persönlichen Gesprächen munkelten DDR-Journalisten, auch »Stern« und »Spiegel« könnten in das Abkommen einbezogen werden, wenn das FDJ-Organ »Junge Welt« in der Bundesrepublik zugelassen würde. Ein Risiko lag dabei nur auf seiten der DDR, und im Redaktionskollektiv des »Neuen Deutschland« liefen die Falken und Scharfmacher Sturm gegen den geplanten Zeitungsaustausch. Die SED-Funktionäre brauchten sich aber mitnichten zu beunruhigen, denn die Bundesregierung lehnte das Angebot unter Hinweis auf das KPD-Verbot und die Gesetzesparagraphen der Staatsgefährdung ab. Als Bonn – unter dem Druck liberaler Medien – schließlich doch einlenken wollte, war Ost-Berlin nicht mehr interessiert.

Vier Wochen später, im Mai 1964, schrieb Walter Ulbricht einen offiziellen Brief an Bundeskanzler Ludwig Erhard. Er empfahl, beide deutsche Staaten sollten an der Überwindung der Spaltung arbeiten. Vor allem schlug er vor: schrittweise Abrüstung in beiden deutschen Staaten und die Gründung eines »Deutschen Rates«, der sich paritätisch aus Vertretern des Bundestages und der Volkskammer zusammensetzen sollte. Ziel und Aufgabe dieses gesamtdeutschen Gremiums sollte es sein, ein »einheitliches friedliebendes Deutschland« wiederherzustellen. Der Ulbricht-Brief ging – wie zu Zeiten Adenauers – ungeöffnet von Bonn nach Ost-Berlin zurück. Der einzige Lichtblick des Jahres 1964 war, daß im November 1964 die Mauer für DDR-Rentner geöffnet wurde, die nun ihre Verwandten in Westdeutschland und West-Berlin besuchen konnten.

In den Jahren 1964 und 1965 gingen beachtliche Veränderungen innerhalb der DDR vor. Hatte man bisher von einem »Ulbricht-Staat« sprechen können, so entstand nun die »Ulbricht-Gesellschaft«. Es war dies eine Gesellschaft der Arbeitsleistung, des Fleißes, der Ordnung, der gesunden Lebensführung, der spießbürgerlichen Behaglichkeit und der Klassen-Harmonie. So jedenfalls präsentierte sich das Idealbild jenes erstaunlichen Mannes aus Leipzig, der inzwischen das 72. Lebensjahr erreicht hatte, unangefochten als »Landesvater« galt und der nun auch sein mißtrauisches, abstoßendes persönliches Wesen milderte, fröhlicher und freundlicher auftrat, lockerer und weniger verkrampft, im Bewußtsein seiner schier grenzenlosen Autorität.

Das neue sozialistische Leben in der DDR – es sollte sich jetzt, geschützt durch Mauer und Stacheldraht, nicht mehr geschwächt durch massenhafte Flucht und Abwanderung, zur vollen Idylle entfalten. Der Klassenkampf, der fünfzehn Jahre lang das Zusammenleben in der DDR vergiftet hatte und dem theoretisch auch niemals abgeschworen wurde, er war jetzt von innen nach außen gewendet, wurde auf die permanente Auseinandersetzung mit den Herrschenden der Bundesrepublik transponiert. Sie trugen an allem Schuld, und Ulbricht stilisierte diesen Konflikt zum Kampf »zwischen den Krupps und den Krauses«, zwischen den revanchistischen westdeutschen Monopolkapitalisten und den friedliebenden, fleißigen DDR-Bürgern. Der Klassenkampf wurde also nicht mehr *inner*-staatlich, sondern *zwischen*-staatlich geführt. Die »Krauses« aber, die Bürger der DDR, sollten sich zu einer Art neuer Volksgemeinschaft zusammenschließen und Arm in Arm einer leuchtenden Zukunft entgegenschreiten. Walter Ulbricht kreierte dafür den Begriff der »Sozialistischen Menschengemeinschaft« (abgekürzt: SMG), deren idealen Wesensgehalt er folgendermaßen umriß:

> »Die Sozialistische Menschengemeinschaft, die wir Schritt um Schritt verwirklichen, geht weit über das alte humanistische Ideal hinaus. Sie bedeutet nicht nur Hilfsbereitschaft, Güte, Brüderlichkeit, Liebe zu den Mitmenschen. Sie umfaßt sowohl die Entwicklung der Einzelnen zu sozialistischen Persönlichkeiten als auch der Vielen zur sozialistischen Gemeinschaft im Prozeß der gemeinsamen Arbeit, des Lernens, der Teilnahme an der Planung und Leitung der gesellschaftlichen Entwick-

lung, besonders auch in der Arbeit der Nationalen Front und an einem vielfältigen, inhaltsreichen und kulturvollen Leben. In der Welt hat sich herumgesprochen, daß das ›deutsche Wunder‹, das sich in unserer Republik ereignet hat, nicht einfach ein ›Wirtschaftswunder‹ ist, sondern vor allem in der großen Wandlung der Menschen besteht. Aber noch sind wir bei weitem nicht am Ende des Weges zur Sozialistischen Menschengemeinschaft.«

Walter Ulbricht, der Freund, Förderer und Lehrer – vor allem: Lehrer! – des Volkes, so sah sich der allmächtige DDR-Diktator selber. Der Mann verfolgte eine Utopie, er wollte den »neuen Menschen« schaffen! Dabei schreckte er auch nicht vor der Propagierung des Begriffes »Gemeinschaft« zurück, der seit 1945 unter allseitigem Verdikt gestanden hatte. Nachdem er sich zwanzig Jahre lang verhaßt gemacht hatte, indem er permanent die Konflikte nach außen wie nach innen anheizte, proklamierte Ulbricht jetzt die allgemeine DDR-Harmonie. »Freudigen Optimismus« predigte er seinen Bürgern. Er rief »die ganze Jugend zu frisch-fröhlichem Wettstreit« auf. Die abgrundtiefe Kluft zwischen der Bevölkerung und der SED sollte eingeebnet werden. Waren sie nicht alle, ob sie wollten oder nicht, seine Landeskinder, seine DDR-Bürger? Die neue Versöhnungs-Losung lautete: »Die Republik braucht alle – alle brauchen die Republik.«
1965 beschloß die DDR-Volkskammer das »Gesetz über das einheitliche sozialistische Bildungssystem«, das allen Einwohnern des Staates das gleiche Recht auf Bildung und Ausbildung garantierte. »Bildung«, dieses Zauberwort des 19. Jahrhunderts, das einst der Emanzipations-Schlachtruf des deutschen Bürgertums gewesen war, es gehörte zu den Kernbegriffen der Ulbrichtschen Weltanschauung, die er sich aus den Jugendzeiten im Leipziger Arbeiter-Bildungsverein aufbewahrt hatte und die er nun in seinem Staat zur breitesten Verwirklichung führen wollte. In der Tat hatte das DDR-Bildungssystem beachtliche Erfolge vorzuweisen. 1951/52 waren nur 16 Prozent der Schüler länger als acht Jahre zur Schule gegangen. Jetzt, 1965/66, besuchten 72 Prozent aller Schüler die neunte Klasse einer allgemeinbildenden polytechnischen Oberschule. Ulbricht proklamierte die »Einheit von Bildung und Erziehung«. Seinen Bürgern predigte er »Liebe zur DDR und Stolz auf die Errungenschaften des Sozialismus«.
Das alles sollte nicht mißmutig und verbissen vor sich gehen, sondern »frisch-fröhlich« und »freudig-optimistisch«, so wie Ulbricht seine eigene Jugendzeit in den Leipziger Wandergruppen in Erinnerung hatte. War er nicht selbst damals abends, nach den politischen Diskussionen seiner Gesellenzeit, auf die Tanzdiele gegangen? Und so hieß es jetzt in der SED- und FDJ-Propaganda, wenn es um Schlager und Tanzrhythmen ging:

»Welchen Takt die Jugend wählt, ist ihr überlassen. Hauptsache, sie bleibt taktvoll!« Die heile sozialistische Welt, voller Anstand und gutem Benehmen, wurde zur Devise. Und der Landesvater bemächtigte sich auch des heikelsten Themas, plädierte für »echte, tiefe Liebesbeziehungen« zwischen den Geschlechtern, empfahl der Jugend, »nicht prüde zu sein und immer sauber zu bleiben«. Dementsprechend nahm sich die FDJ auch der sexuellen Fragen an:

> »Verbote, Prüderie, Heimlichtuerei und Bestrafung können diese Probleme nicht lösen. Sozialistisch ist, jungen Menschen zum Lebensglück zu verhelfen und nicht Tragödien zu schaffen! Die Eltern, Lehrer und Erzieher sollten mit der Jugend auch über die Fragen dieses Lebensbereiches sprechen, damit negative soziale Folgen frühzeitiger Bindungen vermieden werden können. Jede echte Liebe zweier junger Menschen verdient ehrliche Anerkennung. Wir wollen echte, tiefe, saubere, menschliche Beziehungen und keine klösterliche Moral.«

Der Staat als pädagogische Anstalt. So verstand Walter Ulbricht sein Modell. Gewiß; aber nach der Arbeit sollte es durchaus fröhlich zugehen, die Bürger des SMG-Staates sollten sich »taktvoll« miteinander amüsieren und in der Freizeit nicht die Selbstbildung vergessen. Daß im Jahre 1965 mehr als fünftausend Buchtitel in einer Gesamtauflage von annähernd 100 Millionen Stück erschienen, war ganz nach dem Wunsche des SED-Chefs. »Lesen und Lernen«, das war eine seiner Standard-Parolen. Vor allem aber sollten die DDR-Bürger der Gesundheit leben. »Gesundheit ist eine soziale Pflicht«, diesen Ausspruch Jawaharlal Nehrus machte Ulbricht zur DDR-Devise. Butter sei schädlich für die Blutgefäße, er selbst esse grundsätzlich nur Margarine, belehrte der Diktator seine Landeskinder. In Wochenschau- und Fernsehaufnahmen sah man den beleibten Staats- und Parteiführer bei munteren Gymnastikübungen, seiner Bevölkerung auch in punkto Sport ständig mit gutem Beispiel voran. 1965 nahmen zehn Millionen Menschen in der DDR an Sportfesten in Betrieben, Gemeinden und Wohngebieten teil. 1964 hatten die DDR-Sportler, die damals noch zu einer gesamtdeutschen Mannschaft gehörten, während der Olympischen Spiele in Tokio bereits 23 Medaillen errungen. Im Oktober 1965 beschloß das Internationale Olympische Komitee die Anerkennung einer selbständigen DDR-Olympiamannschaft, und bereits zweieinhalb Jahre später, während der Olympischen Spiele in Mexiko, entpuppte sich die DDR als drittstärkster Sport-Staat der Erde, knapp hinter den USA und der Sowjetunion.
Das utopische Menschenbild, das dem 72jährigen DDR-Diktator vorschwebte, dem er mit Eifer und Strenge nahezukommen suchte, war das einer »allseitig gebildeten« sozialistischen Persönlichkeit, die bewußt und

überzeugt dem Staate diente, die ihr höchstes Genüge darin fand, ein nützliches Mitglied der »Sozialistischen Menschengemeinschaft« zu werden. Ulbricht selbst formulierte im Dezember 1965, als er den Werktätigen versprach, ab April 1966 werde die Fünf-Tage-Arbeitswoche kommen, ganz unübertrefflich seine Vorstellungen davon, wie seiner Meinung nach in Zukunft die Freizeitgestaltung der Deutschen aussehen sollte, indem er in vollem Ernst aufzählte:

> »Erwachsenenqualifizierung – die Verbreitung und Vertiefung der Neuererbewegung – die Teilnahme an der Planung und Leitung der Betriebe und des öffentlichen Lebens – die Aufnahme und Verarbeitung von Informationen – die Beschäftigung mit Kunst und Literatur – die regelmäßige Betätigung auf dem Gebiet der Körperkultur und des Sports.«

Ende des Jahres 1965 präsentierte sich die Deutsche Demokratische Republik der erstaunten Welt als ein aufstrebender Staat, als die zweite große Industriemacht des sozialistischen Ostblocks, knapp hinter der Sowjetunion, ja, als Leistungsgesellschaft und im Lebensstandard der Bevölkerung klar an der Spitze. In den zehn Jahren von 1955 bis 1965 hatten sich die materiellen Verhältnisse in der DDR grundlegend verbessert. Ein Zahlenvergleich:

von 100 Haushalten in der DDR besaßen

	1955	1965
a) Waschmaschinen	0,5	30
b) Kühlschränke	0,4	30
c) Personenwagen	0,2	10
d) Fernsehgeräte	1	54

Auch die Preise in den staatlichen HO-Geschäften hatten sich in den letzten zehn Jahren zum Teil normalisiert. Jedenfalls im Bereich der Lebensmittel, während Textilien, Lederwaren, Genuß- und Luxusartikel immer noch überteuert waren.

Einzelhandels-Verkaufspreise in Ostmark 1955 und 1965

Warenwert	Einheit	1955	1965
Zucker	kg	3.—	1.64
Rindfleisch	kg	10.80	9.80

Warenwert	Einheit	1955	1965
Schweinekotelett	kg	11.20	8.—
Jagdwurst	kg	12.20	6.80
Butter	kg	20.—	10.—
Margarine	kg	4.—	2.—
Röstkaffee	kg	80.—	70.—
Vollmilch	Liter	1.12	0.68
Eier	Stück	0.45	0.34
Herrenanzug/Wolle	Stück	187.—	143.—
Damenkleid/Wolle	Stück	79.20	79.20
Herrenoberhemd	Stück	26.90	21.80
Herrenarmbanduhr	Stück	143.50	156.50
Herrenhalbschuhe	Paar	80.30	48.20
Damensportschuhe	Paar	73.—	40.15

In demselben Maße, in dem sich der Lebensstandard gehoben hatte, war die Gleichmacherei und Einebnung der Gesellschaft fortgeschritten. Die sozialistische Einheits-Gesellschaft war entstanden, die sozialen Differenzierungen der Vorkriegszeit waren fast verschwunden. Die berufliche Zusammensetzung der DDR-Beschäftigten sah in Prozentzahlen so aus:

Arbeiter und Angestellte	ca. 82%
LPG – Genossenschafter	ca. 10%
PGH – Genossenschafter	ca. 3%
Private Handwerker	ca. 3%
Freiberuflich Tätige	ca. 0,3%

Privatinitiative war in dieser Gesellschaft zur Rarität verkümmert. Staat und Partei waren nicht nur allmächtig, von ihnen gingen alle Impulse aus. Dem äußeren Anschein nach war noch immer ein knappes Drittel aller Betriebe in privater Hand. Doch das waren Mini-Unternehmen mit durchschnittlich 20 bis 27 Arbeitnehmern pro Betrieb. Der Anteil der Beschäftigten, die für private Unternehmer tätig waren, betrug knapp vier Prozent.

Die insgesamt etwa acht Millionen Werktätigen in der DDR hatten wahrhaft Erstaunliches zustande gebracht, und zwar aus eigener Kraft, ohne Marshall-Plan- bzw. andere Hilfe, fast ohne Bodenschätze, eingezwängt und gehandicapt durch ein starres Wirtschaftssystem, das erst seit 1964 eine begrenzte Flexibilität an den Tag gelegt hatte. Zwar waren nicht alle Ziele des Siebenjahresplanes von 1958 erreicht worden, aber die Statistik erwies

Jahresstand 1965	Schwer-industrie	Leicht-industrie	Nahrungs-mittel
A. Zahl der Betriebe	4400	6370	1940
davon volkseigen	1910	1172	631
davon genossenschaftlich	5	22	252
davon halbstaatlich	1150	2690	615
davon privat	1335 (30%)	2486 (40%)	442 (22%)
B. Zahl der Beschäftigten	1777960	750610	200335
davon volkseigen	1623293	492698	136487
davon genossenschaftlich	1113	4092	27148
davon halbstaatlich	124434	187782	27981
davon privat	29120 (1,6%)	66038 (8,8%)	8719 (4,3%)

einen beträchtlichen Aufschwung in diesen letzten sieben Jahren, wenn man die Jahres-Produktionszahlen miteinander verglich:

	Stand 1958	Stand 1965
Elektroenergie	ca. 36 Mrd. Kwh	ca. 54 Mrd. Kwh
Rohbraunkohle	ca. 215 Mill. t	ca. 250 Mill. t
Roheisen	ca. 1,8 Mill. t	ca. 2,4 Mill. t
Rohstahl	ca. 3 Mill. t	ca. 4 Mill. t
PKW	ca. 40000 Stück	ca. 100000 Stück
Motorräder	ca. 80000 Stück	ca. 60000 Stück
Fernsehgeräte	ca. 180000 Stück	ca. 540000 Stück
Kühlschränke	ca. 52000 Stück	ca. 364000 Stück
Waschmaschinen	ca. 50000 Stück	ca. 300000 Stück
Umsatz im Außenhandel	ca. 14 Mrd. Mark	ca. 24 Mrd. Mark

Der Zuwachs in der Produktion von Kühlschränken, Waschmaschinen und Fernsehgeräten war beachtlich. Man durfte von der Erwartung ausgehen, daß im Herbst 1967 der Bedarf an diesen Geräten im wesentlichen gedeckt sein würde.

Die gesamte DDR-Bevölkerung arbeitete, marschierte, exerzierte, turnte und feierte nach dem Kommando der SED und der von ihr kontrollierten Organisationen. Mehr als zwei Millionen DDR-Bürger gehörten der SED oder den vier Blockparteien an. Von den etwa acht Millionen Werktätigen befanden sich mehr als sieben Millionen unter der Kontrolle des »Freien

Deutschen Gewerkschaftsbundes« (FDGB) oder der »Vereinigung gegenseitiger Bauernhilfe«. Walter Ulbrichts Sozialistische Menschengemeinschaft war perfekt organisiert und wurde total kontrolliert.

Mitglieder von Parteien und Massenorganisationen 1965

SED	ca. 1800000
Ost-CDU	ca. 100000
LDPD	ca. 70000
NDPD	ca. 110000
Demokratische Bauernpartei Deutschlands	ca. 70000
FDGB	ca. 6500000
Vereinigung gegenseitiger Bauernhilfe	ca. 600000
FDJ	ca. 1500000
Junge Pioniere	ca. 2000000
Deutscher Turn- und Sportbund	ca. 2000000

Auf etwa 108000 Quadratkilometer Staatsfläche (dreißig Prozent des deutschen Rest-Territoriums seit 1945) suchten sich 17 Millionen Deutsche mit den politischen Gegebenheiten, wie sie seit zwanzig Jahren existierten, abzufinden und das Beste aus der ihnen aufgezwungenen Situation zu machen. Von irgendeiner Opposition war keine Rede mehr. Die Fluchtbewegung war seit dem 13. August 1961 mit Mauer, Schießbefehl und Stacheldraht unterbunden. Drei Millionen Deutsche, etwa 15 Prozent der Gesamtbevölkerung, waren nach Westen geflohen. Die verbliebenen 17 Millionen lebten im Ostteil Berlins, der Hauptstadt der DDR, und in vierzehn Bezirken der Republik.

Nach alter deutscher landsmannschaftlicher Gliederung setzten sie sich zusammen aus: ca. 9 Millionen Preußen (Berlinern, Brandenburgern, Pommern, Mitteldeutschen), ca. 5,5 Millionen Sachsen, ca. 1,5 Millionen Thüringern und ca. 1 Million Mecklenburgern.

Bevölkerung und Gebiet der DDR am 31. 12. 1965

Bezirke	qkm	Einwohner	Bewohner pro qkm
Hauptstadt Ost-Berlin	403	1077969	ca. 2675
Rostock	7072	842743	ca. 120
Schwerin	8672	594786	ca. 70
Neubrandenburg	10793	633209	ca. 60
Potsdam	12569	1127498	ca. 90
Frankfurt/Oder	7186	660666	ca. 90
Cottbus	8262	839133	ca. 100
Magdeburg	11525	1323644	ca. 115
Halle	8771	1932733	ca. 220
Erfurt	7348	1249540	ca. 170
Gera	4004	735175	ca. 185
Suhl	3856	549398	ca. 155
Dresden	6738	1887739	ca. 280
Leipzig	4966	1510773	ca. 305
Karl-Marx-Stadt (Chemnitz)	6009	2082927	ca. 337,5
DDR insgesamt:	108174	17047933	ca. 157,5

Neuer Wind

Am 21. April 1966 fand ein großer Festakt in der Dynamo-Sporthalle in Ost-Berlin statt. Man feierte den zwanzigsten Jahrestag der Gründung der SED, der Sozialistischen Einheitspartei Deutschlands.
Die Festansprache hielt Walter Ulbricht. Auf dem Podium stand ein Mann, der seit zwei Jahrzehnten (1946) faktisch die Partei führte, seit sechzehn Jahren (1950) auch formell ihr Chef war und seit sechs Jahren (1960) alle Macht der DDR in seinen Händen vereinigte, seitdem er auch Vorsitzender des Staatsrats und des Verteidigungsrats war. Es sprach ein Triumphator.
Und Ulbricht wußte das. Er kostete seinen Erfolg aus. Er drehte den Spieß um, und plötzlich wehte ein ganz neuer Wind durch die deutschen Lande.
Wenn man sich an Grotewohls moderate Reden zu Beginn der fünfziger Jahre erinnerte, in denen er immer wieder um »Erhörung« in Bonn gefleht hatte, wenn man an die DDR-Delegation dachte, die einst an den Ufern des Rheins antichambriert hatte, um überhaupt empfangen zu werden, und dann begossenen Pudeln gleich den Rückweg in das arme Ostelbien angetreten hatte, und nun den selbstbewußten, ja belehrenden Ton des DDR-Staatsratsvorsitzenden erwog, der sich mit erhobenem Zeigefinger an die westdeutschen Landsleute wandte, dann mochte man ermessen, wie sich die Dinge in Deutschland in den letzten fünfzehn Jahren gewandelt hatten, seitdem die Rivalität zwischen den beiden deutschen Staaten offen ausgebrochen war. Nichts, aber auch gar nichts hatte die Bonner Politik erreicht, was Deutschland anging. Sämtliche Chancen für die Wiedervereinigung waren verspielt oder vertan worden. Der mit Haß und Arroganz behandelte zweite deutsche Staat war in den letzten zehn Jahren immer stärker geworden. Unaufhaltsam rückte der Zeitpunkt näher, an dem man sich in Bonn entschließen mußte, mit Ost-Berlin gleichberechtigte Gespräche aufzunehmen, vermutlich zu den ungünstigsten Bedingungen. Und Ulbricht wußte das. Die Zeit arbeitete für die DDR. Jetzt sprach er nicht nur als Lehrer seiner Staatsbürger, sondern als »Praeceptor Germaniae«, als Erzieher der gesamtdeutschen Nation.
»Der Weg zum künftigen Vaterland der Deutschen«, lautete der Titel seiner Festansprache. Und nach stolzem Rückblick auf die Erfolge der DDR in den letzten Jahren kam er auf die Zukunft zu sprechen:

»Manchmal wird die Frage gestellt, wie es denn nun weitergeht, wenn der Versuch der Sozialistischen Einheitspartei Deutschlands und der Regierung der Deutschen Demokratischen Republik, zu einer Verständigung mit dem westdeutschen Staat zu kommen, doch noch längere Zeit zu keinem Resultat führt.
Darauf will ich antworten, damit sich niemand in Westdeutschland Illusionen macht.
Die Deutsche Demokratische Republik besitzt durch ihre eigene Kraft, durch ihre wirtschaftlichen Abmachungen mit der Sowjetunion und den anderen sozialistischen Ländern, alles, was notwendig ist, um den Aufbau des Sozialismus zu vollenden. Durch unsere militärischen Bündnisse sind unsere Grenzen fest geschützt, die ja bekanntlich vom Warschauer Pakt mit einer gemeinsamen militärischen Aktion verteidigt würden, wenn sie irgend jemand angreift.
Also, zum weiteren Aufbau unserer sozialistischen Demokratie, unserer sozialistischen Wirtschaft bedarf es keinerlei Verständigung mit dem westdeutschen Staat. Wir wünschen eine solche Verständigung so bald wie möglich, aber wir betonen, daß unser Aufbau des Sozialismus in keiner Weise von unserem Verhältnis zum westdeutschen Staat abhängig ist. Die Zeit ist vorüber, wo wir den Sozialismus aufbauen mußten mit fremden räuberischen Händen in unseren Taschen! Die feste und gut geschützte Grenze unserer Republik hat dieser Ausraubung und Störung unseres Aufbaues ein für allemal ein Ende gesetzt.«

Das sollte heißen: Wir in der DDR haben Zeit, uns bläst der Wind der Geschichte nicht ins Gesicht, die Zeit unserer Schwäche ist für immer vorbei.
Und dann kam Ulbricht auf die deutsche Konföderation zu sprechen, erinnerte daran, daß Bundesminister Fritz Schäffer bereits »vor längerer Zeit« die Möglichkeiten eines solchen Staatenbundes in Ost-Berlin erörtert hatte, um dann fortzufahren:

»Wenn es damals bereits – so wie wir es wünschten – zu einer Einigung gekommen wäre, dann wäre uns die seither eingetretene ständige Vertiefung der deutschen Spaltung erspart geblieben. Volkskammer und Regierung der DDR haben nicht nur einmal diesen einzig noch verbliebenen Weg der Überwindung der deutschen Spaltung vorgeschlagen. Sollten sozialdemokratische Führer die CDU-Auffassung unterstützen, daß die Wiedervereinigung Sache der vier Mächte ist, so steht dem die Tatsache gegenüber, daß infolge der Sonderinteressen des US-Finanzkapitals in diesen zwanzig Jahren die vier Mächte keinen Schritt vorwärts gekommen sind. Also müssen sich die friedliebenden Kräfte in Deutschland zunächst selbst verständigen.

Wir erneuern heute unser Angebot! Wir bereiten uns darauf vor, daß die deutsche Konföderation Wirklichkeit wird und daß aus der Zusammenarbeit und dem Zusammenfinden der Deutschen im Rahmen dieser Konföderation eines Tages ein neues einiges Vaterland erwächst.«

Damit machte Ulbricht klar, daß die Wiederherstellung der nationalen Einheit zunächst Sache der beiden deutschen Staaten ist, und wies die zunehmende Tendenz in Bonn zurück, die Wiedervereinigung Deutschlands zu einer Angelegenheit zu manipulieren, die in die Zuständigkeit der vier Besatzungsmächte fällt. Er konnte das um so leichter tun, als die Sowjetregierung wiederholt erklärt hatte, die nationale Frage sei eine Sache des deutschen Volkes, zuletzt noch in ihrem Memorandum vom 27. 12. 1961 an Bonn, in dem es expressiv verbis hieß: »So, wie es die beiden deutschen Staaten vereinbaren, wird es gut sein.«

Sodann entwarf Ulbricht ein plastisches Bild vom Leben des deutschen Volkes in einer künftigen Konföderation. Mit streng erhobenem Zeigefinger dozierte der Staatsratsvorsitzende über die glänzenden Möglichkeiten eines deutschen Staatenbundes, wobei er es sich nicht verkneifen konnte, den Bundesbürgern ernsthaft die Leviten zu lesen, ihren platten Materialismus zu geißeln:

»Den ökonomischen Potenzen nach wären die beiden konföderierten deutschen Staaten zusammengenommen mit Abstand die dritte Wirtschaftsmacht der Welt. Sie würde über ein beträchtliches industrielles, landwirtschaftliches und wissenschaftliches Potential verfügen. Der Politik des Friedens und der Abrüstung verpflichtet, würden die beiden Mitgliedstaaten der deutschen Konföderation ihren Bürgern eine gesicherte Existenz in Wohlstand bieten können, die auf der Gewißheit beruht, daß von deutschem Boden nie mehr ein Krieg ausgehen wird.

Uns schwebt allerdings vom künftigen Leben der Deutschen ein anderes Bild vor als das, auf welches die gegenwärtigen Machthaber in Bonn die Masse unserer Zeitgenossen in Westdeutschland festzulegen trachten. Spießbürgerliche Sattheit, dümmlicher Wettlauf um Prestigekonsum, Geltungsdünkel und staatsbürgerliche Passivität gehören nicht zu unseren Vorstellungen. Das lehnen wir ab. Das kommt für uns nicht in Frage. Wir glauben vielmehr, daß es darauf ankommt und dann auch möglich sein wird, weit mehr zu tun als die materiellen Bedürfnisse aller Bürger, auch derer, die nicht aus eigener Kraft voll für sich sorgen können, gut zu befriedigen . . .

Die beiden konföderierten deutschen Staaten werden ihre große ökono-

mische Kraft in die Waagschale werfen, um friedliche Leistungen auf dem Gebiet der Forschung und Technik, der Kunst und der Wohlfahrt, einer vorbildlichen inneren Ordnung im Dienste am Menschen und an der Menschlichkeit zu vollbringen.
Die wirtschaftlichen Beziehungen zwischen den beiden konföderierten deutschen Staaten werden beträchtlich intensiviert und auf ein Niveau gestellt werden, das den Erfordernissen der technischen Revolution entspricht. Mit der Praxis verbundene westdeutsche Wirtschaftskreise heben schon jetzt hervor, daß in sechs bis acht Jahren ein ganz beträchtlicher Teil des Handels zwischen den beiden Staaten sich im Bereich des Anlagengeschäftes vollziehen wird ...
In der Konföderation kann die DDR der Bundesrepublik beträchtliche Hilfe leisten, um in den sozialistischen Staaten große neue Märkte für ihre Erzeugnisse, insbesondere für Industrieanlagen, zu erschließen. Die Industrie der konföderierten deutschen Staaten wird große Abschlüsse erzielen, die ihre Vollbeschäftigung auf lange Frist sicherstellen und die eine enge Kooperation zwischen Unternehmen in beiden deutschen Staaten anbieten. In diesem Sinne werden die konföderierten deutschen Staaten ein wichtiger Faktor der zunehmenden wirtschaftlichen Verflechtung in ganz Europa sein ...
Wichtige weitere Schritte können unternommen werden, um den Bürgern der beiden deutschen Staaten die Vorteile zugute kommen zu lassen, die sich aus der dem Konföderationsvertrag zugrunde liegenden Politik des Friedens ergeben. So dürfte der Reiseverkehr zwischen beiden deutschen Staaten beträchtlich erweitert und normalisiert werden. Auch die Sicherheitsvorkehrungen an der Grenze zwischen beiden deutschen Staaten sowie zwischen der DDR und Westberlin werden dann den Bedingungen des friedlichen Nebeneinanderbestehens angepaßt werden können ...«

Ulbricht schloß seine Ansprache mit dem von tosendem Beifall umbrandeten Ausruf:

»Es geht um den zukünftigen Weg ganz Deutschlands! Es gilt für die deutsche Arbeiterklasse in Ost und West, ehrenvoll vor der Geschichte zu bestehen und das große Werk der nationalen Wiedergeburt zu einem glücklichen Ende zu bringen! ...«

Es war eine bedeutsame, eine hochinteressante Rede. Es war das letzte große Konföderations-Angebot der DDR an die Westdeutschen, aber es war auch gespickt mit Bedingungen, Vorbedingungen, Mahnungen und Versuchen zur Einmischung in die inneren Angelegenheiten der Bundesrepublik.

Natürlich reagierte in Bonn kein Mensch darauf. Niemand hielt es für nötig, Ulbricht mit seinem Konföderations-Vorschlag beim Wort zu nehmen und zugleich in aller Deutlichkeit seine Belehrungen und Einmischungsversuche zurückzuweisen. Der SED-Chef hatte schon einmal, im Februar 1957, einen deutlichen Rückzieher in puncto Konföderation machen müssen, und den Auguren hätte es längst bekannt sein müssen, wie schnell Ulbricht Rückzüge antrat, wenn er auf massiven Widerstand stieß. Für Regierung wie Opposition in Westdeutschland war es der letzte Augenblick, in der Deutschlandpolitik das Heft in die Hand zu nehmen, sich die Konföderations-Idee zu eigen zu machen und die SED in die Defensive zu drängen. Es war fünf Minunten vor zwölf. Wer hören und lesen konnte, hätte begreifen müssen, daß die SED-Führung nicht mehr im Zugzwang war, daß die Zeit für sie arbeitete, seitdem die Mauer ihre Republik abriegelte und die »roten« Preußen gezwungen waren, sich in diesem deutschen Teilstaat häuslich einzurichten.
Ende 1966 kam es zur Großen Koalition in Bonn. Das Kabinett unter Kurt Kiesinger (CDU) und Willy Brandt (SPD) nahm seine Arbeit auf. Es änderte nichts oder kaum etwas in der Deutschlandpolitik, eröffnete aber unverzüglich eine diplomatische Offensive in Richtung der sogenannten Satellitenstaaten. Mit anderen Worten, man schlug den Weg über Warschau und Budapest ein, um zum Ziel einer Entspannung in Mitteleuropa zu kommen. Dagegen hätte sich nichts einwenden lassen, wenn es sich um eine kurzfristige Taktik gehandelt hätte, um desto schneller in ein Gespräch mit Ost-Berlin zu kommen und die Deutschlandfrage im nationalen Sinne zu regeln.
Die DDR-Führung war aufs höchste alarmiert. Sie sah in dieser Politik ein Bonner Einkreisungsmanöver. Geradezu panisch, von einem Tag auf den anderen, änderte die SED-Führung ihre national-politische Linie in der Deutschlandfrage, die sie zwanzig Jahre lang konsequent verfolgt hatte. Plötzlich sprach und schrieb man in der DDR-Agitation nicht mehr von der SPD, sondern nur noch von der »SP«, strich also das Wort »Deutschland« aus der sozialdemokratischen Parteibezeichnung. In bestellten Leserbriefen hieß es, eine Vereinigung mit dem »Mittelalter«, sprich Bundesrepublik, stehe überhaupt nicht zur Debatte. Das erst im Dezember 1965 gegründete »Staatssekretariat für gesamtdeutsche Fragen« in Ost-Berlin wurde im Februar 1967 umbenannt in »Staatssekretariat für westdeutsche Fragen«. Der zuständige SED-Staatssekretär, Joachim Herrmann, der praktisch seinen eigenen Hut aß, indem er alles das widerrief, was er länger als ein Jahr verkündet hatte, erklärte nun, normale Beziehungen zwischen beiden deutschen Staaten seien zur Zeit nicht möglich, durch das Verhalten Bonns seien »Begriffe wie ›gesamtdeutsch‹ ihres Inhalts entleert und gegenstandslos geworden«.

Das war kompletter Unsinn. Keine Verhaltensweise irgendeiner Teilregierung, weder Bonns noch Ost-Berlins, konnte etwas an der Existenz der gesamtdeutschen Nation ändern. Das plötzliche, hektische antinationale Gebaren der DDR-Führung mußte den Verdacht auslösen, die gesamtdeutschen Parolen der SED seien a priori nichts als Sprüche gewesen, nur so lange gut und nützlich, so lange Adenauer in Bonn an der Spitze stand, von dem man im voraus gewußt hatte, daß er jede gesamtdeutsche Initiative zu Fall bringen würde. Andererseits konnte man der DDR-Regierung zugute halten, daß sie in helle Aufregung geraten mußte, wenn Bonn mit ihren sozialistischen Verbündeten flirtete, ohne den alten »Alleinvertretungsanspruch« fallen zu lassen. Aber noch war von »Abgrenzung« oder von zwei deutschen Nationen mitnichten die Rede. Noch 1968 definierte sich die DDR in ihrer Verfassung ausdrücklich als »sozialistischer Staat deutscher Nation«.

Am 31. Januar 1967 erfolgte die Aufnahme diplomatischer Beziehungen zwischen der Bundesrepublik und Rumänien. Drei Tage später kam es zu einem Eklat. »Neues Deutschland« feuerte eine Breitseite gegen Bukarest ab:

> »Wenn der Außenminister der sozialistischen Republik Rumänien nicht bereit war, bei den Verhandlungen die Alleinvertretungsanmaßung zurückzuweisen und eindeutig zu erklären, daß unter den Bedingungen der Alleinvertretungsanmaßung und anderer revanchistischer Forderungen die Voraussetzungen für diplomatische Beziehungen noch nicht gegeben sind, so ist das bedauerlich.«

Prompt erfolgte eine scharfe Reaktion von rumänischer Seite, die ihre Medien gegen Ost-Berlin mobilisierte. Im Bukarester »Neuen Weg« hieß es am 5. Februar 1967:

> »Ist dem Autor des Artikels im ›Neuen Deutschland‹ etwa unbekannt, daß die Außenpolitik eines sozialistischen Staates von dessen Partei und Regierung festgelegt wird und daß sie für ihre Tätigkeit nur dem Volk, der Nation Rechenschaft ablegen? Der Versuch der Zeitung, sich zum Mentor der Außenpolitik eines anderen Staates aufzuwerfen und die Einmischung in die inneren Angelegenheiten eines anderen Landes dienen nicht den Beziehungen der Freundschaft und Zusammenarbeit zwischen den sozialistischen Ländern, sondern schaden ihnen nur.«

Die DDR wandte sich hilfesuchend an die Polen und Tschechen, mit denen sie am 15. bzw. 17. März 1967 Verträge »über Freundschaft, Zusammenarbeit und gegenseitigen Beistand« abschloß. Gleichzeitig begannen in Ost-Berlin interne Konferenzen, die sich mit der Frage befaßten, wie man die an

Bonn verlorengegangene Initiative wieder zurückgewinnen könne. Ergebnis dieser Beratungen war ein Brief an Bundeskanzler Kiesinger, den DDR-Ministerpräsident Stoph am 10. Mai 1967 absandte und der folgende Vorschläge enthielt:
die Aufnahme normaler Beziehungen zwischen beiden deutschen Staaten;
den Verzicht beider deutscher Staaten auf die Anwendung von Gewalt in den gegenseitigen Beziehungen;
die Anerkennung der gegenwärtig bestehenden Grenzen in Europa, insbesondere der Grenze zwischen beiden deutschen Staaten;
die Herabsetzung der Rüstungsausgaben beider deutscher Staaten um jeweils die Hälfte;
den Verzicht beider deutscher Staaten an Besitz und Verfügungsgewalt über Kernwaffen in jeglicher Form;
die Teilnahme beider deutscher Staaten an einer atomwaffenfreien Zone in Mitteleuropa;
das Eintreten der Regierung der DDR und der Regierung der Bundesrepublik für normale Beziehungen beider deutscher Staaten zu den anderen europäischen Staaten und für die Herstellung diplomatischer Beziehungen aller europäischen Staaten zu beiden deutschen Staaten.

Das Schreiben Ministerpräsident Stophs schloß mit den Worten:

> »Die Regierung der Bundesrepublik Deutschland sollte sich in dieser Zeit, da die Lösung dringender Probleme im Interesse der Erhaltung des Friedens und der Sicherheit unerläßlich ist, endlich von den Realitäten leiten lassen. Das hartnäckige Negieren der im Ergebnis des Zweiten Weltkriegs entstandenen realen Lage in Europa widerspricht den Interessen der europäischen Sicherheit und kann der westdeutschen Bevölkerung selbst nur zum Nachteil gereichen. Es ist an der Zeit, die Beziehungen zwischen beiden deutschen Staaten zu normalisieren.«

In diesem Brief Stophs war kein Wort mehr von der deutschen Einheit enthalten. Es war erst ein Jahr her, daß Walter Ulbricht seine große Festansprache unter dem Titel »Der Weg zum künftigen Vaterland der Deutschen« gehalten hatte. Wie hatte sich der Wind in dieser kurzen Frist gedreht! Gewiß, die Rede Ulbrichts vom April 1966 war bereits mit Vorbedingungen und Vorbehalten gespickt gewesen; aber immer noch hatte sie am leuchtenden Ziel der deutschen Einheit festgehalten. Jetzt, im Mai 1967, keine Silbe mehr über die Konföderation. Die Situation des deutschen Volkes verschlechterte sich von Jahr zu Jahr.
Nicht weniger bemerkenswert war, daß Bundeskanzler Kiesinger Stophs

Schreiben am 13. Juni 1967 beantwortete. Es war das erste Mal in achtzehn Jahren Existenz beider deutscher Staaten, daß die Bonner Regierung überhaupt offiziell auf eine Bekundung Ost-Berlins reagierte. Kiesinger schrieb an Stoph:

»Ihren Brief vom 10. Mai 1967 habe ich erhalten. Leider geht er auf meine Regierungserklärung vom 12. April 1967 nicht ein; ich füge ihren Wortlaut bei. Sinn und Zweck dieser Erklärung ist: solange grundlegende Meinungsverschiedenheiten eine gerechte Lösung der Deutschen Frage verhindern, muß im Interesse des Friedens unseres Volkes und der Entspannung in Europa nach innerdeutschen Regelungen gesucht werden, welche die menschlichen, wirtschaftlichen und geistigen Beziehungen zwischen den Deutschen in Ost und West soweit wie möglich fördern.

Sie hingegen sagen: Alles oder nichts! Sie erheben Forderungen nach der politischen und völkerrechtlichen Anerkennung einer Spaltung Deutschlands, die dem Willen der Menschen in beiden Teilen unseres Vaterlandes widerspricht. Sie machen die Erfüllung dieser Ihrer Forderungen zur Voraussetzung von Gesprächen. Wollte ich wie Sie verfahren, so müßte ich eine unverzügliche, geheime und international kontrollierte Volksabstimmung fordern. In der gegenwärtigen Lage führt uns eine solche Konfrontation jedoch nicht weiter. Dagegen halte ich es für geboten, darüber zu sprechen, wie wir verhindern können, daß die Deutschen in der Zeit der erzwungenen Teilung sich menschlich auseinanderleben. Das darf um so weniger in einer Epoche geschehen, in der sogar lange verfeindete europäische Völker immer näher zusammenrücken! Das Leben im geteilten Deutschland muß erträglicher werden. Es ist die Pflicht aller Verantwortlichen, nach besten Kräften dazu beizutragen.

Das Wohl unseres Volkes gebietet, die Spannungen in Deutschland nicht zu vermehren, sondern zu mindern. Mit unserer Rechtsauffassung, an der wir uneingeschränkt festhalten, beabsichtigen wir alles andere als die Bevormundung der Menschen im anderen Teil Deutschlands. Nur solange es diesen Menschen versagt bleibt, ihren Willen über das Schicksal unserer Nation zweifelsfrei zu bekunden, obliegt es der frei gewählten Bundesregierung, auch für sie zu sprechen.

Auch Sie bejahen die Verantwortung, unserem Volk den Frieden zu erhalten. Zu den zahlreichen Schritten, die die Bundesregierung zur Sicherung dieses Friedens unternommen hat, gehört unser feierlicher Verzicht auf Gewalt zur Durchsetzung politischer Ziele. Er gilt allgemein und duldet keine Ausnahme. Deshalb muß die Bundesregierung mit allem Nachdruck darauf bestehen, daß auch im anderen Teil Deutschlands auf die Anwendung von Gewalt verzichtet wird.

Sie fordern mich auf, von den »Realitäten« auszugehen. Die Realität, die Sie und ich anerkennen müssen, ist der Wille der Deutschen, *ein* Volk zu sein. Ich schlage deshalb vor, daß von Ihnen und von mir zu bestimmende Beauftragte ohne politische Vorbedingungen Gespräche über solche praktischen Fragen des Zusammenlebens der Deutschen aufnehmen, wie sie in meiner Erklärung vom 12. April enthalten sind.«

Diesmal war es die DDR-Regierung, die auf einen Brief nicht reagierte. Erst neuen Monate später erteilte DDR-Ministerpräsident Stoph eine indirekte Antwort, als er Gespräche beider Seiten mit der Vorbedingung einer gegenseitigen formellen Anerkennung verknüpfte. Dabei hätte die SED-Führung mit dem Kiesinger-Schreiben eigentlich hochzufrieden sein können. Denn von der Wiedervereinigung Deutschlands durch freie Wahlen war nur noch in Konditionalform (»müßte«) die Rede, quasi wie eine wehmütige Erinnerung an längst entschwundene Zeiten; jetzt sprach der westdeutsche Regierungschef nur noch von »praktischen Fragen des Zusammenlebens der Deutschen«. Welche Wandlung in fünfzehn Jahren! Das hohe Roß des Alleinvertretungsanspruchs und der Arroganz gegenüber dem zweiten deutschen Staat war abgeschirrt worden. Bonn war dabei, den Status quo der deutschen Spaltung anzuerkennen! Man zierte sich nur noch ein wenig, versuchte den Tag der Offenbarung, an dem das Scheitern der gesamten Adenauer-Politik in der deutschen Frage zutage treten mußte, krampfhaft hinauszuschieben. In Ost-Berlin konnte man die Entwicklung ruhig abwarten. Die Phase des »Kalten Krieges« war längst im Abklingen, auch wenn es in Bonn so mancher noch nicht bemerkte oder nicht wahrhaben wollte. Nicht einmal ein derart dramatischer Zwischenfall wie der Einmarsch der Sowjettruppen in die Tschechoslowakei im August 1968 konnte den Annäherungsprozeß zwischen den beiden Supermächten auf Dauer bremsen. Die SED überstand die Auswirkungen des »Prager Frühlings« unerschüttert.
Im April 1968 erhielt die DDR eine neue, eine »sozialistische« Verfassung. Bemerkenswert daran war, daß Walter Ulbricht, der geistige Inspirator der neuen Verfassung, unverändert am Bekenntnis zur gesamtdeutschen Nation festhalten ließ. Der erste Satz in Artikel 1 lautete:

»Die Deutsche Demokratische Republik ist ein sozialistischer Staat deutscher Nation.«

In Artikel 8 erklärte man:

»Die Herstellung und Pflege normaler Beziehungen und die Zusammenarbeit der beiden deutschen Staaten auf der Grundlage der Gleichberechtigung sind nationales Anliegen der Deutschen Demokratischen Republik.«

Damit nicht genug, hieß es weiter:

> »Die Deutsche Demokratische Republik und ihre Bürger erstreben darüber hinaus die Überwindung der vom Imperialismus der deutschen Nation aufgezwungenen Spaltung Deutschlands, die schrittweise Annäherung der beiden deutschen Staaten bis zu ihrer Vereinigung auf der Grundlage der Demokratie und des Sozialismus.«

Vom Frühjahr 1968 bis zum Herbst 1969 verfolgte die SED mit angehaltenem Atem die innere Destabilisierung der Bundesrepublik, hervorgerufen durch die schwere Krise des Studenten-Aufstandes und des Jugend-Protests. Einerseits verschafften die Ereignisse im Westen Deutschlands der DDR-Führung eine gewisse äußere Entlastung, andererseits wachte sie im Innern der Republik mit Argusaugen darauf, daß der »antiautoritäre Bazillus« nicht übersprang. Doch unter der schwergewichtigen Hand Walter Ulbrichts und des Staatssicherheitsdienstes gab es keinerlei oppositionelle Regungen, die den Bestand der DDR ernsthaft hätten gefährden können.
Die Deutschen zwischen Elbe und Oder, die seit 1967 über genügend Fernsehgeräte in ihren Haushalten verfügten, verfolgten alles mit großer innerer Anspannung, dachten aber keinen Augenblick daran, den 17. Juni 1953 zu wiederholen. Zu tief hatte sich ihnen die Erinnerung eingegraben, wie einsam, verraten und verlassen sie damals gewesen waren. Sie waren machtlos gegen Mauer und Minenfelder. Sie hatten sich gezwungenermaßen in ihrem Teilstaat eingerichtet, und ohne ihre gesamtdeutsche Sehnsucht jemals preiszugeben, begannen sie doch, Stolz auf ihre eigenen Leistungen zu entwickeln.

Eine Jubelfeier

Am Sonnabend, dem 4. Oktober 1969, begannen bei strahlendem Herbstwetter die offiziellen Feierlichkeiten auf dem Flughafen Berlin-Schönefeld: draußen, im Südosten der Stadt. Walter Ulbricht und das Politbüro der SED hatten beschlossen, den zwanzigsten Jahrestag der Gründung der Deutschen Demokratischen Republik mit einer noch nie dagewesenen Schau an Aufwand und Prachtentfaltung zu begehen. Ost-Berlin, die Hauptstadt der DDR, sollte das größte Fest seit dreißig Jahren, seit den letzten Tagen vor Kriegsausbruch, erleben.

In den frühen Morgenstunden landeten Staatspräsidenten, Regierungschefs, Parteivorsitzende und Politiker aus befreundeten Staaten auf dem Zentralflughafen Schönefeld. Pham Van Dong, der Vorsitzende des Ministerrates von Nordvietnam, war der erste Staatsgast, der DDR-Boden betrat. Betriebsdelegationen bildeten Spalier und winkten heftig mit Vietkong-Fähnchen. Als nächster Gast landete Jumshagin Zedenbal, der Ministerpräsident der Mongolischen Volksrepublik. Nach ihm Janos Kadar, Ungarns Parteichef und starker Mann. Abordnungen aus 84 Ländern der Erde trafen innerhalb weniger Stunden in Ost-Berlin ein, darunter die offiziellen Vertreter von 36 Regierungen.

Alle wurden von Walter Ulbricht persönlich empfangen. Der SED-Chef genoß sichtlich den Jubeltag.

Begrüßungs-Zeremoniell durch die Ehrenformation der Nationalen Volksarmee. Degen blitzten im Sonnenlicht. Über den Lärm des Flugfelds erhob sich eine Kommandostimme:

> »Losung des Tages: Gruß den Gästen zur Feier des zwanzigsten Jahrestages der Gründung der Deutschen Demokratischen Republik! Es meldet der Kommandeur der Ehrenkompanie: Oberstleutnant Pabel.«

Dann Vorbeimarsch der feldgrauen Formation im preußischen Stechschritt und unter den Klängen des »Marsch des Yorckschen Korps« von Ludwig van Beethoven.

Höhepunkt des Schönefelder Spektakels: Ankunft Leonid Breschnews, des Generalsekretärs der KPdSU, der Kommunistischen Partei der So-

wjetunion, Repräsentant des mächtigsten Freundes und Verbündeten der DDR: der Sowjetmacht. Besatzer und Beschützer der DDR in einem.
Ich stand neben meinen Kameras und konnte alles »hautnah« verfolgen. Vom Ministerrat der DDR hatte ich das fernschriftliche Angebot erhalten, die Feierlichkeiten zum zwanzigsten Jahrestag exklusiv für das bundesrepublikanische Fernsehen zu filmen. Es war der erste Film, der in der DDR über die DDR gedreht werden durfte; die ARD sollte ihn ausstrahlen. Ich postierte mich mit meinem Mikrophon direkt neben Ulbricht und Breschnew; die Aufpasser des Staatssicherheitsdienstes erblaßten.
Momentaufnahme: Breschnew wirkt leicht angetrunken, seine Augen starren glasig. Er umarmt Ulbricht, scheint aber abwesend. Seine Miene erhellt sich, als er Erich Honecker sieht. Nervös zucken seine Augenlider, als die NVA in schmetterndem Stechschritt an ihm vorbeiparadiert. Ulbricht dagegen strahlt über das ganze Gesicht.
Der Staatsempfang in Berlin-Schönefeld symbolisierte den internationalen Status der DDR im Jahre 1969, im zwanzigsten Jahr ihrer Existenz. Die Republik sah sich von 19 Ländern diplomatisch anerkannt, von denen die Hälfte kommunistisch war. In 13 weiteren Ländern unterhielt die DDR Generalkonsulate und Konsulate, in 29 Staaten Handelsvertretungen oder Handelsmissionen. In der UNO war die DDR – wie die Bundesrepublik Deutschland – noch nicht vertreten.
Am Sonntag, dem 5. Oktober 1969, war ich mit meinen beiden TV-Aufnahme-Teams von früh morgens bis spät abends in Ost-Berlin unterwegs. An unseren Fahrzeugen leuchteten die bunten Firmenschilder »stern tv«. Wo wir auftauchten, traten Ost-Berliner an uns heran und fragten: »Ham Se nich 'n Stern?« Blaue Marschkolonnen der FDJ winkten und riefen grinsend in Sprechchören: »Stern – bleib' uns fern!« Es gab für uns keinerlei Zensur und Beschränkungen. Zwölf Jahre lang war die DDR für westdeutsche Fernsehteams total gesperrt gewesen. Das Experiment begrenzter Berichterstattung verriet das gestiegene Selbstbewußtsein der SED-Funktionäre. Aber es signalisierte noch etwas anderes: Soeben war in Bonn ein sensationeller Regierungswechsel erfolgt; Brandt (SPD) und Scheel (FDP) hatten ein sozial-liberales Kabinett gebildet. Die SED-Führung erwartete einen Kurswechsel an den Ufern des Rheins. Ein Funktionär, der uns begleitete, sprach von einer »neuen Ära« in den deutsch-deutschen Beziehungen.
Am Montag, dem 6. Oktober 1969, fand ein großer Festakt in der Werner-Seelenbinder-Halle statt. Walter Ulbricht hatte seine Freunde und Verbündeten um sich versammelt. Eine markige Stimme verkündete über Lautsprecher: »Wir begrüßen unseren Freund und Genossen Janos Kadar!« Großer Applaus. Dasselbe Zeremoniell für Todor Schiwkoff aus Bulgarien, für

Gomulka und Cyrankiewicz aus Polen, für Dr. Gustav Husák aus der Tschechoslowakei. Nur für die rumänische Regierungsdelegation tröpfelte der Beifall spärlich; man hatte den rumänischen Genossen immer noch nicht den Alleingang mit Bonn verziehen. Die große Volksrepublik China, die mit der Sowjetunion im Streit lag, war überhaupt nicht vertreten. Der Ansager hob die Stimme: »Wir begrüßen auf das herzlichste unseren Freund und Genossen Leonid Iljitsch Breschnew!« Langanhaltender stürmischer Beifall.

Ich sah mir die Ehrengalerie mit der Prominenz genau an, und mir fiel etwas auf. In mein Reporter-Mikrophon sagte ich: »Niemand auf der Ehrentribüne wirkt frischer, unverbrauchter und wachsamer als Erich Honecker.« Alle anderen SED-Bosse machten einen überspannten oder nervösen Eindruck. Breschnew nahm das Wort und richtete freundliche Bemerkungen an die neue Bundesregierung unter Willy Brandt. Er forderte aber nachdrücklich die Anerkennung der DDR als gleichberechtigten deutschen Staat.

Am Spätnachmittag trafen sich auf der Karl-Marx-Allee, der ehemaligen Stalinallee, über die 16 Jahre zuvor die aufständischen Arbeiterkolonnen marschiert waren, die »jungen Sozialisten« der FDJ in ihren blauen Hemden und roten Anoraks. Während sie mit Trommeln und Fanfaren demonstrierten, entfaltete sich über Ost-Berlin ein pompöses Feuerwerk. Flammenzeichen formierten sich am dunklen Himmel zum leuchtenden Staatsemblem der DDR mit Hammer und Zirkel im Ährenkranz.

Zur selben Zeit tanzten in den Sälen der neuerbauten Kongreßhalle am Alexanderplatz junge Menschen auf einem »Ball der Zwanzigjährigen«. Die, die hier tanzten, waren so alt wie der Staat, der nun Geburtstag feierte. Jetzt, im Jahre 1969, gab es in der Deutschen Demokratischen Republik 5,1 Millionen Menschen, die zwanzig Jahre alt oder jünger waren. Das hieß konkret: Dreißig Prozent der Deutschen ostwärts der Elbe konnten sich nicht erinnern, je in einem anderen Staat als in der DDR gelebt zu haben.

Unter den Linden gruppierten sich unterdessen die Marschkolonnen der FDJ, der »Freien Deutschen Jugend«, zu einem gigantischen Fackelzug. Ihre Führung hatte ihn im voraus »historisch« genannt, denn auf den Tag genau vor zwanzig Jahren hatte der Staatsgründungs-Fackelzug Unter den Linden stattgefunden. Zweieinhalb Stunden lang marschierten nun 250000 junge Menschen mit Kapellen, Transparenten, Fanfaren und Spielmannszügen vom Brandenburger Tor über die Linden und den Marx-Engels-Platz zur Jannowitz-Brücke. Ein unübersehbares Meer von roten und blauen Fahnen. Die altehrwürdige Straße Unter den Linden wurde zur hallenden nächtlichen Schlucht der Sprechchöre und Kampflosungen, der Hoch- und Hurrarufe.

In der DDR gehörten nun mehr als die Hälfte aller Jugendlichen zwischen

14 und 25 Jahren der Staatsjugend FDJ an; etwa 1,5 Millionen. In der Volkskammer, dem »Parlament« der DDR, war die FDJ mit 40 Abgeordneten vertreten. Ebenso in den regionalen Volksvertretungen, ja selbst im Staatsrat. Die FDJ organisierte die »Clubs junger Techniker«, die »Messen der Meister von morgen« oder »Wissenschaftliche Olympiaden«. Es war viel blinder Aktionismus und bürokratischer Leerlauf im Spiel, aber auch viel jugendliche Begeisterung. Die FDJ-Führung verfügte über einen eigenen Buchverlag, sie gab zwei Zeitschriften heraus und eine Tageszeitung unter dem Titel »Junge Welt«, die sich in ihrer flotten Aufmachung von dem öden Einerlei der übrigen DDR-Presse abhob.

Als Interview-Partner vor der Fernsehkamera hatte ich mir den Chefredakteur der »Jungen Welt« gewünscht: Horst Pehnert, Jahrgang 1932, der schon vor zwanzig Jahren Unter den Linden mitmarschiert war.

Frage: Herr Pehnert, Sie sind Chefredakteur der »Jungen Welt«, des Zentralorgans der Freien Deutschen Jugend, und sind 37 Jahre alt. Was taten Sie vor zwanzig Jahren, als die DDR gegründet wurde? Und wie ging Ihre persönliche Entwicklung in diesen zwanzig Jahren vonstatten?

Antwort: Das ist ziemlich schnell erzählt. Vor zwanzig Jahren war ich dabei, als hier die Jugend mit ihrem großen Fackelzug im Oktober 1949 die eben gegründete DDR begrüßte. Damals war ich siebzehn Jahre alt und war Buchdrucker-Lehrling in einer Kreisstadt in der Leipziger Tiefebene, in Borna. Mein Vater war da Schneider. Ich war Mitglied der Freien Deutschen Jugend und wurde im Herbst 1950 zu einem Lehrgang delegiert, den die »Junge Welt« damals in Radebeul veranstaltete; ein Jugendkorrespondenten-Lehrgang, wie wir sagen. Von diesem Lehrgang wurde ich in die Redaktion berufen, nachdem ich meine Lehre soeben beendet hatte, habe dann hier in der Redaktion vier Jahre gearbeitet und es zu dem gebracht, was wir damals Hilfsredakteur nannten. Dann wurde ich auf meinen Wunsch hin zum Studium delegiert – ich hatte kein Abitur und mußte eine Sonderreifeprüfung machen – und studierte vier Jahre Journalistik in Leipzig an der Karl-Marx-Universität, ging dann wieder in die Redaktion und habe vor vier Jahren hier das Amt des Chefredakteurs übernommen.

Die »Junge Welt«, das muß man vielleicht hinzufügen, ist eine täglich erscheinende Zeitung, eine – wie ich dem Leserecho entnehmen darf – beliebte und auch weit verbreitete Zeitung. Wir sind sehr stolz darauf, daß die Jugend in der DDR eine eigene Tageszeitung besitzt! Das ist ja kein Spielzeug, sondern ein wichtiges Instrument zur Demokratieausübung – zur Machtausübung.

Am Dienstag, dem 7. Oktober 1969, standen wir um 6 Uhr morgens mit unseren TV-Kameras auf dem Marx-Engels-Platz. Es galt, den besten Platz zu ergattern, um die Militärparade aus Anlaß des 20. Jahrestages aufzunehmen. Mit einem jungen Hauptmann der NVA gab es Standort-Diskussionen. Als einer von uns »O.K.« sagte, bemerkte der Hauptmann: »Warum sprechen Sie nicht deutsch? Sagen Sie einfach: in Ordnung.«
Und dann: klingendes Spiel, feldgraue Parade. Voran der baumlange Tambourmajor, danach der Spielmannszug, der Schellenbaum mit den türkischen Roßschweifen. Seitenrichtung und Vordermann, Stechschritt, flatternde Fahnen und blitzende Degen. Preußens Gloria auf dem Marx-Engels-Platz! Der alte Lustgarten des preußischen Soldatenkönigs dröhnte wider unter dem stampfenden Schritt der Kompanien und Bataillone.
Unter den Klängen des »Yorckschen Marsches« und der »Internationale« im Marschrhythmus defilierten Einheiten der Nationalen Volksarmee vor der breiten Ehrentribüne, auf der sich die Prominenz – Ulbricht, Breschnew, Honecker – versammelt hatte. Ulbricht schmunzelte in seinen Spitzbart, als der baumlange Tambourmajor vor ihm die Beine schmiß.
Etwa 96 Prozent der Offiziere der NVA waren inzwischen Mitglieder der SED. Von den Unteroffizieren gehörte knapp die Hälfte der Partei an, von den Soldaten etwa zehn Prozent. Diese Zahlen sprachen Bände über die politische Zuverlässigkeit einer Armee, deren Verteidigungskraft auch von westlichen Militärexperten hoch eingeschätzt wurde. In den Manövern »Oktobersturm« und »Moldau« sowie »Oder-Neiße 69« hatten sich die Einheiten der Nationalen Volksarmee besonders ausgezeichnet.
Nach der Militärparade zog die Bevölkerung Ost-Berlins an der Ehrentribüne vorbei, um den kommunistischen Machthabern ihre organisierten Huldigungen darzubringen. Über Lautsprecher rezitierte eine markige Stimme:

> »Ein Staat – geboren aus des Volkes Not –
> und von dem Volk zu seinem Schutz gegründet.
> Ein Staat – der mit dem Geiste sich verbündet –
> und ist des Volkes bestes Aufgebot.«

Rote Fahnen, Porträts, Transparente: Feldzeichen einer Weltanschauung, die den 17 Millionen Deutschen zwischen Elbe und Oder aufgezwungen wurde und die doch schon seit zwei Jahrzehnten Macht über sie ausübte.
Wie wurde diese oktroyierte Macht ideologisch legitimiert? Ich blätterte, während die Zehntausende winkend und fähnchenschwingend an unseren

Kameras vorbeizogen, in den Thesen eines staatlichen Komitees, das eigens zur Vorbereitung des 20. Jahrestages der DDR gegründet worden war. Darin hieß es:

»Die DDR ist der durch die vielhundertjährige Geschichte unseres Volkes legitimierte deutsche Staat des Friedens und der Freiheit, der Menschlichkeit und sozialen Gerechtigkeit. In der DDR werden alle großen progressiven Ideen, die das deutsche Volk je hervorgebracht hat, wird das Vermächtnis aller Kämpfe um ein Reich des Friedens und der sozialen Sicherheit, der Menschenwürde und der Brüderlichkeit erfüllt. Verwirklicht wird das Kampfziel der revolutionären deutschen Arbeiterbewegung, das Deutschlands größte Söhne, Karl Marx und Friedrich Engels, vor 120 Jahren im »Kommunistischen Manifest« proklamierten. Wofür die Scharen des Thomas Münzer im Großen Deutschen Bauernkrieg in die Schlacht zogen, was deutsche Aufklärer und Humanisten an Ideengebäuden errichteten, wofür die Volksmassen 1813 und 1848 stritten, wofür die deutsche Arbeiterklasse unter August Bebel, Wilhelm Liebknecht, Rosa Luxemburg, Karl Liebknecht und Ernst Thälmann – während des Sozialistengesetzes, in der Novemberrevolution und in der Weimarer Republik – kämpfte, wofür Kommunisten, Sozialdemokraten, Christen und bürgerliche Patrioten im antifaschistischen Widerstand Kerker und Tod, Folter und Emigration auf sich nahmen . . .: das alles ist Wirklichkeit geworden in der Deutschen Demokratischen Republik.«

Stundenlang währte der Vorbeimarsch der Jubelkolonnen. »Die Deutsche Demokratische Republik, unser sozialistischer Staat Deutscher Nation, sie lebe hoch – hoch – hoch!«, schallte es immer wieder aus den Lautsprechern. Ich stand unmittelbar neben der Ehrentribüne und beobachtete, daß Breschnew häufig in einer Art kleiner Kombüse verschwand, die sich hinter seinem Stehplatz befand. Jedesmal, wenn er wieder erschien, war sein Blick glasiger und sein Schritt unsicherer geworden. Mit Ulbricht hatte er sich überhaupt nichts zu sagen. Walter Ulbricht stand einsam und gänzlich isoliert auf der Tribüne. Erich Honecker dagegen sprach – über Dolmetscher – häufig mit Breschnew. Sie lachten beide viel miteinander. Über Ulbricht? Die Risse im Führungsgebäude der vielzitierten »deutsch-sowjetischen Freundschaft« waren nicht zu übersehen.

Im TV-Interview mit Chefredakteur Horst Pehnert hatte ich auch den 20. Jahrestag der DDR angesprochen:

Frage: Was einen bei dieser Jubelfeier doch etwas merkwürdig stimmt, das ist die Tatsache, daß Sie sich selbst hier alle so prima finden und gegenseitig ununterbrochen loben.

Ist denn in der DDR wirklich alles ideal?
Haben Sie gar nichts an sich selbst zu kritisieren?

Antwort: Also, wir finden uns natürlich prima! Wir finden die DDR prima. Und wer das merkwürdig findet, der kommt wahrscheinlich aus einer Gegend der Welt, wo es eben nicht so prima ist.
Also, ob in der DDR alles ideal ist, darauf könnte ich Ihnen eigentlich erst antworten, wenn wir uns über den Begriff verständigt hätten, was wir beide für ideal halten, unter ideal verstehen. Natürlich könnte ich auch statt »prima« sagen, daß die DDR »ideal« ist, weil sie – wie ich meine – richtig programmiert ist.
Aber natürlich heißt das nicht, daß wir uns selbst gegenüber unkritisch sind. Was wir in zwanzig Jahren geschaffen haben, das ist doch nicht geleistet worden, weil wir uns ununterbrochen auf die Schulter klopfen und uns gegenseitig bekennen, was wir für Pfundskerle sind. Damit wird man doch nicht einer der zehn größten Industriestaaten der Erde! Es ist ein Prinzip unserer Entwicklung, daß wir immer kritisch überprüfen, was wir erreicht haben, daß wir immer vom Standpunkt des Weiterkommens und Vorwärtskommens in Frage stellen, was wir erreicht haben, und daß wir Neues an die Stelle des Alten setzen. Das ist Regierungsmaxime wie es ebenso Bürgerpflicht ist, dieses Kritikprinzip.
Und ich glaube, von diesem Standpunkt aus gesehen gibt's in der DDR 'ne Menge zu kritisieren, weil wir noch eine Menge verändern wollen und große weitreichende Ziele haben.

In den zwanzig Jahren der DDR-Existenz hatte man unablässig vom »Fortschritt« gesprochen. Jetzt, am großen Jubiläumstag, stand fest, daß die Parole vom Fortschritt nicht nur eine leere Phrase gewesen war. Seit 1955 hatte der zweite deutsche Staat erstaunliche Fortschritte gemacht, seit 1964 hatte sich zwischen Elbe und Oder ein zweites »deutsches Wunder« vollzogen; jedenfalls, wenn man die deprimierenden Verhältnisse des Ostblocks gebührend in Rechnung stellte. Die 17 Millionen »roter Preußen« hatten mit ihrem Fleiß, ihrer Intelligenz, ihrer Pflichterfüllung alle in sie gesetzten Erwartungen übertroffen. Die DDR gehörte nun unbestritten zu den führenden Handels- und Industriestaaten der Erde. Unter den Industrieländern stand sie jetzt an achter Stelle. Allein in der Zeit von 1962 bis 1966 hatte dieser deutsche Teilstaat seine industrielle Produktion um ein Viertel gesteigert.
Das war eine imponierende Leistungs-Statistik, zu der jeder einzelne in der DDR beigetragen hatte; nicht zuletzt unter Verzicht und Entbehrungen. Das Durchschnitts-Einkommen eines DDR-Bürgers war in den zwanzig Jahren

seit 1949 von 250 auf 700 Mark gestiegen, hatte sich insgesamt also fast verdreifacht. Das Nationaleinkommen indessen hatte sich in der gleichen Zeit vervierfacht. Der Wohlstand des einzelnen Werktätigen war nur recht mäßig angewachsen; der Staat dagegen, die DDR, hatte ökonomisch kräftig ausgelegt.
Vor allem im schwerindustriellen Bereich hatte die DDR ein kontinuierliches Wachstum zu verzeichnen gehabt. Die Erzeugung an Elektroenergie hatte sich in zwanzig Jahren vervierfacht. Ebenso die Produktion von Rohstahl, die von 1,25 Millionen t (1949/50) auf 5 Millionen t (1969/70) gestiegen war. In der Herstellung langlebiger Konsumgüter hatten die letzten zehn Jahre, von 1959 bis 1969, erfreuliche Steigerungsraten erbracht:

Produkte	Jahresproduktion 58/59	Jahresproduktion 68/69
PKW	40000	120000
Waschmaschinen	50000	300000
Kühlschränke	50000	375000

Der Lebensstandard der Bevölkerung präsentierte sich mit zwei Seiten: Grundnahrungsmittel, Wohnungsmieten und Fahrpreise waren äußerst billig. Eine Fahrt mit Bus, Straßenbahn, S- oder U-Bahn kostete – wie vor dem Krieg – zwanzig Pfennige. Ein Kilo Kartoffeln 17 Pfennig, ein Kilo Roggenbrot 52, ein Pfund Marmelade 85, hundert Gramm Streichmettwurst kosteten 68 Pfennig. Hochwertige Industrie-Erzeugnisse, Textilien besserer Qualität und Genußmittel wie beispielsweise Kaffee oder Kakao lagen dagegen im Preis etwa doppelt so hoch wie im Westen Deutschlands. Ein weißes Oberhemd aus Nyltestfasern kostete 75, eine Damenstrumpfhose 20 Mark.
Seit der Jahreswende 1964/65, als sich das »Neue ökonomische System« Walter Ulbrichts konkret auszuwirken begann, hatten sich die äußeren Lebensumstände der Bevölkerung deutlich verbessert:

Besitzstand pro 100 Haushalte	1964/65	1969/70
PKW	10	15
Waschmaschinen	30	53
Kühlschränke	30	56
Fernseher	54	70

Die Fernseh-Versorgung der Republik durfte man bereits als flächendeckend, als annähernd ausreichend bezeichnen, und da die SED-Führung ihren Kampf gegen die nach Westen gerichteten Antennen aufgegeben hatte, konnte man wenigstens ab 19 Uhr wahrhaftig von der »Einheit der Nation« sprechen: Abend für Abend saßen etwa 10 bis 12 der insgesamt 17 Millionen DDR-Deutschen vor den Fernsehgeräten und schalteten das ARD- oder das ZDF-Programm ein.

Und doch war das Fernsehen nur eine Ersatz-Klammer für die Deutschen. Das Riesenspektakel in Ost-Berlin dokumentierte ja die unübersehbare Tatsache, daß Deutschland seit zwei Jahrzehnten gespalten war. Ich konnte es deshalb dem FDJ-Chefredakteur Horst Pehnert nicht ersparen, ihn für einen Augenblick aus seiner Jubel-Euphorie zu reißen, ihn vor der TV-Kamera auch an den gesamtdeutschen Aspekt zu erinnern.

Frage: Sie feiern nun mit großem Aufwand den zwanzigsten Jahrestag der DDR. Aber ist das denn nicht viel mehr ein Trauertag denn ein Festtag? Bedeuten nicht zwanzig Jahre DDR zugleich zwanzig Jahre deutsche Spaltung?

Antwort: Trauer! Wie sollte eine Jugend – wenn ich von der Jugend sprechen darf – dieser Tag, diese Entwicklung traurig machen, von der sie eigentlich alles erhalten hat, was sich Jugend vom Leben, von der Gesellschaft erwartet: ein erstklassiges Bildungssystem – Gesetze, die sie mit verfaßt hat, wie beispielsweise Jugendrechte auf allen Gebieten der Gesellschaft – und, wie ich meine, ein Maß an gesellschaftlicher Mitverantwortung, wie es noch keiner jungen Generation in Deutschland übertragen wurde.

Doch davon abgesehen: Der Jahrestag der DDR kann gar kein Jahrestag der Spaltung sein, weil die DDR entstand, als die deutsche Spaltung – durch die Währungsreform und die Bildung der westdeutschen Bundesrepublik durch Adenauer und die Westmächte – schon vollzogen war! Und dieser Verrat, der damals tatsächlich erfolgte an den Interessen der Nation, ist jederzeit und immer verurteilt worden von den deutschen Sozialisten.

Nach zwanzigjähriger Existenz war tatsächlich zwischen Elbe und Oder eine Art »neues Deutschland« entstanden. In den ersten zehn Jahren, von 1945 bis 1955, war die sozialistische Umgestaltung von der sowjetischen Besatzungsmacht und den deutschen Kommunisten mit brutaler Gewalt erzwungen worden; gegen den Willen fast der gesamten Bevölkerung. Der 17. Juni 1953 markierte damals den Höhepunkt des Widerstandskampfes. Jetzt durfte man folgende Zwischenbilanz ziehen:

Die Revolution von oben, die Walter Ulbricht auf Geheiß Moskaus und nach eigenem Willen mit eiserner Beharrlichkeit erzwang, hat das deutsche Territorium ostwärts von Elbe und Werra äußerlich total umgestaltet. Die Herrschafts-Strukturen erfuhren einen durchgreifenden Wandel. Die Großgrundbesitzer wurden enteignet, die Unternehmer vertrieben, die Banken, Konzerne und Großbetriebe wurden ausnahmslos verstaatlicht bzw. soziali-

siert, die Verwaltung des Landes, insbesondere des Staatsapparates und der Wirtschaft, übernahmen die Kommunisten samt ihren Helfershelfern.
In der gesamten, mehr als tausendjährigen Geschichte des deutschen Volkes hat es derart drastische Umgestaltungen des Lebens und der Lebensgewohnheiten niemals gegeben. Die ökonomische wie die soziologische Basis für ein Wiederaufleben bürgerlicher Gesinnungen und Verhaltensnormen ist radikal beseitigt worden. Jede Möglichkeit einer Restauration wurde ein für allemal durch eine totale Veränderung der Besitzverhältnisse ausgeschlossen. Von oben wurde herrisch diktiert; an der Basis mußten die Befehle mit Schweiß, Blut und Tränen realisiert werden.
Und doch war die neuentstandene DDR-Gesellschaft, die Ulbricht mit seinen rücksichtslosen Eingriffen in eine seit Jahrhunderten gewachsene Sozialstruktur schuf, kaum revolutionär zu nennen. Denn wenn man hinter die äußere, die rot getünchte Fassade sah: Was hatte sich im *Bewußtsein* der Menschen schon geändert? Nachdem ein gigantischer Umwälzungsprozeß von oben erzwungen worden war und alles eingestampft schien, war es gerade Walter Ulbricht, der Leipziger Schneiderssohn, der dem neuen Staat und der neuen Gesellschaft typisch altpreußische Merkmale aufgeprägt hatte: Ordnungsliebe, Sparsamkeit, Autorität und Gehorsam, Disziplin und Unterordnung, Arbeitseifer und Opferbereitschaft.
Ulbricht förderte bewußt die politisch entmachteten und gedemütigten Schichten des Kleinbürgertums und des Mittelstandes, nachdem er ihre Besitzverhältnisse zerschlagen hatte, zeigte sich bereit, den Klassenkampf gegen sie einzustellen, unter der Bedingung, daß sie sich den neuen Verhältnissen anpaßten, sich zum neuen Staat wohlverhielten und täglich ihre Pflicht taten. Diesen Prozeß der Amalgamierung zu einer neuen DDR-Einheitsgesellschaft hatte bereits 1948 die sowjetische Besatzungsmacht eingeleitet, als sie dekretierte, daß die Jahrgänge 1918 bis 1930 frei von jeder Schuld oder Verantwortung für die Vergangenheit seien, so daß sich 1949, als die DDR begründet wurde, niemand mehr, der 31 Jahre oder jünger war, mit dem Makel des »Faschismus« belastet fühlen mußte.
Darauf baute Ulbricht seine »Versöhnungspolitik« auf, die er 1961, nach dem Bau der Mauer, voll entfalten konnte. Er schuf eine Leistungsgesellschaft der materiellen und moralischen Anreize und ging geschmeidig eigene gesellschaftspolitische Wege zur Annäherung der Klassen, als er pro forma ein Mehrparteien-System unter dem Deckmantel der antifaschistischen Bündnispolitik und als er eine Art neue Volksgemeinschaft unter der linken Etikette der »sozialistischen Menschengemeinschaft« kreierte. Den Mangel an echter Demokratie überdeckte das stereotype Bekenntnis zum Frieden und zum Antifaschismus.
So war ein Staat sui generis entstanden. Ursprünglich, in den ersten zehn

Jahren, ein trauriger und widerlicher Abklatsch sowjetrussischer Verhältnisse, wuchs mit der Zeit ein Gebilde eigener Prägung heran. Von einem nationalen oder deutschen Sozialismus zu reden, wäre falsch gewesen, da die SED-Führung es versäumte, mit den intellektuellen Thesen Anton Ackermanns in der Praxis ernst zu machen. Die Partei, die SED, verhielt sich in manchem orthodoxer als ihr sowjetisches Vorbild, die KPdSU. Aber die DDR insgesamt, als Staat, wirkte in vielem – allen Parolen und Spruchbändern zum Trotz – deutscher als die Bundesrepublik. Von einer Russifizierung des Landes zwischen Elbe und Oder konnte keine Rede sein. Die blinde Nachahmung fremder Lebensgewohnheiten, im Westen Deutschlands als »Amerikanisierung« unverkennbar, hatte ostwärts der Demarkationslinie nicht reussiert.
Auch die DDR hatte von Anfang an ihre unsichtbare »Mainlinie«. Es gab durchaus regionale Gegensätze. Im Norden der Republik, vor allem in Ost-Berlin, ertrug man nur widerwillig den überall spürbaren Einfluß der Sachsen. Parolen an den Häusermauern in Ost-Berlin und Warnemünde: »Raus mit den Sachsen!« Von den 20 Millionen Deutschen, die sich 1945 plötzlich als Bewohner der sowjetischen Besatzungszone sahen, waren etwa 7,5 Millionen Nicht-Preußen, die sich als Sachsen, Thüringer und Mecklenburger verstanden. Der General de Gaulle traf den Kern, als er mit seinem Gespür für historische Identität die neubegründete DDR als »Preußen-Sachsen« bezeichnete. Diese Charakteristik galt inzwischen mehr denn je. Denn mit welchem Nachdruck die SED auch immer die sozialistische Umgestaltung der Gesellschaft zu betreiben suchte, kennzeichnend für die DDR war nichts Russisches. Typisch für sie war eine Mischung aus preußischer Pflichterfüllung und sächsischer Betriebsamkeit.
Ohne Frage hatte der SED-Sozialismus, insbesondere der Stalinismus der ersten zehn Jahre nach Kriegsende, verheerende Folgen gezeitigt, hatte sich tief in die Seele der betroffenen Deutschen eingegraben. Schlimmer als alles andere wirkte sich die totale Vernichtung jeder persönlichen Initiative aus; ein Krebsschaden, hervorgerufen durch den asiatischen Despotismus und Byzantinismus des Sowjetsystems, den keine Bemühung der SED-Führung bislang korrigieren konnte. Ergebnis war, daß jedermann für den Staat seine geforderte Pflicht tat, daß er sein ganzes persönliches Engagement aber für die kleine eigene Privatwelt aufsparte.
Dennoch hatten die Bewohner der DDR unter ihren Verhältnissen ein zweites deutsches »Wunder« vollbracht; jedenfalls in den letzten eineinhalb Jahrzehnten. Daß sie ständig hinter dem westlichen Teil der Nation hinterherhinken mußten, ging nicht auf ihr Konto. Sie waren verdammt, mit diesem unverdienten Manko der Zweitklassigkeit zu leben.
Nach zwei Jahrzehnten deutscher Spaltung und DDR-Existenz drängte sich

die Frage nach der Zukunft auf. Vor den Kameras stellte ich sie meinem Gesprächpartner Horst Pehnert.

Frage: Die DDR nennt sich einen »sozialistischen Staat Deutscher Nation«.
Was glauben Sie, Herr Pehnert? Wie wird es in weiteren zwanzig Jahren aussehen, 1989 also? Wird es dann – außer der deutschen Sprache vielleicht – überhaupt noch etwas Gemeinsames und Verbindendes zwischen den Deutschen im Osten und im Westen geben?

Antwort: Die Deutschen im Osten und im Westen – das ist mir etwas zu ungenau. Mit dem Neonazismus in Westdeutschland, mit den Kräften der Reaktion wird es natürlich nichts Verbindendes geben. Hat es nie gegeben, wird es nie geben. Aber mit der westdeutschen Arbeiterklasse, mit den Kräften, die diese Frage werden beantworten müssen, was dann die Position des Neonazismus ist, mit denen haben wir uns immer sehr eng verbunden gefühlt, und das wird auch so bleiben.
Und ich glaube überhaupt: Wer heute etwas gegen die Vertiefung der deutschen Spaltung tun will, der muß für friedliche Koexistenz und für gutnachbarliche Beziehungen zwischen der DDR und der Bundesrepublik auf der Grundlage völkerrechtlich gültiger Verträge eintreten.

Frage: Wenn ich das noch fragen darf, ganz präzise: Den deutschen Nationalverband wollen Sie an sich aufrechterhalten?

Antwort: Ja. Den deutschen Nationalverband natürlich. Unter gewissen Voraussetzungen.

Als die Kameras abgeschaltet wurden, war mir klar: Für die DDR-Führung begann angesichts der veränderten Machtverhältnisse in Bonn eine neue Phase der Deutschlandpolitik. Die unsichere Antwort Pehnerts (»unter gewissen Voraussetzungen«), den meine Nachfrage sichtlich überfordert hatte, verhieß nichts Gutes für die Zukunft.

Die SED-Führung stand jetzt, zwanzig Jahre nach Gründung der DDR, an einem historischen Scheideweg. Gewiß verlangte ihr teilstaatlicher »sacro egoismo«, daß sie alles für die Gleichberechtigung ihrer Republik innerhalb Deutschlands tun mußte. Das lag in der Logik der Zweistaatlichkeit, der deutschen Spaltung. Aber wie würde sie sich weiterhin in der Frage »Klasse und Nation« verhalten? Ein Verzicht auf die nationale Einheit des deutschen Volkes, für die sie zwei Jahrzehnte lang verbal gestritten hatte, beinhaltete einen unübersehbaren Bruch mit einem jahrhundertealten Vermächtnis, mit allen Überlieferungen der deutschen Vergangenheit und Geschichte, denen man in der DDR, zwischen Elbe und Oder, auf Schritt und Tritt begegnete.

Die Abgrenzung

Das Jubiläums-Spektakel der SED im Oktober 1969 hatte bereits im Schatten des Bonner Regierungswechsels stattgefunden. Als ich mich nach zwölftägiger Drehzeit mit einem Empfang für die journalistische DDR-Prominenz in Ost-Berlin verabschiedete und am Ende einer kleinen Ansprache das Glas erhob und mit den Worten schloß »Trinken wir gemeinsam auf Glück und Gedeihen, auf Frieden und Fortschritt der Deutschen Nation, deren Kinder wir alle sind«, war die Unsicherheit, ja Verlegenheit der DDR-Funktionäre unübersehbar gewesen. Höflich nippten sie an ihren Gläsern; aber der Trank mundete ihnen nicht recht. Sie wußten nicht, wie ihre Führung auf die neue Deutschlandpolitik Bonns reagieren würde.
Diese neue Politik ging, das wurde schon nach wenigen Wochen klar, von den bestehenden Realitäten in Deutschland aus. Sie ging aus vom Status quo, also von der Existenz zweier Staaten in Deutschland, ohne doch die »Einheit der Nation« verbal preiszugeben. Zwei Monate lang summte es aufgeregt hinter verschlossenen Türen in Ost-Berlin, dann, am 23. Dezember 1969, schoß das SED-Zentralorgan »Neues Deutschland« eine volle Breitseite gegen Bonn, gegen die neue Formel von der Einheit der Nation ab:

> »Diese Demagogie ist vor allem darauf gerichtet, die historische Wahrheit und Gesetzmäßigkeit im Bewußtsein der Volksmassen zu verdunkeln, daß das ›Deutsche Reich‹ für immer im Feuer des Hitlerkrieges 1945 untergegangen ist und es seit der Abspaltung der Bundesrepublik durch die deutsche Großbourgeoisie im Bunde mit den Westmächten keine einheitliche deutsche Nation mehr gibt und es auch keine Einheit der Nation mehr geben kann, solange der Imperialismus Westdeutschland beherrscht.«

Damit begann die Kette der Abgrenzungs-Verlautbarungen, die seitdem, seit zwanzig Jahren also, aus Ost-Berlin zu vernehmen waren. Erklärungen und Definitionen, die allem ins Gesicht schlugen, was die SED von 1949 bis 1969 verkündet hatte, und die doch immer noch ein kleines nationales Hintertürchen offenließen (»solange der Imperialismus Westdeutschland beherrscht«).

Die Menschen in der DDR glaubten zuerst nicht an die Tragweite solcher Erklärungen. Schließlich waren sie Deutsche. Und was – so fragten sie sich – war daran von ihrer Führung auszusetzen, daß Bonn jetzt auf den Standpunkt eben dieser Führung einschwenkte, indem es die Zwei-Staaten-Theorie innerhalb Deutschlands akzeptierte? Im SED-Politbüro begriff man sehr schnell, daß es mit taktischen Verlautbarungen nicht sein Bewenden haben konnte, wenn man auf eine langfristige Abgrenzungs-Politik zusteuern wollte. Die Köpfe der Funktionäre rauchten, als sie sich daran machten, die bisherige Zwei-Staaten-Theorie durch eine Zwei-Nationen-Theorie zu ersetzen. Im Februar 1970 schrieb dann plötzlich Dr. phil. Herbert Bertsch, stellvertretender Leiter des Presseamtes beim Ministerrat der DDR, in der Ost-Berliner Wochenzeitung »Horizont«, die dem DDR-Außenministerium nahestand, einen Artikel, in dem es hieß:
»Die Deutschen schlechthin hat es nie in der Geschichte gegeben, und sie gibt es heute weniger denn je.«
Etwas später fügte er zur Verdeutlichung seiner These hinzu:
»Was sich in Klassenfronten antagonistisch in der deutschen Geschichte gegenüberstand, steht sich heute unversöhnlich auch in staatlicher Form gegenüber.«
Einen Monat danach, im März 1970, kam es zum spektakulären Zusammentreffen zwischen Willy Brandt und Willi Stoph in Erfurt. Wenige Tage später verhandelte ich mit Dr. Bertsch über die Drehgenehmigung für zwei weitere Filme, die ich in der DDR realisieren wollte. Bertsch lief wie ein gehetztes Tier in seinem Zimmer auf und ab, Schweißtropfen auf der Stirn, und reflektierte erregt über die Sympathiekundgebungen, die die Erfurter dem westdeutschen Bundeskanzler dargebracht hatten und die die ganze Welt auf den Bildschirmen verfolgen konnte. Er wollte es nicht fassen, daß das gesamtdeutsche Bewußtsein fünfundzwanzig Jahre nach Kriegsende immer noch intakt war. Nur wenige Wochen also, nachdem Dr. Bertsch seine Abgrenzungs-Philosophie niedergeschrieben hatte, war sie durch die gesamtdeutschen Realitäten widerlegt! Kurz darauf setzte sich der bekannteste Wirtschaftshistoriker der DDR, Jürgen Kuczinsky, mit der neuen Bonner Formel »Zwei Staaten – eine Nation« auseinander, indem er schrieb:

> ». . . es gibt heute zwei deutsche Nationen, eine alte, reaktionäre Restnation der Monopole und die fortschrittliche deutsche Nation, zu der sich die Arbeiterklasse auf dem Gebiet der Deutschen Demokratischen Republik konstituiert hat«.

Was dachte sich die SED-Führung bei diesem »neuen Kurs«, mit dem sie alles verleugnete, was sie jahrzehntelang beschworen hatte? Was steckte hinter ihrer Abgrenzungs-Kampagne?

Von Mitte Oktober bis Mitte Dezember 1969 hatte es eine Fülle von geheimen Konferenzen und Besprechungen zwischen Funktionären der KPdSU und der SED gegeben. Die Sowjets hatten massiven Druck auf die DDR-Vertreter ausgeübt, sich dem neuen Entspannungsprozeß in Europa anzubequemen, der zwischen Washington und Moskau ausbaldowert worden war und der auf dem Rücken des deutschen Volkes, unter Anerkennung und Zementierung der deutschen Spaltung, realisiert werden sollte. Die Sowjets hatten damit noch ein anderes Ziel verbunden, nämlich das der völligen Wieder-Unterwerfung der DDR, die in den letzten Jahren unter Walter Ulbricht immer selbständiger geworden war. Als Exekutor dieser Moskauer Linie der SED gegenüber war Sowjet-Botschafter Abrassimow ausersehen, ein herrischer, eingebildeter Mann, der die SED erneut das Fürchten lehrte und den die deutschen Parteifunktionäre bald hinter vorgehaltener Hand den »regierenden Botschafter« nannten. Abrassimov war es denn auch, der in Sondergesprächen mit Erich Honecker, Hermann Axen, dem Sekretär des ZK für internationale Verbindungen, und anderen SED-Politbüromitgliedern Ulbrichts Führungsposition untergrub, den einst so allmächtigen SED-Chef immer mehr in seiner eigenen Partei isolierte.
Im Vordergrund dieser Pressionspolitik stand ein massiver Druck, der in der nationalen Frage Deutschlands auf die SED-Führung ausgeübt wurde, mit der Zielsetzung, die deutschen Genossen zu einer Defensiv- und Abgrenzungs-Haltung zu bewegen, die zunächst den sowjetischen Entspannungs-Interessen in Europa dienen, sodann aber auch die DDR vor einer »gesamtdeutschen Umarmung« durch Bonn absichern sollte.
Das SED-Politbüro unterwarf sich und machte in seiner Deutschlandpolitik eine Kehrtwendung um 180 Grad. Als Willi Stoph im Mai 1970 seine zweite Begegnung mit Willy Brandt in Kassel hatte, forderte die DDR-Delegation die völkerrechtliche Anerkennung ihres Staatsgebildes, wandte sie sich vehement gegen den Begriff »innerdeutscher« Beziehungen. Das alles schien den Herren im Kreml und in Ost-Berlin dringend notwendig, denn der Abschluß der Entspannungs-Verträge, die Bonn nun im August und Dezember 1970 mit Moskau und Warschau vollzog, machte es der SED-Führung ja unmöglich, die Westdeutschen weiterhin als »Revanchisten« und »Faschisten« verteufeln zu können. Das althergebrachte »Feindbild« wurde obsolet. Abgrenzung von der gesamtdeutschen Nation erschien da als zwingendes Gebot, verhieß Rettung aus einer komplizierten Situation.
Vom 30. März bis 9. April 1971 fand in Moskau der XXIV. Parteitag der KPdSU statt. Sechs Tage nach seiner Beendigung, am 15. April 1971, erklärte das Politbüro der SED, die in Moskau erarbeiteten Leitsätze seien »von allgemeingültiger theoretischer und politischer Bedeutung« für die

DDR und für die Sozialistische Einheitspartei Deutschlands. Das war eine Ergebenheitsadresse an den Kreml, die in den letzten Jahren unter Walter Ulbrichts Führung nicht mehr denkbar gewesen war. Um Ulbrichts Position mußte es also schwach bestellt sein. Als dann das ZK der SED am 3. Mai 1971 zu seiner 16. Tagung zusammentrat, überraschte es kaum noch, daß Ulbricht das ZK bat, ihn aus »Altersgründen« von seiner Funktion des Ersten Sekretärs des ZK zu entbinden, und den »Genossen Erich Honecker« zu seinem Nachfolger empfahl.

Was war geschehen?

Wir wissen schon, daß Ulbricht 1963 mit der Einführung seines »Neuen ökonomischen Systems« indirekt das sowjetische Vorbild-Modell in Frage gestellt hatte. Zweieinhalb Jahre später, Ende 1965, hatte sich die DDR mit glänzenden ökonomischen Zuwachsraten präsentiert, als eine Art »sozialistisches Wirtschaftswunder-Land«, und Ulbricht – immer selbstbewußter werdend – hatte seine »Sozialistische Menschengemeinschaft« (SMG) propagiert. Solange sich die Experimente des DDR-Diktators nur im pragmatischen Raum bewegten, hatte man im Kreml – angesichts der unbestreitbaren Erfolge des deutschen Sozialistenstaates – geschwiegen. 1967 jedoch begann Ulbricht sein eigenständiges System auch noch zu theoretisieren. Anläßlich des 100. Jahrestages des Erscheinens des »Kapitals« von Karl Marx erklärte er, der Sozialismus sei nicht, wie Marx und Lenin postuliert hatten, eine kurze Übergangsphase zum Kommunismus, sondern

> »eine relativ selbständige sozialökonomische Formation in der historischen Epoche des Übergangs vom Kapitalismus zum Kommunismus im Weltmaßstab.«

Das grenzte in den Augen der orthodoxen Kreml-Ideologen an Häresie. Aber schlimmer noch: hinter der theoretischen Abweichung schien sich handfeste Machtpolitik zu verbergen! Die Sowjetführung hatte ja, ihren eigenen Bekundungen zufolge, bereits 1936/37 den Sozialismus in der UdSSR verwirklicht, befand sich also längst auf dem Wege zum Kommunismus und war damit allen anderen sozialistischen Ländern um eine historische Epoche von etwa dreißig Jahren voraus. Und nicht zuletzt auf diesen Vorsprung gründete sich ihr Führungs- bzw. Herrschaftsanspruch gegenüber den »Bruderländern«. Wenn Ulbricht nun behauptete, der Sozialismus sei eine selbständige und offensichtlich langdauernde Formation im geschichtlichen Entwicklungsprozeß, dann bedeutete das in der politischen Konsequenz, daß sich die Sowjetunion und die DDR in derselben historischen Formation, also auf derselben Entwicklungsstufe befanden. Mit anderen Worten: Der deutsche DDR-Chef stellte die Vorbild- und Führungs-Funktion der Sowjetunion von den Grundprinzipien der Ideologie her in Frage! Und wenn er nun gar soweit ging, seinen DDR-Sozialismus expressis verbis »im Weltmaßstab« anzupreisen, dann konnte das nach der Auffassung der Kremlführer nur heißen, daß Ulbricht das Sowjet-Modell durch das DDR-Modell ersetzen wollte.

Damit nicht genug. Im Mai 1968, anläßlich des 150. Geburtstages von Karl Marx, machte der SED-Chef der Sowjetspitze eine philosophische Kriegserklärung, als er feststellte:

> »Das ökonomische System des Sozialismus in der DDR ist, historisch gesehen, die volle Einstellung einer hochindustriellen Gesellschaft auf die inneren Vorzüge und Triebkräfte der sozialistischen Produktionsweise und auf die Dynamik der wissenschaftlich-technischen Revolution.«

Das hieß mit anderen Worten, die »hochindustrielle« DDR und nicht die halbentwickelte UdSSR war auf dem richtigen Wege, den Sozialismus mit den komplizierten Anforderungen der wissenschaftlich-technischen Revolution in Einklang zu bringen. Im Moskau braute sich immer mehr Verbitterung über den aufmüpfigen früheren Schüler zusammen, der nun selbst den Lehrer spielen wollte. Das Faß des Ärgers kam zum Überlaufen, als 1968 in Ost-Berlin ein Buch Walter Ulbrichts unter dem Titel »Zum ökonomischen System des Sozialismus in der DDR« erschien, in dem es hieß:

> »Früher war es üblich, besonders ausgehend von Marx' Bemerkungen zum Gothaer Programm, den Sozialismus nur als Übergangsphase anzusehen ... Es wurde wenig beachtet, daß der Sozialismus sich auf seiner eigenen Grundlage entwickelt. Die Bürde der kapitalistischen Vergangenheit erschwerte diese Einsicht. Deshalb wurden häufig die Kategorien der sozialistischen Ökonomik, die formal den Kategorien der kapitalistischen Ökonomik ähnlich sind (Geld, Preis, Gewinn und andere), als unvermeidliche ›Übel‹ betrachtet, deren Wirksamkeit überwunden werden muß. Natürlich umfaßt der Aufbau des Sozialismus den Kampf gegen die Überreste des Kapitalismus, ist er verbunden mit der Überwindung der materiellen und geistigen Folgen des Kapitalismus. Doch diese Prozesse sehen wir unter dem positiven Blickwinkel des Wichtigsten, des Wesentlichen und Bestimmenden für die neue Gesellschaftsordnung: Der Sozialismus wird im Arbeiter- und Bauern-Staat auf der Grundlage eines qualitativ neuen Typus der Produktionsverhältnisse errichtet.«

In Moskau wurde diese Schulmeisterei sehr übel vermerkt. Auf Seite zwei der »PRAWDA« erschien ein Artikel, der die grundlegenden Thesen in

Ulbrichts Buch in Frage stellte. Hinzu kam, daß sich das persönliche Verhältnis zwischen Breschnew und Ulbricht laufend verschlechterte. Immer wieder ließ der DDR-Chef durchblicken, daß die sowjetische Partei- und Staatsspitze in seinen Augen nicht auf der Höhe der Zeit sei, daß sie ihre Führungsaufgaben im sozialistischen Lager nicht wahrnehme. Ulbricht war ja von Meuterei gegen die Moskauer »Zentrale« an sich weit entfernt. Niemals, solange sich die Zügel in Stalins harter Hand befunden hatten, war Ulbricht der Gedanke an's Aufmucken gekommen. Doch seit 1962/63 hatte er den Arbeits- und Führungsstil im Kreml mit zunehmender Kritik beobachtet. Für die Oblomow-Mentalität der Russen, ihre massenhafte Trägheit und Passivität, hatte der bienenfleißige rote Sachse nicht eine Spur von Verständnis. Er brachte es sogar fertig, auf dem letzten Parteitag der KPdSU in Moskau, an dem er teilnahm, die Versammlung an Lenin und an dessen Wort zu erinnern, daß gerade die russischen Kommunisten noch viel lernen müßten! Der Lehrer, der Schulmeister war wieder mit ihm durchgegangen.

Anläßlich der Jubelfeier zum zwanzigsten Jahrestag der DDR hatte ich mit der Kamera beobachten können, daß Breschnew und Ulbricht einander nichts zu sagen hatten. Kurz danach hatte sich Ulbricht quergestellt, als es um die neue Entspannungspolitik für Europa und die neue Abgrenzungstheorie für Deutschland ging. Warum, so hatte er gefragt, sollte seine DDR den Preis für die sowjetischen Interessen zahlen? Vor den geplanten Entspannungs-Verträgen der Bundesrepublik mit Moskau und Warschau hatte er die völkerrechtliche Anerkennung seines Staates durch Bonn verankert sehen wollen. Daß die Sowjets ihm darin nicht folgen wollten, sondern die deutsch-deutschen Gespräche nach hinten, an das Ende des Operationskalenders geschoben hatten, war von ihm mit Erbitterung quittiert worden; vor allem im Hinblick auf die Bevorzugung Polens. Außerdem hatte Ulbricht davor gewarnt, in der nationalen Frage zur absoluten Defensive überzugehen und den Anspruch auf das Ziel der (sozialistischen) Einheit Deutschlands völlig preiszugeben.

Ein halbes Jahr lang war das Tauziehen zwischen Ulbricht und Breschnew hin und her gegangen, bis eine Gruppe des SED-Politbüros unter Honekkers-Führung – und zwar ohne Wissen Ulbrichts – nach Moskau gereist und dort mit dem Kremlboß einig geworden war. Es war eine perfekte Intrige gewesen, und dem 77jährigen Ulbricht, dessen Spann- und Widerstandskraft schon erheblich nachgelassen hatte, war nichts als Resignation übrig geblieben. Es war ein regelrechter politischer Sturz! Der Mann, der es immer wieder verstanden hatte, einem Stehaufmännchen gleich zur richtigen »Linie« zurückzufinden, er hatte die »Wende« nicht begriffen, die sich in den internationalen Beziehungen anbahnte.

(Aber noch einmal schlug der alte Ulbricht zurück: Anläßlich des Neujahrsempfangs Anfang 1972 im Staatsratsgebäude erhob sein langjähriger Staatssekretär Otto Gotsche, der den erkrankten Staatsratsvorsitzenden Walter Ulbricht vertrat, in seinem Namen das Glas und forderte die versammelte Prominenz auf, mit ihm auf die Einheit Deutschlands zu trinken. Es war – angesichts der Honeckerschen Abgrenzungspolitik – ein ungeheurer Eklat.)

Wenige Tage nach dem Rücktritt Walter Ulbrichts und der anschließenden Wahl Erich Honeckers zum Ersten Sekretär mußte ich dem stellvertretenden Leiter der Presseabteilung beim Ministerrat der DDR, Dr. phil. Herbert Bertsch, einen dienstlichen Besuch abstatten. Einleitend kritisierte er meinen dritten Film über die DDR, der kurz zuvor im Programm der ARD unter dem Titel »Halb Preußen/Halb Sachsen« ausgestrahlt worden war. Er monierte meine »hinterfotzigen Fragen« an die DDR-Funktionäre vor der laufenden Kamera. Er sagte, ein solcher Film sei ein zeitgeschichtliches Dokument, und niemand bekäme es mehr aus der Welt. Ich hätte, behauptete er, der DDR den »Preußen-Bonbon« aufgeklebt, der nun nicht mehr wegzubekommen sei. Und warum ich denn bloß, in allen meinen Filmen, so penetrant auf der nationalen Frage herumritte.

Ich hielt ihm Walter Ulbrichts Worte vom 21. April 1966 entgegen: »Es gilt für die deutsche Arbeiterklasse in Ost und West, ehrenvoll vor der Geschichte zu bestehen und das große Werk der nationalen Wiedergeburt zu einem glücklichen Ende zu bringen.« Mit der laufenden Abgrenzungs-Kampagne von Deutschland und der künstlichen Konstruktion der Zwei-Nationen-Theorie sei die SED, wenn man Ulbrichts Worten von vor fünf Jahren folge, nun ganz offensichtlich »ehrlos« geworden.

Bertsch wurde ärgerlich. Er sagte mir, ich wüßte doch als Historiker ganz genau, daß es *die* Deutschen nie gegeben habe. Schon immer, seit der Zeit des Großen Deutschen Bauernkrieges vor 450 Jahren, hätten sich die Klassengegner in Deutschland antagonistisch gegenüber gestanden. Er bezog sich auf Goethe, der 1772 in einer Rezension unterschieden habe zwischen der »polierten Nation« und dem »Naturstoff« unter der Politur. Der Naturstoff, das seien für Goethe die Bürger, Bauern, Handwerker und Gelehrten gewesen. Was hätten sie mit der »Politur«, dem Lackfirnis der Fürsten und Aristokraten, zu tun gehabt?

Wenn er mir mit Goethe käme, antwortete ich, müßte ich ihm mit Friedrich Engels kommen. Der habe 1840 geschrieben: »So lange die Zersplitterung unseres Vaterlandes besteht, so lange sind wir politisch null!« Marx und Engels seien doch nun wirklich unverdächtige Klassenkämpfer gewesen; aber niemals, keinen einzigen Augenblick in ihrem wütenden Kampf mit der Reaktion, seien sie auf die Idee gekommen, deshalb die Einheit der deutschen Nation zu verraten und *zwei* deutsche Nationen zu postulieren. Der alte Engels habe noch kurz vor seinem Tode den französischen Genossen geschrieben: »Für Deutschlands nationale Einheit werden sich die deutschen Sozialisten bis aufs äußerste schlagen!«

Bertsch verwies auf den Spanischen Bürgerkrieg in den dreißiger Jahren, in dem Deutsche gegen Deutsche gekämpft hätten, das Thälmann-Bataillon gegen die Legion Condor. Daran sollte ich denken, wenn ich die Wiedervereinigung der sozialistischen DDR und der kapitalistischen Bundesrepublik erstrebte. »Sozialismus und Kapitalismus kann man so wenig miteinander vereinen wie Feuer und Wasser!« (Hier hörte ich dieses Wort zum ersten Mal, das Erich Honecker in den nachfolgenden Jahren so oft gebrauchen sollte.)
Ich mußte lachen und fragte ihn, ob er nicht als Junge, als er noch in Königsberg gewohnt habe, die Bestseller-Romane von Hans Dominik gelesen hätte. Dominik habe 1939 einen Zukunftsroman unter dem Titel »Land aus Feuer und Wasser« geschrieben. Seit es eine Nuklearphysik gäbe, würden beide Elemente miteinander kombiniert; nur aus Feuer und Wasser könne Neuland entstehen.
Dr. Bertsch sah mich ernst an und replizierte: »Was wollen Sie eigentlich? Nicht nur die BRD muß Opfer bringen. Wir ebenso! Denken Sie, es fällt uns leicht, auf eines unserer größten Ziele zu verzichten? Beide Seiten müssen Maximalforderungen aufgeben.«
Es war die reine Defensiverklärung, und ich wußte, daß sie das Ergebnis massiven sowjetischen Druckes war. Ich warnte Bertsch, daß die SED dabei sei, nicht nur dem deutschen Volk, sondern sich selbst größten Schaden zuzufügen, einen Schaden, der möglicherweise irreparabel sein würde. »Ihre jahrzehntelangen Attacken auf Adenauer und Bonn haben von nun an nur noch den Wert von Makulatur.« Karl Marx habe Menschen ohne Nationalität als »Nirgendwo-Menschen« bezeichnet. Zum Schluß der zweieinhalbstündigen Unterhaltung konnte ich es mir nicht versagen, das bekannte Stalin-Zitat über Hitler und das deutsche Volk abzuwandeln, indem ich Bertsch vorhielt: »Die Ideologien kommen und gehen; die Nation bleibt.«
Etwa um dieselbe Zeit, im April/Mai 1971, begann eine regelrechte Entdeutschungs- und Entnationalisierungs-Kampagne der SED. Wir werden davon noch an anderer Stelle ausführlich hören.*

---

* Analyse des Verfassers zur Behandlung der »nationalen Frage« Deutschlands durch die Führung der SED von 1949 bis 1969 in Anhang III.

Die Anerkennung

Vom 15. bis 19. Juni 1971 fand der VIII. Parteitag der SED in Ost-Berlin statt. Mehr als zweitausend Delegierte vertraten 1,9 Millionen Parteimitglieder und Kandidaten. Der Mann, der 25 Jahre lang die Geschicke der Sozialistischen Einheitspartei Deutschlands gelenkt hatte, Walter Ulbricht, glänzte durch Abwesenheit. Er war ja seit eineinhalb Monaten entmachtet und aufs Altenteil abgeschoben worden. Als ihn eine Abordnung des Politbüros unter Honeckers Führung zu Hause besuchte, hatte er halb resignativ, halb ironisch geulkt: »Nu, Ihr seid ja ein starkes Kollektiv, ja?«
Den Bericht des Zentralkomitees an den Parteitag erstattete der neue, achtundfünfzigjährige Parteichef Erich Honecker, dem die Delegierten zujubelten, als er erklärte:

> »Wir kennen nur ein Ziel, das die gesamte Politik unserer Partei durchdringt: Alles zu tun für das Wohl des Menschen, für das Glück des Volkes, für die Interessen der Arbeiterklasse und aller Werktätigen. Das ist der Sinn des Sozialismus. Dafür kämpfen und arbeiten wir.«

Das waren neue Töne, die man so prononciert von Ulbricht nie vernommen hatte und die eine Ära der staatlichen Wohlfahrtspolitik anzukündigen schienen. Aber im selben Atemzug bezeichnete Honecker als künftige Hauptaufgabe der Partei die »weitere Erhöhung des materiellen und kulturellen Leistungsniveaus des Volkes auf der Grundlage eines hohen Entwicklungstempos der sozialistischen Produktion, der Erhöhung der Effektivität, des wissenschaftlich-technischen Fortschritts und des Wachstums der Arbeitsproduktivität.«
Das hätte wieder alles aus dem Munde Walter Ulbrichts kommen können, entsprach ganz den Anfeuerungsparolen aus der Zeit des »Neuen ökonomischen Systems« von 1963. Konkret hieß es: die Preußen der DDR hatten auch in Zukunft die Ärmel aufzukrempeln, ihren Arbeitseifer bis zum äußersten anzuspannen! Und wie hätte es auch anders sein können? Die DDR blieb, was ihre Rohstofflage anging, ein blutarmes Land, in ihrer wirtschaftlichen Existenz zu fünfzig Prozent auf Export/Import angewiesen. Erich Honecker sprach hinfort von der »Einheit von Wirtschafts- und Sozialpolitik«, kreierte damit einen Slogan, der nun seit achtzehn Jahren

das Wirtschafts- und Sozialleben in der DDR bestimmt. In normales Deutsch übersetzt hieß das und heißt es nach wie vor: »So, wie Ihr heute arbeitet, könnt Ihr heute leben.« Gegenüber den Ausbeutungs-Parolen der SED, die vor dem 17. Juni 1953 erklangen, war das ein Fortschritt. Keine Frage: Man wird sagen dürfen, daß der neue DDR-Chef die Erkenntnis seines Vorgängers von der »materiellen Interessiertheit« des Einzelnen wie der Massen akzeptierte, ja – soweit das in den begrenzten Möglichkeiten seines Staates und seiner Wirtschaft lag – noch stärker ins Spiel zu bringen suchte.

Von deutscher Einheit war auf dem VIII. Parteitag der SED keine Rede mehr. Das nationale Schicksal der Deutschen lag wieder ganz in der Hand der vier Besatzungsmächte, so als wäre nicht ein Vierteljahrhundert seit Kriegsende vergangen. Im September 1971 kam es zur Unterzeichnung des Berlin-Abkommens durch die vier Botschafter der USA, UdSSR, Großbritanniens und Frankreichs, und daraufhin folgten im Dezember 1971 das Transitabkommen und im Mai 1972 das Verkehrsabkommen zwischen beiden deutschen Staaten.

Ziemlich unbemerkt von den westlichen Medien vollzog sich hinter dem Propaganda-Vorhang der spektakulären außenpolitischen Ereignisse ein bemerkenswerter Vorgang in der DDR, der von einschneidenden und zwar überwiegend negativen Folgen für das Wirtschaftsleben im zweiten deutschen Staat sein sollte. Wie geschildert, hatte die 3. Parteikonferenz der SED 1956 das System der halbstaatlichen Betriebe eingeführt, das sich glänzend bewährt hatte. Die Zahl solcher halbstaatlicher Unternehmen war von 1956 bis 1969 von 144 auf ca. 6000 gestiegen, ihr Anteil an der industriellen Bruttoproduktion hatte sich von 0,26 auf 16,11 Prozent erhöht. Jetzt, Ende 1971 und im ersten Halbjahr 1972, nach fünfzehnjähriger erfolgreicher Tätigkeit, ging es den 6000 halbstaatlichen und ca. 5500 privaten Unternehmen der Industriebranche an den Kragen. Auf Honeckers Weisung wurden sie sämtlich in »Volkseigentum« überführt. Es handelte sich um insgesamt 11 500 Betriebe mit etwa 600 000 Beschäftigten, die eine jährliche Warenproduktion von 27 Milliarden Mark erzeugt hatten. Der Anteil der in volkseigenen Betrieben beschäftigten Werktätigen der DDR erhöhte sich dadurch von 82,1 auf 99,4 Prozent.

Es handelte sich um eine volkswirtschaftlich gänzlich unsinnige Maßnahme, die auch durch Honeckers ökonomische Schwerpunktbildungen in Form der Kombinats-Politik nicht gerechtfertigt werden konnte. Bereits 1961 war das »Eisenhüttenkombinat Ost« durch Zusammenfassung von Stalinstadt und Fürstenberg an der Oder entstanden, wodurch Hochöfen, Stahl-, Walz- und Elektrizitätswerke unter einem Dach zusammengefaßt worden waren. Erich Honecker ging nun einen Schritt weiter. Seine neuen

Kombinate sollten die Fabrikationsstätten nicht nur mit den Kraft- und Rohstoffquellen, sondern auch mit den Hilfs- und Zuliefererbetrieben verschmelzen, also zu einer ökonomischen Zentralisierung und Schwerpunktbildung führen. Die Sozialisierung der halbstaatlichen und privaten Betriebe war dazu keineswegs unumgänglich. Ihr einziger Effekt bestand darin, das Moment der Einzelinitiative und Risikofreudigkeit in den Chefetagen der DDR-Wirtschaft weiter zu mindern.

Im Juni 1972 begannen erneut Verhandlungen zwischen den beiden deutschen Staaten, mit dem Ziel, zu einer Art General- oder Grundvertrag zu gelangen. Ihre Eröffnung stand unter den ungünstigsten Vorzeichen. Einen Monat zuvor, im Mai, hatte die dem sowjetischen Außenministerium nahestehende Monatszeitschrift »Meschdunarodnajà Schisn« an den Bonner Vorbehalten hinsichtlich der Wahrung der Einheit der deutschen Nation herumgemäkelt und sich die Autorität angemaßt, über dem Selbstbestimmungsrecht des deutschen Volkes »ein Kreuz zu machen«, die innerdeutschen Beziehungen zwischen den beiden deutschen Staaten als »widernatürlich« zu bezeichnen. Eine völlig irrationale Argumentation! Schlimmer noch: Ausdruck eines großmachtchauvinistischen Verhaltens einem anderen Volke gegenüber, das sich in nichts von den Hitlerschen Annexions- und Teilungsplänen gegenüber der Sowjetunion während des II. Weltkrieges unterschied.

Unter solchen niederschmetternden Auspizien wurden die Verhandlungen zwischen Bonn und Ost-Berlin geführt, in einem hektischen Tempo, das mitnichten gerechtfertigt war. Nachdem man innerhalb eines halben Jahres, 1970, die Verträge mit Moskau und Warschau unter Dach und Fach gebracht hatte, bestand keinerlei Notwendigkeit, im selben Tempo mit der DDR zurande zu kommen. Schließlich ging es um das Schicksal des deutschen Volkes für Jahrzehnte! Gewiß drängten die beiden Supermächte unisono auf »Entspannung«, sollte heißen: auf Besiegelung und Zementierung des Status quo der deutschen und europäischen Teilung. Und Moskau wollte seine Helsinki-Konferenz haben, diese Neuauflage der reaktionären »Heiligen Allianz« von 1815, mit der Europa das Gesetz der west-östlichen Suprematie aufgezwungen werden sollte. Doch diese Helsinki-Konferenz konnte nicht stattfinden bzw. zum Erfolg gebracht werden, solange nicht die beiden deutschen Staaten einen modus vivendi gefunden und vereinbart hatten. Zähes Ringen und Feilschen um jeden Buchstaben wäre angebracht gewesen. Angesichts der national- und europapolitischen Bedeutung waren weder Hektik noch Schlamperei zulässig, hätten die Verhandlungen auch drei Jahre dauern können. Gewiß, keine deutsche Teilregierung konnte sich auf Dauer mehr gegen die Anerkennung des Status quo zur Wehr setzen. Aber diese *Anerkennung* mußte sofort und unbedingt mit der *Überwindung* des Status quo verbunden werden! Der Abschluß eines Konföderations-Vertrages stand auf der historischen Tagesordnung. Denn was die beiden Supermächte von den Deutschen verlangten, war ja nichts anderes, als daß die Kapitulation der Deutschen Wehrmacht vom Mai 1945 durch die Kapitulation des Deutschen Volkes ergänzt werden sollte! Für immer sollten die Deutschen auf die Wiederherstellung ihres Reiches verzichten; und zwar mit Siegel und Unterschrift. Ein solch exorbitant hoher Preis, ein derartiges Über-Versailles, war nur zu akzeptieren, wenn wenigstens der deutsche Nationalverband in föderativer Form gewährleistet wurde.

Nichts dergleichen geschah. Während der sechsmonatigen Verhandlungen über den Grundvertrag war die östliche Seite ständig bestens unterrichtet; dafür sorgte der DDR-Meisterspion Guillaume im Bundeskanzleramt. Im Dezember 1972 schlossen beide deutsche Staaten miteinander den Grundlagenvertrag.

Sah man sich den Vertragstext an, so mußte ein unbefangener Betrachter in ein homerisches Gelächter ausbrechen. Die DDR hatte fast alles erreicht, was sie seit 1962 von Bonn gefordert hatte! Von 1950 bis 1955, da hatte sie kurz vor ihrem Untergang gestanden, wäre sie um ein Haar der Wiedervereinigung Deutschlands nach freien gesamtdeutschen Wahlen zum Opfer gefallen. Von 1957 bis 1962 hatte sie Bonn mit Konföderations-Angeboten überschüttet, die immer noch ein unkalkulierbares Risiko für den längeren Bestand der DDR beinhaltet hätten. Jetzt, 1972, mußte Bonn fast alles unterschreiben, was Ost-Berlin zehn Jahre lang gefordert hatte! Im Grundvertrag hieß es, daß »normale gutnachbarliche Beziehungen zueinander auf der Grundlage der Gleichberechtigung« entwickelt werden sollten. Das hieß konkret, daß Bonn die Souveränität der DDR anerkannte, nicht anders, als wenn die Bundesrepublik mit irgendeinem anderen Staat fremder Nationalität Verträge schloß. Und das wurde auch im Vertragstext präzise ausgedrückt:

> »Die Bundesrepublik Deutschland und die Deutsche Demokratische Republik gehen von dem Grundsatz aus, daß die Hoheitsgewalt jedes der beiden Staaten sich auf sein Staatsgebiet beschränkt. Sie respektieren die Unabhängigkeit und Selbständigkeit jedes der beiden Staaten in seinen inneren und äußeren Angelegenheiten.«

Bonn erkannte damit nicht nur die Gleichberechtigung und Souveränität der DDR, sondern auch die innerdeutsche Demarkationslinie der Sieger aus dem Jahre 1945 als legale »Grenze« der DDR gegenüber dem westlichen Teil Deutschlands an. Das hätte die SED-Führung noch 1969/70 nicht einmal zu träumen gewagt! Alles das, was die westdeutsche Verhandlungsseite in der Hand behielt, reduzierte sich auf zwei Faktoren:

Es erfolgte keine völkerrechtliche Anerkennung der DDR als Ausland, in einem gesonderten Brief zum Vertragswerk schrieb die Bundesregierung:
»Im Zusammenhang mit der heutigen Unterzeichnung des Vertrages über die Grundlagen der Beziehungen zwischen der Bundesrepublik Deutschland und der Deutschen Demokratischen Republik beehrt sich die Regierung der Bundesrepublik Deutschland festzustellen, daß dieser Vertrag nicht im Widerspruch zu dem politischen Ziel der Bundesrepublik Deutschland steht, auf einen Zustand des Friedens in Europa hinzuwirken, in dem das deutsche Volk in freier Selbstbestimmung seine Einheit wiedererlangt.«
Jetzt war die deutsche Spaltung *endgültig* perfekt, denn nun war aus der Zwei-Staaten-Theorie eine Zwei-Staaten-Praxis geworden, *ohne* daß im Grundlagenvertrag ein überwölbendes Dach über die beiden Staaten gezimmert worden war. Das gesamte Ausland, in Ost und West, in Nord und Süd, beurteilte denn auch den Vertrag als letztwillige Sanktionierung der deutschen Spaltung durch die Deutschen selbst.
Den Menschen in beiden Teilen Deutschlands wurden diese Fakten sorgsam vernebelt und verschleiert, indem die maßgebenden Medien einen verbalen Dunstvorhang mit Parolen wie »Sicherheit – Zusammenarbeit – Entspannung« zogen, der für die Augen und Sinne der Masse undurchdringlich war. Lediglich der westdeutsche Verhandlungsleiter, Egon Bahr, sagte in einem Augenblick geistiger Erleuchtung über die deutsch-deutschen Verhandlungen mit seinem DDR-Kollegen: »Wir haben beide Staat gespielt.«
Die DDR hatte es geschafft! Nach dreiundzwanzig Jahren hatte Bonn den ungeliebten zweiten deutschen Staat endgültig und als völlig gleichberechtigt in Deutschland akzeptieren müssen. Es war ein Ereignis von unabsehbarer Tragweite für das deutsche Volk, ja für ganz Europa, dessen Konsequenzen noch gar nicht abzusehen sind.
Wie präsentierte sich nun dieser einst so verfemte und verlachte deutsche Sozialisten-Staat Mitte der siebziger Jahre der Welt?
Auf ca. 108 000 Quadratkilometern lebten etwa 17 Millionen Deutsche. Sie wurden geführt und beherrscht von 1 950 000 Mitgliedern bzw. Kandidaten der SED, der »Sozialistischen Einheitspartei Deutschlands«. 11,5 Prozent der Gesamtbevölkerung waren also in der kommunistischen Einheitspartei organisiert. Von den fast zwei Millionen Parteimitgliedern waren etwa ein Viertel Frauen; mehr als eine Million der Mitglieder und Kandidaten war über vierzig Jahre alt, also noch vor dem Jahre 1933 geboren. Die Parteigenossenschaft hatte ihr Bildungsniveau im Vergleich zu den Jahren 1945 bis 1955 deutlich verändert: 472 650 der Mitglieder bzw. Kandidaten verfügten jetzt über eine abgeschlossene Hochschul- oder Fachschulausbildung; also

fast jeder Vierte. Die SED beherrschte uneingeschränkt Fernsehen, Rundfunk und Film der DDR. Sie verfügte über eine Tageszeitung (»Neues Deutschland«) als Zentralorgan der Partei mit einer Auflage von 990000, über eine theoretische Zeitschrift (»Einheit«) mit einer Auflage von 210000 und über Bezirkszeitungen in sämtlichen vierzehn Bezirken und Ost-Berlin mit einer Gesamtauflage von 3,9 Millionen. Die Streitkräfte in Gestalt der »Nationalen Volksarmee« und der allmächtige Staatssicherheitsdienst waren fest in der Hand der SED.

Hinzu kamen noch etwa 470000 Mitglieder der Blockparteien: 140000 in der Ost-CDU, 115000 in der NDPD, 110000 in der Bauernpartei und 105000 in der LDPD. Insgesamt waren also etwa 2,4 Millionen Menschen in »staatstragenden« Parteien organisiert; das entsprach ca. 14 Prozent der Bevölkerung, ein Anteil, der mehr als ausreichend war, das gesamte Leben in der DDR zu beherrschen, zu gestalten und zu kontrollieren.

Dieser Staat, der eine Parteidiktatur darstellte und der fast ein Vierteljahrhundert lang vom Westen politisch ignoriert, von Bonn bekämpft worden war, erlebte jetzt – nach Abschluß des Grundlagenvertrages – seinen diplomatischen Triumph. In den ersten zweiundzwanzig Jahren, von 1949 bis 1971, war die DDR von 30 Staaten anerkannt worden; darunter 13 kommunistische Länder. Nun, in der Phase von 1972 bis 1974, erfolgte die diplomatische Anerkennung durch 75 nichtkommunistische Staaten, so daß die DDR am 1. 1. 1975 diplomatische Beziehungen zu 105 Ländern unterhielt, nachdem sie bereits am 18. September 1973 – wie die Bundesrepublik Deutschland – Mitglied der UNO geworden war.

Das sozialistische deutsche »Aschenputtel« stand plötzlich gleichberechtigt und weltweit anerkannt auf der nationalen wie internationalen Szenerie. Ein merkwürdiger Aufstieg hatte sich vollzogen! Kein Mensch hätte diesem Kunstprodukt namens DDR bei der Begründung 1949 eine längere Lebenschance prophezeit. Ja, selbst noch 1955 hätte niemand seinen neuesten Hut auf diese künstliche Republik verwettet. Und dann dieser wundersame Aufstieg . . .

Wie hatte das geschehen können?

Selbstredend, ohne die Bajonette und Panzer der sowjetischen Besatzungsmacht wäre es niemals zu diesem Staat gekommen. 1945 waren fast alle Deutschen in West wie in Ost eingeschworene Feinde des Kommunismus gewesen. Das hatte der 17. Juni 1953, das hatten die diversen Wahlen in West-Berlin wie im Westen Deutschlands bloßgelegt. Aber die sowjetische Besatzungsmacht, die diesen Staat befohlen hatte, hat ihn ja selbst immer wieder mit ihren Wiedervereinigungs-Angeboten zur Disposition gestellt. Auf sie allein war nur begrenzt Verlaß; sie hat den Teil-Staat DDR immer nur als Mittel zu eigenen Zwecken gesehen.

Die lange Zeit sträflich unterschätzte Persönlichkeit Walter Ulbrichts hat zweifellos eine maßgebliche Rolle gespielt. Seine Schlauheit, Zähigkeit und Rücksichtslosigkeit, seine unbestreitbaren Organisations- und Führungstalente, sein ausgeprägter Machtinstinkt sind der SED-Herrschaft ein Vierteljahrhundert hindurch zugute gekommen. Aber Ulbricht irrte auch des öfteren in katastrophaler Weise, verstand nicht immer »die Linie«, auf der taktiert werden mußte; so beispielsweise in den drei, vier Monaten vor dem 17. Juni oder 1956/57 in der ersten Phase der Konföderations-Angebote. Er allein konnte die DDR niemals ausreichend stabilisieren.
Nein, entscheidend für Überleben und Aufstieg der DDR waren zwei andere Faktoren:

einmal die unglaubliche Arroganz und Überheblichkeit, das Desinteresse und die Gleichgültigkeit, die man im Westen Deutschlands, vor allem in Bonn, dem deutschen Territorium zwischen Elbe und Oder gegenüber zeigte, ein größenwahnsinniges Verhalten, das Existenz und Aufstieg der DDR geradezu erzwingen mußte –

zum zweiten der Fleiß und die Fähigkeiten, der Überlebenswille und die nicht zu brechende Zähigkeit der Bevölkerung, der Preußen und Sachsen, die unter Druck und Entbehrungen, Bespitzelung und Antreiberei ein zweites deutsches Wirtschaftswunder vollbrachten und buchstäblich im Schweiße ihres Angesichts den unbestreitbaren Aufstieg der DDR seit 1955 erschuftеten, und die zugleich niemals den Willen aufgaben, Deutsche zu sein wie andere auch.

Die Deutschen in der DDR hatten – nach Schätzungen von Wissenschaftlern und Fachleuten – in den Jahren 1945 bis 1953 Reparationsleistungen im Werte von 80 Milliarden DM-West aufbringen müssen. Pro Kopf der Bevölkerung also 4000 West-Mark! Und das in den Hungerjahren 1945 bis 1953 ... Das wurde von ihnen, mit zusammengebissenen Zähnen, bewältigt, und dann wurde ein neues Leben aufgebaut. Ein Leben, das all der Freiheiten und Freizügigkeiten ermangelte, deren sich ihre Landsleute im Westen Deutschlands erfreuten; ein Leben, in dem von den *Rechten* des Menschen wenig, um so mehr aber von seinen *Pflichten* die Rede war. Aber doch ein Leben, das von den Bewohnern der anderen zwölf sozialistischen Staaten bestaunt oder beneidet wurde, das der DDR innerhalb des Ostblocks eine eindeutige ökonomisch-zivilisatorische Überlegenheit gab.
Mußten sich die Preußen des Ostens vor den Westdeutschen verstecken? Die Frage läßt sich am besten durch einen statistischen Vergleich mit dem Vorkriegsstand beantworten, durch einen Vergleich also, der die Produktions-Ergebnisse der Jahre 1935 und 1975 in den beiden deutschen Territorien zugrunde legt:

I. Bergbau und Industrie

a) in Mio t	Bundesrepublik		DDR	
	1935	1975	1935	1975
Braunkohle	62	124 (das Doppelte)	90	270 (das Dreifache)
Roheisen	15	30 (das Doppelte)	0,25	2,5 (das Zehnfache)
Rohstahl	20	40 (das Doppelte)	1,3	6,5 (das Fünffache)

b) in Stückzahl	Bundesrepublik		DDR	
	1935	1975	1935	1975
PKW	250000	2500000 (das Zehnfache)	80000	160000 (das Doppelte)
LKW	50000	250000 (das Fünffache)	18000	36000 (das Doppelte)

c) in 1000 t	Bundesrepublik		DDR	
	1935	1975	1935	1975
Butter	250000	500000 (das Doppelte)	90000	270000 (das Dreifache)
Margarine	300000	600000 (das Doppelte)	45000	180000 (das Vierfache)

II. Pflanzen- und Tier-Produktion

a) in Mio t	Bundesrepublik		DDR	
	1935	1975	1935	1975
Getreideernte	12	18 (+ 50%)	7,5	9 (+ 20%)
Kartoffeln	20	10 (– 50%)	15	7,5 (– 50%)

b) in Mio Stück	Bundesrepublik		DDR	
	1935	1975	1935	1975
Rinder	13	14,3 (+ 10%)	3,8	5,7 (+50%)
Schweine	12	19,8 (+ 65%)	5,7	11,4 (+ 100%)

Das alles wurde aus eigener Kraft geleistet, ohne Marshallplan-Hilfe! Die Deutschen ostwärts von Elbe und Werra durften stolz sein, wenn über sie gewitzelt wurde: »*DDR* = Dawai – Dawai – Rabotij;«. Niemand auf der Welt konnte ihnen eine russische Oblomow-Mentalität vorwerfen.

Nach fünfundzwanzig Jahren Existenz dieses deutschen Teilstaates konnte man über die DDR alles Mögliche sagen: Gutes und Schlechtes, Anerkennendes und Kritisches. Aber eines stand unbestreitbar fest:

Die Preußen waren *nicht* – wie einige Herrschaften am Rhein wünschten – zu Russen geworden.

3.
Unter Honecker

Die Ablösung

Am 3. Mai 1971, auf der 16. ZK-Tagung der SED, war die Bombe geplatzt, hatte Walter Ulbricht »aus Altersgründen« um seine Ablösung als Erster Sekretär der SED gebeten. Dieser sensationelle Schritt war natürlich unter massivem Druck geschehen. Der halsstarrige Ulbricht störte die Status-quo-Politik der Sowjetführung, die sich anschickte, zusammen mit den Amerikanern Europas Teilung in zwei Einflußzonen zu zementieren. Es war höchste Zeit geworden, für den VIII. Parteitag der SED, der für Mitte Juni 1971 vorgesehen war, klare Verhältnisse in der DDR zu schaffen und an die Spitze der Partei einen neuen Führer zu hieven, der sich geschickt und geschmeidig der neuen sowjetischen »Linie« anpaßte, der sie nicht ständig nörgelnd und besserwisserisch konterkarierte. Erich Honecker, den Ulbricht schon seit 1958 zu seinem »Kronprinzen« aufgebaut hatte, schien dieser Mann zu sein. Bereits seit Herbst 1969 hatte er sich bei Breschnew »Liebkind« gemacht, hatte er – im geschickten Zusammenspiel mit der Führungsriege im Kreml – Walter Ulbricht im Politbüro und im ZK der SED schrittweise isoliert.

Ein Mann, dem es gelang, eine derart riskante Operation über eineinhalb Jahre hinweg in aller Stille zu betreiben und sie schließlich fast unspektakulär, ohne eine Spur sichtbarer Friktionen, zum erfolgreichen Abschluß zu bringen, mußte beachtliche politische Qualitäten besitzen.

Über den Menschen Erich Honecker war unter den SED-Funktionären nie viel gerätselt worden. Man witzelte darüber, daß er dem weiblichen Geschlecht sehr zugetan war (SED-Bonmot: »Erich hat ja auf diesem Gebiet zehn Jahre Enthaltsamkeit aus der Nazizeit nachzuholen«), man wußte, daß er einen zünftigen Männerskat liebte und daß er seit 1967 Abend für Abend mit hoher Aufmerksamkeit das Westfernsehen betrachtete. Auch als er längst zum zweitstärksten Mann der DDR aufgestiegen war, umgab ihn noch immer das jugendliche Flair des FDJ-Chefs, denn in dieser Position war er bei Teilen der DDR-Jugend wirklich populär geworden, vor allem in den fünfziger Jahren, als er die großen Deutschlandtreffen der FDJ in Ost-Berlin organisiert, in seinen Ansprachen offensiv die deutsche Einheit beschworen und seine FDJ-Blauhemden zur Masseninvasion nach West-Berlin angefeuert hatte. Honecker galt den SED- und FDJ-Funktionären

fünfundzwanzig Jahre lang, von 1945 bis 1970, als der »Treueste der Treuen«, als ein unwandelbarer Gefolgsmann Ulbrichts, dessen Loyalität nicht einmal am 17. Juni 1953 gewankt hatte.
Über seinen Lebenslauf war 1971 in der Bevölkerung nicht viel bekannt. Erich Honecker wurde am 25. August 1912 in Neunkirchen, im Saarland, geboren, und zwar als Kind einer Bergarbeiterfamilie. Er erlernte den Beruf eines Dachdeckers und trat bereits mit siebzehn Jahren, 1929, der KPD bei, die auch im damals von Deutschland abgetrennten Saargebiet, das unter französischer Aufsicht stand, den revolutionären Kampf des deutschen Proletariats propagierte. Sein Lieblingslied wurde:

»Von all unseren Kameraden
war keiner so lieb und so gut
als unser kleiner Trompeter,
ein lustig' Rotgardistenblut . . .«

Als Hitler die Macht übernahm, war Honecker zwanzig Jahre alt, und kurz darauf besuchte er die Schule der Kommunistischen Jugendinternationale in Moskau. Es war das Jahr 1933. In den vier, fünf Jahren davor waren in der Sowjetunion etwa fünfzehn Millionen Menschen im Zuge der Zwangskollektivierungen Stalins auf bestialische Weise umgekommen. Sollte der junge Honecker nichts, aber auch gar nichts von diesen Verbrechen gehört haben? Jedenfalls kehrte er 1934 als disziplinierter Kommunist in das Saarland zurück und wurde Mitglied des ZK des Kommunistischen Jugendverbandes Deutschlands (KJVD). Im Januar 1935 mußte er erleben, daß rund neunzig Prozent der Saarbevölkerung in international kontrollierten Wahlen für den Anschluß an Hitler-Deutschland stimmten und damit das Vaterland über die Klasse stellten, ja, daß auch im Reichsgebiet etwa fünfundsiebzig Prozent der deutschen Arbeiterklasse begeistert zum Nationalsozialismus übergingen. Im Dezember 1935 verhaftet und im Juni 1937 zu zehn Jahren Zuchthaus verurteilt, mußte Honecker fast ein Jahrzehnt hinter Gefängnismauern verbringen.
Bald nach Kriegsende wurde er 33 Jahre alt, und Ulbricht hätte wirklich keinen besseren Griff tun können, als er Erich Honecker 1946 damit beauftragte, die »Freie Deutsche Jugend« als sozialistische Einheitsjugend in der Sowjetischen Besatzungszone aufzubauen. Ein Jahrzehnt lang führte der ehemalige Saarländer seine »Blauhemden«, 1950 wurde er Mitglied des Politbüros, 1958 Sekretär des Zentralkomitees. Doch wichtiger als diese innerparteiliche und innerstaatliche Karriere war es für den Durch- und Überblick Erich Honeckers, daß er zwei Jahrzehnte lang – wie ein »Schatten« seines Lehrmeisters Ulbricht – an allen wichtigen Treffen der Partei- und Staatsführungen der sozialistischen Länder teilnahm. Damit gewann er

einen Schatz an Personalkenntnissen und persönlichen Verbindungen, der nun, 1971, dem neuen 58jährigen SED-Chef hervorragend zustatten kommen sollte. (Daher rührt auch seine fast manische Vorliebe für Auslandsreisen, Staatsempfänge, Paraden, Ansprachen und Festbankette.)
Als der VIII. Parteitag der SED am 15. Juni 1971 in Ost-Berlin mit großem Pomp eröffnet wurde und die mehr als zweitausend Delegierten ihrem neuen Führer Erich Honecker frenetisch zujubelten, kein Mensch mehr von Walter Ulbricht sprach, jenem Mann, der ein Vierteljahrhundert lang im Bösen wie im Guten die Geschicke der deutschen Bevölkerung zwischen Elbe und Oder diktatorisch bestimmt hatte und der nun von einem Tag auf den anderen zur Unperson degradiert wurde, da wußten die DDR-Bewohner eigentlich sehr wenig über den eher kleinen, schlanken und grazilen Mann aus dem Saarland, der von nun an über ihr Wohl und Wehe verfügen sollte. Seine menschlichen Konturen waren immer blaß geblieben, er war in Staat und Partei immer nur »der Zweite« gewesen. Aufgefallen war lediglich, daß er sein blaues FDJ-Hemd in den letzten Jahren gegen helle, elegante Maßanzüge und weiche Filzhüte vertauscht hatte. Aber die skeptische DDR-Bevölkerung horchte doch auf, als Honecker auf dem Parteitag erklärte:

> »Wir kennen nur ein Ziel, das die gesamte Politik unserer Partei durchdringt: alles zu tun für das Wohl des Menschen, für das Glück des Volkes, für die Interessen der Arbeiterklasse und aller Werktätigen! Das ist der Sinn des Sozialismus. Dafür arbeiten und kämpfen wir.«

Die pathetischen Worte verdeckten das nüchterne Kalkül der neuen SED-Politik unter Honeckers Führung. Im Grunde ging es darum, von den hochgespannten »idealistischen« Forderungen, die Walter Ulbricht an die DDR-Bevölkerung gestellt hatte, Abschied zu nehmen und zu einem realistisch-pragmatischen Wirtschaftskurs überzugehen. Die pädagogische Utopie vom neuen sozialistischen Menschen verblaßte, das Ideal der »sozialistischen Menschengemeinschaft« wurde parteiamtlich desavouiert. Honecker, dem die Erfahrungen des 17. Juni 1953 und der Massenflucht tief in den Knochen steckten, wollte seinen Staat stabilisieren, indem er den Konsum-Erwartungen der breiten Masse weiter entgegenkam, als das bisher in der DDR – unter der strengen Hand Ulbrichts – der Fall gewesen war. Doch andererseits konnte natürlich nicht an den Grundfesten der Ulbrichtschen »Leistungsgesellschaft« gerüttelt werden. Die rohstoffarme DDR blieb auch in Zukunft auf den entschiedenen Arbeitswillen, auf die unermüdliche Pflichterfüllung ihrer Bewohner angewiesen. Den eklatanten Widerspruch zwischen den Hoffnungen der Bevölkerung auf höheren Lebensstandard und den Anforderungen des Staates hinsichtlich gesteiger-

ter Arbeitsleistungen deckte der SED-Chef zu, indem er die Parole von der »Einheit der Wirtschafts- und Sozialpolitik« kreierte, die bis zum heutigen Tage Leitdevise des DDR-Lebens unter Honecker geblieben ist.
Ulbricht war auf dem Parteitag gar nicht mehr anwesend. Und es war schon ein merkwürdiges Bild, wie vom VIII. Parteitag an, den die SED-Propaganda unermüdlich als »neue gesellschaftliche Etappe« oder als »besonders wichtige Zäsur in der Geschichte der DDR« feierte, die Erinnerung an die 25jährige Ulbricht-Epoche geradezu ausgetilgt wurde. Schon 1972 war es so weit, daß nichts mehr an ihn erinnerte (nur sein Tod am 1. August 1973 brachte den Namen Ulbricht noch einmal in die Schlagzeilen). Es war so, als habe es ihn nie gegeben. Mit dieser Taktik des Verschweigens sollten die schrecklichen Erinnerungen an die stalinistische Zeit von 1945 bis 1953, an den Aufstand vom 17. Juni, gewiß aber auch die Tatsache der Ulbrichtschen Distanzierung vom Sowjet-Vorbild in den Jahren 1963 bis 1970 ausgelöscht werden. In der zweiten Auflage des ideologischen Standardwerkes »Politisches Grundwissen« von 1972 wurde Walter Ulbricht nicht ein einziges Mal erwähnt. Sic transit gloria mundi! Wieder einmal bestätigte sich, wie rüde Kommunisten aus zweckbedingtem Opportunismus mit historischen Persönlichkeiten umgehen, ob es sich nun um Chruschtschow, Ulbricht oder Mao Tsetung handelte, und erst Ende Juni 1988 – also nach fast zwanzigjährigem Totschweigen – brachte das DDR-Wochenblatt »Horizont« eine größere Würdigung Walter Ulbrichts anläßlich seines 95. Geburtstages.
Im roten Preußenland der DDR ging es immer um Leistung und Leistungssteigerung. Die bittere Gegebenheit der Rohstoffarmut und der daraus resultierende Zwang zur Exportschufterei blieben zu allen Zeiten oberstes Lebensgesetz in den engen DDR-Grenzen. In den ersten acht Jahren, von 1945 bis 1953, als zusätzlich pro Jahr noch ca. zehn Milliarden DM an Reparationsleistungen aufgebracht werden mußten, hatte Ulbricht die Produktionsergebnisse mit brutalem, menschenverachtendem Terror erzwungen. In den letzten acht Jahren seiner Herrschaft, von 1963 bis 1971, hatte er mit materiellen Leistungsanreizen wie mit pädagogischem Ansporn Wirtschaft und Menschen in der DDR vorangetrieben. Erich Honecker verfeinerte nun die Methoden, setzte die Sozialpolitik als psychologisches Stimulans ein und steigerte die ökonomische Effizienz, indem er den Agitations-Schwerpunkt zur Erhöhung der Produktion auf die Propagierung des »wissenschaftlich-technischen Fortschritts« verlegte. Der Zeigestock des Lehrers wurde gewissermaßen hinter dem Rücken versteckt. Ulbrichts nimmermüde Ermahnung zu mehr Bildung und Ausbildung der Bevölkerung wurde dagegen nicht angetastet, so daß sich die »Leistungsgesellschaft« der DDR zugleich zu einer »Karrieregesellschaft« mauserte.
Ein sozialpolitisches Programm sorgte dafür, daß mit Honeckers Standard-

Devise der »Einheit von Wirtschafts- und Sozialpolitik« ernst gemacht wurde. 1972 und 1973 wurden für etwa 3,4 Millionen Menschen die Renten und die Leistungen der Sozialfürsorge erhöht; für große Teile der Arbeitnehmerschaft stiegen die Löhne bis zu fünfzehn Prozent.
Die Erfolge der roten Preußen, die bis zum 35. Jahrestag der DDR im Oktober 1974 erarbeitet wurden, waren schon beachtlich. Die industrielle Produktion hatte sich seit 1950 versiebenfacht, seit 1963 verdoppelt und war seit 1970 um beinahe dreißig Prozent nach oben gedrückt worden.
Das »einheitliche sozialistische Bildungssystems«, das Walter Ulbricht 1965 in der DDR per Gesetz verankert hatte, wurde weiter vervollkommnet. Die Zahl der Schüler, die von der 8. in die 9. Klasse der allgemeinbildenden polytechnischen Oberschule übergingen, lag 1970 bei 85 Prozent und überschritt 1974 die 90-Prozent-Marke. Die Ausgaben des Staates für das Bildungswesen stiegen von einer Milliarde Mark 1949 auf sieben Milliarden Mark 1974, die Anzahl der Universitäten und Hochschulen schnellte von 21 im Jahre 1949 auf 54 im Jahre 1974 nach oben.
Entscheidend für die Effektivität der neuen Politik war aber, daß Erich Honecker – im Gegensatz zu Walter Ulbricht – den Wohnungsbau als soziales Zentralproblem der DDR-Gesellschaft erkannte. Was nützte es schon, wenn man sich sattessen, aber in heruntergekommenen, kriegsgeschädigten Behausungen vegetieren mußte? In der Ulbricht-Zeit waren von 1950 bis 1970 insgesamt 1,2 Millionen Wohnungen gebaut worden, also im Jahresdurchschnitt ca. 60000 Wohnungen, was etwa für 200000 Menschen jährlich eine Verbesserung der Wohnverhältnisse ergeben hatte. Angesichts der Tatsache, daß zehn bis vierzehn Millionen Menschen in der DDR in unzulänglichen, überalterten und ramponierten Behausungen leben mußten, konnte man 1970 konstatieren, daß in zwei Jahrzehnten für höchstens vier Millionen Menschen Wandel geschaffen worden war. Honecker verfügte sofort, daß dem Wohnungsbau oberste Priorität einzuräumen und daß im Fünfjahrplan von 1971 bis 1975 eine halbe Million Wohnungen durch Neubau, Umbau und Ausbau zu schaffen sei. Als langfristiges Ziel wurde ins Auge gefaßt, bis Ende 1990 ca. drei Millionen Wohnungen neu zu errichten oder zu modernisieren und so die Wohnbedürfnisse von zehn Millionen Bürgern zu befriedigen.

Antinationale Kampagne

Auf dem VIII. Parteitag der SED war von Deutschland und von der deutschen Einheit mit keinem Wort mehr die Rede gewesen. Was die Partei zwei Jahrzehnte lang, von 1946 bis 1966, wie ein verpflichtendes Banner vor sich hergetragen hatte, nämlich das Bekenntnis zur Einheit Deutschlands als eines der obersten Ziele der deutschen Sozialisten, das war nun alles plötzlich nicht mehr gültig. An die Stelle des *Bekenntnisses* zu Deutschland trat die *Abgrenzung* von Deutschland.

Wenn man SED-Funktionäre in diesen Jahren, 1972 bis 1974, auf ihre antinationale Politik ansprach, dann begründeten sie sie mit der Abgrenzungs-Notwendigkeit gegenüber der Bundesrepublik, vor allem gegenüber der damaligen sozialliberalen Regierung in Bonn. Es sei unumgänglich, so hieß es, sich der raffinierten Umgarnungs-Taktik der Sozialliberalen zu entziehen, sich der sozialdemokratischen »Aggression auf Filzlatschen« wachsam entgegenzustemmen. Sprach man mit ihnen inoffiziell oder unter vier Augen, so fügten sie hinzu, es sei notwendig und geboten, den gesamtdeutschen Träumereien der eigenen DDR-Bevölkerung, die sich so alarmierend anläßlich des Erfurter Treffens von Willy Brandt und Willi Stoph manifestiert hätten, einen eisernen Riegel vorzuschieben.

An dieser Argumentation war wenig Wahres. Die eigene Bevölkerung, ja, die »träumte« gewiß von Gesamtdeutschland, von einem besseren Leben in einem gemeinsamen deutschen Vaterland, war aber seit den Erfahrungen des 17. Juni 1953 viel zu realistisch, um sich auf aussichtslose Abenteuer einzulassen. Was die Bonner Regierungskoalition anging, so wußte die SED-Führung seit den ersten Gesprächen zwischen den beiden Unterhändlern Bahr und Kohl und durch ihren im Bonner Bundeskanzleramt stationierten Meisterspion Guillaume ganz genau, daß von ihr eine nationale Politik, die auf die Wiederherstellung der staatlichen Einheit Deutschlands ausging, nicht zu befürchten war, daß sie vielmehr auf die Bewahrung des Status quo in Deutschland unter kosmetischen Verschönerungen abzielte. Bonns Chefunterhändler Egon Bahr, der hin und wieder als »deutscher Nationalist« apostrophiert worden war und der einst versichert hatte, die *Anerkennung* des Status quo müsse zur *Überwindung* des Status quo führen, entpuppte sich als ein Mini-Kissinger, der das raffinierte Spiel der beiden

Supermächte, die nichts als die Zementierung ihrer Herrschaftszonen in Europa und Deutschland im Sinn hatten, auf direkte oder indirekte Weise förderte.

Nein, die Abgrenzungspolitik der SED-Führung richtete sich nicht nur gegen die Bundesrepublik, wofür es – aus taktischen Gründen – vielleicht Argumente gegeben hätte, sondern sie richtete sich gegen Deutschland insgesamt, gegen die Existenz einer einheitlichen deutschen Nation. Und so war es durchaus unredlich und verlogen, wenn es in den Parteitags-Protokollen der SED hieß:

> »Alles Gerede im Westen von der sogenannten ›Einheit der deutschen Nation‹ und einem angeblich besonderen Charakter der Beziehungen zwischen der Deutschen Demokratischen Republik und der BRD soll offensichtlich jenen Vorschub leisten, deren Politik nach wie vor auf die Untergrabung der gesellschaftlichen und wirtschaftlichen Fundamente unserer Republik gerichtet ist. Die prinzipielle Linie unserer Partei geht davon aus, daß der gesamte Verlauf der Entwicklung ... objektiv dahin führt und führen muß, daß die Gegensätzlichkeit zwischen uns und der BRD ... sich verstärkt und daß darum der Prozeß der Abgrenzung zwischen beiden Staaten in allen Bereichen des gesellschaftlichen Lebens immer tiefergehender wird.«

In der abschließenden Stellungnahme zu den Parteitags-Reden kam dann die Katze aus dem Sack, als es hieß:

> »Zwischen der sozialistischen Deutschen Demokratischen Republik, in der sich die sozialistische deutsche Nation entwickelt, und der monopolkapitalistischen BRD, in der die alte bürgerliche Nation existiert, kann und wird es niemals sogenannte besondere ›innerdeutsche Beziehungen‹ geben.«

Diese Formulierung verriet das wahre Ziel der neuen SED-Politik. Wäre es lediglich um eine Abgrenzung von Westdeutschland gegangen, so hätte die Devise etwa lauten müssen: »Beide Staaten in Deutschland sind absolut gleichberechtigt miteinander; die Forderung nach ›innerdeutschen Beziehungen‹ im Sinne einer Anschluß-Politik ist ebenso aussichtslos wie friedensgefährdend.« Das wäre Bonn gegenüber eindeutig gewesen und hätte doch die nationale Verpflichtung, die man zwanzig Jahre lang wie eine Standarte vor sich hergetragen hatte, nicht preisgegeben. Indem die neue SED-Führung jedoch die ebenso abenteuerliche wie widernatürliche These von *zwei* deutschen Nationen kreierte, desavouierte sie sich selbst und die besten Traditionen der deutschen Sozialisten.

Waren es denn alles Lügen gewesen, die hehren Worte, die Wilhelm Pieck und Otto Grotewohl, Walter Ulbricht und Max Reimann jahrzehntelang der Nation vorgesetzt hatten? Walter Ulbricht hatte doch beispielsweise 1954 in seinem Schlußwort auf dem IV. Parteitag der SED ausgerufen:

> »Wir sind für die Einheit Deutschlands, weil die Deutschen im Westen unsere Brüder sind! Weil wir unser Vaterland lieben! Weil wir wissen, daß die Wiederherstellung der Einheit Deutschlands eine unumstößliche historische Gesetzmäßigkeit ist und daß jeder zugrunde gehen wird, der sich diesem Gesetz entgegenzustellen wagt!«

Diese Erklärung wurde von der SED-Führung in der Zeit der Adenauer-Herrschaft abgegeben, in einer Phase also, in welcher der Gedanke an die deutsche Einheit für die SED-Funktionäre eigentlich lebensgefährlich war, denn Bonn forderte ja damals »freie Wahlen« und pochte auf den »Alleinvertretungsanspruch«, schien gewissermaßen auf den »Anschluß« der DDR hinzuarbeiten. Selbst nach dem Bau der Mauer blieb Ulbricht bei seinen nationalen Proklamationen. So betonte er auf dem VI. Parteitag der SED im Jahre 1963:

> »Wir wollen auf dem Wege der Herstellung normaler Beziehungen zwischen den beiden deutschen Staaten eine Konföderation erreichen, durch die das weitere Auseinanderleben des Volkes verhindert und der Weg zur Wiedervereinigung freigemacht wird.«

Jetzt, Anfang der siebziger Jahre, nach Abschluß des Moskauer und Warschauer Vertrages, während die Verhandlungen über den Abschluß eines Grundvertrages zwischen den beiden deutschen Staaten schon liefen, konnte von einer existenziellen Bedrohung der DDR durch Bonn überhaupt keine Rede mehr sein. Das Äußerste, was die sozialliberale Koalition in nationalpolitischer Hinsicht zustande brachte, waren schönklingende Worte, wenn man beispielsweise in Bonn noch von »zwei Staaten in Deutschland« oder von der »Einheit der Nation« sprach. Ansonsten war man willens, fast alle Forderungen, die die SED jahrelang erhoben hatte, anstandslos und ohne Gegengabe zu erfüllen. Und in Ost-Berlin wußte man das; dank Guillaume. Es gab also nicht den mindesten Grund, zu einer Abgrenzungspolitik von Deutschland überzugehen! Die Akten werden es eines Tages erweisen, ob dabei sowjetischer Druck oder SED-Opportunismus die größere Rolle spielten.
Jedenfalls schwappte nun, 1972 und 1973, ein regelrechter Hexenprozeß der Entnationalisierung, der Entdeutschung über das Land zwischen Elbe und Oder. Die Verbalien »deutsch« und »Deutschland« wurden geradezu diskriminiert. Ein Admiral der Volksmarine, der in Dresden zu meinem TV-Aufnahmeteam sagte »Wir sind doch alle Deutsche!«, bekam viel

Ärger deswegen. Wenn ein Hotel »Deutschland« hieß (beispielsweise in Leipzig), mußte der Name geändert werden. Das Fernsehen hieß nicht mehr »Deutscher Fernsehfunk«, sondern »DDR-Fernsehfunk«. Die Deutsche Akademie der Wissenschaften in Ost-Berlin wurde umbenannt in »Akademie der Wissenschaften der DDR«. Die »Nationale Front des demokratischen Deutschland« mußte ihren Namen in »Nationale Front der DDR« ändern. (Die Begriffe »Deutschland« und »demokratisch« entfielen!) Der altberühmte Deutschlandsender hieß auf einmal »Stimme der DDR«. Eine regelrechte Entdeutschungs-Orgie.

Es war einfach lächerlich, und die Bevölkerung fragte sich, ob sie von Irrsinnigen regiert wurde. Während die Umbenennungs-Welle raste, gab es doch Bezeichnungen, die nicht geändert wurden. So wurden die Parteinamen nicht angetastet: es blieb also bei »Sozialistische Einheitspartei Deutschlands« (SED) oder bei »National-Demokratische Partei Deutschlands« (NDPD). Das Zentralorgan der SED, »Neues Deutschland«, wurde ebenfalls verschont. Die DDR, die FDJ und der FDGB durften weiterhin die Kennzeichen »deutsch« in ihren Namen führen. Die Bevölkerung sah sich einem undurchdringlichen Verwirrspiel ausgesetzt. Der Höhepunkt des Wahnsinns wurde erreicht, als es untersagt wurde, den Text der eigenen Staatshymne zu singen, weil in ihm von »Deutschland, einig Vaterland« die Rede ist:

»Auferstanden aus Ruinen
Und der Zukunft zugewandt,
Laß uns Dir zum Guten dienen,
Deutschland, einig Vaterland!
Alte Not gilt es zu zwingen,
Und wir zwingen sie vereint.
Denn es wird uns doch gelingen,
Daß die Sonne schön wie nie
über Deutschland scheint!«

Damit waren die 17 Millionen DDR-Bewohner zu stummen Fischen geworden, die, wenn ihre Staatshymne intoniert wurde, fest die Lippen aufeinanderpressen und ausschließlich durch die Nase atmen mußten.

Honecker und die SED-Führung wußten sehr genau, daß ihre Abgrenzungs-Kampagne bei der eigenen Bevölkerung auf Hohn, Spott, Erbitterung und Ablehnung stieß. So ist es zu erklären, daß die Verfassungs-Änderung vom Oktober 1974 einfach den Massen von oben oktroyiert wurde. Bewährte Tradition der SED war es bis dahin gewesen, die Einführung von Programmen, Verfassungen, nationalen Dokumenten etc. durch einen monatelangen Prozeß öffentlicher Diskussions-Kampagnen vorzubereiten, um damit den Eindruck eines »demokratischen« Grundkonsens zu erwecken. Nichts von alledem jetzt, bei der Verfassungsänderung, die der DDR im Stil einer obrigkeitlichen Verschwörung aufgenötigt wurde. Bis Ende September 1974 lautete Artikel 1, erster Satz, der DDR-Verfassung: »Die Deutsche Demokratische Republik ist ein sozialistischer Staat deutscher Nation.« Nun wurde umgeändert in: »Die Deutsche Demokratische Republik ist ein sozialistischer Staat der Arbeiter und Bauern.«

Damit waren die 17 Millionen DDR-Bewohner heimatlos geworden. Man erfuhr aus der Verfassung nur noch, daß sie »Arbeiter und Bauern« waren – wie jedes andere Volk dieser Erde –, aber nicht mehr, welcher Nationalität sie angehörten. Karl Marx hatte Leute ohne Heimat, Vaterland und Nation als »Nirgendwomenschen« bezeichnet. Dazu degradierte die SED-Führung nun ihre Bevölkerung.

Die Deutschen in der DDR reagierten eindeutig. In den Betrieben und in den Hausversammlungen, also an der Basis, sahen sich die Funktionäre einem Trommelfeuer aggressiver Fragen ausgesetzt: »Wenn wir keine Deutschen mehr sind, was sind wir dann? Mongolen?« Oder sie mußten erleben, wie das berühmte Stalin-Zitat über Hitler und die Deutschen ironisch abgewandelt wurde: »Ja, ja; wir wissen schon: Die Nationen kommen und gehen; aber die Deutschen bleiben.«

Unterstützte jemand die Deutschen in der DDR in ihrem passiven Widerstand gegen die SED-Kampagnen der Entnationalisierung? Tat Bonn, taten die westdeutschen Medien irgend etwas, um der DDR-Bevölkerung in ihrem deutschen Nationalbewußtsein zu Hilfe zu kommen? Im Gegenteil, Anfang der siebziger Jahre wurde es in der Bundesrepublik allgemein Usus, die Bundesrepublik mit Deutschland gleichzusetzen. Wenn beispielsweise im Sport westdeutsche bzw. bundesrepublikanische Mannschaften zum Wettkampf antraten, so war von den »Deutschen« die Rede, während man fast gesichtslos von »DDR-Mannschaften« sprach, wenn Sportler auftraten, die zwischen Elbe und Oder lebten. Und wie im Sport, so auf allen anderen Gebieten. Das geschah natürlich nicht aus Gedankenlosigkeit oder aus Zufall, sondern war Konsequenz und Ausfluß einer separatistischen, antinationalen Haltung der herrschenden politischen Klasse in der Bundesrepublik. Die antinationale Abgrenzungs-Kampagne der SED-Führung hätte sich nicht einmal in Ansätzen entwickeln können, wenn sie nicht ihre spiegelbildliche Entsprechung westlich der Elbe gefunden hätte! Wie es die beiden Supermächte wünschten, so waren die beiden Herrschaftsgruppen in Ost-Berlin und Bonn bestrebt, sich gegenseitig ihre Defensiv-Absichten zu signalisieren und ihre jeweilige Bevölkerung von Gesamtdeutschland wegzuorientieren.

Der SED-Führung ist es nicht gelungen, ihre Bevölkerung zu entdeutschen, sie von ihrem Blick auf die Landsleute im Westen abzulenken; wir werden davon noch vernehmen. In der Bundesrepublik dagegen machte die Fremdheit, Unkenntnis und Gleichgültigkeit gegenüber denen »da drüben« enorme Fortschritte. Eine Umfrage des Instituts für Demoskopie in Allensbach brachte um die Jahreswende 1976/76 verheerende Ergebnisse zutage:

- 50 Prozent der Bundesbürger glaubten, daß es in der DDR nur eine einzige Partei gäbe (es gab und gibt: fünf Parteien) –
- jeder zweite Bundesbürger war der Ansicht, daß 60 Prozent der DDR-Bevölkerung Kommunisten bzw. SED-Mitglieder seien (es waren und sind: ca. 12 Prozent) –
- nur jeder zehnte Bundesbürger konnte überhaupt korrekt angeben, wieviel Einwohner die DDR hat.

Es war eine absolute Katastrophe. Nur dreißig Jahre nach Kriegsende wußten die West- und Süddeutschen so gut wie nichts mehr von den Gebieten und Menschen des ehemaligen Mitteldeutschland. Soviel Dummheit, Ignoranz und Herzlosigkeit war einfach beispiellos in der Geschichte der Völker! Aber das lag natürlich nicht an der »Schlechtigkeit« der Bundesbürger. Es lag ganz einfach an der ungeheuren Verantwortungslosigkeit der Regierung, der Parteien und der Medien in der Bundesrepublik, die nationalpolitisch auf der ganzen Linie versagten.

Ernste Widersprüche

Die zweite Hälfte der siebziger Jahre leitete der IX. Parteitag der SED ein, der vom 18. bis 22. Mai 1976 in Ost-Berlin stattfand und auf dem ca. 2500 Delegierte insgesamt zwei Millionen Mitglieder bzw. Kandidaten der »Sozialistischen Einheitspartei Deutschlands« repräsentierten (etwa 12% der Bevölkerung). Die ökonomische Bilanz des zweiten deutschen Staates war eindrucksvoll: Die DDR gehörte zu den zehn bedeutendsten Industriestaaten der Erde, der Lebensstandard ihrer Bevölkerung war der höchste aller kommunistisch regierten Länder. Das alles war jedoch weniger den Führungsqualitäten der SED-Spitze zuzuschreiben als dem zähen Fleiß und dem eisernen Pflichteifer, den die roten Preußen Tag für Tag unter Beweis stellen mußten. »Ohne die jahrhundertelange Erziehungsarbeit der Preußenkönige«, gaben SED-Funktionäre zu, »hätten wir mit unseren Menschen nicht erreicht, was wir erreicht haben«.

Im Laufe des Jahres übernahm Erich Honecker das Amt des Staatsratsvorsitzenden. Zusammen mit den Ämtern des Generalsekretärs der SED und des Vorsitzenden des Nationalen Verteidigungsrates verfügte er nun über eine unbeschränkte Machtfülle, wie sie nur Walter Ulbricht vor ihm besessen hatte. Unbeirrt steuerte er weiter seinen Kurs der »Einheit von Wirtschafts- und Sozialpolitik«, und die Fortschritte waren nicht zu übersehen. Im Oktober 1976 wurden die Mindestlöhne angehoben. Mehr als eine Million Werktätige, die bislang mit 350 bis 550 Mark brutto im Monat bezahlt worden waren, erhielten Lohnerhöhungen von etwa fünfzehn Prozent. Zwei Monate später wurden die Mindestrenten auf 230 Mark pro Monat erhöht. Die Versorgungslage der Bevölkerung mit Lebensmitteln verbesserte sich erheblich. Mitte der sechziger Jahre hatte der Pro-Kopf-Verbrauch in der Bundesrepublik bei Fleisch, Käse, Obst und Zucker beträchtlich über dem in der DDR gelegen, während die ost-elbische Bevölkerung im Verbrauch billiger Grundnahrungsmittel wie Mehl, Nährmittel, Hülsenfrüchte und Kartoffeln dominiert hatte. Inzwischen war Wandel eingetreten. Im Fleischkonsum zog man fast mit Westdeutschland gleich, der Butter- und Fischverbrauch in der DDR übertraf den in der Bundesrepublik fast um das Doppelte. Lediglich bei Südfrüchten und Käseprodukten litt man in der DDR noch unter Nachholbedarf.

1977 bis 1979 hatte auch die DDR schwer mit der internationalen Wirtschafts- und Rohstoffkrise zu kämpfen. Aber es waren nicht nur ökonomische Probleme, die der SED-Führung Sorge bereiteten. Die politische Weltlage verdüsterte sich rapide. Der imperialistische Einfall der Sowjets in Afghanistan vom Dezember 1979 machte allen Entspannungs-Illusionen der Amerikaner ein Ende. In Washington registrierte man, daß Moskau die Zeit der siebziger Jahre, in denen ununterbrochen von »Entspannung« und »Zusammenarbeit« die Rede gewesen war, zu einer gigantischen Aufrüstung mißbraucht hatte, um auf bestimmten militärischen Gebieten »Überlegenheit« zu erreichen. Nun begann das Ringen um die »Nachrüstung«, um die Stationierung von Mittelstrecken-Raketen in Westeuropa. Der bevorstehende Machtantritt Ronald Reagans, der die UdSSR als »Reich des Bösen« zu definieren pflegte, schien dem Ostblock insgesamt nichts Gutes zu verheißen. Zu alledem kamen im Sommer 1980 die Streiks in Polen, die Unruhen in Danzig und Stettin, wodurch sich die DDR in ihrer Ostflanke aufs äußerste bedroht fühlte.

Vor allem aber: Die Abgrenzungs-Politik der SED-Führung war total gescheitert. Honecker hatte, wie wir wissen, im Oktober 1974 seine antinationale Verfassungsänderung oktroyiert. Bereits zwei Monate später, im Dezember, mußte er unter dem Druck der Basis einen halben Schritt zurückweichen. Ganz blauäugig erklärte er auf die nicht nachlassenden Fragen nach der Nationalität der DDR-Bewohner, es gäbe doch gar keine Probleme: »die Staatsangehörigkeit ist DDR, die Nationalität deutsch«. Damit hatte sich die Verfassungsänderung als völlig sinnlose Maßnahme erwiesen, denn so hatte es ja expressis verbis in der alten Ulbricht-Verfassung gestanden: die DDR sei ein »sozialistischer Staat deutscher Nation«, und in der ganzen Welt interpretiert man den Begriff der »Nationalität« als die Zugehörigkeit eines Menschen zu seiner Nation.

Daß Honecker einen halben Schritt zurückwich, hatte nicht nur innerstaatliche Gründe. Im Ostblock gab es nicht ein einziges Land, das für den Abgrenzungs-Kurs der SED-Führung Verständnis oder gar Sympathie aufbrachte. Die sozialistischen Staaten sahen darin eine schwerwiegende Bedrohung ihrer eigenen nationalen Existenz. Denn wenn eines ihrer Mitglieder auf sowjetischen Druck hin bereit war, seine Nationalität in Frage zu stellen, dann konnte das für alle anderen zu gegebener Zeit die fatalsten Folgen haben. Jedermann im Warschauer Pakt – mit einziger Ausnahme der Polen – hielt die SED-Politik in der nationalen Frage für abenteuerlich, ja widernatürlich. Ganz zu schweigen von der großen Volksrepublik China, die gerade in den siebziger Jahren immer wieder durch Verlautbarungen ihrer führenden Vertreter das Recht des deutschen

Volkes auf seine nationale Einheit bekräftigen ließ. Auch die vietnamesischen und nordkoreanischen Genossen vermochten einer reaktionären Anti-Wiedervereinigungs-Politik beim besten Willen nicht zu applaudieren. Ost-Berlin stand in dieser Frage völlig isoliert da. Es war eben ein Widerspruch in sich, auf der einen Seite »Einheit« zu proklamieren, wenn vom Proletariat die Rede war, und auf der anderen Seite »Abgrenzung« zu praktizieren, wenn es um die Nation ging.

Jedenfalls, die Deutschen in der DDR ließen sich nicht einfach von der Nation abdrängen. Gerade das Jahrzehnt von 1970 bis 1980 war ja das große TV-Dezennium in der DDR, war die Zeit, in der fünfundachtzig bis neunzig Prozent der Bevölkerung, die das westdeutsche Fernsehen einschalten konnten, ein regelrechtes Doppelleben führten: bis 19.00 Uhr werktätig in der DDR, ab 19.00 Uhr Informationsbezug aus dem anderen Teil Deutschlands! Der Drang nach Kommunikation mit den anderen Deutschen nahm nicht ab, er nahm zu. Die Mauer wurde mit Hilfe der Fernsehantennen übersprungen.

Man kann nicht sagen, daß das Westfernsehen, daß ARD und ZDF ihrer gesamtdeutschen Verantwortung auch nur annähernd gerecht wurden. Wer damals im TV-Bereich an maßgeblicher Position mitgearbeitet hat, kann ein trauriges Lied davon singen, wie gleichgültig, ja ablehnend die meisten Programm-Verantwortlichen gesamtdeutschen oder nationalpolitischen Gesichtspunkten gegenüberstanden. Die Erinnerung an die Nation, an die Einheit Deutschlands, an die gemeinsame Nationalgeschichte des deutschen Volkes wurde mit kleinster Münze gehandelt. Man mußte sich listige Umwege und Strategien erdenken, wollte man gesamtdeutsche Botschaften in die Programme schmuggeln. Mir persönlich ist das nur unter großen Mühen gelungen. In diesem Jahrzehnt brachte ich achtzehn Fernsehfilme nationalpolitischer Thematik in die Abendprogramme der Sender, von denen ermittelt wurde, daß sie im Schnitt zehn Millionen Seher in der Bundesrepublik und zweieinhalb bis drei Millionen Seher in der DDR hatten.

Am 15. Februar 1981 geschah ebenso Unerwartetes wie Ungewöhnliches. Erich Honecker hielt eine Rede vor DDR-Funktionären und erklärte:

> »Wenn ... die Werktätigen an die sozialistische Umgestaltung der Bundesrepublik Deutschland gehen, dann steht die Vereinigung beider deutscher Staaten vollkommen neu! Wie wir uns dann entscheiden, daran dürfte wohl kein Zweifel bestehen.«

Die verblüfften Funktionäre brachen in spontanen Applaus aus. Zwei Tage später feierte »Neues Deutschland« den 25. Jahrestag der Gründung

der Nationalen Volksarmee mit der Schlagzeile: »Die Nationale Volksarmee ist die einzige *deutsche* *Armee, die diesen Namen verdient.«
Im April 1981 fand der X. Parteitag der SED statt. Er fiel in eine außenpolitische Phase der Bedrohung und Instabilität für die DDR-Führung. Während der neue US-Präsident Ronald Reagan fast unverhüllt mit Plänen für einen regional begrenzten Schlagabtausch in Mitteleuropa spielte, gefährdeten die »polnischen Ereignisse« die Stabilität des SED-Regimes vom Rücken aus. »Neues Deutschland« reagierte mit Drohgebärden, sprach plötzlich nicht mehr von »Gdansk«, sondern von »Danzig«. Sowjetische und NVA-Verbände wurden an der Grenze zu Polen zusammengezogen und in Alarmzustand versetzt. Die Verhängung des »Kriegsrechts« durch General Jaruzelski im Dezember 1981 verhinderte das Schlimmste. Doch der Regierungswechsel in Bonn am 1. Oktober 1982 schien das mühsam erhaltene Gleichgewicht der DDR vom Westen her zu bedrohen. Die SED-Führung fragte sich bestürzt, ob es nun zur versprochenen »großen Wende« in der Bundesrepublik käme. Einen Monat später trat in Moskau Andropow an die Stelle Breschnews. Unsicherheit im Westen, Unkalkulierbarkeit im Osten! Obwohl doch die DDR Mitglied eines großen Militärbündnisses war und außenpolitisch klar Stellung bezogen hatte, bekam ihre Führungsriege nun einen kleinen Geschmack davon, was es heißt, sich geographisch in einer Mittellage zu befinden, eingekeilt zwischen West und Ost.

---

* Hervorhebung durch W. V.

Kluge Außenpolitik

In diesen unruhigen, für die DDR äußerst bedrohlichen Jahren von 1980 bis 1983 erwies sich Erich Honecker als ein Außenpolitiker und Taktiker von beachtlichem Kaliber. Die Welt hallte ja damals von der Nachrüstungs- und Raketen-Diskussion wider, und das Verhältnis der beiden Supermächte zueinander schien sich beinahe täglich zu verschlechtern. Was die DDR speziell anging, schien sich ihr eine Art von Zweifronten-Konflikt mit der neuen bürgerlichen Regierungskoalition in Bonn und der krisengeschüttelten Volksrepublik Polen aufzudrängen. Honecker jedoch ließ sich nicht verunsichern. Etwa vom Frühjahr 1981 an begann die DDR-Führung geschickt und konsequent, sich einen eigenen außenpolitischen Spielraum zu verschaffen. Sie benutzte die sowjetische Führungsschwäche unter dem lethargischen Breschnew und den Zerfall des polnischen Einflusses innerhalb des Ostblocks, um sich auf außenpolitischem Terrain Schritt für Schritt zu profilieren. Zu Beginn des Jahres 1983 war das Klima zwischen den beiden Supermächten geradezu eisig geworden. Als die bürgerliche Koalition am 6. März 1983 die Bundestagswahlen gewann, war klar, daß die heiß umkämpften Mittelstrecken-Raketen stationiert werden würden. Nicht wenige Kommentatoren erwarteten einen Rückfall in die Zeiten des »Kalten Krieges«, prophezeiten eine drastische Verschlechterung der innerdeutschen Beziehungen.
Erich Honecker setzte all diesen Tendenzen eine konsequente Friedens- und Entspannungs-Propaganda entgegen. Wo immer er konnte, goß er Öl auf die hochgehenden Wogen. Er wartete auch nicht mehr auf sowjetische Initiativen, sondern setzte selbst Akzente in der internationalen Politik. Ganz offensichtlich war Honecker der erste Politiker – lange bevor Gorbatschow und später Reagan auf diesen Kurs einschwenkten –, der begriffen hatte, daß eine neue Phase der Weltpolitik im Anbruch begriffen war, in der Macht- und Interessenpolitik nicht mehr mit Säbelrasseln und Rüstungspropaganda, sondern mit Friedens- und Abrüstungs-Verheißungen betrieben werden muß. Honecker wurde zum Vorreiter dieser neuen Politik, als er im April 1983 das Forum einer wissenschaftlichen Konferenz des Zentralkomitees der SED anläßlich des 100. Todestages von Karl Marx benutzte, um eine bedeutsame Rede zur internationalen

politischen Lage zu halten. Geschickt ging er von einer historischen Würdigung des sozialistischen Theoretikers zur aktuellen Friedensfrage über:

> Von Anfang an betrachtete Marx die soziale Befreiung der Völker und ihre Befreiung von der Geißel der Kriege als unlösbar verbundene Aufgaben, die von der Arbeiterklasse bei der Erfüllung ihrer historischen Mission zu lösen sind. Er stellte sich stets mit Sympathie und Leidenschaft an die Seite der Völker, die gegen ihre nationale und koloniale Unterdrückung, um ihre Freiheit und Unabhängigkeit kämpften. Zugleich trat er entschieden gegen alle Kriege ein, die dem Profit- und Expansionsstreben der Bourgeoisie entsprangen.
> Gut bekannt ist der Marxsche Gedanke, daß der Sozialismus eine Gesellschaft verkörpert, »deren internationales Prinzip der Friede sein wird, weil bei jeder Nation dasselbe Prinzip herrscht – die Arbeit!« In der Tat gibt es im Sozialismus keine Klasse oder gesellschaftliche Gruppe, die von Rüstung und Krieg Vorteil hätte oder andere Völker bedroht. Die Arbeiterklasse braucht zur Verwirklichung ihrer Ziele keinen Krieg.
> So hat die revolutionäre Arbeiterbewegung in der Erhaltung des Friedens stets eines ihrer wichtigsten Anliegen gesehen. Sie verband den Kampf gegen den Krieg der Bourgeoisie mit dem Ringen um gesellschaftlichen Fortschritt. Heute haben wir es jedoch mit einer Weltsituation zu tun, in der die Gefahr eines Nuklearkrieges das Leben der Völker überschattet, eines Infernos, das im Falle seines Ausbruchs die Selbstvernichtung der Menschheit bedeuten würde. Dies zu verhindern, einen sicheren Frieden zu gewährleisten, ist das Wichtigste in unserer Zeit! Nur dadurch werden der weitere soziale Fortschritt und die Lösung anderer gesellschaftlicher Probleme, wird die Rettung der Zivilisation möglich.

Nachdem er so seine defensive Friedens-Propaganda mit einem Rückgriff auf Karl Marx und die Geschichte der Arbeiterbewegung ideologisch abgesichert hatte, konnte Honecker zu seinem eigentlichen Anliegen fortschreiten, das darin bestand, der Öffentlichkeit in der DDR wie in der Bundesrepublik seinen unerschütterlichen Entspannungskurs zu signalisieren. Er sagte:

> »Die Erhaltung des Weltfriedens geht alle an, auch jene, die grundlegende gesellschaftliche Veränderungen nicht anstreben. Gewiß waren die Sehnsucht nach Frieden und die Bereitschaft, ihn zu erkämpfen, zu keiner Zeit das Monopol von irgendwem. Seitdem es Kriege mit ihren Leiden, Opfern und Zerstörungen gibt, haben sich die besten Vertreter

der Völker, verschiedenster Klassen und Organisationen den aggressiven Bedrohungen mutig entgegengestellt. Aber noch nie war die Menschheit von der tödlichen Gefahr so direkt betroffen wie heute und damit veranlaßt, sich für den Frieden einzusetzen. Selbst die Realisierung von Profit wird durch einen nuklearen Weltkrieg illusionär! So entsteht die historische Chance, daß im Kampf für den Frieden die unterschiedlichsten Kräfte zueinander finden und dieser Kampf eine Breite erlangt, wie sie bisher nie bestand.

Zur friedlichen Koexistenz von Staaten unterschiedlicher sozialer Ordnung gibt es keine vernünftige Alternative. Ihre Prinzipien, deren Verwirklichung gerade in den siebziger Jahren so viele positive Resultate zeitigte, müssen zur Norm der internationalen Beziehungen werden. Auch wir sind der Meinung, daß die Politik der Entspannung der einzige Weg ist, um eine nukleare Katastrophe zu verhindern, die einzige Möglichkeit, einen sicheren Frieden zu erreichen.«

Das war ein unüberhörbares Signal an die neuen herrschenden Kräfte in der Bundesrepublik, und es wurde dort sehr wohl vernommen. Strauß und Kohl, denen daran lag, die Prophezeiung oppositioneller Kräfte, nach der Raketen-Stationierung werde eine neue Eiszeit im Verhältnis zum Osten ausbrechen, verstanden, daß der DDR-Chef mit der Verständigungs-Flagge winkte, daß er eine (begrenzte) Zusammenarbeit mit den CDU/CSU-Machthabern anvisierte.

Moskau war zu dieser Zeit außenpolitisch weitgehend lahmgelegt. Im Kreml fand eine große Rangelei um die Nachfolge des todkranken Andropow statt, dessen Monate bereits gezählt waren. Die außenpolitische Flaute in Moskau wie auch im gänzlich paralysierten Warschau nutzte Honecker sehr geschickt, um Ost-Berlin immer mehr internationales Prestige zu verschaffen, indem er – ungerührt von allen Klimaverschlechterungen in der Weltatmosphäre – die DDR zum Vorreiter der Entspannungs-Bemühungen stilisierte. Im Juni 1983 gelang es ihm sogar, sich von der unerträglichen Vormundschaft des Sowjetbotschafters Abrassimow zu befreien, der sich seit 1975 wie ein heimlicher Herrscher in der DDR aufgespielt und den die SED-Funktionäre zähneknirschend als den »Regierenden Botschafter« apostrophiert hatten. Honecker erreichte seine Ablösung, und von diesem Augenblick an konnte man die DDR zum ersten Mal beinahe »souverän« nennen (sieht man von den 300000 Mann Sowjettruppen ab, die in Deutschland stationiert sind).

Im Westen Deutschlands, bei den Herrschenden in Bonn, wurde das alles registriert. Auf der einen Seite wollte man, den USA zuliebe, die Raketen-Stationierung durchdrücken, auf der anderen Seite war man dringend an der Erhaltung des »Status quo« interessiert, fürchtete man – wie der Teufel das Weihwasser – jeden Aufbruch zu neuen Ufern, wie er sich vor allem 1981/1982 in den massenhaften Kundgebungen der außerparlamentarischen Friedensbewegung mit ihren gesamtdeutschen Losungen bekundet hatte. Wenn Honecker zu einem Status quo – »deal« bereit war, dann war er der richtige Mann für Bonn! So kam es im Juli 1983 zum Milliarden-Kredit für die DDR und zum überraschenden Besuch des bayerischen Ministerpräsidenten Strauß bei Honecker. Das »Geschäft« lief nach dem altbewährten Grundsatz des *do ut des* (»ich gebe, damit Du gibst«): die DDR bekam eine Milliarde und von Strauß die Zusicherung, daß sie in der Deutschlandpolitik nichts von Bonn zu befürchten habe, daß in Deutschland alles beim Alten bleiben würde, eben beim »Status quo«, und Honecker seinerseits versprach kosmetische Schönheitskorrekturen an der Mauer wie beim innerdeutschen Reiseverkehr.

In Ost-Berlin konnte man zufrieden sein. Honeckers Friedens- und Verständigungs-Propaganda hatte sich ausgezahlt. Der übrige Ostblock war diplomatisch wie gelähmt; vor allem die Sowjetunion zeigte deutliche Anzeichen von Unsicherheit unter dem Schock der Reagan-Attacken und dem Beschluß zur Raketen-Stationierung. Andropow, der geistige Ziehvater eines gewissen Michail S. Gorbatschow, wäre sicher gern in der internationalen Politik aktiv geworden, war aber um die Jahresmitte 1983 bereits physisch am Ende seiner Kraft und seines Einflusses. So ergriff Erich Honecker erneut die Initiative. Am 24. November 1983 nahm er auf der 7. Tagung des ZK der SED das Wort, um die Lage nach dem Beginn der Raketen-Stationierung zu analysieren. Einleitend gebrauchte er markige, aber doch auch wieder maßvolle Worte, als er erklärte:

> »Wie im Bericht des Politbüros festgestellt, haben die USA entgegen dem Willen der Mehrheit der Völker mit der Stationierung von Pershing II und Cruise Missiles in Westeuropa begonnen. Dieser Schritt, der besonders von der BRD, von der Regierung Kohl, mit sehr großer Intensität herbeigeführt wurde, birgt verhängnisvolle Folgen in sich. Mit ihm wird die internationale Situation unnötigerweise weiter kompliziert und die Gefahr eines dritten Weltkrieges erhöht.
>
> Ganz offensichtlich stellt die neue Lage, die durch den Beginn der Stationierung entstanden ist, hohe Anforderungen an alle, die, unter welchen Bedingungen auch immer, ihre Hauptaufgabe darin sehen, gemäß den Interessen der Völker den Frieden zu sichern . . .
>
> Den aggressivsten Kreisen der NATO, insbesondere der USA und der BRD, ist es auf Grund ihres Wirkens an den Schalthebeln der Macht entgegen dem Willen der Menschheit gelungen, die Welt mit der Stationierung von Pershing II und Cruise Missiles in eine neue Runde

des Wettrüstens zu stoßen. Als um so wichtiger erweist sich, zugleich zu erkennen, daß nicht nur die Notwendigkeit, sondern auch die Möglichkeit besteht, ihnen bei ihren Absichten in den Arm zu fallen.«

Honecker feuerte also eine Breitseite »mit gebremstem Schaum« gegen den stationierungslüsternen Westen ab und hatte damit seine Ostblock-Pflichten erfüllt. Danach nahm er mit spürbarer Distanz, ja Lustlosigkeit zu den angekündigten sowjetischen Gegenmaßnahmen Stellung:

»Von großer Bedeutung ist hierbei die gestern abend veröffentlichte Erklärung des Generalsekretärs des Zentralkomitees der KPdSU und Vorsitzenden des Präsidiums des Obersten Sowjets der UdSSR, Juri Andropow. Darin werden auf Grund des Auftauchens amerikanischer Pershing II und Cruise Missiles die erforderlichen Schlußfolgerungen für die Wahrung des militärstrategischen Gleichgewichts gezogen. Unter den Entscheidungen, welche die sowjetische Führung wegen der neu entstandenen Lage getroffen hat, befindet sich die Feststellung, daß nach Abstimmung mit den Regierungen der DDR und der ČSSR die vor kurzem begonnenen Vorbereitungsarbeiten zur Stationierung operativ-taktischer Raketen größerer Reichweite auf dem Territorium dieser Länder, was bekannt gegeben worden war, beschleunigt werden.« (Die gestelzte und unterkühlte Formulierung wies darauf hin, daß die Sowjets selbstherrlich entschieden hatten, ohne große Rückfragen, und daß Honecker beleidigt war.)

»Selbstverständlich lösen diese Maßnahmen, die unumgänglich waren, um eine militärstrategische Überlegenheit der USA zu vereiteln, in unserem Lande keinen Jubel aus. Wir waren nie Anhänger des Wettrüstens und werden es nie sein. Aber da es gilt, den Frieden zu sichern, tun wir, was getan werden muß . . .«

Nachdem er so seinem Mißmut über die neue Lage und die Form der sowjetischen Reaktion Ausdruck verliehen hatte, wandte sich Honecker dem eigentlichen Zweck seiner Ansprache zu, Öl auf die hochgehenden Wogen der internationalen Politik zu gießen und eine Schadensbegrenzung vorzunehmen. Er vermied jede Scharfmacherei und richtete beschwörende Worte an die Weltöffentlichkeit:

»Auf die Frage, wie es nun in der durch den Stationierungsbeginn der NATO veränderten Lage weitergeht und worauf es ankommt, antworten wir: Der Kampf für die Abwendung eines nuklearen Weltkrieges, für die Beendigung des Wettrüstens wird jetzt erst recht fortgesetzt! Die Verpflichtung, alles für die Sicherung des Friedens zu tun, ist um so größer, und wir werden sie erfüllen. Das vorrangige Ziel der Au-

ßen- und Sicherheitspolitik der DDR bleibt es, ihren Beitrag zu leisten, damit ein nukleares Inferno verhindert und der Weltfrieden gesichert wird. Nach wie vor gibt es zur Politik der friedlichen Koexistenz von Staaten unterschiedlicher sozialer Ordnung keine vernünftige Alternative. Mehr denn je gilt es, die Kräfte für ihre Durchsetzung zu mobilisieren. Die weltweite Friedensbewegung ist nachdrücklich aufgerufen, ihr Handeln zu verstärken.
Als wirkliche Anhänger des Friedens lassen wir uns stets von der alten Volksweisheit leiten, daß es auf jeden Fall besser ist, zehnmal zu verhandeln als einmal zu schießen... Die nukleare Rüstungsspirale muß angehalten werden!«

Der eigentliche Adressat seiner Ansprache war Bonn. Honecker appellierte praktisch an die Verantwortungs-Gemeinschaft beider deutscher Staaten, indem er ausführte:

»Mit der politischen Entscheidung, die der Bundestag der BRD getroffen hat, indem er grünes Licht für die Stationierung der USA-Raketen gab, nimmt die Regierung Kohl eine schwerwiegende Verantwortung auf sich. Durch diese Entscheidung erleidet – das kann man nicht übersehen – das europäische Vertragssystem, einschließlich des Grundlagenvertrages über die Beziehungen zwischen der DDR und der BRD, ernsthaften Schaden. Wir sind dafür, den Schaden möglichst zu begrenzen! Das bestehende Vertragssystem bleibt auch weiterhin eine gute Grundlage für die Entwicklung friedlicher Beziehungen zwischen den Staaten, wenn das bisher Erreichte gewahrt und im Einklang mit seinen Bestimmungen ausgebaut wird...
Nachdem die Raketenstationierung in der BRD begonnen und der Bundestag dieser Stationierung zugestimmt hat, ist die Lage – das kann niemand übersehen – nicht mehr so, wie sie vorher war. Doch schließen wir die Möglichkeit nicht aus, daß es früher oder später trotzdem zu positiven Ergebnissen der Verhandlungen über Abrüstung kommt und die Entspannung fortgesetzt wird...«

Mit seinen beiden Reden vom April und November 1983 bewies Erich Honecker ohne Frage strategischen Weitblick. Er nahm quasi vorweg, was Gorbatschow und Reagan erst fünf Jahre später, auf den Gipfeltreffen von Washington und Moskau, gelingen sollte. Unbeirrt vom allgemeinen Konflikt- und Rüstungs-Geschrei hielt er ebenso stur wie geschmeidig an der Auffassung fest, daß moderne Interessenpolitik in Friedens- und Abrüstungs-Kampagnen bestehen müsse, daß eine »Koalition der Vernunft« vonnöten sei. Wie flexibel er in der komplizierten Situation der Jahre 1983/1984 reagierte, mag folgendes kleines Kalendarium verdeutlichen:

- Im Herbst 1983 sprach Honecker in einem Brief an Bundeskanzler Kohl plötzlich wieder ungeniert vom »Deutschen Volk«, nachdem Andropow kurz zuvor diesen überraschenden Terminus gebraucht hatte, und verfügte den Beginn des Abbaues der Selbstschußanlagen an der innerdeutschen Demarkationslinie.
- Im Februar 1984 trat Tschernenko an die Stelle des verstorbenen Andropow. Allgemein wurde eine Verhärtung der sowjetischen Position erwartet. Die SED-Führung blieb dessen ungeachtet bei ihrem Entspannungs-Kurs und nährte die allgemeine Diskussion über einen möglichen Honecker-Besuch in Bonn.
- Im April 1984 besuchte SED-Politbüromitglied Günter Mittag Bonn, während sich bereits eine deutliche Mehrheit der Bundesbürger (56%) in einer Repräsentativ-Umfrage für einen Honecker-Besuch in der Bundesrepublik aussprach.
- Im Juli 1984 erhob die sowjetische Presse überraschend »Revanchismus«-Vorwürfe gegen die Bundesrepublik, die ganz offensichtlich dazu bestimmt waren, Honecker von seiner geplanten Westreise abzuschrecken. In Ost-Berlin erkannte man den eigentlichen Adressaten der Moskauer Angriffe, begann taktisch eine Rückzugs-Position aufzubauen, ohne von der strategischen Gesamtlinie der »Vernunft-Koalition« abzuweichen.
- Am 1. August 1984 sprach »Neues Deutschland«, wenn auch sorgfältig verklausuliert, erneut von der »Sicherheitspartnerschaft« der beiden deutschen Staaten.
- Am 18. August 1984 veröffentlichte »Neues Deutschland« ein arrangiertes Interview mit Erich Honecker, in welchem er darauf verwies, daß seine Verständigungs-Politik exakt den gemeinsamen Beschlüssen des RGW (»Rat für Gegenseitige Wirtschaftshilfe«) vom Juni 1984 entsprach, in welchen der Kampf um Frieden und Abrüstung als »wichtigste Frage der Gegenwart« definiert worden war. Honecker blieb bei den Begriffen der »Verantwortungsgemeinschaft« und der »Sicherheitspartnerschaft«, er wiederholte expressis verbis seine These, die er in der November-Rede 1983 aufgestellt hatte, es sei besser, »zehnmal zu verhandeln als einmal zu schießen«.
- Ebenfalls im August 1984, nach Gewährung des zweiten Milliarden-Kredits für die DDR, verfügte er Verbesserungen im Geld-Zwangsumtausch für westdeutsche Rentner.
- Am 4. September 1984 wich er vor dem massiven Druck der Sowjets einen Schritt zurück und sagte seine Reise nach Bonn ab.

- Aber noch im September 1984 gab er grünes Licht für eine Konferenz der SPD und der SED über eine chemiewaffenfreie Zone in Mitteleuropa, ließ er Politbüro-Mitglied Axen nach Bonn reisen.
- Anfang Oktober 1984, anläßlich des 35. Jahrestages der DDR, belehrte er den Kreml in einem PRAWDA-Artikel erneut darüber, daß die Sicherung des Friedens die »Kardinalfrage« der Weltpolitik sei und bleibe.
- Mitte Oktober 1984 erklärte Honecker gegenüber finnischen Journalisten, daß das Gespräch »mit den führenden Persönlichkeiten der Bundesrepublik« weitergehen müsse.

Ein bemerkenswerter außenpolitischer Tango: zwei Schritte vor, einen Schritt zur Seite! Erich Honecker bewies in dieser Zeit, daß er kein verächtlicher Außenpolitiker war, daß seine Zähigkeit und Zielstrebigkeit durchaus seiner Geschmeidigkeit und Anpassungsfähigkeit die Waage halten konnten. Das Erstaunliche, ja fast Komische war, daß Honecker nun, 1983, genau dort landete, wo sein Vorgänger Ulbricht schon 1963 angekommen war: bei Meinungsverschiedenheiten mit der Sowjetführung! Und wie Walter Ulbricht es von 1963 bis 1970 gehalten hatte, so nahm Erich Honecker jetzt die Position des Lehrers, des Belehrenden gegenüber den rückständigen sowjetischen Genossen ein. Allerdings mit mehr Biegsamkeit und größerem Opportunismus als der sture, eifernde Walter Ulbricht. Eine unbestreitbare Tatsache ist jedoch, daß Honecker damals, 1983/84, mit seiner raffinierten Politik des Tangoschritts die Grundlage für alle seine außenpolitischen Erfolge legte, die er dann bis zum Herbst 1987 zu verzeichnen hatte. Er nahm im Grunde vorweg, wozu sich Gorbatschow, Reagan und andere erst 1987/88 durchringen konnten.

Geschichts-Exegesen

Nicht nur in der Außenpolitik setzte Erich Honecker neue und entscheidende Akzente. Ende der siebziger Jahre hatte er erkennen müssen, daß seine antinationale Abgrenzungspolitik zwar wohlwollende Aufnahme bei den Herrschenden in Bonn, aber nicht den geringsten positiven Effekt bei den Deutschen der DDR gefunden hatte. Eine neue Waffe zur Herausbildung eines eigenen DDR-Staatsbewußtseins mußte her, und so verordnete Erich Honecker von oben herab, daß man sich von nun an in der DDR auf die *gesamte* deutsche Nationalgeschichte zu berufen habe, um auf diese Weise endlich ein spezifisches DDR-Nationalgefühl züchten zu können.

Das war leichter gedacht als getan. Abgesehen von der klassenmäßigen Borniertheit der DDR-Historiker, die in jedem Adligen oder gekrönten Haupt einen bösen »Klassenfeind« sahen, hatte man immer wieder Querschießereien aus Warschau erleben müssen, die jedesmal dann eingesetzt hatten, wenn die SED daran gegangen war, nationale oder preußische Überlieferungen positiv zu würdigen. Noch 1979 hatte mir einer der Direktoren der Staatlichen Gärten und Schlösser zu Sanssouci in beweglicher Klagerede sein Herz darüber ausgeschüttet, wie frech und anmaßend die »polnischen Genossen« immer wieder in die Geschichtsdarstellung der DDR hineinzureden suchten. 1980 und 1981 aber waren die Polen mit sich selbst beschäftigt, und der DDR-Staatschef entschied blitzschnell:

die Wiederaufstellung des berühmten Reiterstandbildes Friedrichs des Großen von Christian Daniel Rauch auf der Straße Unter den Linden –

die Gründung eines Lutherkomitees der DDR, das den 500. Geburtstag des großen Reformators vorbereiten sollte und an dessen Spitze er, Honecker, persönlich trat.

Das waren zwei wegweisende Entscheidungen, die Qualität und Tendenz der DDR-Geschichtsexegese radikal veränderten. Erich Honecker wurde auch nicht müde, in seinen Ansprachen immer wieder einer Revision des DDR-Geschichtsbildes das Wort zu reden, die DDR-Historiker zu ermuntern, sich die *gesamte* deutsche Geschichte anzueignen. Originalton Honecker:

> »Zu den progressiven Traditionen, die wir pflegen und weiterführen, gehören das Wirken und das Vermächtnis all derer, die zum Fortschritt, zur Entwicklung der Weltkultur beigetragen haben, ganz gleich, in welchen sozialen und klassenmäßigen Bindungen sie sich befanden.«

Das hieß konkret, der primitive Klassenstandpunkt, der bis dahin in der DDR-Geschichtswissenschaft dominiert und der u. a. bewirkt hatte, in Königen und Kurfürsten, in Feldherrn und Philosophen, so sie nicht der Arbeiterklasse angehörten, a priori Reaktionäre und Konterrevolutionäre zu sehen, wurde revidiert. Von nun an wurde eine historische Persönlichkeit oder Erscheinung nicht mehr am Kriterion der Klassenzugehörigkeit, sondern am jeweiligen individuellen Beitrag zum historischen oder kulturellen Fortschritt gemessen.
Die Geschichtswissenschaft der DDR löste sich aus einer geistigen Borniertheit, aus einer dogmatischen Starre und Verkümmerung, die an die finstersten Zeiten des Mittelalters erinnert hatte. Vor allem: Die Napfkuchen-Funktion der deutschen Geschichte, das »Rauspicken der Rosinen« ging zu Ende. Die SED stellte sich der *ganzen* deutschen Geschichte.
Die Erwartungen separatistischer westdeutscher Kreise aus den Reihen der CDU, der SPD und der Grünen, die SED würde sich auf eine Territorialgeschichte östlich der Elbe beschränken, wurden bitter enttäuscht. In Ost-Berlin begann man mit zehnjähriger Verspätung den Wert einer geschlossenen deutschen Nationalgeschichte als Waffe der aktuellen politischen Auseinandersetzung zu begreifen. Das war u. a. die Reaktion auf den außerordentlichen Publikumserfolg der elfteiligen Fernsehserie »Dokumente Deutschen Daseins«, einer kompletten deutschen Nationalgeschichte im bundesrepublikanischen Fernsehen, die zu hektischen Konferenzen in Ost-Berlin, vor allem an der Akademie für Gesellschaftswissenschaften beim ZK der SED, geführt hatte. Nun, 1981, verkündete auf einmal ein Autorenkollektiv der DDR: »Ohne ein sozialistisches deutsches Nationalbewußtsein ist die Nation der DDR auf Dauer weder existenz- noch aktionsfähig.«
In der Bundesrepublik mußte man überrascht registrieren, daß genau zu demselben Zeitpunkt, an dem sich westlich der Elbe immer stärker eine separatistische und antinationale Geschichtsauffassung breit zu machen begann, die DDR zur Offensive in puncto deutsche Nationalgeschichte überging. SED-Professor Walter Schmidt verkündete 1981: »Die DDR beruft sich auf *alle* progressiven Traditionen der deutschen Geschichte in *allen* Territorien!« Das hieß, für die SED begann das Erbe der National-

geschichte mit dem Jahre 919* und zog sich über 1030 Jahre bis zur Staatsgründung der DDR, umfaßte also die Historie des Heiligen Römischen Reiches Deutscher Nation (919–1806), des Deutschen Bundes (1814–1866), des Norddeutschen Bundes (1867–1871) und des Deutschen Reiches (1871–1949), also »die ganze deutsche Geschichte seit der Entstehung des deutschen Volkes als ethnische Einheit«, wie es nun in der DDR hieß.

Professor Walter Schmidt setzte sich um die Jahreswende 1982/83 im Auftrag des ZK der SED mit den Geschichtsauffassungen in der Bundesrepublik auseinander und schrieb dezidiert:

> »Politiker und Ideologen in der BRD gefielen sich in letzter Zeit darin, uns anzudichten, wir wollten uns mit dem Bekenntnis zur DDR als sozialistischem Staat und mit der Feststellung, daß sich hier die sozialistische deutsche Nation entwickelt, aus der deutschen Geschichte ›davonstehlen‹. Das ist natürlich völlig absurd und bringt eigentlich nur den alten bürgerlichen Wunschtraum zum Ausdruck, alles Revolutionäre als ›undeutsch‹ zu verketzern, also auch die sozialistische DDR in einen Gegensatz zur deutschen Geschichte zu bringen, um sie als ein geschichtsloses ›sozialistisches Neutrum‹ diskreditieren zu können.
>
> Natürlich kommt die DDR ebenso wie die BRD aus der deutschen Geschichte. Herausbildung und Entwicklung der DDR als sozialistischer deutscher Staat sind aufs engste mit den geschichtlichen Kämpfen des deutschen Volkes seit seiner Entstehung verbunden... Keinem marxistischen Historiker würde es je einfallen zu leugnen, daß die deutsche Geschichte als objektiver Prozeß von Klassenkämpfen in den staatlich verschiedenartig organisierten deutschen Territorien im Zeitraum eines Jahrtausends, seit sich das deutsche Volk als ethnische Einheit herausgebildet hatte, bestimmte gemeinsame Züge aufweist. Selbstverständlich setzen wir, um es kurz zu sagen, deutsche Geschichte fort.
>
> Und entgegen allen bürgerlichen Unterstellungen stellen wir uns der ganzen deutschen Geschichte, an der wir als Deutsche ebenso unseren Anteil haben wie wir als Europäer Anteil an der europäischen Geschichte haben. Das gilt chronologisch, territorial wie sozialstrukturell. Die Nationalgeschichte der DDR beginnt nicht erst mit der unmittelbaren Genesis der DDR, sondern umschließt zeitlich die deutsche Geschichte seit dem Formierungsprozeß des deutschen Volkes. Unser

---

* Ausrufung des Sachsenherzogs Heinrich als erstem König der Deutschen

Bild von der deutschen Geschichte läßt sich auch nicht – wie manche bürgerlichen Ideologen gern möchten – auf die deutschen Territorien einengen, die in den Bestand der DDR eingegangen sind, sondern umfaßt bis zur Mitte unseres Jahrhunderts territorial alle deutschen Gebiete, soweit sie im Deutschen Reich und vorher im Deutschen Bund beziehungsweise im Heiligen Römischen Reich Deutscher Nation vor 1806 zusammengeschlossen waren...«

Selbstverständlich steckten hinter solchen Erklärungen – ebenso wie hinter der Wiedererrichtung des Reiterstandbildes Friedrichs des Großen – konkrete politische Überlegungen. Die Geschichtswissenschaft verselbständigte sich natürlich in der DDR nicht; sie blieb Waffe und Instrument der Staats- und Parteiführung. Neu an der Handhabung war, daß man eine größere Sensibilität im Umgang mit der Vergangenheit anstrebte, daß man – von Honecker ermutigt – eine größere Souveränität in den Beurteilungskriterien an den Tag legen wollte, und das hieß vor allem, daß man die revolutionäre *Klassengeschichte*, die man bislang fast ausschließlich betrieben hatte, immer stärker in den überwölbenden Kontext der deutschen *Nationalgeschichte* einpaßte.
Diese neue Tendenz zeigte sich fast spektakulär 1983, im fünfhundertstem Geburtsjahr Martin Luthers. Die SED verurteilte nun selbst die »Simplifizierungen« und »Sichtverengungen«, die sie sich bis dahin in der Beurteilung des großen deutschen Kirchenreformators hatte zuschulden kommen lassen. Die primitive Gegenüberstellung von Martin Luther und Thomas Müntzer »als Repräsentanten von Konterrevolution und Revolution«, die jahrzehntelang die Geschichtspropaganda wie den Schulunterricht in der DDR beherrscht und in den siebziger Jahren sogar auf die öffentliche Meinung der Bundesrepublik übergegriffen hatte, wurde von Staats wegen für groben Unfug erklärt. Es wurde Schluß damit gemacht, Luthers Bedeutung vorrangig an seiner Einstellung zur Spätphase des Bauernkriegs zu messen. Aus tiefstem ideologischem »Verschiß« durfte der Wittenberger Reformator strahlend wie ein Phönix der Asche entsteigen. Er erschien nun wieder als das, was er wirklich gewesen war: als Initiator einer umwälzenden geistigen Bewegung von weltgeschichtlichem Format, die die dogmatischen Fesseln des Mittelalters gesprengt und damit das Tor zur Neuzeit aufgestoßen, als der Mann, der dem deutschen Volk seine Nationalsprache und somit die Artikulationsbasis eines nationalen Bewußtseins gegeben hatte.
Freilich, die marxistischen Klassen-Klischees, die zeitweilig in den Hintergrund traten oder aber neu akzentuiert wurden, wurden mitnichten

abgeschafft. Über Martin Luther und Thomas Müntzer heißt es nun in der DDR*:

> »Luther und Müntzer werden auf der Grundlage der als einheitlichen revolutionären Prozeß begriffenen Entwicklungen von Reformation und Bauernkrieg historisch wesentlich differenzierter verortet als sozial verschieden verwurzelte und daher auch unterschiedlich konsequente Ideologien (bürgerlich-liberal einerseits und revolutionär-demokratisch andererseits) ein und derselben frühbürgerlichen Revolution.«

Fast rührend mutet das verbissene Bemühen an, auf Umwegen doch wieder zu sozialstrukturellen Einschätzungen zu gelangen, die sich noch irgendwie mit den orthodoxen Klassen-Klischees des Marxismus in Übereinstimmung bringen lassen. Das Faktum bleibt jedoch, daß Martin Luther in der Sicht der DDR zu einem der beiden großen deutschen Revolutionäre an der Schwelle der Neuzeit avancierte, daß er sichtlich aufgewertet wurde. Die DDR hat den streitbaren Reformator von der Wartburg in das National-Pantheon aufgenommen, das sie Zug um Zug errichtet.

Im September 1983 sprach Erich Honecker in einem Brief an Bundeskanzler Kohl ungeniert wieder vom »deutschen Volk«, als habe es niemals die antinationale Kampagne der SED gegeben, in der die Existenz eines deutschen Volkes strikt verleugnet worden war. Drei Monate später, am 15. Dezember 1983, bezeichnete SED-Politbüro-Mitglied Kurt Hager die Geschichte der DDR als ein Kapital in der Nationalgeschichte »des deutschen Volkes«. Zur selben Zeit gab SED-Chef Honecker dem Österreichischen Fernsehen ein Interview, in dem er zur deutschen Problematik wie zur Frage der gesamtdeutschen Gemeinsamkeiten in Geschichte und Gegenwart Stellung nahm. Seine Ausführungen verrieten die doppeldeutigen und doppelsinnigen Absichten der SED-Führung zur Thematik der deutschen Nation. Das hochinteressante Interview, das am 8. März 1984 im I. ORF-Programm ausgestrahlt wurde, lautete im Wortlaut:

Reporter:	»Herr Staatsratsvorsitzender, wie stehen Sie zu einer Äußerung wie der zum Beispiel des SPD-Vorsitzenden Willy Brandt, der neulich gesagt hat, Europa müsse eine Zukunft anstreben, in der beide deutsche Staaten nicht mehr das Opfer der Situation zwischen den Blöcken sind?«

* Stand von 1987

Honecker: »Wissen Sie, es hat immer Gemeinsamkeiten gegeben. Also wird es sie auch in der Zukunft geben! Die Gemeinsamkeiten bestehen aus der Geschichte heraus. Inwieweit sie von der Zukunft getragen werden, das muß man der Zukunft überlassen.

Was die Frage der Vereinigung der beiden deutschen Staaten angeht, so möchte ich sagen, die Frage ist schon deshalb nicht real, weil man Sozialismus mit Kapitalismus nicht vereinigen kann. Das Problem steht erst dann anders – nicht, wenn die Großmächte sich auf irgend etwas einigen –, sondern erst dann, wenn sich auch in der Bundesrepublik Deutschland die Gesellschaftsstruktur ändern sollte und dann der Anspruch erhoben wird, daß zwei sozialistische Deutschlands sich vereinigen. Aber das ist eine Zukunftsfrage; darüber zu sprechen, lohnt sich nicht.

Ich möchte daran erinnern, daß unsere Partei ›Sozialistische Einheitspartei Deutschlands‹ heißt. Und das Zentralorgan unserer Partei heißt ›Neues Deutschland‹. Wir gehen also von der Existenz zweier Deutschlands aus: von einem sozialistischen Deutschland, ›Deutsche Demokratische Republik‹, und von einem kapitalistischen Deutschland, ›Bundesrepublik Deutschland‹. Daß in Verbindung damit bestimmte Fragen der gemeinsamen Geschichte auftauchen – es gibt ja gemeinsame Wurzeln, und die können sehr weitreichend sein –, das ist ganz natürlich.

Im Augenblick also ist es so, daß durch die Aufarbeitung der Geschichte und anläßlich bestimmter Gedenktage selbstverständlich die DDR immer stärker als Hüter der deutschen Kultur und Geschichte auftritt.«

Das Jahr 1986 führte den 200. Todestag Friedrichs des Großen herauf, und das Fernsehen der DDR stach die westdeutschen Medien um Längen in der kritischen Würdigung des genialen Preußenkönigs aus. Zum ersten Mal gelang es dem DDR-Fernsehen sogar, Geschichte in unterhaltsamer Form an Millionen-Massen heranzutransportieren. Die sechsteilige historische Filmserie »Sachsens Glanz und Preußens Gloria« übertraf beispielsweise die sechsteilige historische Filmserie des NDR »Vor dem Sturm« an schauspielerischer Qualität wie inszenatorischer Kompetenz bei weitem. Zur selben Zeit erschien in den Buchhandlungen beider deutscher Staaten die aufsehenerregende Bismarck-Biographie von Ernst Engelberg (»Bismarck. Urpreuße und Reichsgründer«), die zur entsprechenden westdeutschen Arbeit von Lothar Gall (»Bismarck. Der weiße Revolutionär«) durchaus in Konkurrenz treten konnte. Ausgehend von der berühmten Kurzcharakteristik, mit der Friedrich Engels Otto v. Bismarck als »königlich-preußischen Revolutionär« definiert hatte, führte Prof. Engelberg den Nachweis, daß es einem Historiker auch bei Anlegung marxistischer Klassenmaßstäbe durchaus möglich sein kann, einem historisch handelnden Individuum »auf der anderen Seite der Barrikade« menschlich gerecht zu werden und eine ebenso packende wie blutvolle Lebensbeschreibung zu verfassen. In der DDR konnte die Publikums-Nachfrage nach Engelbergs sensationeller Biographie auch nicht annähernd befriedigt werden.

1987 führte die Historische Kommission beim Parteivorstand der SPD in Bonn eine Konferenz zur jüngeren deutschen Geschichte durch, zu der auch DDR-Historiker eingeladen wurden. Das Thema des deutsch-deutschen Diskussionsforums lautete: »Erben deutscher Geschichte: Bundesrepublik und DDR.«

In Ostberlin triumphierte man kaum verhohlen, wurde doch nun am Rhein von einer der beiden größten westdeutschen Parteien offiziell konstatiert, daß die DDR – wie die Bundesrepublik – realiter deutsche Traditionen fortführt, womit ihr Anspruch auf die deutsche Nationalgeschichte zumindest teilweise bereits vom Klassengegner akzeptiert wurde.

Die zentral, vom Politbüro der SED, gesteuerte Historikerzunft der DDR gab sich denn auch nach außen ganz moderat, machte den »BRD-Historikern«, wie es drüben heißt, praktisch Teilungsangebote. Prof. Walter Schmidt, der Geschichtspapst der SED, stellte in einem Vortrag über deutsche Geschichte generös fest, daß man nun endlich westlich der Elbe anfange,

> »sich mit der Realität abzufinden, daß deutsche Geschichte heute nicht nur von einer bürgerlichen Gesellschaft fortgesetzt und in Anspruch genommen wird, sondern auch von einer sozialistischen deutschen Gesellschaft. Das ist in der Tat etwas Neues! Damit wird eine mehr als ein Jahrhundert vorherrschende Vorstellung in Frage gestellt, wonach die bürgerliche Gesellschaft als einzig mögliches Resultat deutscher Geschichte erschien. Ob es gefällt oder nicht: Deutsche Geschichte kann heute weder von der einen noch von der anderen Gesellschaft auf deutschem Boden *allein* in Anspruch genommen werden«.

Solche Erklärungen zum offenen Fenster hinaus dienen ganz gezielt der

Desinformation der westdeutschen Öffentlichkeit. Man **soll** sich westlich der Elbe im Glauben wiegen, die SED betreibe auch ihrerseits eine »Status-quo«-Geschichtsbetrachtung, die sich für alle Zeiten mit Deutschlands Spaltung abfindet, und man soll in der Bundesrepublik die Abgrenzung von der deutschen Nationalgeschichte durchaus weiter betreiben – das liegt ganz im Interesse der SED, die parallel dazu ihre Anstrengungen verstärkt, sich die gesamte deutsche Nationalgeschichte anzueignen. Man applaudiert in Ost-Berlin solchen westdeutschen Historikern wie Stürmer, Weidenfeld, Wehler, die den angeblichen »deutschen Sonderweg« der Vergangenheit verdammen, mit süffisantem Lächeln, bezeichnet sie aber unter sich hohnlachend als »nützliche Idioten«, die mit Erfolg das Geschäft betreiben, der Bundesrepublik durch Abqualifizierung aller nationalen Traditionen den historischen Boden zu entziehen.
Dieses dialektische Doppelspiel – zur Schwächung der Bundesrepublik und zur Stärkung der DDR – wird von der SED mit Meisterschaft betrieben. Sehr richtig urteilte FAZ-Korrespondent Peter Jochen Winters am 18. August 1988 aus Ost-Berlin:

> Die seit Anfang der achtziger Jahre propagierte neue Geschichtsauffassung der DDR, ihr Anspruch auf die unbestritten gemeinsame Geschichte der Deutschen sowie ihre Deutung und Sinngebung als »Nationalgeschichte der DDR« ist nach außen gewendet so etwas wie ein Alleinvertretungsanspruch.

In der Praxis zeigte sich diese Tendenz bereits auf der Geschichtskonferenz von SPD und SED in Bonn. Während die SPD-Historiker, in geradezu selbstmörderischem Wahn befangen, an der Bismarckschen Reichsgründung nicht genug herummäkeln konnten, als habe es zum deutschen Nationalstaat von 1870/71 irgendeine fortschrittliche Alternative gegeben, waren es die DDR-Historiker, die auf der Einsicht in die historische Notwendigkeit der Bismarckschen Reichsgründung bestanden.
So haben sich in wenigen Jahren die Fronten verkehrt! Und das wird weitergehen. Ohne im mindesten etwas von der Verurteilung preiszugeben, mit der man in der DDR Bismarcks repressive Politik gegen die deutsche Arbeiterpartei bedenkt, ist man in Ost-Berlin dabei, sich mit der großartigen Außenpolitik Bismarcks nach 1870 auseinanderzusetzen, sie als Friedens- und Gleichgewichtspolitik zu erkennen, die dem europäischen Kontinent für fast ein halbes Jahrhundert Frieden, Prosperität und Fortschritt gewährte.
Im Jahre 1988 feierte die DDR den dreihundertsten Todestag des Großen Kurfürsten, dem man schon seit längerem Reverenz erweist. Eine Sensation ersten Ranges war es dagegen, daß die Zeitungen der bürgerlichen

Blockparteien in Ost-Berlin am 14. August 1988 des dreihundertsten Geburtstages des Vaters Friedrichs des Großen, des »Soldatenkönigs«, gedachten, und zwar mit überwiegend positiven Jubiläumsartikeln. Noch bis zum März 1988 hatte Friedrich Wilhelm I. als die abstoßendste Figur der gesamten Hohenzollern-Dynastie, als die Verkörperung des preußischen Militarismus schlechthin gegolten. Zu lange hatten sich die unwissenden SED-Historiker an diese lächerliche Karikatur eines großen fortschrittlichen Monarchen geklammert, als daß sie innerhalb von vier, fünf Monaten, bis zum 300. Geburtstag am 14. August, eine Totalschwenkung vollziehen konnten. So wurden die »befreundeten Parteien« vorgeschickt, in ihren Gazetten ein neues Bild des preußischen Revolutionärs auf dem Thron zu entwerfen. Der Anfang einer Neubewertung war auf jeden Fall gemacht.

Die Geschichts-Exegesen in der DDR sind in breiter Front in Bewegung geraten. Was mit der preußischen Geschichte geschieht, wird auch – selbstverständlich in reduziertem Maßstab – mit der Geschichte Sachsens, Thüringens, Sachsen-Anhalts und Mecklenburgs geschehen. Historiker-Kollektive arbeiten daran. Und auch die so lange sträflich vernachlässigte deutsche Geschichte des Mittelalters, von 919 bis 1519, wird in der DDR zu neuem Leben erweckt werden. Schon heißt es kritisch bei Walter Schmidt:

> »Im allgemeinen gesellschaftlichen Bewußtsein existiert noch ein recht holzschnittartiges und oft einseitig negatives Mittelalterbild, in dem die großen kulturellen Leistungen dieser Epoche ebensowenig schon hinreichend beachtet und geschätzt sind wie das revolutionäre, demokratische Fortschrittspotential in den verschiedenen Klassen und Schichten der feudalen Gesellschaft . . . Es bleibt ein Problem, daß im Geschichtsdenken vieler Bürger als eigentlicher Beginn der revolutionären Traditionslinie in der deutschen Geschichte nach wie vor erst Reformation und Bauernkrieg und als deren Repräsentanten zunächst Thomas Müntzer und Martin Luther gelten.«

So wird man in Kürze erleben, daß man sich in der Geschichts-Exegese der DDR mit den deutschen Königen und Kaisern des hohen Mittelalters befaßt, daß man Heinrich I., Otto den Großen, Friedrich Barbarossa und den aufgeklärt-atheistischen Stauferkaiser Friedrich II. für sich reklamieren, daß man sie zu frühen Vorläufern und Wegweisern der sozialistischen Gesellschaft auf deutschem Boden stilisieren wird.

Da man in der Geschichtswissenschaft und im Geschichtsunterricht der Bundesrepublik keinerlei Wert auf nationale Traditionen legt, ja die Vergangenheit des eigenen Volkes immer mehr verleugnet oder abwertet, steht der DDR langfristig der Weg offen, sich zum *einzigen* Erben deutscher Geschichte zu erklären. Ich möchte hier Bundespräsident Richard v. Weizsäcker zitieren, der als einer von ganz Wenigen diese Entwicklung erkannte und im November 1983, auf dem 74. Bergedorfer Gesprächskreis, ausführte:

> »Die DDR knüpft an Deutschland an! Preußen wird aufgearbeitet! Ich denke zum Beispiel an die Instandsetzung Berlins und an all das, was mit dem Luther-Jahr zusammenhängt. Die SED unternimmt den Versuch, ihren Staat in Geschichte und Kultur besser und ernsthafer als bisher zu verwurzeln und für ihn ein Fundament zu finden, von dem sowohl die SED-Führung als auch die Bevölkerung profitieren können.
> Wir müssen sehen, daß da mehr geschieht als nur Propaganda ... Ich möchte behaupten, daß man in der DDR beginnt, ein subtileres, ernsthafteres und ... vielleicht partiell sogar wahrheitsgetreueres Bewußtsein von der deutschen Geschichte zu entwickeln, als dies in der ebenso freien wie manchmal recht ratlosen, verunsicherten und instabilen Bundesrepublik Deutschland zu beobachten ist.«

In der DDR wird das ebenso gesehen. Vom ZK der SED gesteuert ist sich jedermann in der Partei dessen bewußt, daß man durch *Aneignung der Vergangenheit* die ideologischen Voraussetzungen dafür schafft, den *Sieg in der Zukunft* zu gewinnen. Die Geschichte in ihrem Sinne auslegen, das heißt für die SED: aktuelle Politik gestalten! Politik im Kampf um Deutschland.
Professor Walter Schmidt, von Staats und Partei wegen zuständig für die Geschichts-Politik der DDR, hat das zukünftige Rezept der SED im Herbst 1987 präzise umrissen:

- »Es besteht Einmütigkeit darüber, daß der Sozialismus auf deutschem Boden nicht wie Phönix aus der Asche stieg, sondern seine historischen Wurzeln in vielfältigen und vielgestaltigen, weit in die deutsche Vergangenheit zurückreichenden Bewegungen und Bestrebungen hat ... Und eine auf die DDR bezogene Nationalgeschichte kann selbstverständlich nicht auf die historischen Wurzeln des sozialistischen deutschen Staates in der ganzen deutschen Geschichte verzichten. Sie hat vielmehr die eigene Sicht dieser sozialistischen Gesellschaft auf die deutsche Geschichte, aus der sie herauswuchs, zur Geltung zu bringen.«
- »Wenn von Nationalgeschichte der DDR die Rede ist, dann bedeutet dies, die Erschließung und Pflege der vom Sozialismus hervorgebrachten neuen, ihm eigenen Traditionen zu verbinden mit der kritischen

Aufarbeitung des reichhaltigen Erbes der vorangegangenen deutschen Geschichte in seiner ganzen Widersprüchlichkeit, um alles Wertvolle aus der Vergangenheit produktiv anzueignen und in die sozialistische Gesellschaft zu integrieren.«

- »Wir wollen und brauchen eine größere Sensibilität für Geschichte, einen souveränen Umgang mit Geschichte, um der Verantwortung vor der Geschichte besser gerecht zu werden. Die Gesellschaft und jeder Einzelne sollen daraus Nutzen ziehen. Sie mögen daraus nicht nur ein innigeres Verhältnis zur Geschichte gewinnen, sondern in ihr auch unverzichtbare Elemente für die neue, durch den Sozialismus geprägte *nationale Identität* unserer Gesellschaft finden.«
- »Dieser Einsicht kommt um so mehr Bedeutung zu, als Nationen und Nationalstaaten – ungeachtet stärker gewordener Internationalisierungsprozesse und engerer Verflechtungen von Nationalem und Internationalem im 20. Jahrhundert – gleichwohl entscheidende Entwicklungsrahmen für geschichtliche Prozesse geblieben sind!«

Daß die DDR heute schon, nach vierzigjährigem Bestehen, in puncto Identität mit der deutschen Nationalgeschichte weit vor der Bundesrepublik liegt, ist Tatsache, wird auch nirgends bestritten. Dieses Ziel hat die SED-Führung in knappen acht Jahren, seit 1981, erreicht, dank der Unterstützungsarbeit der »nützlichen Idioten«, der Umerziehungs-Historiker in der Bundesrepublik. Dagegen hat sie völlig das Ziel verfehlt, die eigene Bevölkerung von einem gesamtdeutschen Patriotismus auf einen DDR-Patriotismus umzupolen. In dieser Hinsicht hat sie geradezu das Gegenteil bewirkt. Sehr treffend urteilte FAZ-Korrespondent Peter Jochen Winters am 18. August 1988 aus Ost-Berlin:

> Ob die in der DDR seit einigen Jahren propagierte »unbefangene Sicht auf die ganze deutsche Geschichte« ihr eigentliches Ziel erreichen kann – die Einheit der Nation zu zerstören und mitzuhelfen, eine »sozialistische deutsche Nation« in der DDR zu etablieren –, ist ungewiß. Reaktionen aus der Bevölkerung der DDR auf die neue Geschichtsauffassung lassen eher das Gegenteil erwarten: eine Stärkung des bei den Deutschen in der DDR bisher unerschütterlichen Bewußtseins von der Einheit der deutschen Nation.

Das ist wahr. In einer österreichischen Fernsehsendung über Deutschland wurden 16-, 17jährige Schüler aus der DDR, die gerade Weimar, die Schiller- und Goethestadt besucht hatten, im Beisein von Lehrern und SED-Funktionären vor der TV-Kamera interviewt. Ich zitiere aus dieser ORF-Sendung:

Schüler: »Wir sind stolz auf das, was die deutsche Nation hervorgebracht hat!«

Schülerin: »Vielleicht sind Schiller und Goethe ein Beispiel dafür, was die Deutschen mal vollbracht haben und was sie auch jetzt noch können.«

Frage: »Das heißt, Schiller und Goethe sind ein Beispiel für eine *gesamtdeutsche* Identität, auch in der Gegenwart?«

Schüler: »Genau! Auch in der Gegenwart.«

Schülerin: »Ja, so haben wir das aufgefaßt.«

Frage: »Das heißt, wenn Ihr von Deutschland sprecht, dann denkt Ihr nicht nur an die DDR, sondern Ihr habt ein größeres, übergeordnetes . . .?«

Schüler: »Wir denken an *ganz* Deutschland!«

Soll und Haben

Um die Jahreswende 1984/85, nach 35jähriger staatlicher Existenz und kurz vor dem Machtantritt Gorbatschows in Moskau, stand die DDR außenpolitisch glänzend da. Wirtschaftlich gehörte sie nach wie vor zu den zehn führenden Industriestaaten der Erde. Innerhalb des Ostblocks erschien sie als »zweites deutsches Wirtschaftswunderland«: ihre Landwirtschaft funktionierte als einzige des gesamten sozialistischen Lagers, je 1000 Einwohner gerechnet existierten in der DDR doppelt soviel Fernseher und Kühlschränke als in der Sowjetunion oder in Bulgarien. Auch im Vergleich zum anderen Teil Deutschlands war aufgeholt worden. In der Ausstattung der Haushalte mit Waschmaschinen, Kühlschränken und Fernsehgeräten bestand zwischen beiden deutschen Staaten kaum noch ein Unterschied. Selbst die Zahl der Autos hatte zugenommen: auf 100 Haushalte kamen 41 PKW, also soviele wie fünfzehn Jahre früher, 1969, in der Bundesrepublik.

Den größten Erfolg in seiner gezielten Sozialpolitik konnte Honecker auf dem Gebiet des Wohnungsbaues verbuchen: Im Februar 1984 wurde die zweimillionste Neubauwohnung seit 1971 fertiggestellt! Während zur Ulbricht-Zeit, von 1950 bis 1970, im Jahresdurchschnitt 60000 Neubauwohnungen erstellt worden waren, hatte der Jahresschnitt von 1971 bis 1984 mehr als 150000 Neubauwohnungen betragen. Für 6,5 bis 7 Millionen Menschen in der DDR waren die Wohnverhältnisse in diesen dreizehn Jahren entscheidend verbessert worden.
Der Besuch Erich Honeckers in der Bundesrepublik im September 1987 signalisierte den absoluten Höhepunkt seiner politischen Erfolge. Die Bonner Machthaber, die fast vierzig Jahre lang arrogant auf den zweiten deutschen Staat herabgeschaut hatten, mußten ihm in der Person des Staatsratsvorsitzenden ihre Reverenz erweisen. Das Bonner Wachbataillon präsentierte vor dem »Kommunistenhäuptling«, wie Honecker einst westlich der Elbe genannt worden war; die Becher-Hymne erklang neben dem Deutschlandlied, und die westdeutschen Medien verfolgten den SED-Boß auf seiner Reise wie einen Popstar auf Gesangstournee. Innerhalb von fünfzehn Jahren vom »Statthalter Moskaus« und »oberstem

Mauer-Verbrecher« zum »deutschen Patrioten« und »angesehenem Staatsmann« aufzusteigen, das war schon eine Entwicklung, die atemberaubend genannt werden durfte. Die DDR hatte in den letzten drei Jahrzehnten einen wahrhaft wundersamen Aufstieg in Deutschland genommen.

Freilich, viel Zeit blieb den SED-Oberen nicht, den Triumph auf der Zunge zu kosten. Kaum war Honecker von den Gestaden an Rhein, Isar und Saar nach Ost-Berlin zurückgekehrt, da stand schon – am 16. September 1987 – Polens Politgeneral Jaruzelski vor der Haustür und forderte mißtrauisch Auskunft über das deutsch-deutsche Techtelmechtel. Honeckers heitere Stirn verfinsterte sich. Seit Jahrzehnten schon sah sich die DDR vom polnischen »Bruderstaat« argwöhnisch bespitzelt, ja hochmütig kritisiert, wenn man in Ost-Berlin nur eine einzige freundliche Silbe in Richtung Bonn verlauten ließ. Die Polen, die selbst so gerne mit dem Westen flirteten, hatten sich immer wieder bemüht, einen Keil zwischen beide deutsche Staaten zu treiben. SED-Witz: »Die sind in Warschau um den Schlaf gebracht, wenn zwei Deutsche aus Ost und West gemeinsam pinkeln gehen.« Entsprechend frostig verlief denn auch die Begegnung Jaruzelski–Honecker, die nur einen knappen Tag dauerte. Es gab keinerlei Annäherung in dem seit 1985 andauernden Streit zwischen Polen und der DDR über die Hoheitsgebiete in der Pommerschen Bucht, nördlich von Swinemünde und Stettin. In Ost-Berlin ist natürlich gut bekannt, daß die pommersche Hauptstadt Stettin und ihr westliches Hinterland laut Potsdamer Abkommen von 1945 keineswegs unter polnische Verwaltung kommen sollten, daß die Polen sich erst im September 1945 eindeutig völkerrechtswidrig ein Territorium von ca. 800 qkm mit einer halben Million deutscher Einwohner angeeignet haben, womit sie Berlin von seinem natürlichen Hafen Stettin abschnitten.

Etwas später ging Honecker erneut auf Staatsbesuch: nach Bulgarien. Doch von Harmonie nach Bonner Art war auch in Sofia keine Rede. Die SED-Führung knallte den kommunistischen Genossen massive Beschwerden über die skandalöse Behandlung der DDR-Touristen auf den Tisch. Denn während Urlauber mit Westwährung an den Goldstränden des Schwarzen Meeres jeglichen Komfort genossen, wurden DDR-Reisende mit schwacher Ost-Mark als Menschen dritter Klasse behandelt. Es gab regelrechten Krach mit den Genossen in Sofia. Erich Honecker flog vorzeitig wieder nach Ost-Berlin zurück. Die schönen Tage von Bonn, sie waren vorüber; der schwierige Alltag hatte ihn wieder.

Die 5. Tagung des Zentralkomitees der SED, die programmgemäß Ende November bzw. Anfang Dezember hätte stattfinden sollen, wurde um zwei Wochen verschoben. Der Grund war, daß am 8. Dezember 1987 Ronald

Reagan und Michail Gorbatschow den Vertrag über die Beseitigung der sowjetischen und amerikanischen Raketen mittlerer und kürzerer Reichweite unterschrieben und daß die SED-Führung darin ein Ergebnis der konsequenten Friedens- und Abrüstungs-Politik ihres Vorsitzenden, Erich Honecker, erblickte. Das Ereignis als eigenen Erfolg zu feiern, lag im dringenden Interesse der SED-Spitze. Als die 5. Tagung des SED-ZK schließlich am 16. Dezember 1987 stattfand, erklärte der 60jährige Werner Felfe, Mitglied des SED-Politbüros und ZK-Sekretär für Landwirtschaft, voller Genugtuung:

»Das ist ein historisches Ereignis. Zum ersten Male wurde eine Übereinkunft über die Liquidierung einer ganzen Kategorie atomarer Waffen getroffen. Das kann nicht hoch genug eingeschätzt werden. Dieser Vertrag markiert den Einstieg in die nukleare Abrüstung, den ersten Schritt auf dem Wege zur Schaffung einer kernwaffenfreien Welt. Er macht die Welt sicherer. Alle haben gewonnen; niemand hat verloren . . .
Seit Genosse Erich Honecker auf der 7. Tagung unseres Zentralkomitees im November 1983, unmittelbar nach Beginn der Stationierung von Perhing II und Cruise Missiles in Westeuropa, erklärte, daß es gelte, den Kampf für diese Ziele jetzt erst recht fortzusetzen, haben unser Generalsekretär und wir alle, hat die DDR ihre Anstrengungen darauf gerichtet, das Verschwinden der Mittelstreckenwaffen, dieses Teufelszeuges, zu erreichen.«

Stolz, ja kaum verhüllter Triumph klang aus der Rede des ZK-Sekretärs Felfe, als er rückblickend auf den Honecker-Besuch in der Bundesrepublik zu sprechen kam:

»Mit dem Verlauf und mit den Ergebnissen des Besuches Erich Honekkers in der BRD wurde vor aller Welt der völkerrechtliche Charakter der Beziehungen zwischen beiden deutschen Staaten bekräftigt.
Von grundsätzlicher Bedeutung sind in diesem Zusammenhang die Betonung des Bekenntnisses zur Unverletzlichkeit der nach dem Zweiten Weltkrieg entstandenen europäischen Grenzen und das gegenseitige Einvernehmen darüber, daß jeder der beiden deutschen Staaten entsprechend dem Grundlagenvertrag über seine inneren und äußeren Angelegenheiten souverän selbst bestimmt.
Die Tatsache, daß das Staatsoberhaupt der DDR den internationalen Gepflogenheiten entsprechend mit Hymne, Staatsflagge und militärischem Zeremoniell in Bonn empfangen wurde, gibt wohl den Kommentatoren der Weltagenturen recht, daß sich damit ›der Realismus endgültig durchgesetzt hat‹.
Träume sind Schäume. Das hat sich ein weiteres Mal erwiesen, beson-

> ders in bezug auf die Träumereien am Kamin über eine ›Wiedervereinigung‹. Das erkennen auch immer mehr die maßgeblichen politischen Kreise der BRD, die Repräsentanten der Wirtschaft, der Kultur und des Geisteslebens. Die von Genossen Erich Honecker betonte Wahrheit, daß sich Sozialismus und Kapitalismus ebensowenig vereinigen lassen wie Feuer und Wasser, ist nunmehr bereits überall ins politische Vokabular eingegangen.«

Zu Recht durfte die SED-Führung höhnen. Wo immer Honecker in der Bundesrepublik seinen auch physikalisch unsinnigen Spruch über die von niemandem geplante Vermengung von Sozialismus und Kapitalismus losgelassen hatte, hatte ihm niemand widersprochen, ja, die Wirtschaftsbosse der Rhein-Ruhr-Industrie hatten dazu wohlwollend lächelnd mit den Köpfen genickt. Von Strauß über Kohl bis zu Vogel und den Grünen: Honecker durfte ganz sicher sein, daß ihn niemand auf die Einheit Deutschlands ansprechen würde. Der doppelte Separatismus hatte im September 1987 am Rhein geradezu Triumphe gefeiert! Und die SED-Führung, die einst die »Krauses« gegen die »Krupps« hatte mobilisieren wollen, sie berief sich jetzt in der nationalen Frage auf »die maßgeblichen politischen Kreise der BRD, auf die Repräsentanten der Wirtschaft«, zeigte sich also Arm in Arm mit den Herrschenden in Bonn, um gemeinsam mit ihnen gegen das Existenzrecht der deutschen Nation Front zu machen. So weit war der gesamtdeutsche Patriotismus, den Bonn einst für sich gepachtet zu haben geglaubt hatte, heruntergekommen! In der SED-Führung rieb man sich zufrieden grinsend die Hände. Die Legitimation für seine antinationale Abgrenzungspolitik, die ihm seine eigene Bevölkerung verweigert hatte, Honecker hatte sie sich nachträglich in Bonn geholt.

Die innere Bilanz, die die DDR-Führung an der Jahreswende 1987/88 ziehen konnte, fiel zwiespältig aus. Auf der positiven Seite stand, daß im Jahre 1987 rund zweihunderttausend Wohnungen neugebaut oder modernisiert worden waren, daß 18000 Kindergarten- und 7000 Kinderkrippen-Plätze neu geschaffen werden konnten. Im produzierenden Bereich wurden Investitionen in Höhe von 45 Milliarden Ost-Mark vorgenommen, mit Schwerpunkten wie: Inbetriebnahme eines 500-Megawatt-Blockes im Kraftwerk Jänschwalde, die Leiterplattenfertigung im Fernmeldewerk Nordhausen, die Produktion von Siliziumscheiben im Forschungszentrum Mikroelektronik Dresden, Erhöhung von Kapazitäten für die Herstellung von spanenden Werkzeugmaschinen und von numerischen Steuerungen etc.

Bei einem Rückblick auf die achtziger Jahre ergab sich in vielerlei Hinsicht eine befriedigende Bilanz. Das produzierte Nationaleinkommen war in den sieben Jahren seit Ende 1980 von 193,6 Milliarden auf 261 Milliarden Ost-Mark gestiegen. Im selben Zeitraum hatte der Gesamtertrag der Pflanzenproduktion je Hektar von 42,1 auf 51 Dezitonnen Getreideeinheiten zugenommen. Die Getreideernten der DDR hatten in den Jahren 1982 bis 1986 regelmäßig über elf Millionen Tonnen gelegen. Ebenfalls in diesen sieben Jahren waren ca. 1,4 Millionen Wohnungen an die Bevölkerung übergeben worden. Die Nettoeinnahmen der Bevölkerung waren insgesamt um 28 Prozent, die Umsatzmengen des Einzelhandels um 21 Prozent gestiegen. Die Ausstattung mit langlebigen Konsumgütern hatte sich von 1980 bis 1987 folgendermaßen gestaltet:

Pro 100 Haushalte	1980	1987
PKW	36	50
Farbfernsehgeräte	16,8	46
Waschmaschinen	80,4	97
Kühlschränke	99	100
Tiefkühlschränke	12,5	37

Ein Lichtblick weiterhin: die Kreditlage der DDR Ende des Jahres 1987. Sechs Jahre zuvor hatte es brenzlig ausgesehen. Denn Ende 1981 hatte die DDR eine Verschuldung von ca. 10 Milliarden Dollar erreicht, der an Devisen-Guthaben nur etwa 2 Milliarden Dollar gegenüberstanden. Bei einer Netto-Verschuldung von rund 8 Milliarden Dollar war es um die internationale »Bonität« der DDR nicht sehr gut bestellt gewesen. Ab 1982/1983 hatte die Staats- und Wirtschaftsführung jedoch gewaltige Anstrengungen unternommen, die internationale Verschuldung der DDR abzubauen. Und das gelang; teils aus eigener Kraft, teils mit Hilfe des bayerischen Ministerpräsidenten und der westdeutschen Milliarden-Kredite. Von 1982 bis 1985 hatte die DDR Jahr für Jahr Exportüberschüsse von mehr als einer Milliarde Dollar erwirtschaftet. Ende 1987 verfügte die DDR innerhalb des Ostblocks über die größten Devisenguthaben nach der Sowjetunion: etwa 8 Milliarden Dollar, denen eine Verschuldung von 12 Milliarden Dollar bei den internationalen Banken gegenüberstand. Der DDR war es also gelungen, ihre Netto-Verschuldung auf vier Milliarden Dollar zu halbieren; ihre internationale »Bonität« war in vollem Umfang wiederhergestellt. Pro Kopf der Bevölkerung gerechnet betrug die Netto-Verschuldung in der DDR ca. 235 Dollar, während sie in Ungarn beispielsweise pro Kopf der jeweiligen Einwohnerschaft bei 1700 Dollar, also bei mehr als dem Siebenfachen, lag, ganz zu schweigen von Polen, das mit einer Westverschuldung von ca. 42 Milliarden Dollar den absoluten Negativ-Rekord im Ostblock hielt.

Erstaunlich auch die privaten Spareinlagen. Am 31. Dezember 1987 lagerten auf den Sparkonten in der DDR ca. 336 Milliarden Ost-Mark; pro Kopf der Bevölkerung gut 20000 Mark! Ein untrüglicher Beweis für den eisernen Spar- und Leistungswillen der »roten« Preußen und Sachsen, zugleich aber auch ein Nachweis dessen, daß es in der DDR nach wie vor an hochwertigen Konsumgütern mangelt, für die die Bevölkerung ihr sauer erspartes Geld auszugeben bereit wäre.

SED-Sekretär Felfe deutete diesen »ewigen« Mangel an Qualitätserzeugnissen im Konsumbereich der DDR selbst auf der 5. Tagung des ZK an, als er eingestand:

> »Gleichzeitig hat eine Reihe von Vertrags- und Lieferrückständen, vor allem bei Bekleidungserzeugnissen wie Kinderhosen, Damenkleidern und Untertrikotagen, aber auch bei Möbeln und Polsterwaren, Waschautomaten, Täschnerwaren, Straßenschuhen und Kleinkrafträdern die kontinuierliche Versorgung beeinträchtigt.«

Unbegreiflich, daß solche »Versorgungs-Beeinträchtigungen« fast ein halbes Jahrhundert nach Beendigung des letzten Krieges in der DDR noch immer an der Tagesordnung waren! Die Ursachen für die Mangelerscheinungen waren jedoch weniger in der Produktion selbst als in der sprichwörtlichen Unfähigkeit des »sozialistischen« Groß- und Zwischenhandels sowie im staatlichen HO-Einzelhandel zu suchen.

So beruhigend sich der finanz- und kreditpolitische Status der DDR auch zur Jahreswende 1987/88 ausnahm, so bedrohlich und alarmierend gestaltete sich die Versorgungslage im Jahre 1988. Die DDR hatte in ihrer Geschichte drei positive Schübe erlebt, in denen es mit der Wirtschaft allgemein und mit der Versorgungslage im besonderen aufwärts gegangen war: unter Ulbricht 1955 bis 1960 sowie 1965 bis 1970, unter Honecker 1972 bis 1977. Dann, in den Jahren 1978 bis 1980, hatte die DDR nur mit großen Mühen die Weltwirtschaftskrise und insbesondere die internationale Rohstoffkrise überstanden, in denen sich übrigens erwiesen hatte, wie rücksichtslos die Sowjetunion mit ihrem Muster-Verbündeten DDR umsprang, wenn es um die Erhöhung der Rohstoffpreise innerhalb des RGW (Rat für gegenseitige Wirtschaftshilfe) ging. Für die rohstoffarme Deutsche Demokratische Republik, die bei der Erwirtschaftung ihres Nationaleinkommens zu knapp 50 Prozent auf den Ex- und Import angewiesen ist, entstanden nur mühsam gebändigte Katastrophen-Situationen, wenn sie beispielsweise für ein bestimmtes Rohstoff-Produkt nicht mehr zehn, sondern plötzlich fünfundzwanzig Mähdrescher liefern mußte.

1987 und 1988 schlugen die enormen, viel zu spät getätigten Investitionen in der Mikroelektronik und Computertechnologie, die der übrigen DDR-

Wirtschaft fast alle Mittel entzogen, in vollem Umfang auf die Versorgungslage der Bevölkerung zurück. Bereits im Dezember 1987, auf der 5. ZK-Tagung, hatte SED-Sekretär Felfe mit Rückblick auf das Jahr 1987 einräumen müssen:

> »Dabei verkennen wir nicht, daß bei einigen Waren trotz weiter gewachsener Bereitstellung die Nachfrage schneller gestiegen ist*. Das betrifft Hart- und Schnittkäse, verschiedene Dauerbackwaren, bestimmte Diätartikel und Erzeugnisse für die gesunde Ernährung. Im Obst- und Gemüseangebot traten trotz großer Anstrengungen infolge witterungsbedingter Ernteausfälle zeitweilige Sortimentseinschränkungen auf. Dazu haben auch erhebliche aufkommensbedingte Ausfälle aus unseren traditionellen Lieferländern beigetragen.«

Selbstverständlich trugen die Lieferausfälle aus den sozialistischen »Bruderländern« erheblich zur Versorgungskrise von 1987/88 bei. Aber das war ja schließlich ein Uralt-Thema, das seit Jahrzehnten bekannt ist: die miserable Arbeitsmoral wie Zulieferorganisation der sozialistischen Verbündeten, insbesondere der Polen, welche die DDR schon wiederholt an den Rand von Katastrophen gebracht hat. Dagegen hätte rechtzeitig Vorsorge getroffen werden müssen. Jedenfalls, im Frühjahr und Sommer 1988 war es soweit, daß es nicht einmal mehr in den Großstädten wie Ost-Berlin, Leipzig oder Dresden Obst und Gemüse, Hart- oder Schmelzkäse zu kaufen gab. Die Hausfrauen stellten erbittert fest, daß die Versorgungslage seit langem nicht mehr so schlecht, daß sie in der zweiten Hälfte der fünfziger und der sechziger Jahre, unter Ulbricht, entschieden besser gewesen war. Während man in den staatlichen Exquisit-Läden zu weit überhöhten Preisen alles kaufen konnte, herrschte in den Einzelhandelsgeschäften und Kaufhallen gähnende Leere. Nicht nur Obst und Gemüse waren Fehlanzeige, auch Fruchtsäfte, Fertiggerichte etc. waren wie durch Zauberhand aus den Regalen verschwunden. Das Schlangestehen, das in der DDR nie ganz aufgehört hatte, nahm plötzlich wieder überhand. Gab es dann doch irgendwo ein paar verhutzelte Tomaten zu ergattern, dann betrug die Wartezeit des Anstehens nicht unter dreißig Minuten. Gab es – als Rarität – irgendwo mal Pfirsiche, dann war das HO-Verkaufspersonal oft zu faul, die Früchte aus den Stellagen zu nehmen und einzeln zu verkaufen. Obwohl die DDR-Landwirtschaft eigentlich gut funktionierte und denjenigen ökonomischen Sektor mit den wenigsten Schwierigkeiten im ganzen Staat darstellte, schuf die Mißernte von 1987, die zwanzig Prozent unter dem Vorjahrsstand

* eine wahrhaft elegante Umschreibung für eindeutige Versorgungspannen – W. V.

lag, eine Problemlage, die sich infolge der unbefriedigenden Ernte-Ergebnisse von 1988 nur weiter verschärfen konnte. Wie eine Schreckensnachricht flog die Kunde durch die Amtsstuben der DDR, daß mindestens eine Million Tonnen an Getreide importiert werden müßte, um eine schwere Ernährungskrise für 1989 zu vermeiden.
Es gab weitere, nicht minder schwergewichtige Probleme. So bescheiden sich auch das Wachstum der Autoproduktion im Vergleich zur Bundesrepublik ausnahm, Ende 1987 verfügte jeder zweite Haushalt in der DDR über einen PKW. Man hatte jedoch von seiten der Kommunen vergessen, an Parkplätze zu denken; ein Problem, das sich erst noch in voller Schärfe entfalten wird. Katastrophal wirkte sich der Ersatzteil-Mangel bei PKW und LKW, vor allem aber der beklagenswerte Zustand der verkehrstechnischen Infrastruktur aus. Das Straßen- und Schienennetz der DDR präsentierte sich bereits 1980 auf dem Qualitätsniveau des Jahres 1930, also um fünfzig Jahre veraltet. Ohne Hitlers Reichsautobahnen wäre der PKW- und LKW-Verkehr in der DDR längst zusammengebrochen. Hinzu kamen die bedrohlichen Nöte der »Deutschen Reichsbahn«, die sich Mitte des achten Jahrzehnts ergaben. Jahre zuvor waren die alten hölzernen Eisenbahnschwellen in einer umfassenden Aktion gegen Betonschwellen ausgetauscht worden. Dann, plötzlich, hatte sich herausgestellt, daß die neuen Betonschwellen aus Ostsee-Kies schwere Materialfehler aufwiesen und langsam zerbröselten. Die Folge war, daß kein Zugführer sich getraute, schneller als 40 oder 50 km pro Stunde zu fahren, aus Furcht, ihm könnte sonst der Zug um die Ohren fliegen. In der gesamten DDR gab es keinen Schnell- oder Personenzug, der nicht mindestens eine halbe Stunde Verspätung hatte. Einst hatte die »Deutsche Reichsbahn« qualitativ unbestritten als die Nr. 1 in der Welt gegolten; was war daraus geworden?
Jetzt rächte sich auch auf allen Ebenen, daß die DDR-Staats- und SED-Parteiführung in der ersten Hälfte der achtziger Jahre den neuen Qualitätssprung der wissenschaftlich-technischen Revolution verschlafen hatte. Informatik, Mikro-Elektronik und Computer-Technik: das waren Stichworte, die den DDR-Staatsökonomen plötzlich wie die Posaunen von Jericho in die Ohren gellten. In der zweiten Hälfte der fünfziger und der sechziger Jahre, da hatte die DDR noch mit dem traditionellen, altdeutschen Pfunde der berühmten optischen Industrie und des hervorragenden Maschinenbaues auf den internationalen Exportmärkten wuchern können. Mit einem Schlage war das alles vorbei. Nun konnte die DDR die an sich vorzüglichen Produkte ihres Maschinenbaues nur noch losschlagen, wenn westdeutsche Unternehmen zuvor Elektronik oder automatische Steuerungen anbauten, was selbstredend erhebliche Devisen aufzehrte. Erich Honecker agitierte nun wie der Teufel, der hinter der armen Seele her ist, landauf, landab, von

morgens bis abends, für den Ausbau der »modernen Schlüsseltechnologien«. Aber was die DDR gestern versäumt hatte, konnte sie heute nicht einholen, und was sie morgen an Neuigkeiten herausbringen wollte, hatten die Japaner heute schon auf den Markt geworfen.

Zu all diesen sehr ernstzunehmenden ökonomischen Schwierigkeiten wirkten sich nun auch noch die aufsehenerregenden Vorgänge in der Sowjetunion für Ost-Berlin komplizierend aus. Ursprünglich, beim Machtantritt Gorbatschows im Jahre 1985, hatte die DDR-Spitze den Reformeifer des neuen Kreml-Bosses lebhaft begrüßt. »Poworot« (zu deutsch etwa »die Wende«) hieß damals die Zauberformel Gorbatschows, und darunter waren der Kampf gegen die Trunksucht, gegen den Schlendrian der Sowjetbürger, gegen ihre alteingefleischte Oblomow-Mentalität zu verstehen. »Poworot« bedeutete zugleich das Bemühen um eine höhere Arbeitsdisziplin und eine unbürokratisch-rationale Wirtschaftslenkung, um im gesamten ökonomischen Bereich mehr Qualität und Effektivität zu erzielen. Das alles hatte die DDR ja schon seit Mitte der sechziger Jahre vorexerziert; zum Teil mit beachtlichen Erfolgen. Was Gorbatschow anzustreben schien, das hatte Walter Ulbricht schon vor langer Zeit von den Sowjets gefordert (»die sowjetischen Genossen müssen mehr lernen!«), das hatte Erich Honecker in den siebziger Jahren mit seiner »Einheit von Wirtschafts- und Sozialpolitik« sowie mit seinen Industrie-Preisreformen in die Tat umgesetzt. Doch jetzt, 1987, war von »Poworot« allein keine Rede mehr, jetzt brachen die Forderungen nach »Perestroika« und »Glasnost« wie ein Sturmwind auch über die DDR herein. Nun ging es nicht mehr ausschließlich um den Kampf gegen Alkoholismus und Faulenzertum, wozu die SED begeistert applaudiert hatte. Der KPdSU-Chef verlangte »Umwandlung« und »Transparenz«, ja, er scheute sich nicht, von »Revolution« zu sprechen. Das ging an die Substanz, das bedrohte altverkrustete Strukturen. Die SED-Führung reagierte gereizt, sprach geringschätzig von »Tapetenwechsel« in fremden Wohnungen und verärgerte damit nachhaltig die sowjetischen Genossen.

Die neue Bedrohung für die Stabilität der SED kam, wie schon einmal (zu Beginn der fünfziger Jahre), nicht aus dem Westen, sondern aus Moskau!

Auf der Leipziger Frühjahrsmesse 1988 spielte sich eine Szene ab, die Bände sprach: Erich Honecker machte seinen üblichen Rundgang, hinter ihm ein Schwarm hoher Funktionäre und Stasi-Beamter, und wo er erschien, wurde er wie ein Fürst empfangen. Händeschütteln und Bücklinge die Menge. Alles wetteiferte, ihm zu gefallen, ob er sich nun zu den Ausstellungs-Ständen westlicher oder paktfreier Staaten begab. Alle richteten die liebenswürdigsten Begrüßungsansprachen an den Herrn Staatsratsvorsitzenden, und zwar in deutscher Sprache, wie es sich ja auch gehört, ob es nun die Botschafter der USA, Großbritanniens, Frankreichs, Chinas,

Indiens oder sonstiger Länder waren. Honecker strahlte. Auf den westdeutschen Ständen wurde er vom nordrheinwestfälischen Ministerpräsidenten Johannes Rau begrüßt. Die Stimmung war glänzend. Rau hob das Glas und sagte beflissen lächelnd, eigentlich sei es ja noch zu früh, denn man solle bekanntlich erst dem Weine zusprechen, wenn die Sonne untergegangen sei. Honecker unterbrach ihn und witzelte schlagfertig: »Na, wir haben doch immer gesungen: ›Uns geht die Sonne nicht unter‹, stimmt's?« Großes Gelächter, allseitige Zufriedenheit. Zum Schluß kam der DDR-Staatsratsvorsitzende zu den Sowjets. Ein stellvertretender Außenhandelsminister richtete an ihn eine Begrüßungsrede, in russischer Sprache. Honeckers Gesicht gefror zu Eis. Als er schließlich an einer großen deutsch-sowjetischen Festtafel seine übliche Rede hielt, selbstverständlich in deutscher Sprache, klang es, als wenn er auf dem Kasernenhof stände. Er schien um Zentimeter zu wachsen. Er hob die Stimme und rechnete den Sowjets gnadenlos die ökonomischen Erfolge der DDR vor. Mit schneidender Stimme sagte er ihnen: »Auf einigen Gebieten gehören wir zu Weltspitze!«

Das war im Frühjahr. Kurz darauf, vom 9. bis 10. Juni 1988, fand das 6. Plenum des ZK der SED in Ost-Berlin statt, auf dem der für ideologische Fragen zuständige ZK-Sekretär Kurt Hager das Hauptreferat hielt. Es zeichnete sich durch eisige Distanz zu »Perestroika« und »Glasnost«, also zur Gorbatschow-Linie aus. Keine Spur mehr in der unterwürfigen Tonart à la »Von der Sowjetunion lernen, heißt siegen lernen«, jener Sklaven-Devise, in derem Zeichen die Geschichte der DDR einst begonnen hatte. Jetzt hieß es selbstbewußt: »voneinander lernen, ohne zu kopieren«, was ja präzise aussagt, die Sowjets könnten von der DDR genauso viel lernen wie umgekehrt. Kurt Hager betonte denn auch, »ein für alle geltendes Reform-Rezept gibt es nicht«, und er grenzte sich ausdrücklich vom sowjetischen Vorbild ab, indem er lediglich Lösungen akzeptierte, »die den konkreten nationalen Gegebenheiten und Erfordernissen am besten Rechnung tragen«.

Selbstredend war das alles ganz im Sinne und im Auftrag Erich Honeckers gesprochen. Der SED-Chef ging so weit, am 4. September 1988, bei Eröffnung der Leipziger Herbstmesse, die Sowjets öffentlich zu brüskieren, indem er bewußt darauf verzichtete, auf dem Schlußbankett im Sowjet-Pavillon das Wort zu ergreifen. Der 76jährige Mann an der Spitze der DDR, der seit 1983 auf so bemerkenswerte Erfolge in der Außenpolitik zurückblicken konnte, empfand schwere Sorgen, sah die innere Stabilität seines Staates vom eigenen Bundesgenossen, von der Sowjetunion bedroht. Aber nicht nur das. Honecker hatte vom Frühjahr 1984 bis Frühjahr 1988 etwa 90000 DDR-Bewohner legal in die Bundesrepublik auswandern lassen, in

der Hoffnung, durch Ablassen des Überdrucks mehr Loyalität und Zufriedenheit in seiner DDR-Gesellschaft zu gewinnen. Es war eine Selbsttäuschung gewesen. Ende Oktober 1988 überschritt die Zahl der Ausreisewilligen, die entsprechende Anträge bei den Behörden stellten, bereits die erschreckende Grenze von 800000. Im Vergleich ist das so, als wenn 2,6 Millionen Bundesbürger partout auswandern wollten! Die Stimmung in der Bevölkerung sank in's Bodenlose. Während Bundeskanzler Kohl in einer Rede vor dem Bundestag im September 1988 tönte »Wir haben gute Fortschritte gemacht auf dem Weg der Verbesserung der Beziehungen zum Vorteil der Menschen in Deutschland«, flohen im gleichen Augenblick zehn DDR-Bürger unter Lebensgefahr über die innerdeutsche Demarkationslinie. Böse witzelte man in der DDR, die ebenso kostspieligen wie überflüssigen Staatsbesuche Erich Honeckers im Westen hätten die Staatskasse der Republik restlos pleite gemacht. Schlimmer aber als Honeckers Reise-Manie hatten sich die enormen Staatskosten ausgewirkt, die von 1971 bis 1988 für den Bau von drei Millionen Neubauwohnungen entstanden waren. Im Durchschnitt dürften sich diese Kosten pro Jahr auf ca. zwanzig Milliarden Mark belaufen haben (insgesamt also in 17 Jahren auf annähernd 340 Milliarden Mark). Natürlich war der Wohnungsbau von Walter Ulbricht zwei Jahrzehnte lang vernachlässigt worden. 1971 war es wirklich hoch an der Zeit gewesen, ein Programm von etwa eineinhalb Millionen Neubauwohnungen zu verkünden und in den folgenden 15 Jahren konsequent in die Tat umzusetzen. Eine jährliche Belastung von zehn Milliarden Mark für Wohnungsbauten hätte der DDR-Staatshaushalt auch verkraften können. Unmöglich jedoch die doppelte Summe! Da sich die gewaltigen Bauprojekte infolge behördlich festgesetzter Niedrigstmieten niemals »amortisieren« können, entstanden Riesenlöcher im Staatshaushalt, was katastrophal auf die Versorgung der Bevölkerung mit Konsumartikeln durchschlug. Erbittert verglichen die Bewohner der DDR ihren Staat mit einer Bobbahn: »links 'ne Mauer – rechts 'ne Mauer – und dazwischen geht's abwärts«. Als die DDR im Sommer 1988 große Mengen Pflastersteine in die Bundesrepublik exportierte, sang die Bevölkerung ironisch: »Ach, wär' ich doch ein Pflasterstein, dann könnt' ich in den Westen rein.« Plötzlich, im Oktober 1988, sah man – wie schon Wochen zuvor im Bezirk Dresden – auch auf den Straßen Ost-Berlins immer häufiger PKW mit weißen Tuchstreifen an den Autoantennen. Jedermann weiß in der DDR, was das weiße Tuch heißt: »Ich habe einen Ausreiseantrag gestellt!«
Im Mai 1988 war durch die Bonner Tageszeitung DIE WELT die Analyse einer geheimen Umfrage Ost-Berlins bekannt geworden, die die wahre Stimmung in der Bevölkerung ostwärts von Elbe und Werra offenbarte. Es handelte sich um ein geheimes Papier zur psycho-politischen Lage in der

DDR, das der CDU und der Bundesregierung zur Kenntnis gekommen war. DIE WELT (Nr. 117, 1988) schrieb in ihrem Kommentar dazu:

> »Dürfen wir uns darüber freuen, daß unsere deutschen Mitbürger eben doch, nach mehr als vier Jahrzehnten, Deutsche geblieben sind? Vielleicht bessere Deutsche als wir? Anscheinend empfinden gerade diejenigen Beklemmung, die sich am meisten darüber freuen sollten, weil ihnen der Verfassungsauftrag gegeben ist, den gesamtdeutschen Gedanken wachzuhalten. Honeckers peinliche Entdeckungen werden auch von Union und Bundesregierung als geheime Kommandosache hinter verschlossenen Türen erörtert; nur durch besonderes Bemühen ist es gelungen, sie an die Öffentlichkeit zu bringen.«

Was war es denn nun, was CDU und Bundesregierung so geheim halten, was sie der deutschen Öffentlichkeit unterschlagen wollten? Es waren die klaren Feststellungen der internen SED-Umfrage,

daß es in der Bevölkerung der DDR nach wie vor kein eigenes Staatsbewußtsein gibt,

daß die Bundesrepublik nach wie vor nicht als »Ausland« angesehen wird,

daß die überwältigende Mehrheit der DDR-Bewohner sich nach wie vor als Teil der deutschen Nation ansieht.

Das geheime SED-Papier konnte nur diejenigen überraschen oder erstaunen, die keine Ahnung von der Bevölkerung zwischen Elbe und Oder, von den Preußen, Sachsen, Thüringern und Mecklenburgern haben. Die SED-Führung hat viele solcher Umfrage-Ergebnisse in den letzten Jahren zur Kenntnis nehmen müssen. Die Zahl derjenigen, die einen Anschluß der DDR an die Bundesrepublik, also eine uneingeschränkte Übernahme westlicher Verhältnisse wünschen, liegt seit der zweiten Jahreshälfte 1983 konstant bei 5 Prozent. Aus den DDR-Befragungen geht übrigens hervor, daß diese geringe Quote vor allem auf das Negativbild zurückzuführen ist, das die westdeutschen Fernsehsender allabendlich von der Bundesrepublik verbreiten. In derselben Höhe, etwa 5 bis 7 Prozent, bewegt sich der Anteil derjenigen, welche die DDR ideal finden und sich gegen jede Art von Wiedervereinigung stellen würden; es sind dies fast ausschließlich SED-Mitglieder. Eine geradezu überwältigende Mehrheit der DDR-Bevölkerung aber, nämlich 88 bis 90 Prozent, würde dem jetzigen Zustand entschieden ein blockfreies Gesamtdeutschland vorziehen, sei es als Staatenbund oder als Bundesstaat, und sich im gesellschafts- und sozialpolitischen Bereich eine Mischform zwischen den Systemen der beiden deutschen Staaten wünschen, etwa nach dem Verhältnisschlüssel 2 : 1 (BRD : DDR).

Ein Ausblick

Vierzig Jahre wird die Deutsche Demokratische Republik im Oktober 1989 alt. Davor liegen vier Jahrzehnte einer äußerst wechselvollen und komplizierten Geschichte.

Das erste Jahrzehnt nach dem Ende des II. Weltkriegs, die Zeit von 1945 bis 1955, war eine einzige Katastrophe für den Teil Deutschlands, der zuerst »Sowjetische Besatzungszone« und dann »Deutsche Demokratische Republik« genannt wurde. In diesen zehn Jahren schien es so, als sollten Land und Leute ihre nationale Identität verlieren, sollten sie bis zu den Wurzeln hinab russifiziert bzw. sowjetisiert werden. Nicht die Einführung des Sozialismus, nein: die kritiklose Übernahme des sowjetischen Modells war die große historische Fehlleistung, war das Verbrechen der SED-Führung. Der nationale und soziale Aufstand der deutschen Arbeiter am 17. Juni 1953, die nachhaltigen Lehren, die Ulbricht und Honecker aus diesem Ereignis zogen, der unermüdliche Fleiß der »roten« Preußen und Sachsen, die nicht flohen, sondern mit zusammengebissenen Zähnen durchhielten, auch natürlich die seit 1955 ständig zunehmende Qualifikation und Sachkompetenz der Staats- und Wirtschaftsfunktionäre, die allmählich lernten, unter härtesten Bedingungen einen Staat zu führen: das alles zusammen bewirkte schließlich den harterkämpften Aufstieg dieses künstlichen Staates seit 1955.

Die SED wird im Oktober 1989 mit großem Aufwand den vierzigsten Jahrestag der DDR feiern, und es sei ihr gegönnt. Aber einen Tag später, wenn die Jubelchöre verrauscht sind, wenn die Fahnen und Girlanden abgenommen werden, wird sie vor einem schier unübersehbaren Gebirge von Problemen stehen. Sie wird schnell, sie wird dramatisch schnell handeln müssen, wenn sie nicht hoffnungslos ins Hintertreffen geraten will. Gorbatschows Politik und der Gang der Geschichte zwingen sie dazu; bei Strafe des eigenen Unterganges. Die SED wird – nolens volens – innerhalb von zwei, drei Jahren ihren Staat umgestalten müssen, oder sie wird den Anschluß verpassen und zur reaktionären Nachhut verkommen.

Was müßte die SED tun? Vor allem, was *könnte* sie tun, um Staat und Gesellschaft zu reformieren, ohne das sozialistische Grundkonzept preiszugeben, auf dem nun einmal die Staatlichkeit der DDR errichtet wurde? Wie müßte realistischerweise eine DDR-»Perestroika« aussehen, die 1990 bis 1992 zu verwirklichen wäre?

Im *politischen* Bereich käme es

1. darauf an, mit den neuen Schlagworten von den »nationalen Besonderheiten« innerhalb des Ostblocks wirklich ernst zu machen. Es gilt, der Breschnew-Doktrin unseligen Angedenkens für immer den Boden zu entziehen, die Beziehungen der sozialistischen Staaten untereinander auf den Boden des Völkerrechts, der gegenseitigen Gleichberechtigung zu stellen. Im Falle der SED heißt das, daß sie sich zu einer Partei nationalkommunistischen Typs wandeln, daß sie die abenteuerliche Abgrenzungspolitik von der gesamtdeutschen Nation korrigieren und verwerfen muß. Sie wird sich auf die besten Traditionen und Verpflichtungen der deutschen Arbeiterbewegung besinnen und den antinationalen Kurs, der 1971 eingeschlagen wurde, eindeutig verdammen müssen, wenn sie ihre nationalpolitische Glaubwürdigkeit wiedergewinnen will. Sie wird die Thesen Anton Ackermanns neu studieren und den Weg zu einem *deutschen* Sozialismus einschlagen müssen. Nur so kann sie zu einem selbstbewußten, wahrhaft gleichberechtigten Partner der Sowjetunion wie auch der Bundesrepublik werden. Nur so kann sie den politischen Grundkonsens mit den 17 Millionen Deutschen ihres Staates gewinnen, vermag sie – ohne Deformation des natürlichen *Nationalbewußtseins* – bei den Massen ein eigenes *Staatsbewußtsein* zu etablieren.
2. Wird sie sich zur Gewaltentrennung entschließen müssen, zur Scheidung von Legislative und Exekutive. Das mag für eine Partei, die sich immer noch »leninistisch« nennt, ein schwer zu fassender Entschluß sein. Die vielbeschworene »Einheit von Legislative und Exekutive«, zu der Lenin nach dem Kronstädter Aufstand und zur Realisierung der NEP-Politik etwa 1921 überging, war taktisch in der gegebenen Situation vielleicht unvermeidlich, aber langfristig-strategisch ein schwerer Fehler; denn sie war es ja, die zu allen terroristischen und antidemokratischen Erscheinungsformen in der Sowjetunion von Stalin bis Tschernenko führte. Mit einer Aufhebung der »Einheit von Legislative und Exekutive« würde die SED zu den alten positiven Traditionen der deutschen Linken zurückfinden, Stichwort: Liebknecht–Luxemburg–Mehring. Es ist ja mitnichten von »Fraktionsbildung« innerhalb der SED die Rede. Durch Gewaltenteilung wird die Staatsmacht der DDR keineswegs erschüttert, sondern es werden die Lebensverhältnisse der Gesellschaft teildemokratisiert. In sämtlichen Volksvertretungen der DDR muß das Recht der freien Rede etabliert, muß der unwürdige und antidemokratische Abstimmungsmechanismus der einstimmigen Jubel-Akklamationen ad acta gelegt wer-

den. Das wird automatisch auch die Spielräume für die befreundeten Blockparteien Ost-CDU, NDPD und LDPD erweitern, die davon befreit werden sollten, ununterbrochen in höchsten Tönen die »führende Rolle« der SED bejubeln und sich selbst jeder eigenen Meinung enthalten zu müssen. Die Planung und Leitung des Staatsganzen würde dadurch mitnichten tangiert. Aber dem dringenden Bedürfnis nach konstruktiver Kritik, nach der Rede eines freien Mannes und nach mehr demokratischer Gesetzlichkeit anstelle behördlicher Willkür wäre endlich eine Bahn eröffnet.

Im *ökonomischen* Bereich käme es

1. darauf an, in der *Produktion* das Management zu verbessern, den leitenden Wirtschaftsfunktionären nicht nur mehr Verantwortung, sondern entschieden höhere Einkommen zu gewähren (»jeder nach seinen Leistungen«). Die Gleichmacherei und die Überreste des altmarxistischen Sozialneides müssen überwunden werden. Auf allen Führungs- und Leistungsebenen der Produktion sollte Ulbrichts Devise gelten »Na, Paule, denn mach Du doch die Musik!«, also der Fachmann vom Neid des Funktionärs befreit werden. Initiative und Risikofreudigkeit müssen, nach bewährter deutscher Tradition, an die Stelle von Passivität und Anpassertum, die von den Russen übernommen wurden, zu den Hauptqualifikationen aller leitenden Kader werden. Nicht blindes Gehorchen, sondern bewußtes Dienen ist gefragt. Das Fremdwort »Bürokratie« sollte durch das Fremdwort »Management« abgelöst werden. Staatliche Volkswirtschaftspläne, so unverzichtbar sie sind, dürfen nicht sakrosankt wie die Bibel sein, staatliche Kennziffern nicht den Stellenwert von Glaubensverkündigungen haben.
   Außerdem: Die Schwerpunktbildung im Bereich der industriellen Produktion, die 1977/78 mit der organisatorischen Zusammenballung von ca. 150 Groß-Kombinaten erfolgte und die sich anfangs glänzend zu bewähren schien, bedarf der Auflockerung und Differenzierung. Gerade auf dem Sektor moderner »Schlüsseltechnologien« kommen die Innovationsschübe weniger aus der Gigantenstruktur »sozialistischer Trusts« als aus flexibeln Mittelunternehmen mit 100 bis 150 hochqualifizierten Arbeitnehmern, in denen Bürokratie durch Risikobereitschaft und Experimentierfreude ersetzt wird.
2. das staatssozialistische Prinzip im Bereich des *Handels*, des *Handwerks* und der *Dienstleistungen generell* Schritt für Schritt abzubauen. Die DDR hat mit den ca. 80000 *privaten* Handwerksbetrieben, die sie zur Zeit besitzt, die allerbesten Erfahrungen gemacht. Ohne die sozialistischen Gegebenheiten anzutasten und die Eigentumsverhältnisse in der

> Schwer- und Grundstoff-Industrie, bei Banken, Versicherungen und Bodenschätzen zu ändern, sollte in allen oben genannten Bereichen, insbesondere im Gaststätten-, Hotel- und Einzelhandels-Sektor, das Moment der Privatinitiative und der Konkurrenz gefördert werden. Nicht Fragen des Eigentums, sondern der Effektivität sind hinfort von Bedeutung. Um ein konkretes Beispiel zu geben: Nicht halbleerstehende staatliche Riesenhotels, sondern liebevoll geführte Privatpensionen verändern die Lebensqualität erholungssuchender Touristenmassen. Zusätzliche Privatunternehmen sind also zu schaffen, mit staatlicher Förderung und ohne jegliche gesellschaftliche Diskriminierung der Privatbesitzer durch Partei und Gewerkschaft. Dafür sind günstige Startbedingungen vonnöten, die sich unter anderem in einer Steuerbefreiung für die ersten zwei, drei Jahre ausdrücken könnten.

Mit anderen Worten: Die Führung der Deutschen Demokratischen Republik steht am Scheidewege. Sie ist dazu aufgerufen, ihr sozialistisches Staatswesen, das »rote Preußen« zwischen Elbe und Oder, umzugestalten, es den Gesetzen und Notwendigkeiten des unerbittlich voranschreitenden Zeitgeistes anzupassen.

Die DDR kann auf Dauer nicht um eine neue Politik herumkommen. Will sie sich jedoch umgestalten, so kann sie ihr neues Heil nicht in einem Abklatsch sowjetischer Reformen suchen, nicht in blinder Nachahmung des nur für sowjetische Verhältnisse tauglichen Gorbatschow-Modells. Die DDR muß ihren eigenen Reform-Weg finden! Er kann nur unter drei Kennzeichen stehen:

1. Rückbesinnung auf die gesamtdeutsche Nation –
2. Demokratisierung der Gesellschaft –
3. Neuordnung der Wirtschaft.

Im roten Preußenland sollten zu *Ordnung* und *Fleiß* endlich *Kreativität* und *Eigeninitiative* kommen. Alte deutsche Tugenden müssen an die Stelle importierter Untugenden wie Trägheit, Passivität, Liebedienerei und Anpassung treten. Und die 17 Millionen Deutschen in der DDR müssen endlich wieder singen und sprechen dürfen von »Deutschland, einig Vaterland«, vom Text und Aufruf ihrer eigenen Staatshymne. Erst wenn die Preußen und Sachsen wieder ihr Maul aufmachen und sich zu sich selbst, zu ihrer nationalen Identität frei bekennen dürfen, verdient das Staatswesen zwischen Elbe und Oder den Namen: »sozialistischer Staat deutscher Nation«.

Kurz: Nur eine Neubesinnung auf die gesamtdeutsche Nation kann dem deutschen Teilstaat zwischen Elbe und Oder eine demokratische Legitimation verschaffen.

Nachwort

Alles spricht dafür, daß die DDR auch noch ihren fünfzigsten Jahrestag begehen wird, im Oktober 1999. Hoffentlich als Mitgliedstaat einer DEMOKRATISCHEN KONFÖDERATION DEUTSCHLAND, also eines deutschen Staatenbundes aus Bundesrepublik und DDR.

Über vierzig Jahre Entwicklung hinweg blieb eines immer konstant: Die Bewohner der DDR wollen in ihrer überwältigenden Mehrheit die DEUTSCHE EINHEIT – sie sehen in der Bundesrepublik kein »Ausland« – sie akzeptieren ihren Teilstaat nicht als »Vaterland« – sie fühlen sich als Angehörige der DEUTSCHEN NATION.

Den Regierungen in Ost-Berlin und Bonn liegen die entsprechenden geheimen Umfrageergebnisse vor (der Regierung in Bonn spätestens seit Frühjahr 1988). Eine Deutschlandpolitik, die den Volkswillen weiterhin ignoriert, könnte weder als demokratisch noch als patriotisch charakterisiert werden.

Immer wieder wird behauptet, daß der Schlüssel zur deutschen Einheit in Moskau liegt. Die sowjetische Führung hat sich bei Abschluß des Vertragswerkes mit der Bundesrepublik 1970 dazu eindeutig geäußert. Der damalige sowjetische Außenminister und spätere Staatspräsident Gromyko erklärte am 29. Juli 1970 gegenüber Bundesaußenminister Walter Scheel:

> »Die dritte Frage, in der wir Ihnen entgegengekommen sind, ist die Wiedervereinigung Deutschlands als zukünftige Perspektive.
> Ihre Position ist klar, die unsere auch.
> Auch wir haben unsere Vorstellung, wie die künftige deutsche Einheit beschaffen sein soll.«

Gromyko erkannte also ausdrücklich die »künftige deutsche Einheit« als legitimes Ziel der Deutschen an.

Bei derselben Gelegenheit zeigte Gromyko den Deutschen den Weg auf, der zur Einheit Deutschlands führt, als er sagte:

> »Wenn zwei Staaten freiwillig ihre Vereinigung beschließen, oder wenn sie beschließen, Grenzen zu korrigieren, wie wir das selbst mit Norwegen, Afghanistan und Polen, dort sogar mehrfach, gemacht haben, oder wenn die Staaten zum Beispiel ihre gemeinsamen Grenzen aufgeben und

sich vereinigen wollen, wie Syrien und Ägypten, so wäre uns nicht eingefallen, hier zu kritisieren. Denn dies ist Ausdruck der Souveränität und gehört zu den unveräußerlichen Rechten der Staaten und Völker.«

Gromyko bestätigte also von sich aus das *Selbstbestimmungsrecht der beiden deutschen Staaten*, das darin besteht, ihre föderative Vereinigung zu beschließen, um dem deutschen Volk seinen rechtmäßigen Nationalverband zurückzugeben. Gromyko sagte damit nichts Neues, denn bereits am 27. Dezember 1961 hatte die Sowjetregierung in ihrem berühmten Memorandum an Bonn zur Frage der deutschen Einheit erklärt:

»So wie die beiden deutschen Staaten es vereinbaren, wird es nach Ansicht der Sowjetunion gut sein.«

Der Schlüssel zur deutschen Einheit ist also nirgendwo anders als in Bonn und Ost-Berlin zu suchen! Die Frage der Vereinigung der beiden deutschen Staaten ist eine ausschließliche Sache der Deutschen, ist ihr unveräußerliches Recht und unterliegt ihrer alleinigen Souveränität.

Eine Lösung der nationalen Frage durch föderative Vereinigung der beiden deutschen Staaten ist jederzeit möglich und sollte schnellstens in Angriff genommen werden. Es gibt dabei weder Risiken für den Westen noch für den Osten, weder für die Bundesrepublik noch für die DDR, wenn die Vereinigung in einem gleitenden Verfahren über bestimmte Phasen und in einem angemessenen Zeitraum vollzogen wird.

Im Zeichen des »neuen Denkens«, des Ringens um das »gemeinsame Haus Europa« und eines weltweiten, unaufhaltsamen Vormarsches des nationalen Selbstbestimmungsrechtes geht die reaktionäre Phase der Kleinstaaterei in Deutschland zu Ende. Mit historischer Gesetzmäßigkeit werden die DDR und das gesamte deutsche Volk einen Weg einschlagen, der etwa in folgenden Etappen verlaufen dürfte*:

1989–1991 1. Phase: *Demokratische Konföderation Deutschland*

Die Bundesregierung und die Regierung der DDR mögen Ende 1989 konkrete Verhandlungen aufnehmen, um den Abschluß eines Vertrages zur Bildung einer »Demokratischen Konföderation Deutschland«, also eines deutschen Staatenbundes, zustande zu bringen, der spätestens bis zum 31. 12. 1991 in Kraft treten sollte.

Der Zusammenschluß der beiden deutschen Staaten zu einer Konföderation ändert nichts an den inneren Verhält-

* Dabei sind die Jahreszahlen natürlich willkürlich und können jederzeit durch andere ersetzt werden.

nissen in der Bundesrepublik und in der DDR; keiner der beiden Staaten bekommt über den anderen Verfügungsgewalt.

Im exterritorialen Gebäude des ehemaligen Deutschen Reichstages zu Berlin tritt ein paritätisch besetzter »Deutscher Rat« zusammen, der in Permanenz tagt und berechtigt ist, mit Mehrheit gefaßte Beschlüsse den beiden deutschen Teilregierungen als Empfehlungen vorzulegen.

An der Zugehörigkeit der beiden deutschen Teilstaaten zu den diversen Wirtschaftssystemen (EG und RGW) sowie Militärallianzen (NATO und WARSCHAUER PAKT) ändert sich nichts.

1990–1991 2. Phase: *Truppenreduzierung*

Die Bundesregierung und die Regierung der DDR mögen – nach Verständigung ihrer jeweiligen Bündnispartner – in den Jahren 1990 und 1991 eine gleichzeitige Reduzierung ihrer Truppenstärken vornehmen.

Die Bundesrepublik sollte die Anzahl ihrer bewaffneten Streitkräfte auf 300000 Mann Bundeswehr (davon 200000 Mann Heer) und 30000 Mann Bundesgrenzschutz herabsetzen.

Die Regierung der DDR sollte die Anzahl ihrer bewaffneten Streitkräfte auf 150000 Mann NVA (davon 100000 Mann Heer) und 20000 Mann Grenztruppen herabsetzen.

Sämtliche paramilitärischen Verbände (beispielsweise die Betriebskampfgruppen der DDR) sind zu entwaffnen und aufzulösen.

1991–1995 3. Phase: *Grenzabbau*

In den ersten fünf Jahren der Konföderation Deutschland, von 1991 bis 1995, sollten sämtliche Mauern, Minenfelder, Grenz- und Sperranlagen in Deutschland gänzlich eliminiert werden, so daß absolute Reise-Freiheit für alle Deutschen innerhalb des Konföderations-Gebietes entsteht.

Für Reisen ins Ausland gelten weiterhin die Bestimmungen der beiden Teilrepubliken.

Die Verwirklichung der Aufenthalts-, Wohn- und Arbeits-Freizügigkeit in Deutschland bleibt einer späteren Konföderations-Phase vorbehalten.

1991–1995 4. Phase: *Truppenabzug*

In den fünf Jahren von 1991 bis 1995 sollten sämtliche

ausländischen Truppen (incl. Waffen und Geräten) vom Boden der Konföderation Deutschland abgezogen werden, bis auf ein symbolisches Kontingent von insgesamt 10000 Mann, das in Gesamt-Berlin stationiert bleibt, und zwar 5000 Mann der Westmächte in den Westsektoren und 5000 Mann der Sowjetunion im Ostsektor Berlins.
Jede Seite zieht pro Jahr zwanzig Prozent ihrer Streitkräfte ab.

1991–2000 5. Phase: *Ausgleichszahlung*
Die Bundesregierung möge sich bei Abschluß des Konföderations-Vertrages verpflichten, der DDR zehn Jahre lang jährlich eine Summe von 6 Milliarden DM als Ausgleichszahlung für die ca. 80 Milliarden DM Reparationsleistungen der DDR (von 1945 bis 1953) zu überweisen.
Diese Summe von insgesamt 60 Milliarden DM sollte an spezifizierte und kontrollierte Verwendungs-Bestimmungen gebunden sein, so daß sie ausschließlich zivilen Zwekken, vor allem dem Lebensstandard und der Infrastruktur in der DDR, zugute kommt.

2000–2004 6. Phase: *Freizügigkeit*
Nach Abschluß des Ausgleichsphase sollte auf dem gesamten Territorium der Konföderation Deutschland die vollständige Aufenthalts-, Wohn- und Arbeits-Freizügigkeit für alle Deutschen schrittweise realisiert werden.

2005 7. Phase: *Blockfreiheit*
Im Frühjahr 2005 sollte der gleichzeitige Austritt der beiden deutschen Teilstaaten aus den Militärallianzen NATO und WARSCHAUER PAKT erfolgen.
Gleichzeitig proklamiert das oberste Gremium der Konföderation Deutschland, der »Deutsche Rat«, die immerwährende Blockfreiheit der Deutschen Nation.

Wolfgang Venohr

Anhang I

Die wichtigsten Passagen des Sowjet-Memorandums vom 27. 12. 1961 an die Bundesregierung.

Die Sowjetunion und die Bundesrepublik Deutschland sind die größten Staaten Europas, und der Stand ihrer Beziehungen zueinander kann für niemanden, der wirklich bestrebt ist, den Völkern eine friedliche Zukunft zu sichern, gleichgültig sein. Die Sowjetunion und die Bundesrepublik entwickeln sich auf verschiedenen sozialen und wirtschaftlichen Grundlagen. Unsere Länder vertreten verschiedene Standpunkte und haben in vielen wichtigen internationalen Fragen verschiedene Auffassungen. An einem aber müssen heute die Sowjetunion und die Bundesrepublik gleich stark interessiert sein, nämlich daran, einen neuen Krieg zu verhindern und den Frieden zu festigen . . .

Das Leben hat 1945 nicht aufgehört. Die historische Entwicklung ist weitergegangen, und vieles hat sich verändert, in einigen Fällen vielleicht auch gegen Willen und Wunsch der regierenden Kreise mancher Länder; die Vergangenheit, wie hart und schwer sie auch gewesen sein mag, darf uns deshalb nicht die Zukunft verbauen und nicht die Möglichkeiten versperren, zwischen der Sowjetunion und der Bundesrepublik Beziehungen zu entwickeln, die für unsere beiden Staaten akzeptabel und vorteilhaft sind.

Wie ist die Lage der Zeit? Die Friedensregelung ist nicht abgeschlossen. Europa ist gespalten. An Stelle des ehemaligen Deutschen Reiches sind die Bundesrepublik, die Deutsche Demokratische Rebublik und das Sondergebilde Westberlin entstanden, über das in der Frage seiner Konstituierung als freie Stadt bald ein Beschluß gefaßt werden muß.

Ein paar neutrale Länder in Europa bilden seltene Oasen. Die zwei verschiedenen sozialen Systemen angehörenden Staaten, die einander im Kalten Krieg als Gegner gegenüberstehen, haben sich zu je einem Block zusammengeschlossen – dem Nordatlantikpakt und der viel später gegründeten Warschauer Gemeinschaft. Diese beiden Weltgruppierungen üben in Europa und weit darüber hinaus die Vorherrschaft aus. Zwischen ihnen findet in der Hauptsache auch das Wettrüsten statt, und das, obwohl die Geschichte mehr als einmal bewiesen hat, daß ein Wettrüsten letzten Endes zum Kriege führt. Auch heutzutage können wir die Möglichkeit eines solchen für die Völker unheilvollen Ausgangs nicht ausschließen.

Der Zusammenschluß der Länder des Warschauer Vertrags war eine Gegen-

maßnahme gegen die Gründung des NATO-Militärblocks, der von Anfang an eine antisozialistische Spitze hatte, was seine Organisatoren auch ganz offen ausgesprochen haben. Die Sowjetunion und die anderen Mitglieder des Warschauer Vertrags waren gezwungen, sich zum Schutz ihrer Interessen zu einem Militärbündnis zusammenzuschließen. Gleichzeitig haben sie zu wiederholten Malen erklärt, daß es vernünftig wäre, diese Militärblöcke abzuschaffen, sich über die Abrüstung zu einigen, alle Streitfragen auf friedlichem Wege zu lösen und sich im Verhältnis der Staaten untereinander von den Verpflichtungen leiten zu lassen, die jeder Staat beim Eintritt in die Organisation der Vereinten Nationen auf sich nimmt, nämlich den Grundsätzen der UNO-Satzung. Es ist nicht unsere Schuld, wenn es bisher nicht gelungen ist, in dieser Hinsicht Fortschritte zu erzielen, und man muß deshalb die Dinge so nehmen, wie sie sind.
Die Westmächte lassen sich in keiner dieser Fragen auf eine Vereinbarung ein. Sie wollen kein Abrüstungsabkommen, und sie verhindern den Abschluß eines deutschen Friedensvertrags und eine darauf gegründete Lösung der Westberlin-Frage und werden dies wohl auch weiter tun. Und das nicht etwa, weil ihnen die nationalen Belange der Deutschen oder die Rechte der westdeutschen Bevölkerung am Herzen lägen. Nein. Sie brauchen die ungeregelten Nachkriegszustände in Europa, sie brauchen Westberlin in seinem heutigen völlig anomalen Zustand als Quelle der Spannung in der Welt und im Verhältnis der Staaten untereinander, um den Kessel am Sieden und die Nerven in Hochspannung zu halten und die anderen Länder, die der NATO angehören, aber ihre Politik nicht maßgeblich mitbestimmen, in Furcht und Abhängigkeit verharren zu lassen.
Gewisse Politiker in den mit der Bundesrepublik verbündeten Ländern erklären, Zugeständnisse machen bedeute, die Bande lockern, mit denen die Bundesrepublik mit der NATO verbunden ist, hieße die Bundesrepublik von sich stoßen. Aber das westdeutsche Gebiet und sein militärisches und wirtschaftliches Potential bildeten ja schon einen Grundpfeiler des Nordatlantikblocks, als die Bundesrepublik noch gar nicht geboren war; ohne diesen Pfeiler geriete das ganze scheinbar so feste NATO-Gebäude ins Wanken. Eine neutrale Bundesrepublik, geschweige denn ein vereintes friedliebendes, neutrales Deutschland mit geringen Militärausgaben und einer mächtigen, leistungsfähigen Wirtschaft ist ja auch gar nicht das, was in den Hauptstädten der Westmächte gefallen könnte, nicht das, wonach man dort trachtet. Die Spannung wird also keineswegs im Interesse Deutschlands, sondern um der eigenen Belange willen aufrechterhalten, um die Bundesrepublik bei sich zu halten.
Dadurch, daß die Westmächte am »Kalten Krieg« festhalten, verhindern sie, daß auch nur eine einzige Frage gelöst wird. Obwohl sie wissen, wie

absurd so etwas bei den heutigen Kräfteverhältnissen ist, versuchen sie trotzdem, sich die nationalen Gefühle der Deutschen zunutze zu machen, und schüren die revanchistischen Bestrebungen bestimmter westdeutscher Kreise. Die darin liegende Gefahr, daß ein Krieg ausbricht, durch den alle Länder und am stärksten die Bundesrepublik betroffen würden, diese Gefahr sehen die Westmächte durchaus.

Wollen wir doch einmal sachlich prüfen, wo die Interessen der Bundesrepublik liegen und welche Möglichkeiten für das sowjetisch-westdeutsche Verhältnis in Zukunft gegeben sind. Selbstverständlich werden wir – das verhehlen wir nicht – dabei von unserem sowjetischen Standpunkt ausgehen.

Was hat die Bundesrepublik seinerzeit in die NATO geführt? Es war dies offensichtlich die zwischen ihr und den anderen Teilnehmern an diesem Bündnis bestehende Gemeinsamkeit der Zielsetzung, die vor allem in der »Zurückdrängung« des Sozialismus und in der Beseitigung der sozialistischen Ordnung in den europäischen Ländern bestand. Diese Politik wurde von *John Foster Dulles* offen verkündet. Sie fand in den westlichen Ländern bei einer Reihe weiterer Politiker Unterstützung, deren Sinn durch den Haß gegen den Sozialismus und den Willen zu seiner Vernichtung getrübt war.

Durch den Eintritt in die NATO erhielt die Bundesrepublik das Recht, eine starke Bundeswehr aufzubauen, und sie rechnet jetzt damit, diese Streitkräfte mit Kernwaffen ausrüsten zu können. In dieser Hinsicht hat die Beteiligung der Bundesrepublik an der NATO ihr, zumindest vom Standpunkt einiger westdeutscher Politiker aus gesehen, gewisse Vorteile gebracht. Sind diese Vorteile aber nicht zu teuer bezahlt? Durch den Eintritt in die NATO und die Wiederaufrüstung ist die Bundesrepublik weiter als je davon entfernt, alle jene nationalen deutschen Ziele zu erreichen, die ihre Regierung als Hauptanliegen ihrer Politik verkündet hat. Die Spaltung des Landes ist tiefer und die Vereinigung Deutschlands unvergleichbar schwieriger geworden und in weitere Ferne gerückt. Was die Hoffnung betrifft, die Deutsche Demokratische Republik verschlucken und dadurch den kapitalistischen deutschen Staat stärken zu können, so entbehrte sie schon in der Vergangenheit jeder realen Grundlage, und auch, wer sich heute oder morgen oder im weiteren einer solchen Hoffnung hingeben sollte, ist von einer nüchternen Einschätzung der Lage himmelweit entfernt.

So ergibt sich also, daß die Beteiligung der Bundesrepublik an der NATO zwar ihre Position im Verhältnis zu den Westmächten in gewissem Grade gestärkt, ihre politische Stellung im Verhältnis zu den östlichen Mächten aber nicht nur nicht stärker gemacht, sondern entscheidend geschwächt hat. Das ist die Bilanz. Was wiegt schwerer, das Positive oder das Negative?

Diese Frage läßt sich nur dann beantworten, wenn sich erkennen läßt, worauf die deutschen Politiker größeren Wert legen, auf die Lösung der deutschen nationalen Probleme oder auf die Verwirklichung der »kollektiven Aufgaben« der NATO, d.h. der Politik des Antikommunismus.
In der Politik tut man gewöhnlich nichts aus reiner Sympathie. Wer glaubt, daß etwa die Hartnäckigkeit, mit der Frankreich die Bundesrepublik nach wie vor enger an die NATO zu ketten versucht, nur einer besonders herzlichen Zuneigung zu Westdeutschland entspricht, der dürfte sich irren.
Die führenden französischen Politiker und insbesondere *General de Gaulle* kennen die Grenzen ihrer eigenen Möglichkeiten und sind wahrscheinlich sehr wohl in der Lage, Deutschlands Möglichkeiten einzuschätzen. Sie sind wegen der weiteren Entwicklung beunruhigt und versuchen, das wenige, was Frankreich an Möglichkeiten der Kontrolle über die Bundesrepublik aus der Besatzungszeit verblieben ist und was es durch das System der Pariser Verträge zu verlängern bestrebt war, soweit es geht, zu behalten. Das Werben um Westdeutschland durch Frankreich und seinen Präsidenten entspringt deshalb nicht besonderer Liebe; es ist lediglich Ausdruck des Wunsches, einen starken Partner bei sich zu haben, beziehungsweise sich selbst in seiner Nähe zu halten.
Es mag auch Leute geben, die glauben, Großbritannien fördere die Aufrüstung der Bundesrepublik deshalb, weil seine Regierung mit der Möglichkeit eines Krieges gegen die Sowjetunion rechne oder daran interessiert sei, das Deutsche Reich mit seinem ganzen politischen, wirtschaftlichen und militärischen Gewicht wiedererstehen zu lassen. Aber man braucht nur etwas aufmerksamer auf das zu hören, was in London an Dingen gesagt wird, die nicht für die Presse bestimmt sind, um sich darüber klar zu werden, daß England in seiner tatsächlichen Politik vor allem eine Sorge hat, nämlich wie es seinen westdeutschen Konkurrenten wirtschaftlich schwächen kann.
Wenn deutsche Gelder mobilisiert, wenn das vorhandene Menschenmaterial in die Armee und in die Rüstungsproduktion gesteckt wird, mit einem Wort, wenn Haushalt und Wirtschaft der Bundesrepublik durch das Wettrüsten der Auszehrung verfallen, so ist das bestimmten Kreisen in den Vereinigten Staaten von Amerika nur allzu recht. Der ehemalige amerikanische Präsident *Eisenhower* hat in seinen Gesprächen mit *N. S. Chruschtschow* auseinandergesetzt, es sei die wirtschaftliche Macht der Bundesrepublik und ihre Fähigkeit, die Westmächte, vor allem auch die Vereinten Staaten, auf den Weltmärkten wirksam zu bedrängen, gewesen, die die amerikanische Regierung veranlaßt habe, Westdeutschland zum Ausbau seiner Streitkräfte und zur Aufrüstung zu bewegen. Wenn die Bundesrepu-

blik nicht in das Wettrüsten einbezogen werde, erklärte *Eisenhower,* so werde sie ihr wirtschaftliches Potential weiter stärken und zum Schaden ihrer NATO-Verbündeten noch vorteilhaftere Positionen im Welthandel erobern. Und ist das nicht auch so? ...

Zur Zeit sind die sowjetisch-westdeutschen Beziehungen noch sehr der Vergangenheit verhaftet. Die Regierung der Bundesrepublik versucht – und sie handelt dabei unserer Meinung nach falsch –, die Verbesserung der sowjetisch-westdeutschen Beziehungen von der Erfüllung verschiedener Vorbedingungen abhängig zu machen. Richtiger wäre es, von der einfachen Tatsache auszugehen, daß die UdSSR und die Bundesrepublik nebeneinander wohnen und daß es im Interesse beider liegt, nicht auf Kriegsfuß miteinander zu leben.

Die Regierung der Bundesrepublik glaubt zum Beispiel, die Sowjetunion müßte ihr behilflich sein, gewisse Pläne mit Bezug auf die DDR durchzuführen. Man sollte sich aber keinen Illusionen hingeben. Die Sowjetunion hat nicht die Absicht, sich in die inneren Angelegenheiten der Deutschen Demokratischen Republik einzumischen. Unsere Beziehungen zur Bundesrepublik können natürlich auf der Grundlage der Berücksichtigung und Achtung der gegenseitigen Interessen aufgebaut werden, auf keinen Fall aber auf Kosten und zum Nachteil anderer Staaten. Wenn die Regierung der Bundesrepublik in ihrer Politik der Lösung der mit der Wiedervereinigung Deutschlands gestellten Aufgabe die ihr zukommende Beachtung schenkt, so wird es für sie das beste sein, darüber unmittelbar mit der Deutschen Demokratischen Republik zu verhandeln. So wie die beiden deutschen Staaten es vereinbaren, wird es nach Ansicht der Sowjetunion gut sein.

Anhang II

Presseartikel des Verfassers vom 15. 9. 1962 zur dramatischen »Wende« in den SPD-Kreisen West-Berlins.

»Götzendämmerung in Westberlin«

von WOLFGANG VENOHR

Berlin – Der »Dreizehnte« hat es in sich. Jedenfalls für Westberlin scheint er von wahrhaft tragischer politischer Bedeutung, scheint er wirklich ein Unglückstag zu sein. Kam am 13. August 1961 der k.o.-Schlag von außen, vom Gegner, der die Westberliner halb bewußtlos durch den Ring ihrer eingemauerten Stadt taumeln ließ, so bedeutete der 13. September 1962, daß die eigene Ecke – die eigene Stadtverwaltung – das Handtuch warf und einen Kampf aufgab, den sie fünfzehn Runden – fünfzehn Jahre – lang ohne Aussicht auf Erfolg, unter falschen Voraussetzungen und ohne Schonung des ihr anvertrauten Schützlings – der Westberliner Bevölkerung – geführt hatte.

Es begann am frühen Morgen dieses Tages, als die Berliner ihre Ausgabe der »Welt« aufschlugen und auf der dritten Seite einen Artikel lasen, der ihnen buchstäblich die Sprache verschlug. Offensichtlich von den SPD-Kreisen des Westberliner Senats inspiriert, wurde ihnen darin mitgeteilt, daß alles, was man ihnen seit 1947 erzählt hatte, falsch und irreführend gewesen sei. Mit dürren Worten wurde ihnen beigebracht, daß es notwendig sei, »Illusionen aufzugeben, der Selbsttäuschung zu entsagen, Drohungen zu unterlassen, die nicht verwirklicht werden können, Versprechungen zu vermeiden, die nicht zu erfüllen sind – kurzum, den Gegebenheiten mehr als bisher Rechnung zu tragen«. Jedem, selbst dem politisch Einfältigsten, war im Handumdrehen klar, was das hieß. Mit den Illusionen, die aufgegeben werden müssen, ist der Glaube an die Wiedervereinigung Deutschlands gemeint – die Drohungen, die zu unterlassen sind, weil sie doch nicht verwirklicht werden können, sind die antibolschewistischen Propaganda- und Kampfaktionen der letzten eineinhalb Jahrzehnte, von denen Westberlin geistig lebte – die Versprechungen, die nun vermieden werden müssen, da sie mitnichten zu erfüllen sind, sind die Befreiungströstungen für die Landsleute in der DDR und in Ost-Berlin, mit denen man seit über zehn Jahren freigebig um sich geworfen hatte. Das Erstaunlichste an dieser Lektüre aber war, daß die Westberliner nun einer »Selbsttäuschung«

entsagen sollten – als wenn sie sich seit fünfzehn Jahren selbst getäuscht hätten und nicht von den politisch Verantwortlichen planmäßig getäuscht worden wären.

Lasen die bestürzten und sprachlosen Berliner weiter, so konnten sie erfahren, daß das Verhältnis zwischen dem Berliner Senat und den drei westlichen Alliierten seit dem 13. August 1961 »nicht herzlicher« geworden ist, obwohl bis zum 12. September 1962 das Gegenteil in ihren Gazetten gestanden hatte. Sie trauten ihren Augen kaum, als sie wenige Zeilen weiter erfuhren, daß die »Geste der Stärke«, die vor zwei Monaten bei der Feier des 17. Juni in Westberlin an den Tag gelegt worden war, schon ganz unzeitgemäß gewesen sei. Und schließlich wurde ihnen halb belehrend, halb drohend angekündigt, daß eine »Bestandsaufnahme der politischen Situation« Westberlins vorgenommen werde, daß jetzt ein »realistischer Kurs« geboten sei, daß man ein »aufklärendes und unterweisendes Gespräch« mit der Bevölkerung führen und einen »Feldzug der Sachlichkeit« in Gang bringen werde. Einen Feldzug wahrscheinlich gegen eben diese Westberliner Bevölkerung und ihre hochgepeitschten Illusionen; gegen wen denn sonst?

Kaum hatte sich die Fama dieses sensationellen Artikels in Westberlin mit Windeseile von Mund zu Mund verbreitet, als am Nachmittag die neue Ausgabe der »Zeit« in der Stadt eintraf, auf deren Frontseite man, von dem Berliner Korrespondenten geschrieben, den Artikel »Brandts neue Welle« lesen konnte. In ihm wurde im Grunde die neue Tendenz der sozialdemokratischen Führung Westberlins bestätigt, und am Schluß hieß es unverblümt: »Die Bundesregierung lehnt es ab, die Zeit, in der für einen De-facto-Kontakt mit der DDR noch etwas zu erhalten ist, nützlich zu verwenden. In Berlin ist man da anderer Ansicht.« De-facto-Kontakt mit der DDR ... und DDR ohne Anführungszeichen geschrieben ... so etwas hatten die Westberliner in den großen Pressepublikationen noch niemals gelesen.

Es kam noch besser. Am Abend des 13. September 1962 sprach Innensenator Albertz vor der »Vereinigung Berliner Kaufleute und Industrieller« über die Sicherheit Westberlins, und wer beim Lesen nicht glauben wollte, mußte es nun beim Hören. Denn einer der ersten Sätze des Senators lautete, daß die Westberliner Bevölkerung von nun an zwischen Rechtstiteln und »praktischen Realitäten« unterscheiden müsse. Da war das Wort von den Realitäten, von denen und deren Anerkennung die bösen Machthaber der DDR seit fünf Jahren gesprochen hatten. Jetzt fiel es auch von höchster Stelle in Westberlin! Und wer sich darunter nichts vorstellen konnte, dem öffnete Albertz erbarmungslos die Augen, als er erklärte, die Westalliierten würden zwar für die »three essentials«, aber nicht für »Illusionen« ihren Kopf hinhalten, sie ständen für »ihre Interessen«, aber nicht für die

Wiedervereinigung Deutschlands in Berlin. Nicht für moralische Prinzipien also, darunter vor allem für das Selbstbestimmungsrecht des deutschen Volkes, wie man fünfzehn Jahre lang den Westberlinern erzählt hatte, sondern für *ihre,* für die *eigenen* Interessen.
Senator Albertz ließ es nicht bei rhetorischen Feststellungen bewenden. Er erbrachte den Beweis für seine Thesen. Er zählte folgenden Katalog östlicher Maßnahmen in den letzten fünfzehn Jahren auf:

November 1948 – das Herausbrechen Ost-Berlins aus dem Stadtverband;

Oktober 1949 – die Proklamierung Ost-Berlins zur DDR-Hauptstadt;

Sommer 1952 – das Verbot für Westberliner, die DDR zu betreten;

seit 1956 – das Paradieren von bewaffneten Einheiten der NVA in Ost-Berlin;

Herbst 1960 – die Einführung von Passierscheinen für Westdeutsche in Ost-Berlin;

13. August 1961 – die Errichtung der Mauer quer durch Berlin;

23. August 1962 – das Verbot für Westberliner, Ost-Berlin zu betreten;

In letzter Zeit – Abberufung des sowjetischen Stadtkommandanten von Ost-Berlin; Ernennung des NVA-Stadtkommandanten Generalmajor Poppe; Unterstellung der 1. und 2. Grenzbrigade unter die NVA und damit unter den Warschauer Pakt; Einführung der Bezeichnung der Mauer als »Schutzwall des Warschauer Paktes«.

Innensenator Albertz erklärte zu diesen Maßnahmen, daß sie zwar keineswegs Rechtens gewesen wären, daß sie aber auch mitnichten gegen die lebenswichtigen Interessen der Westalliierten verstoßen hätten, so daß niemals Gegenmaßnahmen zu erwarten gewesen seien. Er sagte damit nichts anderes, als was die »Welt« in ihrem Artikel festgestellt hatte, als sie darauf hinwies, daß der Volksaufstand des 17. Juni 1953 – der bekanntlich vornehmlich in Ost-Berlin stattfand – »von den zuständigen Stellen als eine innere Angelegenheit des sowjetischen Besatzungsgebietes betrachtet« worden sei. Das alles bedeutet, daß man die Bevölkerung Westberlins ebenfalls wie die Ost-Berlins und der DDR über fünfzehn Jahre lang bewußt belogen und betrogen hat.

Das ist nicht etwa eine schroffe Feststellung des Berichterstatters; das hat Senator Albertz selbst eingestehen müssen. Wenn er einen »Verzicht auf Illusionen«, wenn er einen »Abbau von Sentimentalitäten aller Art« forderte, so besagt das nichts anderes, als daß man sich gezwungen sieht, die Götzenbilder zu zertrümmern, die man anderthalb Jahrzehnte lang angebetet hat. Und deutlicher und vernichtender konnte die Verantwortungslosigkeit nicht bloßgelegt werden, mit der selbst noch in den letzten dramatischen Jahren die Westberliner Politik gehandhabt wurde, als schließlich Albertz bekannte, man habe den Westberlinern in den Tagen nach dem 13. August 1961 »spektakuläre Schauspiele« geboten, um ihnen Sand in die Augen zu streuen. Seine matte Entschuldigung, daß man sich eben auf die Psychologie in einer belagerten Stadt habe einstellen müssen, verrät eine Leichtfertigkeit in schicksalhaften Dingen, die an das Verbrecherische streift.

Ohne viel Umschweife: Das ist die totale Bankrotterklärung einer fünfzehnjährigen Politik in Westberlin. Was bleibt, ist für zweieinhalb Millionen Menschen langsame Resignation und schließliche Hoffnungslosigkeit, denn es fehlen die positiven Perspektiven. Ohne Hoffnung kann aber auf die Dauer weder der einzelne noch eine Gemeinschaft leben. Vor zwei Jahren hätte diese Schwenkung, die nicht freiwillig oder aus eigener Erkenntnis vorgenommen wird, sondern unter dem überwältigenden Druck der Tatsachen, noch manches zum Guten wenden können; heute kommt sie wahrscheinlich zu spät.

Anhang III

Analyse des Verfassers zur Behandlung der »nationalen Frage« Deutschlands durch die Führung der SED von 1949 bis 1989.

Der Regierung der DDR ist aus zahlreichen geheimen Umfrageaktionen gut bekannt, daß mindestens 88 Prozent der Bevölkerung zwischen Elbe und Oder ein blockfreies Gesamtdeutschland wünschen.
Im Westen Deutschlands sieht es kaum anders aus. Am 6. Oktober 1987 gab – wie die FAZ vom 8. 10. 1987 aus Bonn berichtete – der für Deutschlandfragen zuständige Bundestagsabgeordnete Lintner vor der CDU/CSU-Fraktion bekannt:

> »daß nach demoskopischen Erkenntnissen 82 Prozent der Deutschen* die Wiedervereinigung und die Schaffung eines neutralen Gesamtdeutschland bejahen und unterstützen«.

Mit anderen Worten: 60,8 Millionen, also etwa 85 Prozent der 72 Millionen Deutschen, die in beiden Staaten leben, sind für ein blockfreies, von West und Ost unabhängiges Gesamtdeutschland! Angesichts der Politik, die Ost-Berlin wie Bonn hinsichtlich der staatlichen Einheit Deutschlands treiben, fragt man sich, woher die beiden deutschen Teilregierungen ihre demokratische Legitimität nehmen wollen? Denn die überwältigende Mehrheit des deutschen Volkes ist in der Kardinal- und Existenzfrage der Nation entschieden anderer Meinung als die herrschenden politischen Klassen in Ost-Berlin und Bonn.
Deutschland ist seit vierzig Jahren, seit 1949, gespalten. In den ersten beiden Jahrzehnten, von 1949 bis 1969, wurde jeder Ansatz zur Einheit Deutschlands von Bonn aus torpediert; die SED gab sich – auf Weisung Moskaus – gesamtdeutsch und patriotisch. Seit zwei Jahrzehnten besteht eine heimliche, augenzwinkernde Übereinstimmung zwischen Ost-Berlin und Bonn, sich im »Status quo« der deutschen Teilung gemütlich einzurichten, jedem gesamtdeutschen »Risiko« tunlichst aus dem Weg zu gehen.
Was die DDR angeht, muß man also zwei Phasen der Deutschlandpolitik unterscheiden, die sich geradezu diametral gegenüberstehen.

---

* Er meinte natürlich: der Westdeutschen – W. V.

Die gesamtdeutsche Phase

1946 Am Anfang stand das Bekenntnis zur *Nation*. Im ersten Heft der theoretischen SED-Zeitschrift »Einheit« eröffnete Wilhelm Pieck den gesamtdeutschen Kampf mit einem Artikel unter dem wegweisenden Titel: »Die Einheit der Arbeiterklasse und die Einheit der Nation«.

Bei der Begründung der SED hieß es programmatisch:

> »Unsere breite nationale Politik wird uns zur entscheidenden Kraft im ganzen Volke werden lassen, und unerschöpfliche Energien werden für den Fortschritt der Entwicklung frei. Auf diesem Wege wird die Sozialistische Einheitspartei Deutschlands als Millionenpartei an der Spitze der ganzen Nation in Führung gehen.«

1949 Die Verfassung der neubegründeten DDR gab sich eindeutig *gesamtdeutsch*. In der Präambel hieß es:

»... hat sich das deutsche Volk diese Verfassung gegeben.«

Artikel 1, Absatz I, stipulierte:

»Deutschland ist eine unteilbare demokratische Republik; sie baut sich auf den deutschen Ländern auf.«

Artikel 1, Absatz IV, besagte, daß es nur eine einzige deutsche Staatsangehörigkeit gäbe.

Artikel 25, Absatz I und II, bestimmte:

»Alle Bodenschätze ... sind in das Volkseigentum zu überführen. ... Bis dahin untersteht ihre Nutzung der Aufsicht der Länder und, soweit gesamtdeutsche Interessen in Frage kommen, der Aufsicht der Republik.«

Artikel 118, Absatz I, erklärte ganz Deutschland zu einem einheitlichen Zollgebiet:

»Deutschland bildet ein einheitliches Zoll- und Handelsgebiet, umgeben von einer gemeinschaftlichen Zollgrenze ...«

Artikel 144 setzte fest:

»Gesamtdeutsches Recht geht dem Recht der Länder vor.«

Anläßlich seiner Wahl zum Staatspräsidenten der DDR erklärte Wilhelm Pieck:

> »Nicht eher werden wir ruhen, bis die widerrechtlich von Deutschland losgerissen und dem Besatzungsstatus unterworfenen Teile Deutschlands mit dem deutschen Kerngebiet, mit der Deutschen Demokratischen Republik, in einem einheitlichen demokratischen Deutschland vereinigt sind.«

Damit war die *Kernstaat-Theorie* verkündet, welche die DDR zur Keimzelle und zum Hort aller patriotischen Kräfte Deutschlands erklärte.

1951 DDR-Ministerpräsident Otto Grotewohl griff in einer Ansprache zum zweiten Jahrestag der Gründung der DDR am 7. 10. 1951 erneut die Kernstaat-Theorie auf, als er ausführte:

> »Am 7. Oktober 1949 wurde durch die Gündung der Deutschen Demokratischen Republik die Grundlage eines neuen, unabhängigen und freien gesamtdeutschen Staates gelegt.«

1952 Auf der II. Parteikonferenz forderte die SED am 12. Juli 1952 den »nationalen Befreiungskampf gegen die amerikanischen, englischen und französischen Okkupanten in Westdeutschland« und den »Sturz ihrer Vasallenregierung in Bonn« als »Aufgabe aller friedliebenden und patriotischen Kräfte in Deutschland.«
Diese nationale Befreiungstheorie wurde auch von der westdeutschen KPD übernommen und in einem »Programm der nationalen Wiedervereinigung« artikuliert.

1953 Höhepunkt und Abschluß einer Fachdiskussion zwischen Assistenten der Fakultät für Außenpolitik und Völkerrecht der Deutschen Verwaltungs-Akademie »Walter Ulbricht« und Dozenten der »Deutschen Hochschule der Justiz« in Potsdam-Babelsberg, die bereits 1952 eingesetzt hatte und sich um die Frage bewegte, ob der gesamtdeutsche Staat untergegangen sei oder nicht. Die DDR-Disputanten einigten sich schließlich auf folgenden Standpunkt:
Die von dem amerikanischen Völkerrechts-Experten Hans Kelsen aufgestellte Behauptung, der deutsche Staat sei durch »debellatio« (Erwerb eines fremden Gebietes durch kriegerische Eroberung) untergegangen, habe keiner anderen Absicht gedient als der, den Rechtsanspruch des deutschen Volkes auf Abschluß eines Friedensvertrages zunichte zu machen. Diese Argumentation sei Ausdruck der Interventions- und Okkupations-Politik der imperialistischen Westmächte. Die Anwendung des Lehrsatzes der »debellatio« gegenüber einem besiegten Gegner sei eine klare Verletzung des in der UN-Konvention fixierten nationalen Selbstbestimmungsrechts und der daraus abgeleiteten Aggressions-, Interventions- und Annexions-Verbote – und deshalb in toto völkerrechtswidrig.
Das Deutsche Reich sei als Völkerrechtssubjekt nicht mehr existent. Die Situation Deutschlands seit 1945 sei ein »casus sui generis«, der seinen Ursprung im Potsdamer Abkommen habe, in dem die Sieger sich verpflichtet hätten, die politische Unabhängigkeit und das Recht auf freie Selbstbestimmung Deutschlands zu achten. Das Potsdamer Abkommen sei eine vorübergehende Hilfestellung für das deutsche Volk gewesen, dessen nationales Selbstbestimmungsrecht unveräußerlich und Ausdruck seiner Souveränität sei.

1954 Während der Berliner Außenminister-Konferenz der vier Mächte im Januar und Februar 1954 rückte die DDR-Regierung von ihrer Kernstaat-Theorie ab und ging dazu über, von »zwei Teilen Deutschlands« zu sprechen, ohne damit den Anspruch auf Wiedervereinigung preiszugeben.
Am 24. Januar 1954 erklärte die Regierung der DDR in einem Brief an die vier Mächte:

> »Angesichts der Tatsache, daß Deutschland gegenwärtig kein einheitlicher Staat ist, erscheint es geboten, Vertreter aus beiden Teilen Deutschlands an den Beratungen teilnehmen zu lassen.«

Auch in ihrem Memorandum zur Deutschlandfrage vom 30. Januar 1954 an die gleiche Konferenz sprach die DDR-Regierung von zwei Teilen Deutschlands.
Offiziell wurde die Zwei-Staaten-Theorie in einer Regierungserklärung der DDR vom 19. November 1954 vertreten, als zum ersten Mal von der »Existenz zweier deutscher Staaten auf deutschem Boden« die Rede war.

1955 Nach der gescheiterten Gipfelkonferenz vom Juli 1955 in Genf ging die DDR endgültig zur völkerrechtlichen Argumentation der Zwei-Staaten-Theorie über, betrachtete und bezeichnete sich als einen der beiden Nachfolgestaaten des Deutschen Reiches.

1956 Am 21. Februar 1956 forderte die DDR beim schwedischen Außenministerium das Recht, gleichberechtigt mit der Bundesrepublik an den Gesprächen über das deutsche Vermögen im Ausland teilzunehmen. Die Bundesrepublik, argumentierte sie, sei nicht befugt, sich als alleiniger Rechtsnachfolger des deutschen Gesamtstaates aufzuführen oder im Namen Gesamtdeutschlands zu handeln. Die Frage des deutschen Vermögens im Ausland könne nur unter Beteiligung beider deutscher Staaten geregelt werden.
Anfang August 1956 verlangte die DDR, an der Londoner Konferenz über den Suez-Kanal teilzunehmen. Die britische Regierung weigerte sich, der DDR-Delegation ein Visum zu erteilen.
Am 15. August 1956 protestierte die DDR dagegen, indem sie diese Maßnahme als willkürlich und völkerrechtswidrig bezeichnete, da die Suez-Konvention aus dem Jahre 1888 vom Deutschen Reich unterzeichnet worden sei. Die Deutsche Demokratische Republik sei bis zum Tage der Wiedervereinigung einer der beiden Nachfolgestaaten des Deutschen Reiches.
Am 29. August 1956 bekräftigte DDR-Außenminister Dr. Lothar Bolz diese Auffassung, als er vor der Volkskammer erklärte:

> »In diesem Zusammenhang weist die Regierung der Deutschen Demokratischen Republik mit aller Klarheit darauf hin, daß, solange auf deutschem Territorium zwei deutsche Staaten bestehen, beide deutsche Staaten Nachfolgestaaten des Deutschen Reiches sind.«

1957 In Übereinstimmung mit ihrem gesamtdeutschen Bekenntnis zur Wiedervereinigung und unter Zugrundelegung der Zwei-Staaten-Theorie schlug die DDR die Bildung einer deutschen Konföderation, also eines Staatenbundes vor, der eine Übergangslösung sein sollte.

1960 Walter Ulbricht versicherte vor dem Zentralkomitee der SED, in »der zweiten Hälfte des 20. Jahrhunderts« stünde auf der Tagesordnung »nicht die Herausbildung einer westdeutschen und ostdeutschen Nation, sondern der Sieg des Sozialismus in der DDR und die Überwindung des Militarismus in Westdeutschland.«
Ulbricht fügte hinzu: »Dort ... wo sich erst einmal eine moderne Nation herausgebildet hat, ist trotz vorübergehender Spaltung die Wiederherstellung der Einheit der Nation unvermeidlich.«

1962 Im »Nationalen Dokument« der »Nationalen Front« der DDR wurde der Kampf um die Einheit Deutschlands erneut beschworen, war von der »in zwei Staaten gespaltenen Nation« die Rede.

1963 In ihrem ersten Parteiprogramm bezeichnete sich die SED als Partei »der Nationalen Würde und der nationalen Einheit«.
Sie betonte, daß sie unverrückbar am Ziel der »Wiederherstellung der nationalen Einheit Deutschlands« festhalte.

1966 Im Aufnahmeantrag der DDR an die Vereinten Nationen (UN-Doc. A/6283) hieß es wörtlich:

> »Jeder der beiden deutschen Staaten hat seine eigene Verfassung, seinen eigenen Staatsapparat, seinen eigenen Wirtschaftsorganismus und seine selbständige Armee.
> Diese beiden Staaten bilden ungeachtet dessen eine Nation.«

1968 In der Verfassung von 1968 wurde die DDR in Artikel 1 als »sozialistischer Staat deutscher Nation« definiert.
In Artikel 8, Absatz 2, hieß es:

> »Die Herstellung und Pflege normaler Beziehungen und die Zusammenarbeit der beiden deutschen Staaten auf der Grundlage der Gleichberechtigung sind nationales Anliegen der Deutschen Demokratischen Republik. Die Deutsche Demokratische Republik und ihre Bürger erstreben darüber hinaus die Überwindung der vom Imperialismus der deutschen Nation aufgezwungenen Spaltung Deutschlands, die schrittweise Annäherung der beiden deutschen Staaten bis zu ihrer Vereinigung auf der Grundlage der Demokratie und des Sozialismus.«

Die antinationale Phase

Der stellvertretende Leiter des Presseamtes beim Ministerrat der DDR, jener Dr. Herbert Bertsch, von dem im 2. Kapitel die Rede war, schrieb zu Beginn der Abgrenzungs-Kampagne 1970:

> »Die Deutschen *schlechthin* hat es nie in der Geschichte gegeben; und sie gibt es heute weniger denn je.«

Genau 160 Jahre zuvor hatte Johann Gottlieb Fichte, Deutschlands größter politischer Philosoph, in seinen Reden an die deutsche Nation, im Jahre 1810, ausgerufen:

»Ich rede für Deutsche *schlechthin,* von Deutschen *schlechthin,* und zwar durchaus beiseite und wegwerfend alle die trennenden Unterscheidungen, welche unselige Ereignisse seit Jahrhunderten in der *einen* Nation gemacht haben.«

Als die SED-Führung 1971 offen und massiv zur Abgrenzungs-Kampagne von Deutschland überging und den Kurs einer antinationalen Politik einschlug, brach sie nicht nur mit dem fünfundzwanzigjährigen Vermächtnis der eigenen Partei, die 1946 unter dem Banner der nationalen Einheit zum Kampf angetreten war, sondern sie brach im Grunde mit alle Traditionen der deutschen Arbeiterbewegung, ja sie brach mit Marx und Engels, mit deren unvergeßlicher Forderung aus dem Kommunistischen Manifest von 1847/1848: »Ganz Deutschland wird zu einer einzigen unteilbaren Republik erklärt.«

Was die SED-Führung 1971 tat, war auch Verrat an Karl Liebknecht, der 1918 vom Portal des Hohenzollernschlosses die »freie, sozialistische Republik *Deutschland*« proklamiert hatte.

Natürlich: Die Deutschen »schlechthin« – in einem idealistischen Sinne – hat es in der Tat niemals gegeben, so wie es niemals schlechthin Briten, Russen oder Franzosen gab. Davon ging ja Fichte im Jahre 1810 gerade aus, als er die Deutschen motivieren wollte, die »trennenden Unterscheidungen« der Vergangenheit zu vergessen und sich als geschlossene *Nation* den napoleonischen Unterdrückern entgegenzuwerfen. Klassengegensätze – auf die Dr. Bertsch hinauswollte – existieren immer und überall innerhalb der Nationen, und in bestimmten revolutionären Phasen entluden sie sich in blutigem Klassen- und Bruderkampf.

Nur: die fortdauernde Existenz der Nationen und ihre geschichtliche Personalität wurden davon niemals berührt! Der Klassenkampf von unten wandte sich keineswegs gegen die Nation; nie ging er mit feudalem Partikularismus oder bourgeoisem Separatismus Hand in Hand. Die bolschewistischen Revolutionäre waren im Bürgerkrieg zu keiner Zeit bereit, ihre russische Heimat mit den weißgardistischen Klassenfeinden auch nur vorübergehend zu teilen, aus den Klassenantagonismen eine ideologische Rechtfertigung für die Zerstückelung ihres Vaterlandes zu konstruieren.

Und die deutschen Revolutionäre? Die Unterdrückten und Beherrschten, die sich immer wieder zum Aufstand gegen ihre deutschen Unterdrücker und Beherrscher erhoben? Sind sie je in Versuchung geraten, darüber die Einheit der Nation, die Einheit Deutschlands in Frage zu stellen?

Mitnichten. Die aufständischen Bauern und Plebejer des Großen Deutschen Bauernkrieges von 1525–1526 sind keinen Augenblick auf die Idee gekommen, die von ihnen befreiten Territorien vom Reich zu trennen und den *nationalen Klassenkampf* in einen *territorialen Separatismus* umschlagen zu lassen. Im Gegenteil: Mit Leib und Leben stemmten sie sich gegen die deutsche Zwietracht, kämpften sie gegen die feudalistische Zersplitterung Deutschlands und für ein einiges evangelisches Reich Deutscher Nation.
Oder hätten die »preußischen Jakobiner« von 1807 bis 1813 aus Verbitterung über den nationalen Verrat deutscher Fürsten und Potentaten je daran gedacht, die Nation zu spalten, vielleicht ein antinapoleonisches Preußen (unter russischer Vormundschaft) gegen das übrige Rheinbund-Deutschland (unter französischer Vorherrschaft) zu stellen? Nein: Mit all seiner patriotischen Leidenschaft sprach der Freiherr vom Stein es aus, daß sein Glaubensbekenntnis *Einheit* heiße, daß er nur *ein* Vaterland kenne, und daß dies *Deutschland* sei.
Und schließlich 1848/1849. Gibt es einen einzigen Hinweis darauf, daß die Revolutionäre der linken Fraktion, die Hecker, Struve, Herwegh, Engels, aus Gründen des Klassenkampfes Deutschland zerreißen, daß sie etwa das revolutionierte Baden vom übrigen, konterrevolutionären Vaterland abtrennen wollten? Keineswegs. Soeben erst hatte Friedrich Engels geschrieben: »So lange die Zersplitterung unseres Vaterlandes besteht, so lange sind wir politisch null!«
Selbstverständlich, die Deutschen »schlechthin« hat es nie gegeben, kann es gar nicht gegeben haben, wenn man die Bedeutung der Klassenfrage nicht schlankweg leugnen will. Doch über alle Klassengegensätze hinweg hat es immer schlechthin Deutschland, hat es immer schlechthin die Idee der Nation und der deutschen Einheit gegeben. Und diese nationale Idee wurde von den deutschen Revolutionären aller Jahrhunderte niemals als unaufhebbarer Widerspruch zur Klassenfrage, sondern immer im Kontext, in dialektischem Sinne als Einheit verstanden.
Als die SED-Führung 1971 einen Widerspruch von nationaler und Klassenfrage konstruierte, verriet sie die Losung von 1946: »Die Einheit der Arbeiterklasse und die Einheit der Nation!« Diese Losung hatte aber völlig den Erkenntnissen Lenins entsprochen, der erklärt hatte:

> »Wir können den revolutionären Massenkampf für den Sozialismus nicht dem revolutionären Programm in der nationalen Frage gegenüberstellen. Wir müssen das erste mit dem zweiten verbinden!«

Alle Klassenkämpfe, alle Aufstände und Revolutionen der Geschichte sind bis auf den heutigen Tag *national* gewesen. Das war so vom Großen Deutschen Bauernkrieg bis zur amerikanischen, französischen, russischen,

chinesischen, cubanischen und vietnamesischen Revolution. Das war auch der Fall im Spanischen Bürgerkrieg, in dem spanische Sozialisten und Republikaner nicht für irgendeine imaginäre Weltrevolution, sondern konkret um die revolutionäre Selbstverwirklichung des spanischen Volkes kämpften. Alle diese Aufstände und Revolutionen vollzogen sich ausnahmslos als Bürgerkriege, und alle ohne Ausnahme galten der Einheit und nicht der Spaltung der jeweiligen Nation.
Als die SED-Führung sich von Deutschland abwandte, schlug sie den Weg Metternichs und Adenauers ein, begab sie sich auf den separatistischen Pfad der Reaktion. Das heißt, sie wechselte – im geschichtsphilosophischen Sinne – das Lager. Von der nationalen Einheit zur Kleinstaaterei zurückkehren zu wollen, während alles in unserer Zeit auf engere Kommunikation und Verbindung, alles auf das Entstehen höherer sozialökonomischer Formen drängt, stellt einen Widerspruch in sich selbst und einen hoffnungslosen Rückschritt dar.
Daß die SED diesen abenteuerlichen und sektiererischen Kurs überhaupt zwei Jahrzehnte durchhalten konnte, lag nur daran, daß sich in der Bundesrepublik ein spiegelbildnerischer Vorgang vollzog. Als sich die SED 1971, SPD und FDP zur selben Zeit und CDU/CSU 1982/83 auch verbal von der Nation und vom Nationalstaat abwandten, da schlugen sie einen *Sonderweg* ein, der von keinem anderen Volk der Erde beschritten wird, da verabschiedeten sich diese Parteien von den fortschrittlichen Kräften der Epoche, wandten sie sich gegen die tragenden Ideen des Jahrhunderts.
Das alles geschah zu einer Zeit, in der die Kraft der nationalen Idee den Erdball dominierte. Kurz zuvor hatte sich China seine nationale Unabhängigkeit von sowjetischer Bevormundung erkämpft. Kurz danach erfochten sich die Vietnamesen ihre nationale Wiedervereinigung. In den USA bereitete sich Ende der siebziger Jahre ein leidenschaftlicher Nationalismus vor, der unter Ronald Reagan in den Achtzigern zu vollem Durchbruch kam. Parallel marschierte der iranische Nationalismus unter Chomeini auf. In Afghanistan entbrannte ein nationaler Befreiungskampf, der nur mit der Niederlage der Sowjetunion enden konnte. Schließlich, 1987 und 1988, zeigten Esten, Letten und Litauer, Armenier, Tataren, Georgier und Aserbeidschaner, daß selbst fünfzig, sechzig, siebzig Jahre Manipulation und Unterdrückung die nationale Identität nicht besiegen können.
Sowjetische Historiker hatten ihre DDR-Kollegen auf einem Empfang in der sowjetischen Botschaft Unter den Linden gewarnt, als sie erklärten: Die antinationale Abgrenzungs-Kampagne der SED könnte nie zum Erfolg führen; sie, die Sowjets, hätten alle ihre Theorien korrigieren und feststellen müssen, daß beispielsweise die Juden in der UdSSR noch 1900 Jahre

nach ihrer Vertreibung aus Palästina hartnäckig an ihrer nationalen Personalität festhielten.
Gab es von der marxistischen Ideologie her irgendeine Rechtfertigung für die antinationale Politik der SED-Führung?
Keineswegs. Lenins Anweisung zur engen Verzahnung von sozialem Klassenkampf und nationalem Befreiungskampf ist bereits zitiert worden. Friedrich Engels hat sich wiederholt und in der ihm eigenen Klarheit zur nationalen Frage geäußert. An die irische Freiheitsbewegung, die zeitweilig in Gefahr war, kosmopolitischen Einflüsterungen der Briten zu erliegen, schrieb er:

> »Wenn Mitglieder einer Siegernation die Besiegten ermahnen wollen, ihre Nationalität zu vergessen, so ist das nicht Internationalismus, sondern nichts anderes als der Versuch, die Herrschaft des Siegers zu verewigen.«

Noch deutlicher wurde er, als er sich kurz vor seinem Tode – warnend an die französischen Genossen wandte:

> »Für Deutschlands nationale Einheit werden sich die deutschen Sozialisten bis aufs äußerste schlagen! Niemals werden wir Deutschland auf den Stand der Zersplitterung und Ohnmacht von vor 1866 zurückwerfen lassen.«

Zwei Jahrzehnte Abgrenzungspolitik von Deutschland haben der ideologischen Glaubwürdigkeit der SED beträchtlichen Schaden zugefügt, haben der DDR eine schwere historische Last aufgebürdet.
Nur eine Rückbesinnung auf die Lehren der Geschichte, auf das Erbe und Vermächtnis der gesamten deutschen Nation kann die DDR-Führung in psychologischen Konsens mit ihrer eigenen Bevölkerung bringen. Nur wenn Leute wie der stellvertretende Kulturminister Klaus Höpke, der sich im Oktober 1988 erdreistete, in der Moskauer »Literaturnaja Gaseta« gegen die Nation der Deutschen zu polemisieren, zur Verantwortung gezogen und aus ihren Stellungen gefeuert werden, kann die Partei der SED auf ein Überleben hoffen.

Die Bibliographie

vermittelt dem Leser einen Überblick über diejenigen Publikationen, die zur Abfassung des Buches herangezogen wurden. Veröffentlichungen aus der DDR sind mit einem • gekennzeichnet.
An Zeitungen und Zeitschriften wurden die kompletten Jahrgänge des »Neuen Deutschland« und der »Berliner Zeitung« (beide DDR) sowie des »Deutschland Archiv« (Köln) und der »Neuen Politik« (Hamburg) benutzt.
Die Titel bzw. Namen der Verfasser sind nicht nach dem Alphabet, sondern nach den Erscheinungsjahren der Bücher geordnet. Es mag für den Leser interessant sein zu verfolgen, wie die Publizistik die Geschichte der DDR kommentierend begleitete bzw. den Ereignissen nachhinkte.
Allein die Titel der Bücher sprechen Bände über den Wandel der Auffassungen hinsichtlich der Deutschen Demokratischen Republik und der Einheit Deutschlands.

1945 *Röpke, Wilhelm:* »Die deutsche Frage«

1946 • *Abusch, Alexander:* »Der Irrweg einer Nation«

• *Ackermann, Anton:* »Gibt es einen besonderen deutschen Weg zum Sozialismus?«; in: »Einheit«, Nr. 1/1946

1949 • *Ulbricht, Walter:* »Die Organisationsarbeit der SED«

1951 • *Puttkamer, Jesco v.:* »Von Stalingrad zur Volkspolizei«

1952 • *Meusel, Alfred:* »Thomas Müntzer und seine Zeit«

1953 *Friedrich, Gerd:* »Die Freie Deutsche Jugend«

• *Füßler, Heinz:* »Leipzig 1813«

• *Häckel / Steiner:* »Das Volk steht auf«

Klimow, Gregory: »Berliner Kreml«

• *Lange, Fritz (Hrsg.):* »Die Lützower«

• *Müller, Harald:* »Blücher, der Held des Volksheeres«

Nettl, Peter J.: »Die deutsche Sowjetzone bis heute«

• *Thiele, Gerhard:* »Scharnhorst, der Schöpfer der Volksbewaffnung«

• *Ulbricht, Walter:* »Zur Geschichte der deutschen Arbeiterbewegung«, 10 Bde.

1954 *Brant, Stefan:* »Der Aufstand«

• *Donath / Markov:* »Kampf um Freiheit«

Haas, Gerhard: »Der FDGB«
• *Lange, Fritz:* »Neithardt von Gneisenau«
Lange, Max Gustav: »Totalitäre Erziehung«
Riess, Curt: »Der 17. Juni«
Stern, Carola: »Die SED«

1955 *Duhnke, Horst:* »Stalinismus in Deutschland«
Lange, Max Gustav: »Wissenschaft im totalitären Staat«
Leonhard, Wolfgang: »Die Revolution entläßt ihre Kinder«
Lukas, Richard: »10 Jahre sowjetische Besatzungszone«
Wulffen, Christian: »Mitteldeutsches Tagebuch«, 3 Bde.

1956 • *Buchwitz, Otto:* »Brüder, in eins nun die Hände«
Friedrich, Carl Joachim: »The Soviet Zone of Germany«
Möbius, Gerhard: »Erziehung zum Haß«
Schultz, Joachim: »Der Funktionär in der Einheitspartei«

1957 *Deuerlein, Ernst:* »Die Einheit Deutschlands«
Kersten, Heinz: »Aufstand der Intellektuellen«
• *Polack, Karl:* »Die Demokratie der Arbeiter- und Bauernmacht«
Rühle, Jürgen: »Das gefesselte Theater«
Stern, Carola: »Porträt einer bolschewistischen Partei«

1958 • *Becher, Johannes R.:* »Walter Ulbricht. Ein deutscher Arbeitersohn«
• *Kölsch, Hans:* »Über den Klassenkampf in der DDR«
Niekisch, Ernst: »Erinnerungen eines deutschen Revolutionärs«, 2 Bde.
Richert, Ernst: »Agitation und Propaganda«

1959 • *Doernberg, Stefan:* »Die Geburtsstunde eines neuen Deutschland«
• *Grotewohl, Otto:* »Im Kampf um die einige Deutsche Demokratische Republik«, 4 Bde.
Kantorowicz, Alfred: »Deutsches Tagebuch«, 2 Bde.

1960 *Conze, Werner:* »Der 17. Juni«
Kohn, Hans: »The Mind of Germany«
Preuß, Herbert: »Doch es war nicht die Wahrheit«
Rühle, Jürgen: »Literatur und Revolution«
Schenk, Fritz: »Magie der Planwirtschaft«

1961 • *Benser, Günter:* »Vereint sind wir unbesiegbar«
Stamm, Eugen: »Juni 1953«

1962 *Froese, Leonhard:* »Sowjetisierung der deutschen Schule«
Schenk, Fritz: »Im Vorzimmer der Diktatur«
Venohr, Wolfgang: »Die roten Preußen der Volksarmee«, 2 Tle.; in: »DIE ZEIT«, Hamburg

1963 *Conze, Werner:* »Die deutsche Nation«
Flade, Hermann: »Deutsche gegen Deutsche«
Hindrichs, Armin: »Die Bürgerkriegsarmee«
Hornstein, Erika v.: »Staatsfeinde«
Krüger, Horst (Hrsg.): »Das Ende einer Utopie«
Mampel, Siegfried: »Der Sowjetsektor von Berlin«
• *Scheel, Heinrich:* »Das Jahr 1813«

Stern, Carola: »Ulbricht – eine politische Biographie«
• *Straube, Fritz:* »Frühjahrsfeldzug 1813«
1964 *Bender, Peter:* »Offensive Entspannung«
Dönhoff, Marion Gräfin: »Reise in ein fernes Land«
Forster, Thomas: »N V A. Die Armee der Sowjetzone«
Havemann, Robert: »Dialektik ohne Dogma?«
Jänicke, Martin: »Der Dritte Weg«
Richert, Ernst: »Das zweite Deutschland«
Storbeck, Dietrich: »Soziale Strukturen in Mitteldeutschland«
• *Thomas, Siegfried:* »Entscheidung in Berlin«
Wechsberg, Joseph: »Land mit zwei Gesichtern«
1965 • *Doernberg, Stefan:* »Geschichte der DDR«
Feddersen, Dieter: »Die Rolle der Volksvertretungen in der DDR«
Frank, Hennig: »20 Jahre Zone«
Herz, Hanns-Peter: »Freie Deutsche Jugend«
Hornstein, Erika v.: »Die deutsche Not«
Möbius, Gerhard: »Unterwerfung durch Erziehung«
• *Norden, Albert:* »Die Nation und wir«
Tudyka, Kurt (Hrsg.): »Das geteilte Deutschland«
Stehlin, Paul: »Auftrag in Berlin«
1966 • *Badstübner / Thomas:* »Die Spaltung Deutschlands«
Deuerlein, Ernst (Hrsg.): »DDR. Geschichte und Bestandsaufnahme«
Dübel, Siegfried: »Dokumente zur Jugendpolitik der SED«
Gniffke, Erich W.: »Jahre mit Ulbricht«
Schwarz, Hans-Peter: »Vom Reich zur Bundesrepublik«
Vogelsang, Thilo: »Das geteilte Deutschland«
Weber, Hermann: »Von der SBZ zur DDR«, 2 Bde.
Zwerenz, Gerhard: »Walter Ulbricht«
1967 *Adenauer, Konrad:* »Erinnerungen, 4 Bde.
Brandt, Heinz: »Ein Traum, der nicht entführbar ist . . .«
• *Brendler, Gerhard:* »Martin Luther. Theologe und Revolutionär«
• *Gemkow, Heinrich u. a.:* »Karl Marx. Eine Biografie«
Hangen, Welles: »DDR. Der unbequeme Nachbar«
Hirsch, Kurt (Hrsg.): »Deutschlandpläne«
Ludz, Peter Christian: »Parteielite im Wandel«
Nawrocki, Joachim: »Das geplante Wunder«
Schulz, Eberhard: »An Ulbricht führt kein Weg vorbei«
1968 • *Mottek, Hans:* »Wirtschaftsgeschichte Deutschlands«, 3 Bde.
Nette, Wolfgang: »DDR-Report«
1969 *Conze, Werner:* »Jakob Kaiser«
• *Doernberg, Stefan:* »Kurze Geschichte der DDR«
Dornberg, John: »Deutschlands andere Hälfte«
Mönnich, Horst: »Einreisegenehmigung«
Plat, Wolfgang: »Begegnung mit den anderen Deutschen«
Schwarz, Hanns Werner: »Die DDR ist keine Zone mehr«

Venohr, Wolfgang: »Impressionen einer Jubelfeier« (45-Minuten-Fernsehfilm im 1. Programm)

1970 *Havemann, Robert:* »Fragen – Antworten – Fragen«
Meyer, Gerd: »Die sowjetische Deutschland-Politik im Jahre 1952«
Seyppel, Joachim: »Ein Yankee in der Mark«

1971 *Bartsch, Günter:* »Revolution und Gegenrevolution in Osteuropa«
• *Borgmann, Lutz:* »Zwischen gestern und morgen«
• *Finker, Kurt:* »Stauffenberg und der 20. Juli 1944«
Fricke, Karl Wilhelm: »Warten auf Gerechtigkeit«
Kreusel, Dietmar: »Nation und Vaterland in der Militärpresse der DDR«
Lippmann, Heinz: »Honecker. Porträt eines Nachfolgers«
• *Neelsen, Karl:* »Wirtschaftsgeschichte der BRD«
Runge, Erika: »Reise nach Rostock«
Venohr, Wolfgang: »Die Erben der Barone« (45-Minuten-Fernsehfilm im 1. Programm)
Venohr, Wolfgang: »Halb Preußen / Halb Sachsen« (45-Minuten-Fernsehfilm im 1. Programm)

1972 *Koch, Dieter:* »Heinemann und die Deutschlandfrage«
Kosthorst, Erich: »Jakob Kaiser«
Tempel, Gudrun: »Reise nach Dresden«
Venohr, Wolfgang: »Halb Preußen / Halb Sachsen. DDR-Report«
• *Walz, Helmut:* »Die Stadt, die sterben sollte«

1974 • *Badstübner / Rolf u. a.:* »DDR – Werden und Wachsen«
Dohse, Rainer: »Der dritte Weg«
Heym, Stefan: »5 Tage im Juni«
Nolte, Ernst: »Deutschland und der Kalte Krieg«
Venohr, Wolfgang: »POTSDAM = Alter Fritz + Sozialismus« (45-Minuten-Fernsehfilm im 1. Programm)
Weber, Hermann: »Die SED nach Ulbricht«

1975 • *Badstübner / Thomas:* »Restauration und Spaltung«
Lapp, Peter Joachim: »Die Volkskammer der DDR«
• *Ruge, Wolfgang:* »Hindenburg. Porträt eines Militaristen«

1976 *Gabbe, Jörg:* »Parteien und Nation«
Brandt, Willy: »Begegnungen und Einsichten«

1977 *Bahro, Rudolf:* »Die Alternative«
Ludz, Peter Christian: »Die DDR zwischen Ost und West«
Nielauß, Karlheinz: »Kontroverse Deutschlandpolitik«

1978 *DER SPIEGEL (Hrsg.):* »DDR. Das Manifest der Opposition«
Venohr, Wolfgang: »Unter den Linden – ein Essay« (80-Minuten-Fernsehfilm im 1. Programm)

1979 *Fricke, Karl Wilhelm:* »Politik und Justiz in der DDR«
Fritsch-Bournazel, Renata: »Die Sowjetunion und die deutsche Teilung«
Grewe, Wilhelm: »Rückblenden 1976–1951«
Gosztony, Peter (Hrsg.): »Aufstände unter dem roten Stern«
• *Heitzer, Heinz:* »DDR. Geschichtlicher Überblick«

Kregel, Bernd: »Außenpolitik und Systemstabilisierung der DDR«
Motschmann, Klaus: »Sozialismus und Nation«
Schweitzer, Carl Christoph: »Die deutsche Nation«
• *Teller, Hans:* »Der kalte Krieg gegen die DDR«

1980 *Venohr, Wolfgang:* »Dokumente Deutschen Daseins«
Venohr, W. / Haffner, S.: »Preußische Profile«
Venohr, Wolfgang: »Abgrenzung von Deutschland?« (45-Minuten-Fernsehfilm im 2. Programm)
Weber, Hermann: »Kleine Geschichte der DDR«

1981 *Borkowski, Dieter:* »Für jeden kommt der Tag . . .«
Brandt, P. / Ammon, H.: »Die Linke und die nationale Frage«
Dittmann, Knud: »Adenauer und die deutsche Wiedervereinigung«
• *Förster, G. / Schmidt, D.:* »Carl von Clausewitz«
Schwarz, Hans-Peter: »Die Ära Adenauer«

1982 *Buch, Günter:* »Namen und Daten wichtiger Personen in der DDR«
Lapp, Peter Joachim: »Wahlen in der DDR«
Stiege, Rudolf: »Streifzüge durch die Mark Brandenburg« I
Venohr, Wolfgang (Hrsg.): »Die deutsche Einheit kommt bestimmt«
Weber, Hermann: »DDR. Grundriß der Geschichte«

1983 • *Bachmann, Peter, u. a.:* »Geschichte – Ideologie – Politik«
Bölling, Klaus: »Die fernen Nachbarn«
Eschenburg, Theodor: »Jahre der Besatzung«
Faust, Siegmar: »Ich will hier raus«
Fricke, Karl Wilhelm: »Der Arbeiteraufstand«
Gaus, Günter: »Wo Deutschland liegt«
• *Honecker, Erich:* »Rede auf der Konferenz ›Karl Marx und unsere Zeit‹«
• *Honecker, Erich:* »Rede auf der 7. Tagung des ZK der SED«
• *Mammach, Klaus:* »Widerstand 1933 bis 1939«
• *Ruge Wolfgang:* »Das Erbe von Weimar«
Strauss, Wolfgang: »Aufstand für Deutschland«
Venohr, W. / Vogt, M.: »Walter Ulbricht. Der rote Sachse« (45-Minuten-Fernsehfilm im 1. Programm)

1984 *Fricke, Karl Wilhelm:* »Die DDR-Staatssicherheit«
Fricke, Karl Wilhelm: »Opposition und Widerstand in der DDR«
• *Gossweiler, Kurt:* »Kapital, Reichswehr und NSDAP«
Sonnenhol, Gustav Adolf: »Untergang oder Übergang?«
• *Rosenfeld, Günter:* »Sowjet-Rußland und Deutschland 1917–1922«
Stiege, Rudolf: »Streifzüge durch die Mark Brandenburg« II
Venohr, Wolfgang: »Deutschlands Mittellage«; in: Deutschland Archiv, Nr. 8/1984
Venohr, Wolfgang: »35 Jahre DDR und die nationale Frage«; in: Deutschland Archiv, Nr. 12/1984

1985 • *Benser, Günter:* »Die KPD im Jahr der Befreiung«
• *Engelberg, Ernst:* »Bismarck. Urpreuße und Reichsgründer«

Foschepoth, Joseph (Hrsg.): »Kalter Krieg und Deutsche Frage«
Steininger, Rolf: »Eine vertane Chance: Die Stalin-Note vom 10. März 1952 und die Wiedervereinigung«
Venohr, Wolfgang (Hrsg.): »Ohne Deutschland geht es nicht«
1986 *Schwarz, Hans-Peter:* »Adenauer: Der Aufstieg 1876–1952«
Seiffert, Wolfgang: »Das ganze Deutschland«
Stiege, Rudolf: »Streifzüge durch die Mark Brandenburg« III
Venohr, Wolfgang: »Stauffenberg – Symbol der deutschen Einheit«
Weber, Hermann: »Geschichte der DDR«
1987 *Borkowski, Dieter:* »Erich Honecker«
Engelberg, Ernst: »Bismarck und die Revolution von oben«
• *Frankenberg, Egbert v.:* »Tradition im Kreuzverhör«
Gorbatschow, Michail: »Revolution des Denkens und Handelns«
• *Hildebrandt, Gunther:* »Die Paulskirche«
• *Honecker, Erich:* »Reden und Aufsätze«, Bd. 11
Klingl, Friedrich: »Das ganze Deutschland soll es sein!«
Lapp, Peter Joachim: »Frontdienst im Frieden«
• *Mittenzwei / Herzfeld:* »Brandenburg–Preußen 1648 bis 1789«
• *Piltz, Georg:* »August der Starke«
Rytlewski, R. (Hrsg.): »Die DDR in Zahlen«
• *Schmidt, Walter:* »Die DDR und die deutsche Geschichte«
• *Seyer, Heinz, u. a.:* »Geschichte Berlins«
Spittmann, Ilse (Hrsg.): »Die SED in Geschichte und Gegenwart«
1988 *Foschepoth Josef (Hrsg.):* »Adenauer und die Deutsche Frage«
Hacke, Christian (Hrsg.): »Jakob Kaiser. Wir haben Brücke zu sein«
Lapp, Peter Joachim: »Die ›befreundeten Parteien‹ der SED«
Merseburger, Peter: »Grenzgänger«
Meyer-Landrut, Nikolaus: »Frankreich und die deutsche Einheit«
Zieger, Gottfried: »Die Haltung von SED und DDR zur Einheit Deutschlands«

Personenverzeichnis

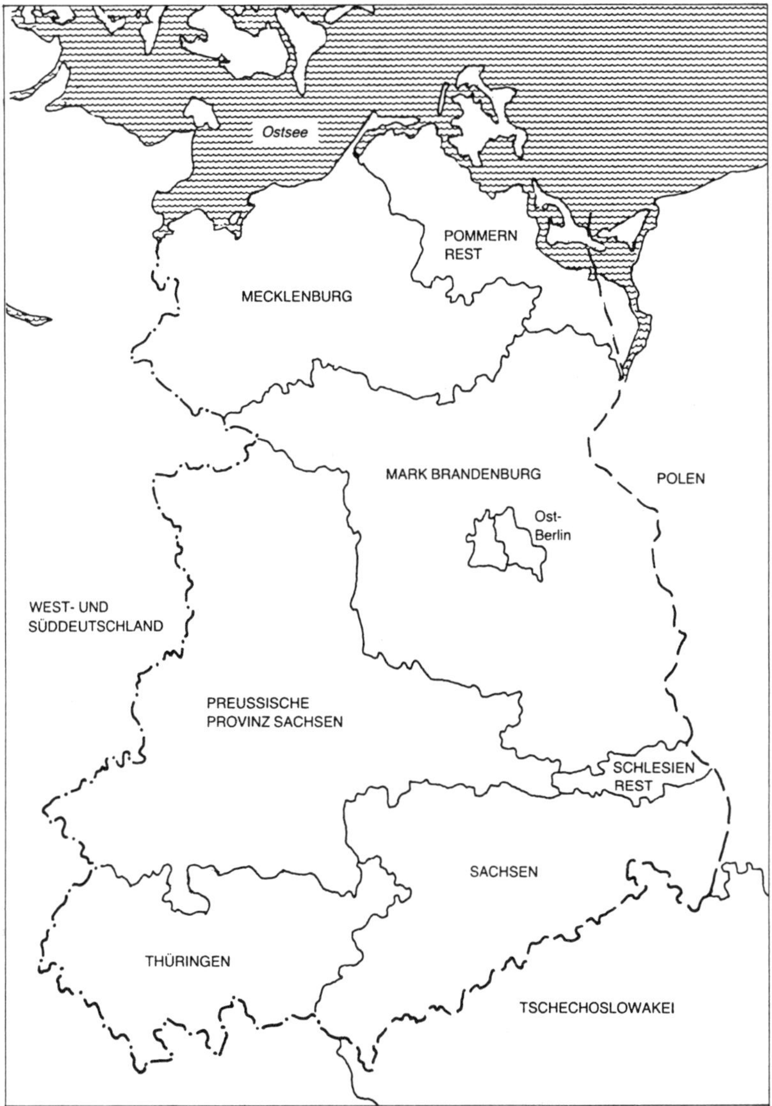

Die Sowjetische Besatzungszone 1945 in der Ländereinteilung des Deutschen Reiches

– – – – – Staatsgrenze gegenüber Polen und der Tschechoslowakei
–·–·–·– Innerdeutsche Demarkationslinie
———— Grenzen der Länder und Provinzen

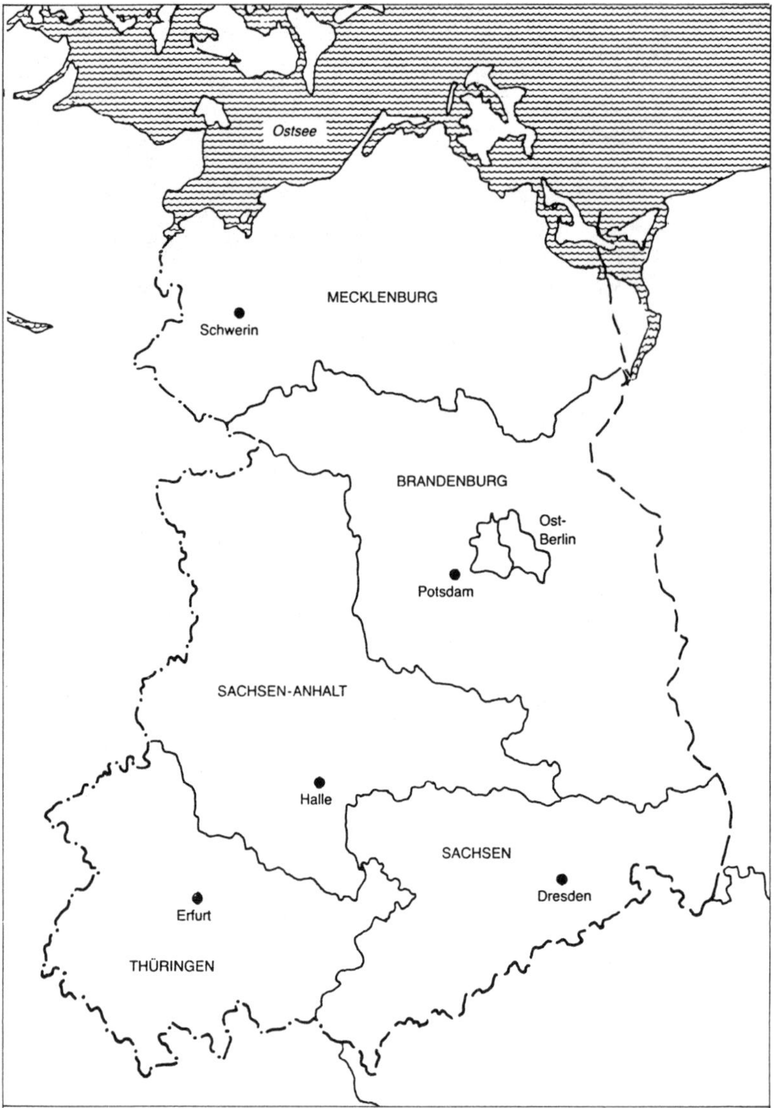

Die DDR 1946 – 1952

– – – – – – – Staatsgrenzen
–·–·–·– Innerdeutsche Demarkationslinie
——————— Ländergrenzen

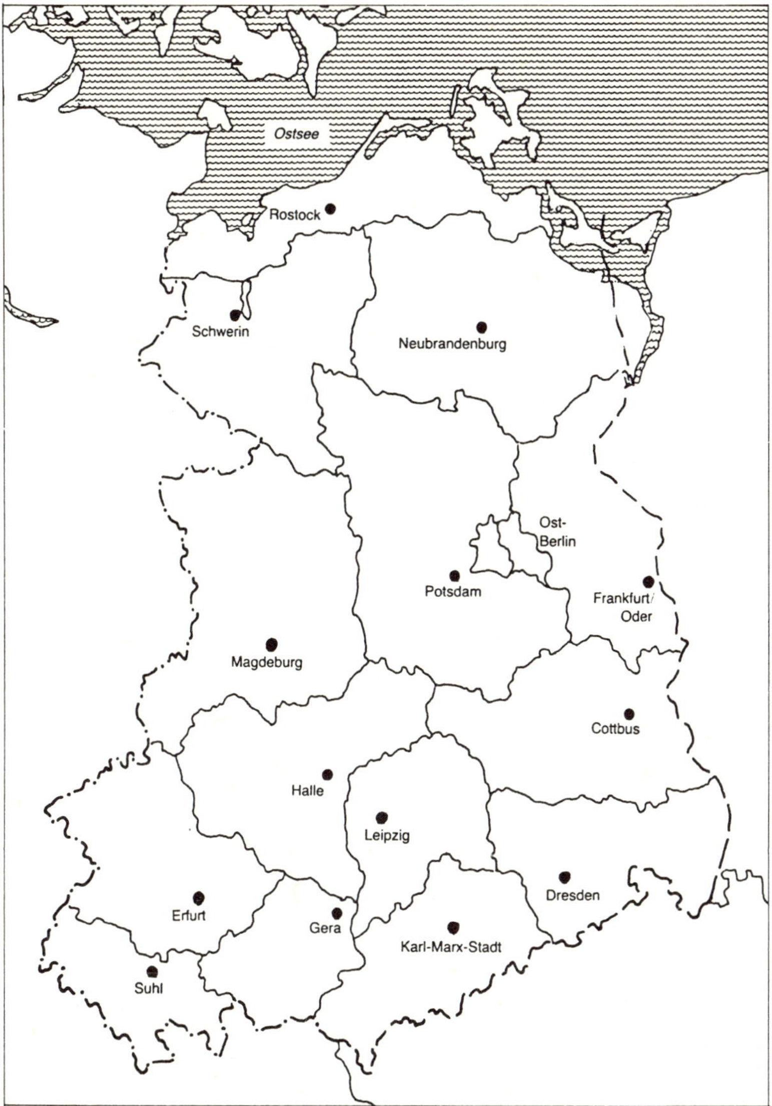

Die DDR seit 1952

— — — — — — Staatsgrenzen
—·—·—·— Innerdeutsche Demarkationslinie
———— Bezirksgrenzen

Die DDR als Mitgliedstaat des Warschauer Paktes

——— Westgrenze des Warschauer Paktes